国际物理
奥林匹克竞赛
理论试题与解析

第31—47届

陈 怡 杨军伟 编译

中国科学技术大学出版社

内 容 简 介

本书系统地整理、翻译和收录了从 2000 年第 31 届至 2016 年第 47 届国际物理奥林匹克竞赛(IPhO)的理论试题及其解析。随着参加国际物理奥林匹克竞赛的国家和地区不断增加,试题难度明显增加,涉及的物理知识范围也在逐渐拓展。国际物理奥林匹克竞赛的试题由当年的主办国准备,各国轮流命题,因此试题风格各异。2000 年以来的国际物理奥林匹克竞赛试题绝大多数来源于科研问题和生产生活实际问题,题目很有新意,也很有启发性。

本书可供有志于物理竞赛的中学生和物理教师以及相关物理工作者参考。

图书在版编目(CIP)数据

国际物理奥林匹克竞赛理论试题与解析:第 31—47 届/陈怡,杨军伟编译. —合肥:中国科学技术大学出版社,2019.1(2021.7 重印)

ISBN 978-7-312-04541-7

Ⅰ. 国… Ⅱ. ①陈… ②杨… Ⅲ. 中学物理课—竞赛题—高中 Ⅳ. G634.75

中国版本图书馆 CIP 数据核字(2018)第 234538 号

出版	中国科学技术大学出版社
	安徽省合肥市金寨路 96 号,230026
	http://press.ustc.edu.cn
	https://zgkxjsdxcbs.tmall.com
印刷	安徽国文彩印有限公司
发行	中国科学技术大学出版社
经销	全国新华书店
开本	787 mm×1092 mm 1/16
印张	22.25
字数	541 千
版次	2019 年 1 月第 1 版
印次	2021 年 7 月第 2 次印刷
定价	58.00 元

前　　言

国际物理奥林匹克竞赛(International Physics Olympiad,简称 IPhO)旨在增进中学物理教学的国际交流,强调"物理学在一切科学技术和青年的普通教育中日益增长的重要性",希望通过竞赛促进开展物理学科的课外活动,加强不同国家青少年之间的友好关系和人民之间的相互了解与合作,同时帮助参赛者提高物理方面的创造力和将从学校学到的知识用于解决实际问题的能力。

波兰、捷克斯洛伐克和匈牙利三国物理学家于 1967 年首先发起组织国际物理奥林匹克竞赛。保加利亚、捷克斯洛伐克、匈牙利、罗马尼亚和波兰五个东欧国家参加了第 1 届国际物理奥林匹克竞赛。自第 2 届起,参加的国家逐渐增多,从 1972 年开始,西欧、北美国家也参加了国际物理奥林匹克竞赛,从此它成为国际性的物理竞赛。1985 年,我国派出观察员列席了在南斯拉夫举行的第 16 届国际物理奥林匹克竞赛;1986 年,我国派出不满员(3 人)代表队参赛;从 1987 年开始,我国派出满员(5 人)代表队参赛。

国际物理奥林匹克竞赛每年举办一次,到 2017 年已经举办了 48 届,每年由各参赛国家和地区轮流主办,每一国家和地区选拔 5 名不超过 20 岁的中学生组成国家代表队参赛,国际物理奥林匹克竞赛的章程明确宣布该竞赛为个人之间的竞赛而非国家之间的竞争。近年来国际物理奥林匹克竞赛每年都有接近 90 个国家和地区报名,超过 80 个国家和地区组队参赛。国际物理奥林匹克竞赛一般在每年 7 月举行,竞赛分两天进行:一天进行理论竞赛,3 道理论试题,时间为 5 小时;另一天进行实验竞赛,一般 1 或 2 道实验试题,时间为 5 小时。理论竞赛和实验竞赛中间有一天的休息时间。

随着参加国际物理奥林匹克竞赛的国家和地区不断增加,试题难度明显增加,涉及的物理知识范围也在逐渐拓展。由于国际物理奥林匹克竞赛试题均由每年的主办国准备,各国轮流命题,因此试题风格各异。2000 年以来的国际物理奥林匹克竞赛试题绝大多数来源于科研问题和生产生活实际问题,题目很有新意,也很有启发性。

编者自从事物理竞赛教学以来,一直潜心收集历届国际物理奥林匹克竞赛试题,关注国际物理竞赛动态。我们对 2000 年第 31 届至 2016 年第 47 届国际物理奥林匹克竞赛理论试题与解析进行了系统的整理和翻译,汇集成本书出版,以满足有志于参加物理竞赛的学生和关心物理竞赛的教师的需求。需要说明的是,由于国际物理奥林匹克竞赛的实验仪器通常是为了竞赛而特制的,而非全国中学生物理竞赛实验考试或普通物理实验中所使用的仪器,一般的学校和学生没有机会碰到国际物理奥林匹克竞赛的实验仪器,因此只能将实验试题忍痛割爱,本书只收录第31届至第47届国际物理奥林匹克竞赛的理论试题及其解析。

非常感谢金华一中2018届物理竞赛小组的同学们,他们在首先使用本书书稿的过程中,不仅将发现的各种计算和翻译错误及时向我指出,而且还提供了许多与官方解答不一样的解法。特别是胡泽昕同学(第34届全国中学生物理竞赛决赛第五名,金牌获得者,国家集训队成员)在成书过程中,对部分试题再次进行了校对和验算,在此表示感谢。

由于编者水平有限,经验不足,再加上中英文翻译的某些障碍的困扰和国内外有些物理学术语的表述差异,书中难免存在着错误、不足与不妥之处。真诚地希望读者能够指出错误,批评指正(作者邮箱:chenyi304@126.com),以便日后更正,本人不胜感激。

陈 怡

2018年6月于浙江金华第一中学

目 录

前言 …………………………………………………………………………………… i

第 31 届国际物理奥林匹克竞赛理论试题 …………………………………………… 1

第 31 届国际物理奥林匹克竞赛理论试题解析 ……………………………………… 7

第 32 届国际物理奥林匹克竞赛理论试题 …………………………………………… 20

第 32 届国际物理奥林匹克竞赛理论试题解析 ……………………………………… 25

第 33 届国际物理奥林匹克竞赛理论试题 …………………………………………… 32

第 33 届国际物理奥林匹克竞赛理论试题解析 ……………………………………… 36

第 34 届国际物理奥林匹克竞赛理论试题 …………………………………………… 48

第 34 届国际物理奥林匹克竞赛理论试题解析 ……………………………………… 54

第 35 届国际物理奥林匹克竞赛理论试题 …………………………………………… 69

第 35 届国际物理奥林匹克竞赛理论试题解析 ……………………………………… 73

第 36 届国际物理奥林匹克竞赛理论试题 …………………………………………… 81

第 36 届国际物理奥林匹克竞赛理论试题解析 ……………………………………… 88

第 37 届国际物理奥林匹克竞赛理论试题 …………………………………………… 97

第 37 届国际物理奥林匹克竞赛理论试题解析 ……………………………………… 103

第 38 届国际物理奥林匹克竞赛理论试题 …………………………………………… 112

第 38 届国际物理奥林匹克竞赛理论试题解析 ……………………………………… 120

第 39 届国际物理奥林匹克竞赛理论试题 …………………………………………… 131

第 39 届国际物理奥林匹克竞赛理论试题解析 ……………………………………… 141

第 40 届国际物理奥林匹克竞赛理论试题 …………………………………………… 160

第 40 届国际物理奥林匹克竞赛理论试题解析 ……………………………………… 170

第 41 届国际物理奥林匹克竞赛理论试题 …………………………………………… 182

第 41 届国际物理奥林匹克竞赛理论试题解析 ………………………………………… 190

第 42 届国际物理奥林匹克竞赛理论试题 …………………………………………… 207

第 42 届国际物理奥林匹克竞赛理论试题解析 ………………………………………… 211

第 43 届国际物理奥林匹克竞赛理论试题 …………………………………………… 223

第 43 届国际物理奥林匹克竞赛理论试题解析 ………………………………………… 228

第 44 届国际物理奥林匹克竞赛理论试题 …………………………………………… 243

第 44 届国际物理奥林匹克竞赛理论试题解析 ………………………………………… 255

第 45 届国际物理奥林匹克竞赛理论试题 …………………………………………… 275

第 45 届国际物理奥林匹克竞赛理论试题解析 ………………………………………… 282

第 46 届国际物理奥林匹克竞赛理论试题 …………………………………………… 297

第 46 届国际物理奥林匹克竞赛理论试题解析 ………………………………………… 305

第 47 届国际物理奥林匹克竞赛理论试题 …………………………………………… 318

第 47 届国际物理奥林匹克竞赛理论试题解析 ………………………………………… 328

参考文献 ……………………………………………………………………………… 349

第31届国际物理奥林匹克竞赛理论试题

第1题 五个独立问题

A部分 蹦极运动员

弹性绳的一端固定在一座高桥上,另一端系着一名蹦极运动员。蹦极运动员自静止开始离桥朝向桥下的河面下落,整个过程中蹦极运动员始终未与水面接触。已知蹦极运动员的质量为 m,弹性绳的自然长度为 L,弹性绳的劲度系数为 k,重力加速度为 g。蹦极运动员可视为系于绳子一端的质点。与蹦极运动员的质量相比,弹性绳的质量可忽略不计,且弹性绳伸长时服从胡克定律。在整个过程中,空气阻力可忽略不计。试求下列各物理量的表达式:

(A1) 蹦极运动员在第一次达到瞬时静止(速度为零)时所下落的距离 y。

(A2) 蹦极运动员在下落过程中所能达到的最大速率 $v_{\max}$。

(A3) 蹦极运动员在第一次达到瞬时静止前的下落过程中所经历的时间 t。

B部分 热机

一热机工作在两个由相同材料制成的物体之间,两物体的温度分别为 T_A 和 T_B($T_A > T_B$),每个物体的质量均为 m,比热容均为 c 且保持恒定不变。设两个物体的压强保持不变,且不发生相变。

(B1) 假定热机能从系统中获得理论上允许的最大机械能,求 A、B 两物体最终所能达到的温度 T_0 的表达式。

(B2) 求此热机从系统中允许获得的最大功的表达式。

(B3) 假定热机工作于两箱水之间,每箱水的体积均为 2.5 m^3,其中一箱水的温度为 350 K,另外一箱水的温度为 300 K,计算可获得的最大机械能。

已知水的比热容 $c_w = 4.19 \times 10^3 \text{ J/(kg} \cdot \text{K)}$,水的密度 $\rho = 1.00 \times 10^3 \text{ kg/m}^3$。

C部分 放射性与地球年龄

假设地球刚形成时同位素 ^{238}U 和 ^{235}U 已经存在,且不存在它们的衰变产物。利用 ^{238}U 和 ^{235}U 的衰变可以确定地球的年龄 T。

(C1) 同位素 ^{238}U 以 4.50×10^9 a 的半衰期衰变,衰变过程中其余放射性衰变产物的半

---

① 第31届国际物理奥林匹克竞赛于2000年7月8日至7月16日在英国莱斯特举行。63个国家和地区派出代表队参加了本届竞赛。

衰期比^{238}U的半衰期要短得多,作为一级近似,我们可以忽略这些衰变产物的存在。整个衰变过程终止于铅的稳定同位素^{206}Pb。请用^{238}U的半衰期和现在^{238}U原子核的数量^{238}N表示由放射衰变产生的^{206}Pb原子核的数量^{206}n。(以10^9 a 为单位)

(C2) 类似地,^{235}U 以 0.710×10^9 a 的半衰期衰变,在通过一系列较短半衰期产物后,最后终止于稳定的同位素^{207}Pb。写出由放射衰变产生的^{207}Pb原子核的数量^{207}n与现在^{235}U原子核的数量^{235}N和^{235}U半衰期的关系式。

(C3) 用质谱仪对一种铅和铀的混合矿石进行分析,测得这种矿石中铅同位素^{204}Pb,^{206}Pb和^{207}Pb的相对浓度比为 $1.00:29.6:22.6$。由于同位素^{204}Pb不是放射性的,可以用作分析时的参考。分析一种纯铅矿石,发现这3种同位素的相对浓度之比为 $1.00:17.9:15.5$。已知比值$^{238}N:^{235}N$ 为 $137:1$,试导出包含地球年龄 T 的关系式。

(C4) 假定地球年龄 T 比这两种铀的半衰期都大得多,由此求出 T 的近似值。

(C5) 显然(C4)所求的近似值并不明显大于不同铀同位素的半衰期中的较长者,请利用计算器数值求解功能,得到较精确的地球年龄 T。

D 部分　球状电荷

真空中电荷 Q 均匀分布在半径为 R 的球体内。

(D1) 对 $r\leqslant R$ 和 $r>R$ 两种情况,导出距球心 r 处的电场强度。

(D2) 导出与这一电荷分布相联系的总电场能表达式。

E 部分　旋转铜环

由细铜丝构成的圆环在地磁场中绕其竖直直径转动。铜环处的地磁场的磁感应强度为 $44.5\ \mu\mathrm{T}$,其方向为水平方向斜向下 $64°$。已知铜的密度为 $\rho_m = 8.90\times 10^3\ \mathrm{kg/m^3}$,铜的电阻率为 $\rho_\Omega = 1.70\times 10^{-8}\ \Omega\cdot\mathrm{m}$。设空气和转轴处的摩擦忽略不计,并忽略自感效应(尽管这些效应本不应被忽略)。

(E1) 计算铜环角速度从初始值降到其一半所需的时间,此时间比铜环转动一周的时间要长得多。

第 2 题　电子荷质比的测量

A 部分

一阴极射线管由一个电子枪和一个荧光屏组成,将其放在磁感应强度为 B 的匀强磁场中,如图 T1.2.1 所示,磁场方向平行于电子枪发射的电子束的轴线。电子束从电子枪的阳极沿轴射出,但有与轴最多成 $5°$ 的发散角,如图 T1.2.2 所示。通常电子束打在荧光屏上呈现一个弥散的斑点,但通过一个特定大小的磁场则可得到一聚焦得很好的光点。考察某个电子,离开电子枪时以角度 $\beta(0°\leqslant\beta\leqslant 5°)$ 偏离轴线运动,并考虑其垂直于轴线和平行于轴线的两个分量。

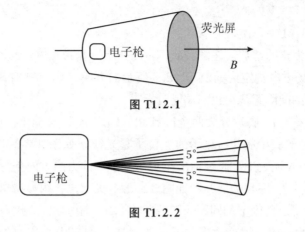

图 T1.2.1

图 T1.2.2

（A1）利用以下参量导出电子荷质比 $\dfrac{e}{m}$ 的表达式：使电子束聚焦成一点的最小磁感应强度 B；电子枪加速电压 V（注意 $V<2\ \text{kV}$）；从阳极到荧屏的距离 D。

B 部分

考虑另一种测量电子荷质比的方法。图 T1.2.3 为实验装置的侧视图和俯视图，图中还画出了磁场 B 的方向。在此匀强磁场中放入两块相隔很小距离 t 的铜圆盘，铜圆盘的半径为 ρ。两盘间保持电势差 V。两圆盘平行且同轴，而轴又垂直于磁场。一照相底片同轴覆盖在半径为 $\rho+s$ 的圆柱体的内侧面，换而言之，底片离圆盘边缘的径向距离为 s。整个装置放在真空中。注意 t 远小于 s 和 ρ。

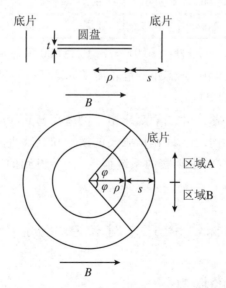

图 T1.2.3　侧视图（上图）和俯视图（下图）

一点状 β 粒子源放置于两个铜圆盘的圆心中间，它可沿各个方向均匀发射 β 粒子，粒子的速率分布在一定的范围内。同一底片在下列不同的实验条件下进行曝光：

情况 1：$B=0, V=0$；

情况 2：$B = B_0$，$V = V_0$；

情况 3：$B = -B_0$，$V = -V_0$。

这里 V_0 和 B_0 为正的常数。注意：当 $V > 0$ 时，上圆盘带正电；当 $V < 0$ 时，上圆盘带负电。当 $B > 0$ 时，磁场方向规定为如图 T1.2.3 所示的方向；当 $B < 0$ 时，磁场沿相反的方向。解本部分时，两圆盘的间隔距离可以忽略不计。

(B1) 在图 T1.2.3 中，底片分为两个区域并分别用 A 和 B 标出。底片曝光并冲洗后，两个区域中某个区域的底片展开后显示的 β 粒子曝光线条如图 T1.2.4 所示。请问这部分底片取自什么区域？A 还是 B？通过指出作用在电子上的力的方向来论证你的答案。

(B2) 曝光并冲洗后，底片的展开图如图 T1.2.4 所示。利用显微镜测量两条最外面的轨迹的间距（在某一特定角度下的间距 y 已在图 T1.2.4 中标出）。此测量结果由表 T1.2.1 给出。角度 φ 定义为磁感应强度方向与底片上某点和圆盘中心连线的夹角，如图 T1.2.3 所示。

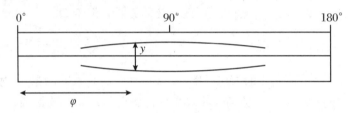

图 T1.2.4

表 T1.2.1

与磁场夹角 $\varphi/°$	90	60	50	40	30	23
间距 y/mm	17.4	12.7	9.7	6.4	3.3	轨迹终端

测量系统的参数的数值如下：$B_0 = 6.91$ mT，$V_0 = 580$ V，$t = 0.80$ mm，$s = 41.0$ mm。另外，真空中光速 $c = 3.00 \times 10^8$ m/s，电子静止质量 $m_e = 9.11 \times 10^{-31}$ kg。计算出测量到的 β 粒子的最大动能（以 eV 为单位）。

(B3) 利用上面 (B2) 小题给出的信息，求电子的电荷与其静质量的比值，要求通过在所给的坐标纸上画一合适的图求出。写出所画图的横轴和纵轴所代表的量的表达式，并写出电子荷质比的量值。注意：由于观察的系统误差，你所得到的答案可能与公认的标准值不同。

第 3 题　引力波的探测和引力对光在空间中传播所产生的效应

A 部分　引力波的探测

本部分涉及探测天文事件所产生的引力波的困难。已知远距离的超新星爆炸可能对地球表面引力场强度产生大约 10^{-19} N/kg 的扰动。一种引力波探测器的模型如图 T1.3.1 所示，它由两根长为 1 m 的金属棒组成，两棒互成直角。每根棒的一端都抛光制成光学平面，另一端刚性地固定住。利用调节螺丝可以调节其中一根棒的位置，使从光电管所接收的信号最小。

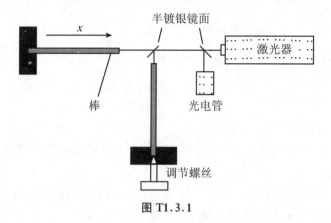

图 T1.3.1

现在用压电器件在棒中产生一个非常短的纵向脉冲,结果棒的自由端产生纵向位移 Δx_1 的振动:

$$\Delta x_1 = a\mathrm{e}^{-\mu t}\cos(\omega t + \varphi)$$

其中 a, μ, ω 和 φ 为常数。

(A1) 如果在 50 s 内金属棒的纵向位移的振幅减少 20%,求 μ 的值。

(A2) 设两金属棒都由铝制成,其密度 $\rho = 2.7 \times 10^3$ kg/m³,杨氏模量 $E = 7.1 \times 10^{10}$ Pa。已知固体中纵波传播速度 $v = \sqrt{\dfrac{E}{\rho}}$,试求 ω 的最小值。

(A3) 一般的制造工艺不可能使得这两根棒具有完全相同的长度,因此若光电管信号出现 0.005 Hz 的拍频,那么这两棒的长度差为多少?

(A4) 对于长为 l 的棒,导出由于引力场强度 g 的变化 Δg 所引起的长度变化 Δl 的表达式,用 l 和棒材料的其他常数表示。设探测器对引力场强度变化的响应只发生在其中一根棒的轴向上。

(A5) 某激光器产生波长为 656 nm 的单色光。如果可以测出的最小条纹移动量为激光波长的 10^{-4},要使这个系统能够测出 g 的最小变化量为 10^{-19} N/kg,棒的最小长度 $l_{\min}$ 应为多少?

B 部分 引力场对光在空间中传播所产生的效应

本部分考察引力场对光在空间中传播所产生的效应。一个从太阳(质量为 M、半径为 R)表面发出的光子将发生红移。假定光子的质量等价于光子的能量。

(B1) 请利用牛顿引力理论证明从太阳表面发出的光子到无穷远处时,其有效(或测量到的)频率以因子 $1 - \dfrac{GM}{Rc^2}$ 的倍率减小,即发生红移。

光子频率的减小等价于时间周期的增加。当利用光子作为标准钟时,则等价于时间的膨胀。另外,时间的膨胀总是伴随着同一因子的长度收缩。

现在我们试图研究这一效应对在太阳附近传播的光的影响。首先定义离太阳中心 r 处

的等效折射率 $n_r = \dfrac{c_\infty}{c_r}$，其中 c_∞ 为在远离太阳引力影响（$r \to \infty$）的坐标系中测到的光的速度，c_r 为在距离太阳中心 r 处的坐标系中测到的光速。

（B2）当 $\dfrac{GM}{rc^2}$ 很小时，证明 n_r 可近似表示为

$$n_r = 1 + \dfrac{aGM}{rc^2}$$

其中 a 为常数，请确定该常数。

（B3）利用上述 n_r 的表达式，计算当光通过太阳边缘时偏离直线路径的角度（以弧度为单位）。

已知数据：万有引力常量 $G = 6.67 \times 10^{-11}\ \mathrm{N \cdot m^2/kg^2}$，太阳质量 $M = 1.99 \times 10^{30}\ \mathrm{kg}$，太阳半径 $R = 6.95 \times 10^8\ \mathrm{m}$，真空中的光速 $c = 3.00 \times 10^8\ \mathrm{m/s}$。

参考数学公式：$\displaystyle\int_{-\infty}^{+\infty} \dfrac{\mathrm{d}x}{\sqrt{(x^2 + a^2)^3}} = \dfrac{2}{a^2}$。

第31届国际物理奥林匹克竞赛理论试题解析

第1题 五个独立问题

A部分 蹦极运动员

（A1）当蹦极运动员第一次到达瞬时静止时，其速度为零，蹦极运动员在该段运动过程中减少的重力势能转化为弹性绳的弹性势能：

$$mgy = \frac{1}{2}k(y-L)^2 \tag{1.1.1}$$

整理后有

$$ky^2 - 2y(kL+mg) + kL^2 = 0 \tag{1.1.2}$$

解该一元二次方程可得

$$y = \frac{2(kL+mg) \pm \sqrt{4(kL+mg)^2 - 4k^2L^2}}{2k}$$

$$= \frac{(kL+mg) \pm \sqrt{(kL+mg)^2 - k^2L^2}}{k} \tag{1.1.3}$$

由于此时蹦极运动员处于最低点，所以式(1.1.3)应取正根，即

$$y = \frac{(kL+mg) + \sqrt{(kL+mg)^2 - k^2L^2}}{k}$$

$$= \frac{(kL+mg) + \sqrt{m^2g^2 + 2kLmg}}{k} \tag{1.1.4}$$

（A2）当蹦极运动员的速度达到最大值 $v_{\max}$ 时，其加速度为零，此时蹦极运动员处于受力平衡状态。设该时刻弹性绳的伸长量为 x，则有

$$mg = kx \tag{1.1.5}$$

在该过程中，动能、重力势能和弹性势能相互转化，但三者的总和保持恒定，运用机械能守恒定律有

$$\frac{1}{2}mv_{\max}^2 + \frac{1}{2}kx^2 = mg(L+x) \tag{1.1.6}$$

联立式(1.1.5)和式(1.1.6)，可解得

$$v_{\max} = \sqrt{2gL + \frac{mg^2}{k}} \tag{1.1.7}$$

（A3）蹦极运动员的下落过程可分为两个阶段：第一阶段，弹性绳松弛，蹦极运动员做自由落体运动，直至弹性绳处于原长状态；第二阶段，弹性绳张紧，蹦极运动员进入简谐运动状态。所以下落过程总时间为自由落体时间 t_f 和蹦极运动员做简谐运动自弹性绳原长伸长至

最大值的时间 t_s 之和。

在自由落体阶段所经历的时间为
$$t_f = \sqrt{\frac{2L}{g}} \tag{1.1.8}$$

自由落体阶段结束时的速度为
$$v_\tau' = \sqrt{2gL} \tag{1.1.9}$$

然后蹦极运动员以速度 v_τ 进入简谐运动。蹦极运动员做简谐运动的周期为
$$T = 2\pi\sqrt{\frac{m}{k}} \tag{1.1.10}$$

简谐运动的速度可表示为
$$v = v_{\max}\sin\left(\sqrt{\frac{k}{m}}t\right) \tag{1.1.11}$$

蹦极运动员刚进入简谐运动状态时的速度应满足
$$v_\tau = v_{\max}\sin\left(\sqrt{\frac{k}{m}}\tau\right) \tag{1.1.12}$$

解得
$$\tau = \frac{1}{\sqrt{\frac{k}{m}}}\arcsin\frac{v_\tau}{v_{\max}} = \frac{1}{\sqrt{\frac{k}{m}}}\arcsin\frac{\sqrt{2gL}}{\sqrt{2gL+\frac{mg^2}{k}}} \tag{1.1.13}$$

因此蹦极运动员做简谐运动的时间为
$$t_s = \frac{T}{2} - \tau \tag{1.1.14}$$

于是，蹦极运动员在第一次到达瞬时静止前的下落过程中所经历的总时间为
$$t = t_f + t_s = \sqrt{\frac{2L}{g}} + \sqrt{\frac{m}{k}}\pi - \sqrt{\frac{m}{k}}\arcsin\frac{\sqrt{2gL}}{\sqrt{2gL+\frac{mg^2}{k}}}$$
$$= \sqrt{\frac{2L}{g}} + \sqrt{\frac{m}{k}}\frac{\pi}{2} + \sqrt{\frac{m}{k}}\arccos\frac{\sqrt{2gL}}{\sqrt{2gL+\frac{mg^2}{k}}}$$
$$= \sqrt{\frac{2L}{g}} + \sqrt{\frac{m}{k}}\arctan\left(-\sqrt{\frac{2kL}{mg}}\right) \tag{1.1.15}$$

B 部分　热机

(B1) 计算热机可获得的功时，忽略热机工作时的摩擦损耗。设热机从物体 A 吸收的热量为
$$\Delta Q_1 = -mc\Delta T_1 \quad (\Delta T_1 < 0) \tag{1.1.16}$$

释放给物体 B 的热量为
$$\Delta Q_2 = mc\Delta T_2 \quad (\Delta T_2 > 0) \tag{1.1.17}$$

为了能获得最大的机械能，该热机应为卡诺热机。根据热力学第二定律，卡诺热机在工作过程中有

$$\frac{\Delta Q_1}{T_1} = \frac{\Delta Q_2}{T_2} \tag{1.1.18}$$

两边积分后有

$$-mc\int_{T_A}^{T_0}\frac{\mathrm{d}T_1}{T_1} = mc\int_{T_B}^{T_0}\frac{\mathrm{d}T_2}{T_2} \tag{1.1.19}$$

即

$$\ln\frac{T_A}{T_0} = \ln\frac{T_0}{T_B} \tag{1.1.20}$$

解得 A、B 两物体最终达到的温度为

$$T_0 = \sqrt{T_A T_B} \tag{1.1.21}$$

（B2）热机从物体 A 吸收的总热量为

$$Q_1 = -mc\int_{T_A}^{T_0}\mathrm{d}T_1 = mc(T_A - T_0) \tag{1.1.22}$$

热机释放给物体 B 的总热量为

$$Q_2 = mc\int_{T_B}^{T_0}\mathrm{d}T_2 = mc(T_0 - T_B) \tag{1.1.23}$$

热机获得的最大的功为

$$\begin{aligned}W &= Q_1 - Q_2 \\ &= mc(T_A - T_0) - mc(T_0 - T_B) \\ &= mc(T_A + T_B - 2T_0) \\ &= mc(T_A + T_B - 2\sqrt{T_A T_B}) \\ &= mc(\sqrt{T_A} - \sqrt{T_B})^2\end{aligned} \tag{1.1.24}$$

（B3）向式(1.1.24)代入数据，可得获得的最大机械能为

$$\begin{aligned}W &= mc_w(T_A + T_B - 2\sqrt{T_A T_B}) \\ &= \rho V c_w(T_A + T_B - 2\sqrt{T_A T_B}) \\ &= 2.50 \times 1.00 \times 10^3 \times 4.19 \times 10^3 \times (350 + 300 - 2\sqrt{350 \times 300})\ \mathrm{J} \\ &= 2.0 \times 10^7\ \mathrm{J}\end{aligned} \tag{1.1.25}$$

C 部分　放射性与地球年龄

（C1）同位素 ^{238}U 的衰变规律为

$$^{238}N = {}^{238}N_0 2^{-\frac{t}{\tau}} \Rightarrow {}^{238}N_0 = \frac{^{238}N}{2^{-\frac{t}{\tau}}} = {}^{238}N \cdot 2^{\frac{t}{\tau}} \tag{1.1.26}$$

其中 $^{238}N_0$ 为 ^{238}U 衰变前的原始原子核数，^{238}N 为衰变后所剩下的 ^{238}U 原子核数，τ 为半衰期。已经发生衰变的 ^{238}U 原子核数为

$$^{238}n = {}^{238}N_0 - {}^{238}N = {}^{238}N \cdot 2^{\frac{t}{\tau}} - {}^{238}N = {}^{238}N(2^{\frac{t}{\tau}} - 1) \tag{1.1.27}$$

由于 1 个 ^{238}U 原子核最终衰变为 1 个稳定同位素 ^{206}Pb 原子核，因此衰变掉的 ^{238}U 原子核数 ^{238}n 就是最终所生成的 ^{206}Pb 原子核数 ^{206}n，即

$$^{206}n = {}^{238}n = {}^{238}N(2^{\frac{t}{\tau}} - 1) = {}^{238}N(2^{\frac{t}{4.50}} - 1) \tag{1.1.28}$$

(C2) 同理，1 个 ^{235}U 原子核最终衰变为 1 个稳定同位素 ^{207}Pb 原子核，因此衰变掉的 ^{235}U 原子核数 ^{235}n 就是最终所生成的 ^{207}Pb 原子核数 ^{207}n，仿照（C1）的解法，可得

$$^{207}n = {}^{235}N(2^{\frac{t}{0.710}} - 1) \tag{1.1.29}$$

(C3) 铀铅矿石中，^{206}Pb 和 ^{207}Pb 的相对浓度之比即为相应的原子核数之比，由式(1.1.28)和式(1.1.29)可得

$$\frac{^{206}n}{^{207}n} = \frac{^{238}N(2^{\frac{t}{4.50}} - 1)}{^{235}N(2^{\frac{t}{0.710}} - 1)} \tag{1.1.30}$$

铀铅矿石中铅的三种同位素 ^{204}Pb、^{206}Pb 和 ^{207}Pb 的相对浓度比值为 1.00∶29.6∶22.6，而纯铅矿石中铅的三种同位素 ^{204}Pb、^{206}Pb 和 ^{207}Pb 的相对浓度比值为 1.00∶17.9∶15.5，所以铀铅矿石中由 ^{238}U 衰变得到的 ^{206}Pb 和由 ^{235}U 衰变得到的 ^{207}Pb 的浓度之比为 $\frac{29.6-17.9}{22.6-15.5}$，将相关数据代入式(1.1.30)可得

$$\frac{29.6-17.9}{22.6-15.5} = \frac{137}{1}\frac{2^{\frac{T}{4.50}} - 1}{2^{\frac{T}{0.710}} - 1} \tag{1.1.31}$$

化简后可得

$$\frac{2^{\frac{T}{4.50}} - 1}{2^{\frac{T}{0.710}} - 1} = 0.0120 \tag{1.1.32}$$

(C4) 题中假设 $T \gg 4.50 \times 10^9$ a，因此在式(1.1.32)的等号左侧的分子、分母中可舍去 1，式(1.1.32)可化为

$$\frac{2^{\frac{T}{4.50}}}{2^{\frac{T}{0.710}}} = 0.0120 \tag{1.1.33}$$

解得

$$T = 5.38 \times 10^9 \text{ a} \tag{1.1.34}$$

即地球年龄为 53.8 亿年。

(C5) 利用计算器直接数值求解式(1.1.32)，解得

$$T = 4.55 \times 10^9 \text{ a} \tag{1.1.35}$$

即地球年龄为 45.5 亿年。

注 本题就是美国科学家帕特森在 1956 年测量地球年龄的原理，帕特森通过这种方法测得地球的精确年龄为 $(45.5 \pm 0.7) \times 10^8$ a。

D 部分　球状电荷

(D1) 带电球体的电荷密度为

$$\rho = \frac{Q}{\frac{4}{3}\pi R^3} = \frac{3Q}{4\pi R^3} \tag{1.1.36}$$

利用高斯定理可得，当 $r \leqslant R$ 时，电场强度为

$$E_{\text{in}} = \frac{\frac{4}{3}\pi r^3 \rho}{4\pi\varepsilon_0 r^2} = \frac{Qr}{4\pi\varepsilon_0 R^3} \tag{1.1.37}$$

当 $r > R$ 时，电场强度为

$$E_{\text{out}} = \frac{Q}{4\pi\varepsilon_0 r^2} \tag{1.1.38}$$

(D2) **方法一：电场能量密度法**

电场的能量密度为

$$u = \frac{1}{2}\varepsilon_0 E^2 \tag{1.1.39}$$

当 $r \leqslant R$ 时，半径为 r、厚度为 $\mathrm{d}r$ 的球壳内所储存的电场能量为

$$\mathrm{d}E_{Q\text{in}} = \frac{1}{2}\varepsilon_0 E_{\text{in}}^2 \cdot 4\pi r^2 \mathrm{d}r = \frac{Q^2}{8\pi\varepsilon_0 R^6} r^4 \mathrm{d}r \tag{1.1.40}$$

储存在球体内的总电场能量为

$$E_{Q\text{in}} = \int_0^R \mathrm{d}E_{Q\text{in}} = \int_0^R \frac{Q^2 r^4}{8\pi\varepsilon_0 R^6} \mathrm{d}r = \frac{Q^2}{40\pi\varepsilon_0 R} \tag{1.1.41}$$

当 $r > R$ 时，半径为 r、厚度为 $\mathrm{d}r$ 的球壳内所储存的电场能量为

$$\mathrm{d}E_{Q\text{out}} = \frac{1}{2}\varepsilon_0 E_{\text{out}}^2 \cdot 4\pi r^2 \mathrm{d}r = \frac{Q^2}{8\pi\varepsilon_0 r^2}\mathrm{d}r \tag{1.1.42}$$

储存在 $r > R$ 范围内的总电场能量为

$$E_{Q\text{out}} = \int_R^\infty \mathrm{d}E_{Q\text{out}} = \int_R^\infty \frac{Q^2}{8\pi\varepsilon_0 r^2}\mathrm{d}r = \frac{Q^2}{8\pi\varepsilon_0 R} \tag{1.1.43}$$

因此与电荷分布相联系的总能量，即带电球体在全空间分布电场的总能量为

$$E_Q = E_{Q\text{in}} + E_{Q\text{out}} = \frac{1}{40}\frac{Q^2}{\pi\varepsilon_0 R} + \frac{1}{8}\frac{Q^2}{\pi\varepsilon_0 R} = \frac{3}{20}\frac{Q^2}{\pi\varepsilon_0 R} \tag{1.1.44}$$

方法二：电场力做功法

半径为 r 的带电球体表面的电势为

$$\varphi(r) = \frac{Q(r)}{4\pi\varepsilon_0 r} = \frac{\rho \frac{4}{3}\pi r^3}{4\pi\varepsilon_0 r} = \frac{\rho r^2}{3\varepsilon_0} \tag{1.1.45}$$

考虑将半径为 r、厚度为 $\mathrm{d}r$ 的薄球壳电荷 $\rho \cdot 4\pi r^2 \mathrm{d}r$ 从无穷远处移至半径为 r 的带电球体表面处，需要克服电场力做功

$$\mathrm{d}W = \varphi(r)(\rho \cdot 4\pi r^2 \mathrm{d}r) = \frac{\rho r^2}{3\varepsilon_0}\rho 4\pi r^2 \mathrm{d}r \tag{1.1.46}$$

现在设想半径为 R 的带电球体是由前所述方法聚合起来的，那么聚合起该球外界需要做功

$$W = \int_0^R \mathrm{d}W = \int_0^R \frac{\rho r^2}{3\varepsilon_0}\rho 4\pi r^2 \mathrm{d}r = \frac{4\pi\rho^2 R^5}{15\varepsilon_0} = \frac{3Q^2}{20\pi\varepsilon_0 R} \tag{1.1.47}$$

根据能量守恒定律，带电球体所激发的电场的总能量为

$$E_Q = W = \frac{3Q^2}{20\pi\varepsilon_0 R} \tag{1.1.48}$$

E 部分　旋转铜环

(E1) **方法一：能量解法**

地磁场水平分量，即地磁场垂直于旋转铜环转轴方向（竖直方向）的分量为

$$B_{/\!/} = B\cos 64° \tag{1.1.49}$$

当铜环所在平面与地磁场的水平分量的夹角为 $\theta = \omega t$ 时，穿过铜环表面的磁通量为

$$\Phi = B_{/\!/}\pi a^2 \sin\theta = B_{/\!/}\pi a^2 \sin\omega t \tag{1.1.50}$$

其中 a 为铜环半径。此时铜环的瞬时感应电动势为

$$\varepsilon = -\frac{\mathrm{d}\Phi}{\mathrm{d}t} = -B_{/\!/}\pi a^2 \omega\cos\omega t \tag{1.1.51}$$

铜环的瞬时发热功率为

$$P = \frac{\varepsilon^2}{R} = \frac{B_{/\!/}^2 \pi^2 a^4 \omega^2 \cos^2\omega t}{R} \tag{1.1.52}$$

那么铜环旋转一周其平均发热功率为

$$\begin{aligned}\overline{P} &= \frac{1}{T}\int_0^T P\mathrm{d}t \\ &= \frac{1}{T}\int_0^T \frac{B_{/\!/}^2 \pi^2 a^4 \omega^2 \cos^2\omega t}{R}\mathrm{d}t \\ &= \frac{1}{T}\frac{B_{/\!/}^2 \pi^2 a^4 \omega^2}{R}\int_0^T \left(\frac{1}{2}\cos 2\omega t + \frac{1}{2}\right)\mathrm{d}t \\ &= \frac{B_{/\!/}^2 \pi^2 a^4 \omega^2}{2R}\end{aligned} \tag{1.1.53}$$

铜环绕直径转动的转动惯量为

$$I = \frac{1}{2}ma^2 \tag{1.1.54}$$

铜环的转动动能为

$$E_k = \frac{1}{2}I\omega^2 = \frac{1}{4}ma^2\omega^2 \tag{1.1.55}$$

根据能量守恒定律，旋转铜环的转动动能的减少量应等于铜环中感应电流的热效应而产生的发热量，即

$$-\frac{\mathrm{d}E_k}{\mathrm{d}t} = \overline{P} \tag{1.1.56}$$

将式(1.1.53)和式(1.1.55)代入式(1.1.56)，有

$$-\frac{1}{2}ma^2\omega\frac{\mathrm{d}\omega}{\mathrm{d}t} = \frac{B_{/\!/}^2 \pi^2 a^4 \omega^2}{2R} \Rightarrow \frac{\mathrm{d}\omega}{\omega} = -\frac{B_{/\!/}^2 \pi^2 a^2}{mR}\mathrm{d}t \tag{1.1.57}$$

设 $t_{\frac{1}{2}}$ 是旋转铜环的角速度从初始值降到一半所需要的时间，对式(1.1.57)两边积分，则有

$$\int_\omega^{\frac{\omega}{2}} \frac{\mathrm{d}\omega}{\omega} = -\int_0^{t_{\frac{1}{2}}} \frac{B_{/\!/}^2 \pi^2 a^2}{mR}\mathrm{d}t \tag{1.1.58}$$

可得

$$t_{\frac{1}{2}} = \frac{mR\ln 2}{B_{/\!/}^2 \pi^2 a^2} \tag{1.1.59}$$

其中 R 为铜环电阻，$R = \dfrac{\rho_\Omega \cdot 2\pi a}{S}$，$S$ 为铜环的横截面积，m 为铜环质量，$m = \rho_m \cdot 2\pi a \cdot S$。因此有

$$t_{\frac{1}{2}} = \frac{\rho_m \cdot 2\pi a \cdot S \frac{\rho_\Omega \cdot 2\pi a}{S} \ln 2}{B_{/\!/}^2 \pi^2 a^2} = \frac{4\rho_m \rho_\Omega \ln 2}{B_{/\!/}^2} \tag{1.1.60}$$

代入数据可得

$$t_{\frac{1}{2}} = 1.10 \times 10^6 \text{ s} = 306 \text{ h} = 12 \text{ 天 } 18 \text{ 小时} \tag{1.1.61}$$

方法二：动力学解法

铜环因在磁场中转动而具有感应电流，所以铜环可视为环形载流线圈，所以该铜环的磁矩为

$$m = I \cdot \pi a^2 \tag{1.1.62}$$

其中感应电流 I 为

$$I = \frac{\varepsilon}{R} = -\frac{d\Phi}{dt}\frac{1}{R} = \frac{-B_{/\!/} \pi a^2 \cos\omega t}{R} \tag{1.1.63}$$

铜环的磁矩在地磁场中的安培力矩为

$$M = m \times B \tag{1.1.64}$$

其值为

$$M = -\pi a^2 B_{/\!/} \frac{B_{/\!/} \pi a^2 \omega \cos\theta}{R} \cos\theta = -\frac{B_{/\!/}^2 \pi^2 a^4 \omega}{R} \cos^2\theta \tag{1.1.65}$$

铜环绕轴旋转一周的平均安培力矩为

$$\overline{M} = \frac{1}{T}\int_0^T M dt = -\frac{1}{2\pi}\int_0^{2\pi} \frac{B_{/\!/}^2 \pi^2 a^4 \omega}{R} \cos^2\theta d\theta = -\frac{B_{/\!/}^2 \pi^2 a^4 \omega}{2R} \tag{1.1.66}$$

根据铜环的转动方程，有

$$\overline{M} = I\beta \tag{1.1.67}$$

代入可得

$$-\frac{B_{/\!/}^2 \pi^2 a^4 \omega}{2R} = \frac{1}{2}ma^2 \frac{d\omega}{dt} \tag{1.1.68}$$

余下内容与方法一相同，不再赘述。

另外，也可以通过分析铜环各处所受的安培力情况而得到铜环在旋转过程中的总平均安培力矩。

第 2 题 电子荷质比的测量

A 部分

（A1）电子经过电压 V 加速后有

$$eV = \frac{1}{2}mv^2 \tag{1.2.1}$$

加速后电子的速度为

$$v = \sqrt{\frac{2eV}{m}} \tag{1.2.2}$$

由于 $V < 2$ kV，因此速度 $v < 0.26 \times 10^8$ m/s，无需考虑相对论效应。

电子在磁场中做圆周运动的周期为

$$T = \frac{2\pi m}{eB} \tag{1.2.3}$$

若电子从阳极到荧光屏所需要的时间恰好等于电子在磁场中做圆周运动的周期，那么电子束到达荧光屏时，可以得到一个聚焦得很好的点。

电子在一个回转周期内行进的距离为

$$D = v\cos\beta \cdot T \approx vT = \sqrt{\frac{2eV}{m}} \cdot \frac{2\pi m}{eB} \tag{1.2.4}$$

解得电子的荷质比为

$$\frac{e}{m} = \frac{8\pi^2 V}{B^2 D^2} \tag{1.2.5}$$

B 部分

（B1）情况Ⅰ：

无电场且无磁场。电子做匀速直线运动，因此电子直接打到底片上，呈一条直线。

情况Ⅱ：

A 部分：电子所受电场力 qE 方向向上，洛伦兹力 qvB 方向向上。因此 A 部分的电子向上运动打在圆盘上。

B 部分：电子所受电场力 qE 方向向上，洛伦兹力 qvB 方向向下。因此总有电子满足 $qvB = qE$，在电磁场中做直线运动，电子射出电磁场后，只有磁场的洛伦兹力让其向下偏转，打在底片上，形成图 T1.2.4 下面的曲线。

情况Ⅲ：

A 部分：电子所受电场力 qE 方向向下，洛伦兹力 qvB 方向向下。因此 A 部分的电子向下运动打在圆盘上。

B 部分：电子所受电场力 qE 方向向下，洛伦兹力 qvB 方向向上。因此总有电子符合 $qvB = qE$，在电磁场中做直线运动，电子射出电磁场后，只有磁场的洛伦兹力让其向上偏转，打在底片上，形成图 T1.2.4 上面的曲线。

综上所述，底片取自 B 部分。

（B2）从盘间射出的电子受力平衡，所受的电场力和洛伦兹力大小相等，方向相反，即

$$e\frac{V_0}{t} = e(v\sin\varphi)B_0 \tag{1.2.6}$$

可得电子的速度为

$$v = \frac{V_0}{B_0 t \sin\varphi} \tag{1.2.7}$$

最大速率 v_m 应对应于最小的 $\varphi = 23°$，由此得最大速率为

$$v_m = \frac{V_0}{B_0 t \sin 23°}$$

$$= \frac{580}{6.91 \times 10^{-3} \times 0.80 \times 10^{-3} \times \sin 23°} \text{ m/s}$$

$$= 2.685 \times 10^8 \text{ m/s} \tag{1.2.8}$$

由于电子的最大速率接近 $0.895c$,所以需要考虑其相对论效应,故电子(β 粒子)的最大动能为

$$\begin{aligned} E_{km} &= (\gamma - 1) m_e c^2 \\ &= \frac{1}{\sqrt{1 - \frac{v_m^2}{c^2}}} m_e c^2 - m_e c^2 \\ &= 1.02 \times 10^{-13} \text{ J} \\ &= 637 \text{ keV} \end{aligned} \tag{1.2.9}$$

(B3) 从铜圆盘间射出的电子仅受洛伦兹力的作用,由于电子运动速度方向与水平方向的夹角始终很小,可以认为其竖直方向的速度很小,所以电子受磁场的洛伦兹力的方向近似为竖直方向。

电子在竖直方向的动力学方程为

$$evB\sin\varphi = \gamma m_e a \tag{1.2.10}$$

电子从铜圆盘间射出到抵达底片所需要的时间为

$$\tau = \frac{s}{v} \tag{1.2.11}$$

在这段时间内,电子在竖直方向的位移为

$$\frac{1}{2} y = \frac{1}{2} a\tau^2 \tag{1.2.12}$$

联立式(1.2.10)～式(1.2.12),可得

$$y = \frac{es^2 B\sin\varphi}{\gamma m_e v} \tag{1.2.13}$$

由(B2)可知电子的速度为式(1.2.7),将其代入式(1.2.13),并注意到 $\gamma = \frac{1}{\sqrt{1 - \frac{v^2}{c^2}}}$,

可得

$$y^2 = \left(\frac{eB\sin\varphi}{m_e}\right)^2 \left[\left(\frac{Bst\sin\varphi}{V}\right)^2 - \left(\frac{s}{c}\right)^2\right] \tag{1.2.14}$$

令 $Y = \left(\frac{y}{Bs\sin\varphi}\right)^2$, $X = \left(\frac{Bst\sin\varphi}{V}\right)^2$,式(1.2.14)可化简为

$$Y = \left(\frac{e}{m}\right)^2 X - \left(\frac{es}{mc}\right)^2 \tag{1.2.15}$$

由表 T1.2.1 中的数据计算可得表 J1.2.1 中的数据。

表 J1.2.1

φ	90°	60°	50°	40°	30°
y	17.4×10^{-3}	12.7×10^{-3}	9.7×10^{-3}	6.4×10^{-3}	3.3×10^{-3}
X	1.527×10^{-19}	1.145×10^{-19}	0.896×10^{-19}	0.631×10^{-19}	0.382×10^{-19}
Y	3.77×10^3	2.68×10^3	2.00×10^3	1.23×10^3	0.542×10^3

利用表 J1.2.1 中的数据,以 X 为横轴,Y 为纵轴,作图可得图 J1.2.1。

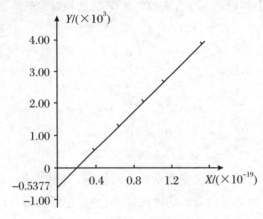

图 J1.2.1

从图 J1.2.1 中读得截距为 -537.7,可得电子的荷质比为

$$\frac{e}{m} = 1.70 \times 10^{11} \text{ C/kg} \tag{1.2.16}$$

从图 J1.2.1 中读得斜率为 2.826×10^{22},可得电子的荷质比为

$$\frac{e}{m} = 1.68 \times 10^{11} \text{ C/kg} \tag{1.2.17}$$

第3题 引力波的探测和引力对光在空间中传播所产生的效应

A 部分 引力波的探测

(A1) 棒的自由端产生的位移 Δx_1 的振动方程为

$$\Delta x_1 = a e^{-\mu t} \cos(\omega t + \varphi) \tag{1.3.1}$$

若在 50 s 内振幅减小 20%,则有

$$1 - 0.20 = e^{-\mu \cdot 50} \tag{1.3.2}$$

解得

$$\mu = -\frac{\ln 0.8}{50} \text{ s}^{-1} = 4.5 \times 10^{-3} \text{ s}^{-1} \tag{1.3.3}$$

(A2) 铝棒中纵波的传播速度为

$$v = \sqrt{\frac{E}{\rho}} = \sqrt{\frac{7.1 \times 10^{10}}{2700}} \text{ m/s} = 5.1 \times 10^3 \text{ m/s} \tag{1.3.4}$$

由于探测器只能探测铝棒自由端的长度变化,固定端刚性固定无法探测,要使自由端变化最为明显,就要让其处于波腹。当铝棒基频振动时,波长为

$$\lambda_{\max} = 4l = 4 \text{ m} \tag{1.3.5}$$

因此铝棒振动的圆频率为

$$\omega_{\min} = 2\pi f_{\min} = 2\pi \frac{v}{\lambda_{\max}} = 8.01 \times 10^3 \text{ rad/s} \tag{1.3.6}$$

(A3) 光电管信号出现拍频时，根据拍频的定义有

$$f_{拍} = |f_1 - f_2| = \left|\frac{v}{\lambda_1} - \frac{v}{\lambda_2}\right| = v\left|\frac{1}{4l_1} - \frac{1}{4l_2}\right| = \frac{v}{4}\left|\frac{l_2 - l_1}{l_1 l_2}\right| \quad (1.3.7)$$

题中 $l_1 \approx l_2 \approx l$ 且 $|l_2 - l_1| = \Delta l$，则

$$f_{拍} = \frac{v}{4}\frac{\Delta l}{l^2} \quad (1.3.8)$$

因此

$$\Delta l = \frac{4l^2 f_{拍}}{v} = 3.9 \times 10^{-6} \text{ m} \quad (1.3.9)$$

(A4) 离金属棒自由端 x 处，由于引力场强度的改变，金属棒所受的附加引力为

$$m\Delta g = \rho x A \Delta g \quad (1.3.10)$$

其中 A 为金属棒的截面积；相应的金属棒的附加应力为

$$\frac{m\Delta g}{A} = \rho x \Delta g \quad (1.3.11)$$

根据胡克定律，有

$$\frac{F_n}{S} = E\frac{\Delta l}{l_0} \quad (1.3.12)$$

可得金属棒产生的附加应变为

$$\frac{\delta(\mathrm{d}x)}{\mathrm{d}x} = \frac{\rho x \Delta g}{E} \quad (1.3.13)$$

因而金属棒的附加形变为

$$\Delta l = \int_0^l \frac{\rho x \Delta g}{E}\mathrm{d}x = \frac{\rho \Delta g}{2E}l^2 \quad (1.3.14)$$

(A5) 当金属棒因引力场强度改变而产生形变 Δl 时，分别从两金属棒自由端反射的激光的光程差改变为 $2\Delta l$，由题意有

$$2\Delta l = 10^{-4}\lambda \quad (1.3.15)$$

联立式(1.3.14)和式(1.3.15)，可得

$$\begin{aligned}
l &= \sqrt{\frac{2E\Delta l}{\rho \Delta g}} \\
&= \sqrt{\frac{E \cdot 10^{-4}\lambda}{\rho \Delta g}} \\
&= \sqrt{\frac{7.1 \times 10^{10} \times 10^{-4} \times 656 \times 10^{-9}}{2700 \times 10^{-19}}} \text{ m} \\
&= 1.31 \times 10^8 \text{ m} \quad (1.3.16)
\end{aligned}$$

B 部分　引力场对光在空间中传播所产生的效应

(B1) 对于光子的能量有

$$h\nu = mc^2 \quad \Rightarrow \quad m = \frac{h\nu}{c^2} \quad (1.3.17)$$

设光子在无穷远处的频率为 ν，光子在太阳表面的频率为 ν_s，由能量守恒定律可得

$$h\nu = h\nu_s - \frac{GMm}{R^2} \tag{1.3.18}$$

将式(1.3.17)代入式(1.3.18),可得

$$\nu = \nu_s\left(1 - \frac{GM}{Rc^2}\right) \tag{1.3.19}$$

(B2) 设距离太阳中心 r 处的光子频率为 ν_r。由题意,离太阳中心 r 处的光子频率 ν_r 和无穷远处的光子频率 ν 存在如下关系:

$$\nu = \nu_r\left(1 - \frac{GM}{rc^2}\right) \tag{1.3.20}$$

相应的两者周期之间存在如下关系:

$$T = T_r \frac{1}{1 - \frac{GM}{rc^2}} \Rightarrow T_r = T\left(1 - \frac{GM}{rc^2}\right) \tag{1.3.21}$$

若以光子作为标准钟,根据钟慢尺缩效应,则有

$$t_r = \frac{t_\infty}{1 - \frac{GM}{rc^2}} \tag{1.3.22}$$

$$l_r = l_\infty\left(1 - \frac{GM}{rc^2}\right) \tag{1.3.23}$$

光速的定义为

$$c = \frac{l}{t} \tag{1.3.24}$$

联立式(1.3.22)~式(1.3.24),可得

$$c_r = c_\infty\left(1 - \frac{GM}{rc^2}\right)^2 \tag{1.3.25}$$

故

$$n_r = \frac{c_\infty}{c_r} = \left(1 - \frac{GM}{rc^2}\right)^{-2} \approx 1 + \frac{2GM}{rc^2} \tag{1.3.26}$$

因此

$$a = 2 \tag{1.3.27}$$

(B3) 折射率随着离太阳中心的距离 r 的增大而减小,由于折射作用,光经过太阳边缘时,将向太阳中心偏折,如图 J1.3.1 所示。

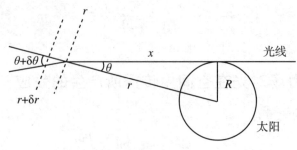

图 J1.3.1

由折射定律有

$$n(r+\delta r)\sin(\theta+\delta\theta) = n(r)\sin\theta \qquad (1.3.28)$$

利用微分展开后有

$$\left[n(r)+\frac{\mathrm{d}n}{\mathrm{d}r}\delta r\right](\sin\theta+\cos\theta\cdot\delta\theta) = n(r)\sin\theta \qquad (1.3.29)$$

整理后有

$$\sin\theta\frac{\mathrm{d}n}{\mathrm{d}r}\delta r + n(r)\cos\theta\cdot\delta\theta = 0 \qquad (1.3.30)$$

因此

$$\delta\theta = -\tan\theta\frac{1}{n(r)}\frac{\mathrm{d}n}{\mathrm{d}r}\delta r \qquad (1.3.31)$$

其中

$$n(r) = 1 + \frac{2GM}{rc^2} \approx 1 \qquad (1.3.32)$$

对式(1.3.32)求导可得

$$\frac{\mathrm{d}n}{\mathrm{d}r} = -\frac{2GM}{r^2 c^2} \qquad (1.3.33)$$

将式(1.3.32)和式(1.3.33)代入式(1.3.31)可得

$$\delta\theta = \tan\theta\frac{2GM}{r^2 c^2}\delta r \qquad (1.3.34)$$

由图 J1.3.1 中的几何关系可知

$$r^2 = x^2 + R^2 \Rightarrow r\mathrm{d}r = x\mathrm{d}x \Rightarrow \mathrm{d}r = \frac{x}{r}\mathrm{d}x \qquad (1.3.35)$$

$$\tan\theta = \frac{R}{x} \qquad (1.3.36)$$

所以光线的偏转角为

$$\Delta\theta = \int_{-\infty}^{+\infty}\delta\theta = \int_{-\infty}^{+\infty}\tan\theta\frac{2GM}{r^2 c^2}\delta r$$

$$= \int_{-\infty}^{+\infty}\frac{2GM}{c^2}\frac{R}{x}\frac{x}{r^3}\mathrm{d}x$$

$$= \frac{2GMR}{c^2}\int_{-\infty}^{+\infty}\frac{1}{x}\frac{x}{r^2 r}\mathrm{d}x$$

$$= \frac{2GMR}{c^2}\int_{-\infty}^{+\infty}\frac{1}{(x^2+R^2)^{\frac{3}{2}}}\mathrm{d}x$$

$$= \frac{2GMR}{c^2}\frac{2}{R^2}$$

$$= \frac{4GM}{Rc^2} \qquad (1.3.37)$$

代入数据可得

$$\Delta\theta = 8.5\times 10^{-6}\text{ rad} \qquad (1.3.38)$$

第 32 届国际物理奥林匹克竞赛理论试题①

第 1 题 四个独立问题

A 部分 速调管

速调管用于甚高频信号的放大，它主要由相距为 b 的输入腔和输出腔组成，每个腔内有一对平行板，如图 T2.1.1 所示。

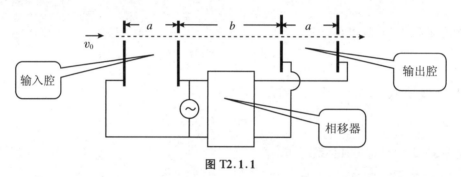

图 T2.1.1

初速度为 v_0 的一束电子通过板上的小孔横穿整个系统。需要放大的甚高频信号以一定的相位差分别加在输入腔和输出腔的电极板上，从而在每个腔内产生水平交变电场。当输入腔中的电场方向向右时，进入腔中的电子被减速；当电场方向向左时，电子被加速。这样，从输入腔中射出的电子经过一定的距离后将叠加成短电子束。如果输出腔位于该短电子束的形成处，那么只要加在输出腔平行板上的电压相位选择恰当，输出腔中的电场将从电子束中吸收能量。设电压信号为周期 $T=10^{-9}$ s，电压 $V=\pm 0.5$ V 的方波。电子束的初始速度 $v_0=2.0\times 10^6$ m/s，电子的荷质比 $\dfrac{e}{m}=1.76\times 10^{11}$ C/kg。假定间距 a 很小，电子飞越输入腔和输出腔的时间可忽略不计。求解以下问题，保留四位有效数字。

(A1) 使电子能叠加成短电子束的距离 b。

(A2) 由相移器提供的输出腔与输入腔之间的相位差。

B 部分 分子间距

用 d_L 和 d_V 分别代表液态和气态水分子的平均间距。假定两个态均在 100 ℃和 1 个标准大气压下，且气态水可以看作理想气体。已知液态时水的密度 $\rho_L=1.0\times 10^3$ kg/m³；水

---

① 第 32 届国际物理奥林匹克竞赛于 2001 年 6 月 28 日至 7 月 6 日在土耳其安塔利亚举行。65 个国家和地区派出代表队参加了本届竞赛。

的摩尔质量 $M = 18$ g/mol；1 个大气压 $p_a = 10^5$ Pa；普适气体常量 $R = 8.31$ J/(mol·K)；阿伏伽德罗常量 $N_A = 6.0 \times 10^{23}$/mol。

(B1) 利用以上数据计算 $\dfrac{d_V}{d_L}$ 的值。

C 部分　简单的锯齿波信号发生器

一个锯齿形电压波形 V_0 可以由图 T2.1.2 中电容 C 两端输出得到。图 T2.1.2 中 R 是可变电阻，V_i 是理想电池。SG 为火花隙，它由两个极板组成，两个极板间距可调。当 SG 两极电压超过击穿电压 V_f 时，两极之间的空气被击穿，此时火花隙变为短路，并保持短路直到 SG 两极间电压最小。

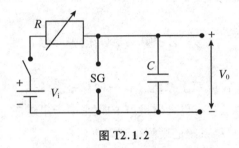

图 T2.1.2

(C1) 在开关闭合后，画出电压 V_0 随时间变化的波形图。

(C2) 满足什么条件时可以得到几乎线性的锯齿形电压波形 V_0？

(C3) 假定(C2)的条件满足，导出这个波形周期 T 的简单表达式。

(C4) 如果只改变输出周期，你应该改变什么(只改变 R，只改变 SG 或同时改变 R 和 SG)？

(C5) 如果只改变输出幅度，你应该改变什么(只改变 R，只改变 SG 或同时改变 R 和 SG)？

(C6) 提供给你另外一个可变电源(该电源可调节电动势，但电动势调节完成后不可再调整)，设计并画出一个新的电路，并指出两个端点，从这两个端点输出可以得到如图 T2.1.3 所示的电压波形 V_0'。

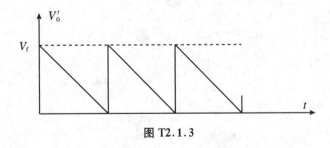

图 T2.1.3

D 部分　原子束

如图 T2.1.4 所示，将炉子中的一群原子加热到某一温度 T，并让这些原子沿水平方向通过炉子侧面上一个直径为 D 的小孔射出(小孔尺寸与原子尺度相当)，从而形成一原子束。设原子质量为 M。

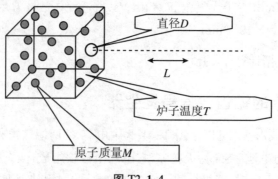

图 T2.1.4

(D1) 当这束原子经过水平长度为 L 的距离时,估算这束原子束的直径。

第 2 题 双星系统

众所周知,大部分恒星构成双星系统。有一种双星系统由一对相互围绕对方旋转的质量为 m_0、半径为 R 的寻常星和有更大质量 M 的致密中子星组成。在下面的所有内容中,忽略地球的运动。由对整个双星系统的观测得到以下信息:

① 寻常星的最大角位移为 $\Delta\theta$,同时中子星的最大角位移为 $\Delta\varphi$,如图 T2.2.1 所示;

② 从图 T2.2.1 中的最大位移状态 Ⅰ 到另一个最大位移状态 Ⅱ 所需时间为 τ;

③ 寻常星的辐射特征表明,其表面温度为 T,单位时间辐射到地球表面单位面积上的能量为 P;

④ 由于寻常星的引力场作用,这一辐射中的钙谱线与正常的波长 λ_0 相差 $\Delta\lambda$,在相关计算中可以认为波长为 λ 的光子的质量为 $\dfrac{h}{c\lambda}$。

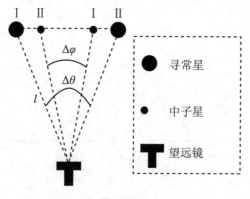

图 T2.2.1

(A1) 求从地球到这个双星系统距离 l 的表达式,只能用所观察到的量和普适常量表示。

(A2) 假定 $M \gg m_0$,寻常星基本上在半径为 r_0 的圆形轨道上绕中子星转动。假定寻常星开始以速度 v_0(相对寻常星)向中子星发射气体,发射气体后寻常星的质量为 m,如图

T2.2.2 所示。假定在此问题中，只考虑中子星的引力作用，并忽略寻常星的轨道变化，求气体与中子星的最近距离 r_f。

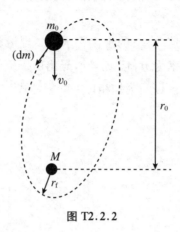

图 T2.2.2

第3题　磁流体动力发电机

一个水平放置的上下前后均封闭的矩形塑料管，其宽度为 w，高度为 h，其内充满电阻率为 ρ 的水银，由涡轮机产生的压强差 p 使得整个流体具有恒定的流速 v_0。管道的前后两个侧面上各有一段长为 L、由铜制成的前后侧面，如图 T2.3.1 中的阴影部分所示。实际流体的运动非常复杂，为了简单起见，我们作如下假定：

① 尽管流体有黏滞性，但整个横截面上的速度均匀；
② 流体的速度总是与作用于其上的合外力成正比；
③ 流体不可压缩。

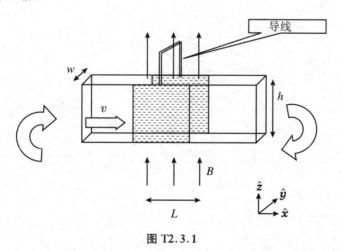

图 T2.3.1

由铜组成的两个前后侧面外部短路，竖直向上的匀强磁场 B 只加在这两个铜侧面之间的区域，装置如图 T2.3.1 所示，图中还标出用于答题的单位矢量 $\hat{x}, \hat{y}, \hat{z}$。

（A1）求磁场作用在流体上的力，用 L, B, h, w, ρ 和加磁场后新的稳定速度 v 表示。

（A2）导出加磁场后流体新的稳定速度 v 的表达式，用 v_0, p, L, B 和 ρ 表示。

（A3）为了使速度增加到原来的值 v_0，涡轮机的功率必须增加，导出涡轮机增加功率的表达式。

（A4）现撤去磁场，并以流速为 v_0 的水代替水银。现沿着水的流动方向发射一束单一频率 f 的电磁波。设水的折射率为 n，且 $v_0 \ll c$，导出由于流体运动造成的电磁波进入长为 L 的两铜侧面间区域至离开此区域的附加相位差的表达式。

第32届国际物理奥林匹克竞赛理论试题解析

第1题 四个独立问题

A部分 速调管

(A1) 电子若在前半个周期进入腔中,则速度减慢;若在后半个周期进入腔中,则速度加快。设减慢后的速度为 v_ret,加快后的速度为 v_acc,则

$$v_\text{ret} = \sqrt{v_0^2 - 2\frac{e}{m}V} = 1.956 \times 10^6 \text{ m/s} \tag{2.1.1}$$

$$v_\text{acc} = \sqrt{v_0^2 + 2\frac{e}{m}V} = 2.044 \times 10^6 \text{ m/s} \tag{2.1.2}$$

经过时间 t 后两种电子各自行进的距离分别为

$$x_\text{ret} = v_\text{ret}\, t \tag{2.1.3}$$

$$x_\text{acc} = v_\text{acc}\left(t - \frac{T}{2}\right) \tag{2.1.4}$$

令 $x_\text{ret} = x_\text{acc}$,得到叠加成短电子束的时间为

$$t_b = \frac{v_\text{acc} T}{2(v_\text{acc} - v_\text{ret})} = 11.61\, T = 11.61 \times 10^{-9} \text{ s} \tag{2.1.5}$$

由此可得

$$b = v_\text{ret}\, t_b = 2.272 \times 10^{-2} \text{ m} = 2.272 \text{ cm} \tag{2.1.6}$$

(A2) 为使输出腔从电子束吸收能量,电场方向应为向右,电子束克服电场力做功,因此相位差为

$$\Delta\varphi = \pm \left|\left(\frac{t_b}{T} - n\right)\right| 2\pi = \pm 0.61 \times 2\pi = -220° \text{ 或 } +140° \tag{2.1.7}$$

B部分 分子间距

(B1) 液态水的密度为

$$\rho_\text{L} = \frac{m}{V} = \frac{m_\text{L}}{\frac{N_\text{A}}{n_\text{L}}} = n_\text{L}\frac{m_\text{L}}{N_\text{A}} \tag{2.1.8}$$

其中 n_L 为液态水分子的数密度,m_L 为液态水的摩尔质量,N_A 为阿伏伽德罗常量。所以,液态水中水分子间的平均距离为

$$d_\text{L} = \frac{1}{(n_\text{L})^{\frac{1}{3}}} = \left(\frac{m_\text{L}}{\rho_\text{L} N_\text{A}}\right)^{\frac{1}{3}} \tag{2.1.9}$$

由题意可将气态水视为理想气体,根据理想气体状态方程,气态水的压强为

$$p_a = \frac{\nu RT}{V} = \frac{\nu m_L}{V}\frac{RT}{m_L} = \rho_V \frac{RT}{m_L} = \frac{n_V m_L}{N_A}\frac{RT}{m_L} \tag{2.1.10}$$

其中 ν 为气态水的物质的量,n_V 为气态水分子的数密度。所以,气态水中水分子间的平均距离为

$$d_V = \frac{1}{(n_V)^{\frac{1}{3}}} = \left(\frac{RT}{p_a N_A}\right)^{\frac{1}{3}} \tag{2.1.11}$$

因此

$$\frac{d_V}{d_L} = \left(\frac{\rho_L RT}{p_a M}\right)^{\frac{1}{3}} \approx 12 \tag{2.1.12}$$

C 部分 简单的锯齿波信号发生器

(C1) 电压 V_0 随时间变化的波形如图 J2.1.1 所示。

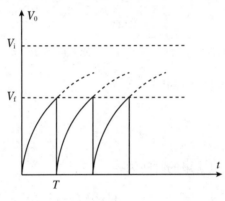

图 J2.1.1

(C2) 满足条件

$$V_i \gg V_f \tag{2.1.13}$$

时,可以得到几乎线性的锯齿形电压波形 V_0。

(C3) 开关闭合后,输出电压 V_0 和时间的关系为

$$V_0 = V_i(1 - e^{-\frac{t}{RC}}) \tag{2.1.14}$$

令 $V_0 = V_f$,由于 $V_i \gg V_f$,则必有 $t = T \ll RC$,故

$$e^{-\frac{T}{RC}} \approx 1 - \frac{T}{RC} \tag{2.1.15}$$

则

$$V_f \approx V_i\left[1 - \left(1 - \frac{T}{RC}\right)\right] = V_i \frac{T}{RC} \tag{2.1.16}$$

所以

$$T = RC \frac{V_f}{V_i} \tag{2.1.17}$$

(C4) 只改变 R。

(C5) 同时改变 R 和 SG，使得 $RV_f =$ 常数。

(C6) 如图 J2.1.2(a)和(b)所示皆可。

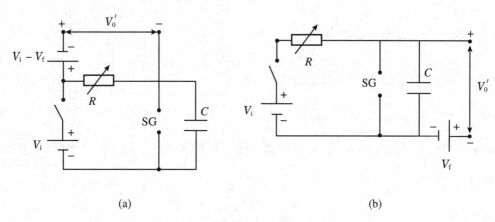

图 J2.1.2

D 部分　原子束

(D1) 当原子束通过直径为 D 的小孔时，根据不确定关系，其动量的 y 分量的不确定量为

$$\Delta p_y \approx \frac{\hbar}{D} \tag{2.1.18}$$

相对应的速度分量的不确定量为

$$\Delta v_y \approx \frac{\hbar}{MD} \tag{2.1.19}$$

那么原子束的直径由于速度的不确定而增大的量值为

$$\Delta D \approx 2\Delta v_y t \tag{2.1.20}$$

其中 t 为原子束的行进时间。

当炉温为 T 时，原子离开孔时的动能和速度分别为

$$E_k = \frac{1}{2}Mv^2 = \frac{3}{2}kT \tag{2.1.21}$$

$$v = \sqrt{\frac{3kT}{M}} \tag{2.1.22}$$

原子束以速度 v 行进距离 L 时，所需时间为

$$t = \frac{L}{v} \tag{2.1.23}$$

故

$$\Delta D \approx 2\Delta v_y t = 2\frac{\hbar}{MD}\frac{L}{v} = 2\frac{\hbar}{MD}\frac{L}{\sqrt{\frac{3kT}{M}}} = \frac{2L\hbar}{D\sqrt{3MkT}} \tag{2.1.24}$$

因而原子束行进距离 L 后的新直径为

$$D' = D + \frac{2L\hbar}{D\sqrt{3MkT}} = D + \frac{2}{\sqrt{3}}\frac{L\hbar}{D\sqrt{MkT}} \tag{2.1.25}$$

本题实质为估算题，只要量纲和数量级符合即可，无须过度纠结于系数的大小。

第 2 题 双星系统

(A1) 寻常星的辐射总功率为

$$P_\text{总} = \sigma T^4 4\pi R^2 \tag{2.2.1}$$

地球上单位面积接收到的寻常星的辐射功率为

$$P = \frac{P_\text{总}}{4\pi l^2} = \frac{4\pi R^2}{4\pi l^2}\sigma T^4 = \frac{R^2}{l^2}\sigma T^4 \tag{2.2.2}$$

由题可知光子能量为 $h\nu = \dfrac{hc}{\lambda}$，光子质量为 $\dfrac{h}{c\lambda}$。根据光子的能量守恒定律（利用经典力学近似）有

$$\frac{hc}{\lambda_0} - \frac{Gm_0}{R}\frac{h}{c\lambda_0} = \frac{hc}{\lambda_0 + \Delta\lambda} \tag{2.2.3}$$

可得寻常星的半径为

$$R = \frac{Gm_0(\lambda_0 + \Delta\lambda)}{c^2 \Delta\lambda} \tag{2.2.4}$$

双星系统的质心 C 可视为不动。设寻常星与质心间的距离为 r_1，中子星与质心间的距离为 r_2，由图 T2.2.1 有

$$r_1 = l \cdot \frac{1}{2}\Delta\theta \tag{2.2.5}$$

$$r_2 = l \cdot \frac{1}{2}\Delta\varphi \tag{2.2.6}$$

联立式(2.2.5)和式(2.2.6)，可得

$$l = \frac{2(r_1 + r_2)}{\Delta\varphi + \Delta\theta} \tag{2.2.7}$$

双星以相同的角速度绕着质心转动，角速度 ω 与观察量 τ 之间的关系有

$$\omega = \frac{2\pi}{2\tau} = \frac{\pi}{\tau} \tag{2.2.8}$$

根据万有引力定律和牛顿运动定律有

$$G\frac{Mm_0}{(r_1 + r_2)^2} = m_0 r_1 \omega^2 = M r_2 \omega^2 \tag{2.2.9}$$

由双星系统的质心的定义有

$$m_0 r_1 = M r_2 \tag{2.2.10}$$

联立式(2.2.8)~式(2.2.10)，可得

$$Gm_0 = \left(\frac{\pi}{\tau}\right)^2 r_2 (r_1 + r_2)^2 \tag{2.2.11}$$

联立式(2.2.2)~式(2.2.11)可得

$$l = \sqrt{\frac{8c^2 \Delta\lambda \sqrt{\dfrac{P}{\sigma T^4}}}{\Delta\varphi \left(\dfrac{\pi}{\tau}\right)^2 (\lambda_0 + \Delta\lambda)(\Delta\theta + \Delta\varphi)^2}} \tag{2.2.12}$$

（A2）寻常星在喷射气体前后角动量守恒：

$$mr^2\omega = m_0 r_0^2 \omega_0 \tag{2.2.13}$$

气体质元 dm 在轨道运动过程中角动量守恒：

$$r_0^2 \omega_0 dm = r_f^2 \omega_f dm \tag{2.2.14}$$

其中 ω_f 为质元离中子星最近时的角速度。如图 T2.2.2 所示，ω_0 由原状态时的万有引力定律和牛顿运动定律所决定，即

$$\omega_0 = \sqrt{\frac{GM}{r_0^3}} \tag{2.2.15}$$

联立式(2.2.13)～式(2.2.15)，可得

$$\omega = \frac{m_0 r_0}{mr^2}\sqrt{\frac{GM}{r_0}}, \quad \omega_f = \frac{m_0 r_0}{mr_f^2}\sqrt{\frac{GM}{r_0}} \tag{2.2.16}$$

气体质元 dm 在轨道运动过程中能量守恒：

$$\frac{1}{2}(v_0^2 + r^2\omega^2)dm - \frac{GM dm}{r} = \frac{1}{2}r_f^2 \omega_f^2 dm - \frac{GM dm}{r_f} \tag{2.2.17}$$

将式(2.2.16)代入式(2.2.17)，整理后可得

$$v_0^2 + \frac{m_0^2 r_0 GM}{m^2}\left(\frac{1}{r^2} - \frac{1}{r_f^2}\right) - 2GM\left(\frac{1}{r} - \frac{1}{r_f}\right) = 0 \tag{2.2.18}$$

由于 $r > r_0$，$r_0 \gg r_f$，因此 $\frac{1}{r}$，$\frac{1}{r^2}$ 都可忽略。故

$$v_0^2 r_f^2 + 2GM r_f - \frac{m_0^2 r_0 GM}{m^2} = 0 \tag{2.2.19}$$

该一元二次方程的解为

$$r_f = \frac{-2GM \pm \sqrt{4G^2M^2 + 4v_0^2 \frac{m_0^2 r_0 GM}{m^2}}}{2v_0^2} \tag{2.2.20}$$

由于 r_f 是距离，此解需要取正值，整理后有

$$r_f = \frac{GM}{v_0^2}\left(\sqrt{1 + \frac{m_0^2 r_0 v_0^2}{GM m^2}} - 1\right) \tag{2.2.21}$$

注 根据题意可忽略 r 与 r_0 的区别，因此式(2.2.16)～式(2.2.18)中亦可写为 r_0。

第 3 题　磁流体动力发电机

（A1）带电粒子在稳定状态下合外力必须为零，即

$$\boldsymbol{F} = q\boldsymbol{E} + q\boldsymbol{v} \times \boldsymbol{B} = 0 \tag{2.3.1}$$

故而有

$$\boldsymbol{E} = -\boldsymbol{v} \times \boldsymbol{B} = vB\hat{\boldsymbol{y}} \tag{2.3.2}$$

磁流体动力发电机在前后两板间产生等效电动势，等效电动势大小为

$$V_H = Ew = vBw \tag{2.3.3}$$

前后两板间的等效电阻为

$$R = \rho \frac{w}{Lh} \tag{2.3.4}$$

前后两极板间的电流为

$$I = \frac{V_H}{R} = \frac{BLhv}{\rho} \tag{2.3.5}$$

电流方向为 y 轴负方向。

磁场作用在流体上的安培力为

$$\boldsymbol{F} = I\boldsymbol{l} \times \boldsymbol{B} = \frac{B^2 Lhwv}{\rho}(-\hat{\boldsymbol{x}}) \tag{2.3.6}$$

(A2) 作用在流体上的安培力产生的压强为

$$p_b = \frac{F}{S} = \frac{\dfrac{B^2 Lhwv}{\rho}}{hw} = \frac{B^2 Lv}{\rho} \tag{2.3.7}$$

作用在流体上的合外力为安培力和涡轮机产生的压力的合力，即

$$F' = (p - p_b)hw \tag{2.3.8}$$

由题意，流体的速度与合外力成正比：

$$v = \alpha F' \tag{2.3.9}$$

由式(2.3.8)和式(2.3.9)，可得

$$v = \alpha(p - p_b)hw \tag{2.3.10}$$

而未加磁场时，流体的速度与涡轮机产生的压强之间的关系为

$$v_0 = \alpha F = \alpha(pS) = \alpha p(hw) \tag{2.3.11}$$

由式(2.3.7)、式(2.3.10)和式(2.3.11)，可得

$$v = v_0 - \frac{vv_0 B^2 L}{p\rho} \tag{2.3.12}$$

解得

$$v = \frac{p\rho}{p\rho + v_0 B^2 L} v_0 \tag{2.3.13}$$

(A3) 为使流体的速度增加到原来的值 v_0，根据能量守恒，功率的增加量应为所消耗的电能：

$$\Delta P = V_H I = Bwv_0 \cdot \frac{BLhv_0}{\rho} = \frac{B^2 v_0^2 whL}{\rho} \tag{2.3.14}$$

也可以这样求：为使速度增加到原来的值 v_0，必须增加压强，以克服磁场对电流的安培力，增加的功率可由增加的压强求得：

$$\Delta P = \Delta p \cdot hw \cdot v_0 = p_b \cdot hw \cdot v_0 = \frac{B^2 v_0^2 whL}{\rho} \tag{2.3.15}$$

(A4) 电磁波在静水中的速度为

$$u = \frac{c}{n} \tag{2.3.16}$$

根据相对论速度变换公式，电磁波在流速为 v 的水中的速度为

$$u' = \frac{u+v}{1+\frac{uv}{c^2}} = \frac{\frac{c}{n}+v}{1+\frac{v}{cn}} \tag{2.3.17}$$

由于 $v \ll c$,故而

$$\frac{v}{nc} \ll 1 \tag{2.3.18}$$

因此式(2.3.17)可化为

$$u' = \frac{\frac{c}{n}+v}{1+\frac{v}{cn}} = \left(\frac{c}{n}+v\right)\frac{1}{1+\frac{v}{cn}}$$

$$\approx \left(\frac{c}{n}+v\right)\left(1-\frac{v}{cn}\right) \approx \frac{c}{n}+v\left(1-\frac{1}{n^2}\right) \tag{2.3.19}$$

电磁波在静水中和流水中的速度差为

$$\Delta u = u' - u = v\left(1-\frac{1}{n^2}\right) \tag{2.3.20}$$

电磁波在传播过程的相位差为

$$\Delta \varphi = 2\pi f \Delta T \tag{2.3.21}$$

由电磁波的传播时间 $T = \frac{L}{u}$,两边取微分有

$$\Delta T = \frac{\Delta u}{u^2}L \approx \frac{Lv}{c^2}(n^2-1) \tag{2.3.22}$$

而 $v = v_0$,故电磁波附加的相位差为

$$\Delta \varphi = 2\pi f \frac{L}{c^2}(n^2-1)v_0 \tag{2.3.23}$$

第33届国际物理奥林匹克竞赛理论试题

第1题 探地雷达

探地雷达(Ground-Penetrating Radar)通过向地下发射高频电磁波,然后接收从地下物体反射回来的电磁波来探测和定位近地表面处的地下物体。天线和探测器直接放在地面上的同一位置。

角频率 ω 沿 z 方向传播的线偏振平面电磁波的电场可由下式表示:

$$E = E_0 e^{-\alpha z}\cos(\omega t - \beta z) \tag{*}$$

其中 E_0 为常数,α 为衰减常数,β 为波数,分别由下面两式表示:

$$\alpha = \omega\sqrt{\frac{1}{2}\mu\varepsilon\left(\sqrt{1+\frac{\sigma^2}{\varepsilon^2\omega^2}}-1\right)}, \quad \beta = \omega\sqrt{\frac{1}{2}\mu\varepsilon\left(\sqrt{1+\frac{\sigma^2}{\varepsilon^2\omega^2}}+1\right)} \tag{**}$$

其中 μ,ε 和 σ 分别为大地磁导率、大地介电常量和大地电导率。

当到达地下物体的电磁波信号振幅下降到初始值的 $\frac{1}{e}$ ($\approx 37\%$)时,地下物体将无法被探测到。探地雷达常用频率在 10~1000 MHz 之间的电磁波进行探测,以便调节探地雷达的探测范围和分辨率。

探地雷达的性能取决于它的分辨率。分辨率由两个相邻的被测反射物体的最小间距决定,最小间距对应于两个反射电磁波在探测器处的最小相位差为 180°。

已知:真空磁导率 $\mu_0 = 4\pi \times 10^{-7}$ H/m,真空介电常数 $\varepsilon_0 = 8.85 \times 10^{-12}$ F/m。

(A1)假定大地为非磁性物质($\mu = \mu_0$),并满足 $\frac{\sigma^2}{\varepsilon^2\omega^2} \ll 1$,请利用前述式(*)和式(**)导出电磁波在大地中的传播速率 v 的表达式(用 μ 和 ε 表示)。

(A2)请确定地下物体能被探地雷达探测到的最大深度,设大地的电导率为 $\sigma = 1.0 \times 10^{-3}$ S/m,大地的介电常量为 $9\varepsilon_0$,并满足条件 $\frac{\sigma^2}{\varepsilon^2\omega^2} \ll 1$。(已知 1 S = 1 Ω^{-1},$\mu = \mu_0$)

(A3)考虑两根水平方向平行埋在地下的导电杆,两杆所埋位置距离地面为 4 m,已知大地电导率为 1.0×10^{-3} S/m,大地介电常量为 $9\varepsilon_0$。假设探地雷达就在其中一根导体杆所在位置的上方地面进行测量,并假设探测器为点状。试确定使横向分辨率达 50 cm 所需要的最低电磁波频率。

(A4)为确定埋在与(A2)中相同条件的地层中的导体杆的深度 d,考虑沿垂直于导体杆

---

① 第33届国际物理奥林匹克竞赛于 2002 年 7 月 21 日至 7 月 30 日在印度尼西亚巴厘举行。66 个国家和地区派出代表队参加了本届竞赛。

方向进行测量。测量结果可用图 T3.1.1 中的电磁波传播时间 t 和探测器的位置 x 的关系表示,其中 $t_{\min} = 100$ ns。试导出 t 与 x 的函数关系,并确定 d。

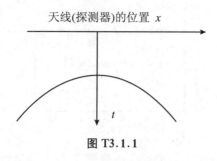

图 T3.1.1

第 2 题 感知电信号

某些海洋动物能探测离它一定距离的其他动物,因为这些动物的呼吸或包括肌肉收缩在内的其他过程会产生电流。某些食肉动物(捕食者)利用这种电信号能够确定猎物的位置(即使猎物埋在海底沙中也可以)。

猎物的发电机制和捕食者的探测机制可以用图 T3.2.1 的模型表示。猎物体内的电流在分别带有正负电势的两球体(源球)之间流动。假设两源球的距离为 l_s,每个源球的半径为 r_s,$r_s \ll l_s$,海水的电阻率为 ρ。假设猎物身体的电阻率和它周围的海水一样,因而图中猎物身体的边界可以忽略。

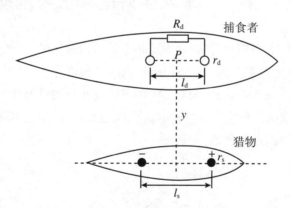

图 T3.2.1 实心圆代表源球,空心圆代表探测球

为了描述捕食者对猎物产生的电信号的探测过程,探测器可以类似地简化为捕食者身上的两个球(探测球),探测球和周围的海水相接触,和猎物体内的源球相平行,两探测球相距 l_d,每个探测球的半径为 r_d,$r_d \ll l_d$。在所考察的情形中,探测器中心在信号源正上方 y 处,两个探测球的连线和电场相平行,如图 T3.2.1 所示。源和探测器中两球的距离 l_s 和 l_d 都远小于 y。假定电场强度在探测器两球的连线上为常数,因此探测器与猎物、周围的海水以及捕食者连成一个闭合回路,如图 T3.2.2 所示。图 T3.2.2 中的 V 是由猎物产生的电场在探测器两个探测球间造成的电势差(由于捕食者的生物效应,这里的 V 等效于电动势)。

R_m 是半径为 r_d 的两个球被周围海水包围时所产生的电阻(内阻)。另外，V_d 和 R_d 分别是捕食者体内两探测球之间的电势差和电阻。

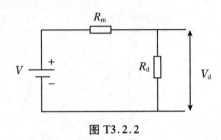

图 T3.2.2

（A1）确定放在无限大导电介质中的点电流源 I_s 产生的离点电流源 r 处的电流密度矢量 j。

（A2）基于欧姆定律 $E = \rho j$，确定探测器内两探测球连线中点 P 的场强 E_P，设猎物体内两源球间的电流为 I_s。

（A3）确定猎物体内两源球间的电势差 V_s，猎物体内两源球间的电阻 R_s 和源产生的电功率 P_s。

（A4）确定图 T3.2.2 中两探测球间的电阻 R_m 和两探测球间的电势差 V_d，并计算探测器的电功率。

（A5）确定使探测到的电功率达最大值时的 R_d 值，并求出最大电功率。

第 3 题　重车在倾斜道路上的运动

图 T3.3.1 是重车(如压路机等)在倾斜道路上运动的简化模型，该车前后各有一圆柱体作为轮子，在倾角为 θ 的道路上运动。每个圆柱轮的总质量为 $m_2 = m_3 = M$，圆柱轮由外半径为 R_0、内半径为 $R_i = 0.8R_0$、质量为 $0.8M$ 的圆柱壳和总质量为 $0.2M$ 的 8 根辐条组成，支撑车体的下架的质量可以忽略。圆柱轮的简化模型如图 T3.3.2 所示。现在重车在重力和摩擦力的作用下沿倾斜道路运动。

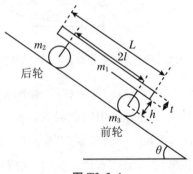

图 T3.3.1

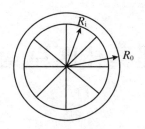

图 T3.3.2

已知圆柱轮与地面的静摩擦系数和动摩擦系数分别是 μ_s 和 μ_k，车身质量为 $m_1 = 5M$，长为 L，厚为 t，前后轮中心之间距离为 $2l$。圆柱轮中心到车身底部的距离为 h。圆柱轮和它的轴之间的摩擦可以忽略。

（A1）计算每个圆柱轮的转动惯量 I。（保留一位有效数字，后续小题中若用到该转动惯量，以此一位有效数字的结果代入）

（A2）画出作用在车身、前轮和后轮上的作用力，并写出车身、前轮和后轮的动力学方程。

（A3）设车子从静止开始在重力和摩擦力作用下自由运动。描述系统所有可能的运动形式，并导出相应的车的加速度，用题目中所给的物理量表示。

（A4）假定重车从静止开始以纯滚动行进距离 d 后，进入倾斜道路的另一部分，该部分所有的摩擦系数降为较小的常数 μ_s' 和 μ_k'，使得两个圆柱轮开始滑动，计算重车行进总距离 s 后，每个圆柱轮的线速度和角速度。假定 d 和 s 均比车的线度大得多。

第33届国际物理奥林匹克竞赛理论试题解析

第1题 探地雷达

（A1）设电磁波在介质中的传播速率为 v，由

$$\omega t - \beta z = C(\text{常数}) \tag{3.1.1}$$

两边求导，可得

$$v = \frac{dz}{dt} = \frac{\omega}{\beta} \tag{3.1.2}$$

因此

$$v = \frac{\omega}{\beta} = \frac{\omega}{\omega\sqrt{\frac{1}{2}\mu\varepsilon\left(\sqrt{1+\frac{\sigma^2}{\varepsilon^2\omega^2}}+1\right)}} \tag{3.1.3}$$

由题意 $\frac{\sigma^2}{\varepsilon^2\omega^2} \ll 1$，故

$$v \approx \frac{1}{\sqrt{\frac{1}{2}\mu\varepsilon(1+1)}} = \frac{1}{\sqrt{\mu\varepsilon}} \tag{3.1.4}$$

（A2）根据题意，$e^{-\alpha z} = \frac{1}{e}$ 时无法探测到地下物体，因此物体在地下的最大探测深度 δ（趋肤深度）与衰减常数成反比：

$$\delta = \frac{1}{\alpha} = \frac{1}{\omega\sqrt{\frac{1}{2}\mu\varepsilon\left(\sqrt{1+\frac{\sigma^2}{\varepsilon^2\omega^2}}-1\right)}}$$

$$\approx \frac{1}{\omega\sqrt{\frac{1}{2}\mu\varepsilon\left(1+\frac{1}{2}\frac{\sigma^2}{\varepsilon^2\omega^2}-1\right)}} = \frac{1}{\omega\sqrt{\frac{1}{2}\mu\varepsilon\left(\frac{1}{2}\frac{\sigma^2}{\varepsilon^2\omega^2}\right)}}$$

$$= \frac{2}{\sigma}\sqrt{\frac{\varepsilon}{\mu}} \tag{3.1.5}$$

代入数据可得地下物体能被探地雷达探测到的最大深度为

$$\delta = \frac{2}{\sigma}\sqrt{\frac{\varepsilon}{\mu}} = \frac{2}{\sigma}\sqrt{\frac{9\varepsilon_0}{\mu}} = 15.923 \text{ m} \tag{3.1.6}$$

（A3）如图 J3.1.1 所示，横向分辨率与波长和两杆距离之间满足

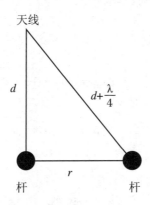

图 J3.1.1

$$r^2 + d^2 = \left(d + \frac{1}{4}\lambda\right)^2 \Rightarrow r = \sqrt{\frac{1}{2}\lambda d + \frac{1}{16}\lambda^2} \tag{3.1.7}$$

将 $r = 0.5$ m, $d = 4$ m 代入式(3.1.7)可得

$$\lambda^2 + 32\lambda - 4 = 0 \tag{3.1.8}$$

解得电磁波波长为

$$\lambda = 0.125 \text{ m} \tag{3.1.9}$$

电磁波在介质中的传播速度为

$$v = \frac{1}{\sqrt{\mu\varepsilon}} = \frac{1}{\sqrt{\mu_0 9\varepsilon_0}} = \frac{1}{3}\frac{1}{\sqrt{\mu_0 \varepsilon_0}} = \frac{1}{3}c = 10^8 \text{ m/s} \tag{3.1.10}$$

因此分辨两杆所需的最低电磁波频率为

$$f_{\min} = \frac{v}{\lambda} = 800 \text{ MHz} = 8.0 \times 10^8 \text{ Hz} \tag{3.1.11}$$

（A4）当天线和探测器处于地面上某一位置 x 时，电磁波的传播路径如图 J3.1.2 所示。

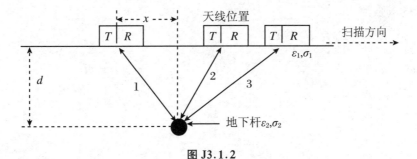

图 J3.1.2

电磁波传播时间 t 和探测器位置 x 间的函数关系为

$$\left(\frac{vt}{2}\right)^2 = d^2 + x^2 \tag{3.1.12}$$

解得

$$t(x) = \sqrt{\frac{4d^2 + 4x^2}{v^2}} \tag{3.1.13}$$

其中 $v = 10^8$ m/s。

当 $x = 0$ 时,有

$$t = t_{\min} = 100 \times 10^{-9} \text{ s} \tag{3.1.14}$$

代入式(3.1.13)可得

$$d = 5 \text{ m} \tag{3.1.15}$$

第2题 感知电信号

(A1) 当点电流源 I_s 位于无限大各向同性介质中时,距离点电流源 r 处的电流密度矢量为

$$\boldsymbol{j} = \frac{I_s}{4\pi r^2} \frac{\boldsymbol{r}}{r} \tag{3.2.1}$$

(A2) 由题意可知,猎物的电阻率与周围海水的电阻率相同,即猎物的边界消失,两源球犹如处在电阻率为 ρ 的无限大各向同性介质中。当源球产生的电流为 I_s 时,距离源球球心 r 处的电流密度为

$$\boldsymbol{j} = \frac{I_s}{4\pi r^2} \frac{\boldsymbol{r}}{r} \tag{3.2.2}$$

由于海水的电阻率为 ρ,因此距离源球球心 r 处的电场为

$$\boldsymbol{E}(r) = \rho\boldsymbol{j} = \frac{\rho I_s}{4\pi r^3}\boldsymbol{r} \tag{3.2.3}$$

在我们的模型中有两个源球,一个源球相对另一个源球为高电势,于是电流 I_s 从高电势的小球(带正电)流向低电势的小球(带负电),如图 J3.2.1 所示。两源球球心相距 l_s,则点 $P(0, y)$ 处的场强为

$$\begin{aligned}\boldsymbol{E}_P &= \boldsymbol{E}_+ + \boldsymbol{E}_- \\ &= \frac{\rho I_s}{4\pi}\frac{-\frac{l_s}{2}\boldsymbol{i} + y\boldsymbol{j}}{\left[\left(\frac{l_s}{2}\right)^2 + y^2\right]^{\frac{3}{2}}} + \frac{\rho I_s}{4\pi}\frac{-\frac{l_s}{2}\boldsymbol{i} - y\boldsymbol{j}}{\left[\left(\frac{l_s}{2}\right)^2 + y^2\right]^{\frac{3}{2}}} \\ &= \frac{\rho I_s}{4\pi}\frac{-l_s\boldsymbol{i}}{\left[\left(\frac{l_s}{2}\right)^2 + y^2\right]^{\frac{3}{2}}}\end{aligned} \tag{3.2.4}$$

对于 $l_s \ll y$,有

$$\boldsymbol{E}_P \approx \frac{\rho I_s l_s}{4\pi y^3}(-\boldsymbol{i}) \tag{3.2.5}$$

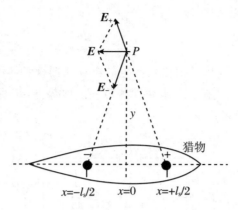

图 J3.2.1

(A3) 沿着猎物体内两源球连线的 x 轴上的电场强度为

$$E(x) = \frac{\rho I_s}{4\pi}\left[\frac{1}{\left(x - \frac{l_s}{2}\right)^2} + \frac{1}{\left(x + \frac{l_s}{2}\right)^2}\right](-\boldsymbol{i}) \tag{3.2.6}$$

两源球产生给定电流 I_s 所需的电势差为

$$V_s = \Delta V = V_+ - V_- = -\int_{-\frac{1}{2}l_s+r_s}^{\frac{1}{2}l_s-r_s} \boldsymbol{E}(x)\cdot\mathrm{d}\boldsymbol{x}$$

$$= -\int_{-\frac{1}{2}l_s+r_s}^{\frac{1}{2}l_s-r_s}\frac{\rho I_s}{4\pi}\left[\frac{1}{\left(x-\frac{1}{2}l_s\right)^2}+\frac{1}{\left(x+\frac{1}{2}l_s\right)^2}\right](-\boldsymbol{i})\cdot(\boldsymbol{i}\mathrm{d}x)$$

$$= -\frac{\rho I_s}{4\pi}\left(\frac{1}{x-\frac{1}{2}l_s}+\frac{1}{x+\frac{1}{2}l_s}\right)\Bigg|_{-\frac{1}{2}l_s+r_s}^{\frac{1}{2}l_s-r_s}$$

$$= -\frac{\rho I_s}{4\pi}\left(\frac{1}{\frac{1}{2}l_s-r_s-\frac{1}{2}l_s}-\frac{1}{-\frac{1}{2}l_s+r_s-\frac{1}{2}l_s}\right)$$

$$\quad -\frac{\rho I_s}{4\pi}\left(\frac{1}{\frac{1}{2}l_s-r_s+\frac{1}{2}l_s}-\frac{1}{-\frac{1}{2}l_s+r_s+\frac{1}{2}l_s}\right)$$

$$= \frac{\rho I_s}{4\pi}\left(\frac{2}{r_s}-\frac{2}{l_s-r_s}\right)$$

$$= \frac{2\rho I_s}{4\pi}\frac{l_s-r_s-r_s}{(l_s-r_s)r_s}$$

$$= \frac{\rho I_s}{2\pi r_s}\frac{l_s-2r_s}{l_s-r_s} \tag{3.2.7}$$

对于 $r_s \ll l_s$,有

$$V_s = \Delta V \approx \frac{\rho I_s}{2\pi r_s} \tag{3.2.8}$$

猎物体内两源球间的电阻为

$$R_s = \frac{V_s}{I_s} = \frac{\rho}{2\pi r_s} \tag{3.2.9}$$

猎物体内的源产生的电功率为

$$P_s = I_s V_s = \frac{\rho I_s^2}{2\pi r_s} \tag{3.2.10}$$

（A4）如图 J3.2.2 所示，V 是由猎物产生的电场在捕食者体内两探测球间产生的电势差，R_m 是由周围海水引起的内阻，V_d 是两探测球间的电势差，R_d 是捕食者体内两探测器间的电阻，i_d 是经过闭合电路的电流。

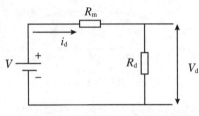

图 J3.2.2

与两源球间的电阻相类似，两探测球间的电阻率为 ρ 的介质的电阻为

$$R_m = \frac{\rho}{2\pi r_d} \tag{3.2.11}$$

由于 $l_d \ll y, l_s \ll y$，两探测球间的电场可视为常量，其大小为

$$E = \frac{\rho I_s l_s}{4\pi y^3} \tag{3.2.12}$$

于是，存在于介质中的两探测球间的电动势为

$$V = E l_d = \frac{\rho I_s l_s l_d}{4\pi y^3} \tag{3.2.13}$$

两探测球之间的电势差则为

$$V_d = V \frac{R_d}{R_d + R_m} = \frac{\rho I_s l_s l_d}{4\pi y^3} \frac{R_d}{R_d + \frac{\rho}{2\pi r_d}} \tag{3.2.14}$$

探测器的电功率为

$$P_d = i_d V_d = \frac{V}{R_d + R_m} V_d = \left(\frac{\rho I_s l_s l_d}{4\pi y^3}\right)^2 \frac{R_d}{\left(R_d + \frac{\rho}{2\pi r_d}\right)^2} \tag{3.2.15}$$

（A5）当 $f(R_d) = \dfrac{R_d}{\left(R_d + \frac{\rho}{2\pi r_d}\right)^2} = \dfrac{R_d}{(R_d + R_m)^2}$ 达到最大时，探测器的电功率 P_d 达到最大，于是

$$f(R_d) = \frac{R_d}{R_d^2 + 2R_m R_d + R_m^2} = \frac{1}{R_d + \frac{R_m^2}{R_d} + 2R_m} \tag{3.2.16}$$

根据基本不等式

$$R_d + \frac{R_m^2}{R_d} \geqslant 2\sqrt{R_d \cdot \frac{R_m^2}{R_d}} = 2R_m \tag{3.2.17}$$

当 $R_d = \dfrac{R_m^2}{R_d}$ 时，$R_d + \dfrac{R_m^2}{R_d}$ 取得最小值，$f(R_d)$ 达到最大，探测器的电功率 P_d 达到最大。此时

$$R_{\text{d最佳}} = R_{\text{m}} = \frac{\rho}{2\pi r_{\text{d}}} \tag{3.2.18}$$

探测器的最大电功率为

$$P_{\text{dmax}} = \left(\frac{\rho I_{\text{s}} l_{\text{s}} l_{\text{d}}}{4\pi y^3}\right)^2 \frac{\pi r_{\text{d}}}{2\rho} = \frac{\rho (I_{\text{s}} l_{\text{s}} l_{\text{d}})^2 r_{\text{d}}}{32\pi y^6} \tag{3.2.19}$$

第 3 题 重车在倾斜道路上的运动

（A1）重车的简化模型如图 J3.3.1 所示，设圆柱轮中心到车身中央的高度 $h_1 = h + 0.5t$，$R_0 = R$。

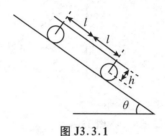

图 J3.3.1

已知圆柱轮的圆柱壳部分的内半径为 $R_i = 0.8R_0$，圆柱轮中圆柱壳部分的质量 $m_{\text{圆柱壳}} = 0.8M$，每根辐条质量 $m_{\text{辐条}} = 0.025M$，则圆柱轮的转动惯量为

$$I = \oint_{\text{全部}} r^2 \mathrm{d}m = \oint_{\text{圆柱壳}} r^2 \mathrm{d}m + \oint_{\text{辐条1}} r^2 \mathrm{d}m + \cdots + \oint_{\text{辐条8}} r^2 \mathrm{d}m \tag{3.3.1}$$

其中

$$\oint_{\text{圆柱壳}} r^2 \mathrm{d}m = 2\pi\sigma \int_{R_i}^{R_0} r^3 \mathrm{d}r = 0.5\pi\sigma(R_0^4 - R_i^4)$$

$$= 0.5 m_{\text{圆柱壳}}(R_0^2 + R_i^2) = 0.656 MR^2 \tag{3.3.2}$$

σ 为圆柱壳的质量面密度；

$$\oint_{\text{辐条}} r^2 \mathrm{d}m = \lambda \int_0^{R_0} r^2 \mathrm{d}r = \frac{1}{3}\lambda R_0^3 = \frac{1}{3} \times m_{\text{辐条}} R_0^2$$

$$= \frac{1}{3} \times 0.025M \times 0.64R^2 = 0.00533 MR^2 \tag{3.3.3}$$

λ 为辐条的质量线密度。于是每个圆柱轮的转动惯量为

$$I = 0.656 MR^2 + 8 \times 0.00533 MR^2 = 0.69864 MR^2 \approx 0.7 MR^2 \tag{3.3.4}$$

（A2）求解重车的运动方程时，为简化分析，可将重车分为三部分：第一部分为车身，可视为匀质平板；第二部分为两个后圆柱轮；第三部分为两个前圆柱轮。

第一部分（车身）：

车身的受力分析如图 J3.3.2 所示。车身受到的自身重力 $m_1 g$ 竖直向下；后圆柱轮的转轴对车身有支持力，由于该支持力的方向未知，故该力可进行分解，表示为平行斜面向上的分力 N_{12x} 和垂直斜面向上的分力 N_{12y}；前圆柱轮的转轴对车身有支持力，由于该支持力的

方向未知,故该力可进行分解,表示为平行斜面向上的分力 N_{13x} 和垂直斜面向上的分力 N_{13y}。车身沿斜面方向的动力学方程为

$$m_1 g\sin\theta - N_{12x} - N_{13x} = m_1 a \tag{3.3.5}$$

车身沿着垂直于斜面方向的平衡方程为

$$m_1 g\cos\theta = N_{12y} + N_{13y} \tag{3.3.6}$$

车身所受的所有力对 O 点的合力矩为零,有

$$N_{12y}l - N_{13y}l + N_{12x}h_1 + N_{13x}h_1 = 0 \tag{3.3.7}$$

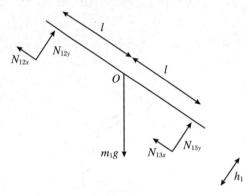

图 J3.3.2

第二部分(后圆柱轮):

后圆柱轮的受力分析如图 J3.3.3 所示。后圆柱轮受到的自身重力 Mg 竖直向下;车身通过后圆柱轮转轴对后圆柱轮产生压力,由于该压力的方向未知,故该力可进行分解,表示为平行斜面向下的分力 N_{21x} 和垂直斜面向下的分力 N_{21y};斜面对后圆柱轮的支持力 N_2 垂直斜面向上;斜面对后圆柱轮的摩擦力 f_2 平行斜面向上。后圆柱轮的动力学方程为

$$N_{21x} - f_2 + Mg\sin\theta = Ma \tag{3.3.8}$$

$$N_2 - N_{21y} - Mg\cos\theta = 0 \tag{3.3.9}$$

若后圆柱轮无滑滚动,有

$$f_2 R = I\alpha_2 = I\frac{a}{R} \quad \Rightarrow \quad f_2 = I\frac{a}{R^2} \tag{3.3.10}$$

若后圆柱轮有滑滚动,则有

$$f_2 = \mu_k N_2 \tag{3.3.11}$$

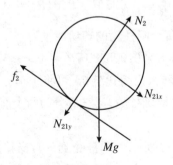

图 J3.3.3

第三部分(前圆柱轮):

前圆柱轮的受力分析如图 J3.3.4 所示。前圆柱轮受到的自身重力 Mg 竖直向下;车身通过前圆柱轮转轴对前圆柱轮有压力,由于该压力的方向未知,故该力可进行分解,表示为平行斜面向下的分力 N_{31x} 和垂直斜面向下的分力 N_{31y};斜面对前圆柱轮的支持力 N_3 垂直斜面向上;斜面对前圆柱轮的摩擦力 f_3 平行斜面向上。前圆柱轮的运动方程为

$$N_{31x} - f_3 + Mg\sin\theta = Ma \tag{3.3.12}$$

$$N_3 - N_{31y} - Mg\cos\theta = 0 \tag{3.3.13}$$

若前圆柱轮无滑滚动,有

$$f_3 R = I\alpha_3 = I\frac{a}{R} \Rightarrow f_3 = I\frac{a}{R^2} \tag{3.3.14}$$

若前圆柱轮有滑滚动,有

$$f_3 = \mu_k N_3 \tag{3.3.15}$$

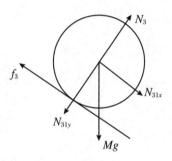

图 J3.3.4

(A3) 本小题可分为三种情况。

第一种情况:前后轮全部做纯滚动。

联立式(3.3.8)和式(3.3.10),求解可得

$$N_{21x} = \frac{I}{R^2}a + Ma - Mg\sin\theta \tag{3.3.16}$$

联立式(3.3.12)和式(3.3.14),求解可得

$$N_{31x} = \frac{I}{R^2}a + Ma - Mg\sin\theta \tag{3.3.17}$$

由方程(3.3.5)、式(3.3.16)和式(3.3.17),求解可得

$$a = \frac{7Mg\sin\theta}{7M + 2\dfrac{I}{R^2}} = \frac{7Mg\sin\theta}{7M + 2\times\dfrac{0.7MR^2}{R^2}} = 0.833g\sin\theta \tag{3.3.18}$$

$$N_3 = \frac{7}{2}Mg\cos\theta + \frac{h_1}{l}\left[\left(M + \frac{I}{R^2}\right)a - Mg\sin\theta\right]$$

$$= \frac{7}{2}Mg\cos\theta + \frac{h_1}{l}\left[(M + 0.7M)\times 0.833g\sin\theta - Mg\sin\theta\right]$$

$$= 3.5Mg\cos\theta + 0.42\frac{h_1}{l}Mg\sin\theta \tag{3.3.19}$$

$$N_2 = \frac{7}{2}Mg\cos\theta - \frac{h_1}{l}\left[\left(M + \frac{I}{R^2}\right)a - Mg\sin\theta\right]$$

$$= \frac{7}{2}Mg\cos\theta - \frac{h_1}{l}\left[(M + 0.7M) \times 0.833g\sin\theta - Mg\sin\theta\right]$$

$$= 3.5Mg\cos\theta - 0.42\frac{h_1}{l}Mg\sin\theta \tag{3.3.20}$$

前后圆柱轮都做纯滚动的条件为

$$f_2 \leqslant \mu_s N_2 \quad \Rightarrow \quad \frac{I_2}{R_2^2}a \leqslant \mu_s N_2 \tag{3.3.21}$$

$$f_3 \leqslant \mu_s N_3 \quad \Rightarrow \quad \frac{I_3}{R_3^2}a \leqslant \mu_s N_3 \tag{3.3.22}$$

将式(3.3.18)和式(3.3.20)代入式(3.3.21),可得

$$0.7M \times 0.833g\sin\theta \leqslant \mu_s\left(3.5Mg\cos\theta - 0.42\frac{h_1}{l}Mg\sin\theta\right) \Rightarrow$$

$$\tan\theta \leqslant \frac{3.5\mu_s}{0.5831 + 0.42\mu_s\frac{h_1}{l}} \tag{3.3.23}$$

将式(3.3.18)和式(3.3.19)代入式(3.3.22),可得

$$0.7M \times 0.833g\sin\theta \leqslant \mu_s\left(3.5Mg\cos\theta + 0.42\frac{h_1}{l}Mg\sin\theta\right) \Rightarrow$$

$$\tan\theta \leqslant \frac{3.5\mu_s}{0.5831 - 0.42\mu_s\frac{h_1}{l}} \tag{3.3.24}$$

比较式(3.3.23)和式(3.3.24),式(3.3.23)为前后两圆柱轮均做纯滚动的条件。

第二种情况:前后轮均做有滑滚动。

由式(3.3.8)有

$$N_{21x} = Ma + \mu_k N_2 - Mg\sin\theta \tag{3.3.25}$$

由式(3.3.12)有

$$N_{31x} = Ma + \mu_k N_3 - Mg\sin\theta \tag{3.3.26}$$

将式(3.3.25)和式(3.3.26)代入式(3.3.5),可得

$$a = \frac{7Mg\sin\theta - \mu_k N_2 - \mu_k N_3}{7M} \tag{3.3.27}$$

又因为

$$N_2 + N_3 = 7Mg\cos\theta \tag{3.3.28}$$

故式(3.3.27)可化为

$$a = g\sin\theta - \mu_k g\cos\theta \tag{3.3.29}$$

前后轮同时都做有滑滚动的条件与前后轮均做纯滚动的条件相反,为

$$f_2 > \mu_s N_2' \quad \Rightarrow \quad \frac{I_2}{R_2^2}a > \mu_s N_2' \tag{3.3.30}$$

$$f_3 > \mu_s N_3' \quad \Rightarrow \quad \frac{I_3}{R_3^2}a > \mu_s N_3' \tag{3.3.31}$$

其中 N_2', N_3' 为前后轮均做纯滚动时重车对路面的正压力,可得

$$\tan\theta > \frac{3.5\mu_s}{0.5831 + 0.41\mu_s \frac{h_1}{l}} \tag{3.3.32}$$

$$\tan\theta > \frac{3.5\mu_s}{0.5831 - 0.41\mu_s \frac{h_1}{l}} \tag{3.3.33}$$

比较式(3.3.32)和式(3.3.33),式(3.3.33)为前后两圆柱轮均做有滑滚动的条件。

第三种情况:一轮(前轮)做纯滚动而另一轮(后轮)做有滑滚动的情况。

由式(3.3.21)和式(3.3.22)可见,若一轮做纯滚动而另一轮做有滑滚动,则必为前轮做纯滚动而后轮做有滑滚动。

由式(3.3.8)可得

$$N_{21x} = m_2 a + \mu_k N_2 - m_2 g\sin\theta \tag{3.3.34}$$

由式(3.3.12)可得

$$N_{31x} = m_3 a + \frac{I}{R^2}a - m_3 g\sin\theta \tag{3.3.35}$$

联立式(3.3.5)、式(3.3.34)和式(3.3.35),又因为

$$N_2 + N_3 = 7Mg\sin\theta \tag{3.3.36}$$

可得

$$a = \frac{7Mg\sin\theta - \mu_k N_2}{7.7M} = 0.9091 g\sin\theta - \frac{\mu_k N_2}{7.7M} \tag{3.3.37}$$

$$N_2 = \frac{7Mg\cos\theta - 0.4546\frac{h_1}{l}Mg\sin\theta}{2 + 0.65\mu_k \frac{h_1}{l}} \tag{3.3.38}$$

$$N_3 = 7Mg\cos\theta - \frac{7Mg\cos\theta - 0.4546\frac{h_1}{l}Mg\sin\theta}{2 + 0.65\mu_k \frac{h_1}{l}} \tag{3.3.39}$$

将式(3.3.38)代入式(3.3.37),可得

$$a = 0.9091 g\sin\theta - \frac{\mu_k}{7.7} \frac{7g\cos\theta - 0.4546\frac{h_1}{l}g\sin\theta}{2 + 0.65\mu_k \frac{h_1}{l}} \tag{3.3.40}$$

在本种情况中,前轮做纯滚动条件为

$$f_2 > \mu_s N_2' \quad \Rightarrow \quad \frac{I}{R^2}a > \mu_s N_2' \tag{3.3.41}$$

而后轮做有滑滚动的条件为

$$f_3 \leqslant \mu_s N_3' \quad \Rightarrow \quad \frac{I}{R^2}a \leqslant \mu_s N_3' \tag{3.3.42}$$

式(3.3.41)和式(3.3.42)中的 N_2' 为后轮做纯滚动时的正压力,即式(3.3.20);N_3' 为前轮做纯滚动时的正压力,即式(3.3.19)。

综上所述:

① 前后两圆柱轮均做纯滚动时,重车的加速度为 $a = 0.833g\sin\theta$;
② 前后两圆柱轮均做有滑滚动时,重车的加速度为 $a = g\sin\theta - \mu_k g\cos\theta$;
③ 一轮(前轮)做纯滚动而另一轮(后轮)做有滑滚动时,重车的加速度为

$$a = 0.9091 g\sin\theta - \frac{\mu_k}{7.7} \frac{7g\cos\theta - 0.4546\frac{h_1}{l}g\sin\theta}{2 + 0.65\mu_k \frac{h_1}{l}}$$

(A4) 假定重车的圆柱轮滚过距离 d 后,前后两圆柱轮均开始滑动,共行进总距离 s。设经过时间 t_1 后经过距离 d。则

$$v_{t1} = v_0 + at_1 = 0 + at_1 = at_1 \tag{3.3.43}$$

$$d = v_0 t_1 + \frac{1}{2}a_1 t_1^2 = \frac{1}{2}a_1 t_1^2 \tag{3.3.44}$$

联立求解可得

$$t_1 = \sqrt{\frac{2d}{a_1}} \tag{3.3.45}$$

$$v_{t1} = at_1 = a_1\sqrt{\frac{2d}{a_1}} = \sqrt{2da_1}$$

$$= \sqrt{2d \times 0.833g\sin\theta}$$

$$= \sqrt{1.666 dg\sin\theta} \tag{3.3.46}$$

滚过距离 d 后,前后轮的角速度相同:

$$\omega_{t1} = \frac{v_{t1}}{R} = \frac{1}{R}\sqrt{1.666 dg\sin\theta} \tag{3.3.47}$$

紧接着重车开始滑动。设车子从距离 d 滑行至距离 s,需要时间 t_2,则

$$v_{t2} = v_{t1} + a_2 t_2 \tag{3.3.48}$$

$$s - d = v_{t1} t_2 + \frac{1}{2}a_2 t_2^2 \tag{3.3.49}$$

联立式(3.3.48)和式(3.3.49)可解得

$$t_2 = \frac{-v_{t1} + \sqrt{v_{t1}^2 + 2a_2(s-d)}}{a_2} \tag{3.3.50}$$

$$v_{t2} = \sqrt{v_{t1}^2 + 2a_2(s-d)}$$

$$= \sqrt{1.666 gd\sin\theta + 2(g\sin\theta - \mu_k' g\cos\theta)(s-d)} \tag{3.3.51}$$

对于重车两圆柱轮的角速度,在滑动时,圆柱轮所受到的力矩为

$$\tau = \mu_k' NR \tag{3.3.52}$$

圆柱轮的角加速度为

$$\beta = \frac{\tau}{I} = \frac{\mu_k' NR}{I} \tag{3.3.53}$$

故其角速度为

$$\omega_{t2} = \omega_{t1} + \beta t_2$$

$$= \frac{1}{R}\sqrt{1.666 dg\sin\theta} + \frac{\mu_k' NR}{I} \frac{-v_{t1} + \sqrt{v_{t1}^2 + 2a_2(s-d)}}{a_2} \tag{3.3.54}$$

对于前后两圆柱轮,联立式(3.3.5)～式(3.3.7)可得

$$N_{12y} = \frac{1}{2}m_1 g\cos\theta - \frac{h_1}{2l}(m_1 g\sin\theta - m_1 a) \tag{3.3.55}$$

$$N_{13y} = \frac{1}{2}m_1 g\cos\theta + \frac{h_1}{2l}(m_1 g\sin\theta - m_1 a) \tag{3.3.56}$$

将式(3.3.55)代入式(3.3.9),可得

$$N_2 = \frac{1}{2}m_1 g\cos\theta - \frac{h_1}{2l}(m_1 g\sin\theta - m_1 a) + Mg\cos\theta$$

$$= \frac{7}{2}Mg\cos\theta - \frac{5h_1}{2l}(Mg\sin\theta - Ma) \tag{3.3.57}$$

将式(3.3.56)代入式(3.3.13),可得

$$N_3 = \frac{1}{2}m_1 g\cos\theta + \frac{h_1}{2l}(m_1 g\sin\theta - m_1 a) + Mg\cos\theta$$

$$= \frac{7}{2}Mg\cos\theta + \frac{5h_1}{2l}(Mg\sin\theta - Ma) \tag{3.3.58}$$

将式(3.3.29)(μ_k 变为 μ_k')分别代入式(3.3.57)和式(3.3.58),可得

$$N_2 = \frac{7}{2}Mg\cos\theta - \frac{5h_1}{2l}\mu_k' Mg\cos\theta \tag{3.3.59}$$

$$N_3 = \frac{7}{2}Mg\cos\theta + \frac{5h_1}{2l}\mu_k' Mg\cos\theta \tag{3.3.60}$$

将式(3.3.59)代入式(3.3.54),可得重车行进总距离 s 后,后圆柱轮的角速度为

$$\omega_{t2后} = \omega_{t1} + \beta t_2$$

$$= \frac{1}{R}\sqrt{1.666 dg\sin\theta} + \frac{\mu_k' N_2 R}{I}\frac{-v_{t1} + \sqrt{v_{t1}^2 + 2a_2(s-d)}}{a_2} \tag{3.3.61}$$

将式(3.3.60)代入式(3.3.54),可得重车行进总距离 s 后,前圆柱轮的角速度为

$$\omega_{t2前} = \omega_{t1} + \beta t_2$$

$$= \frac{1}{R}\sqrt{1.666 dg\sin\theta} + \frac{\mu_k' N_3 R}{I}\frac{-v_{t1} + \sqrt{v_{t1}^2 + 2a_2(s-d)}}{a_2} \tag{3.3.62}$$

第 34 届国际物理奥林匹克竞赛理论试题[①]

第 1 题 下落摆球的运动

半径为 R 的刚性圆柱体架于地面上方,圆柱体的中心轴线与水平地面平行。质量为 m 的摆球用长为 $L(L>2\pi R)$、质量可忽略的细绳悬挂在圆柱体顶端的 A 点,如图 T4.1.1 所示。现将摆球拉至与 A 点等高的水平位置,将细绳张紧,然后静止释放摆球。细绳的任何伸缩均可忽略。假定摆球可视为质点,且只在垂直于圆柱轴线的竖直平面(图 T4.1.1 中的纸面)内摆动。重力加速度为 g。

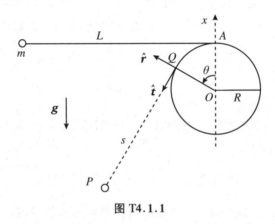

图 T4.1.1

如图 T4.1.1 所示,取 O 点为坐标原点。当摆球下落至 P 点时,细绳与圆柱表面相切于 Q 点。线段 QP 的长度以 s 表示。在 Q 点处沿切线方向的单位矢量为 $\hat{t}$,沿半径方向的单位矢量为 $\hat{r}$。取沿 OA 竖直向上的直线为 x 轴,当 OA 沿逆时针方向旋转至 OQ 时,其角位移 θ 为正值。

当 $\theta=0$ 时,线段 s 的长度等于 L,摆球的重力势能 U 设为零。由于摆球的运动,θ 与 s 的瞬时时间变化率分别用 $\dfrac{\mathrm{d}\theta}{\mathrm{d}t}$ 与 $\dfrac{\mathrm{d}s}{\mathrm{d}t}$ 表示。

除非另外说明,所有速率与速度均相对于固定点 O 而言。

A 部分

在本部分中,只考虑细绳处于张紧状态下的摆球运动。试利用以上所给的物理量 $\left(\text{即 } s, \theta, \dfrac{\mathrm{d}s}{\mathrm{d}t}, \dfrac{\mathrm{d}\theta}{\mathrm{d}t}, R, L, g, \hat{t}, \hat{r}\right)$ 表示:

[①] 第 34 届国际物理奥林匹克竞赛于 2003 年 8 月 2 日至 8 月 11 日在中国台北举行。54 个国家和地区派出代表队参加了本届竞赛。

(A1) $\dfrac{\mathrm{d}\theta}{\mathrm{d}t}$ 与 $\dfrac{\mathrm{d}s}{\mathrm{d}t}$ 的关系。

(A2) 动点 Q 相对于 O 点的速度 $\boldsymbol{v}_Q$。

(A3) 当摆球位于 P 点时,它相对于动点 Q 的速度 $\boldsymbol{v}'$。

(A4) 当摆球位于 P 点时,它相对于 O 点的速度 $\boldsymbol{v}$。

(A5) 当摆球位于 P 点时,它相对于 O 点的加速度在方向 $\hat{t}$ 的分量。

(A6) 当摆球位于 P 点时,它的重力势能 U。

(A7) 摆球在其轨迹最低点时的速率 v_m。

B 部分

在本部分中,L 与 R 的比值为

$$\frac{L}{R} = \frac{9}{8}\pi + \frac{2}{3}\cot\frac{\pi}{16} = 3.534 + 3.352 = 6.886$$

(B1) 当由 Q 到 P 的细绳为直线,且其长度为最短时,求摆球的速率 v_s,用 g 与 R 表示。

(B2) 当摆球摆动到圆柱体的另一侧且到达最高点时,求摆球的速率 v_H,用 g 与 R 表示。

C 部分

在本部分中,质量为 m 的摆球并非悬吊于 A 点,而是系以细绳,细绳绕过圆柱体的顶端 A 点,在另一侧与质量为 M 的较重物体相连,如图 T4.1.2 所示。该较重物体也可视为质点。

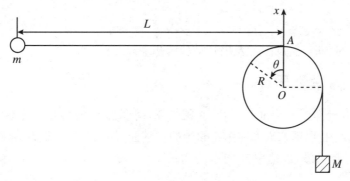

图 T4.1.2

开始时,将摆球拉至与 A 点等高,细绳另一端的重物悬挂在 O 点以下,细绳处于张紧状态,其水平部分的长度为 L。然后由静止释放摆球,重物也开始下落,假设摆球保持在竖直平面内运动,且能摆过竖直下降的重物和细绳,而不与之相碰。

细绳与圆柱体表面间的滑动摩擦力可忽略不计,但静摩擦力足够大,使重物下落的速度一旦变为零,就能使其维持不动。

(C1) 假设重物在下落距离 D 后,速度变为零,且 $L-D \gg R$。若此后摆球能绕过圆柱体至 $\theta = 2\pi$,且悬空的两段细绳始终保持伸直,则比值 $\alpha = \dfrac{D}{L}$ 必不小于某个定值 α_c。忽略量级为 $\dfrac{R}{L}$ 及以上的项,试估算临界值 α_c(以 $\dfrac{M}{m}$ 表示)。

第2题 交流电压下的压电晶体共振器

考虑一根自然长度为 l、截面积为 A 的均匀长棒,如图 T4.2.1 所示,当其两端面受到大小相等、方向相反的法向作用力 F 时,其长度的改变量为 Δl。应力 T 定义为 $\dfrac{F}{A}$,而长度的相对变化即 $\dfrac{\Delta l}{l}$ 称为应变 S。用应力和应变表示胡克定律,可写为

$$T = YS \quad \text{或} \quad \frac{F}{A} = Y\frac{\Delta l}{l}$$

上式中的比例常数 Y 称为棒材料的杨氏模量。注意:压应力(指抵抗棒长度缩短的应力) T 会使棒的长度缩短,其所对应的纵向作用力为负值(即 $F<0$),长度的变化量也为负值(即 $\Delta l<0$),故压应力 T 与压强 p 的关系为 $p = -T$。

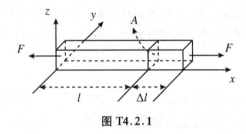

图 T4.2.1

对密度为 ρ 的均匀长棒而言,沿棒传播的纵波(即声波)的波速 u 可由下式给出:

$$u = \sqrt{\frac{Y}{\rho}}$$

在回答以下问题时,假设阻尼及损耗效应皆可忽略。

A 部分 力学性质

一根由 $x=0$ 延伸至 $x=\infty$ 的均匀半无限长棒,密度为 ρ,最初静止且不受应力。在一很短的时间间隔 Δt 内,以活塞对 $x=0$ 处的棒的左端面,如图 T4.2.2 所示,施加大小恒定的压力,使之产生一压力波,以速率 u 向右传播。

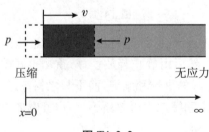

图 T4.2.2

(A1) 若棒的左端面以恒定速度 v 运动,如图 T4.2.2 所示,在时间 Δt 内,棒左端的应变 S 与压强 p 各为多少?(答案只能以 ρ, u, v 表示)

(A2) 考虑棒内沿 x 方向行进的纵波。以 x 表示棒内一横截面在无应力下的平衡位

置,如图 T4.2.3 所示,以 $\xi(x,t)$ 表示此横截面在时刻 t 的位移,并设
$$\xi(x,t) = \xi_0 \sin k(x - ut)$$
式中 ξ_0 及 k 为常量,试求出速度 $v(x,t)$、应变 $S(x,t)$ 及压强 $p(x,t)$ 随 x 与 t 变化的函数。

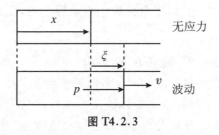

图 T4.2.3

B 部分　机电性质(包括压电效应)

考虑一块长度为 b,宽度为 w,厚度为 h 的均匀石英晶片,如图 T4.2.4 所示,其长度沿 x 轴,厚度沿 z 轴。晶片的上下表面各镀有一层金属薄膜作为电极,焊接在电极中心点的两条引线兼作为支柱,如图 T4.2.5 所示。对沿 x 轴的纵向振动而言,这两个电极中心点可视为固定不动。

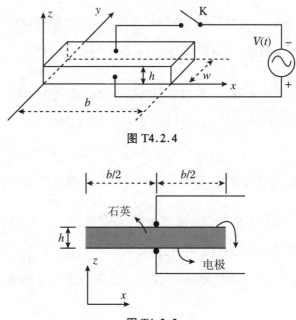

图 T4.2.4

图 T4.2.5

此石英晶体密度 $\rho = 2.65 \times 10^3 \, \text{kg/m}^3$,杨氏模量 $Y = 7.87 \times 10^{10} \, \text{N/m}^2$,晶片长度 $b = 1.00 \, \text{cm}$,而宽度 w 与厚度 h 满足 $w \ll b$ 与 $h \ll w$。当开关 K 未闭合时,石英晶片中只激发起沿 x 轴方向的纵波模式的驻波振动。

对于频率为 $f = \dfrac{\omega}{2\pi}$ 的驻波,平衡位置位于 x 处的截面在时刻 t 的位移 $\xi(x,t)$ 可以表示为

$$\xi(x,t) = 2\xi_0 g(x)\cos\omega t, \quad 0 \leqslant x \leqslant b$$

式中 ξ_0 为正的常量，而位置函数 $g(x)$ 可表示为下列形式：

$$g(x) = B_1\sin k\left(x - \frac{b}{2}\right) + B_2\cos k\left(x - \frac{b}{2}\right)$$

$g(x)$ 的最大值为 1，式中 $k = \dfrac{\omega}{u}$。由于电极的中心是静止的，而晶片的左右端面是自由的，因而应力或压强为零。

(B1) 就此石英晶片的纵驻波，确定 B_1 和 B_2 值。

(B2) 此石英晶片中激发的纵驻波的两个最低频率是多少？

压电效应是石英晶体的一种特性。晶体被压缩或拉伸时，其两端会产生电压；反之，若在晶体两端施加电压，则依据电压的极性，晶体会伸长或收缩。因而，机械振动和电振动会通过石英晶体相互耦合并引起共振。

为了说明压电效应，设当石英晶片中存在沿 z 方向的电场 E 时，其上、下电极的电荷面密度分别为 $+\sigma$ 与 $-\sigma$，若分别以 S 与 T 表示晶片沿 x 方向的应变与应力，则此石英晶片的压电效应可用下列一组关系式表示：

$$S = \frac{1}{Y}T + d_P E$$

$$\sigma = d_P T + \varepsilon_T E$$

其中 $\dfrac{1}{Y} = 1.27 \times 10^{-11}$ m^2/N 为石英晶体在确定电场下的弹性顺度（即杨氏模量 Y 的倒数），$\varepsilon_T = 4.06 \times 10^{-11}$ F/m 为石英晶体在确定应力下的电容率，$d_P = 2.25 \times 10^{-12}$ m/V 则为石英晶体的压电常量。

将图 T4.2.4 中的开关 K 接通，则两电极间加有交变电压 $V(t) = V_m\cos\omega t$，从而在晶片中存在一均匀电场 $E(t) = \dfrac{V(t)}{h}$，最后会达到稳定态，晶片中出现沿 x 方向，角频率为 ω 的纵驻波振荡。

当电场 E 均匀时，纵驻波的波长 λ 与频率 f 的关系仍然满足 $\lambda = \dfrac{u}{f}$，其中 u 依然由 $u = \sqrt{\dfrac{Y}{\rho}}$ 给定。但是正如前述 $S = \dfrac{1}{Y}T + d_P E$ 所示，尽管应力与应变的定义保持不变，且晶片两端面保持自由而无应力，但 $T = YS$ 不再成立。

(B3) 考虑方程 $S = \dfrac{1}{Y}T + d_P E$ 和 $\sigma = d_P T + \varepsilon_T E$，下电极板上的电荷面密度 σ 随 x 与 t 变化的函数为

$$\sigma(x,t) = \left[D_1\cos k\left(x - \frac{b}{2}\right) + D_2\right]\frac{V(t)}{h}$$

式中 $k = \dfrac{\omega}{u}$。求 D_1、D_2 的表达式。

(B4) 下电极上的总电荷 $Q(t)$ 与电压 $V(t)$ 的关系式为

$$Q(t) = \left(1 + \alpha^2\frac{2}{kb}\tan\frac{kb}{2} - \alpha^2\right)C_0 V(t)$$

试求出常数 C_0 的表达式与 α^2 的表达式及其数值。

第3题 两个独立问题

A 部分 中微子质量与中子衰变

一个质量为 m_n 的自由中子在实验室参考系中静止时衰变成 3 个无相互作用的粒子：1 个质子，1 个电子和 1 个反中微子。质子的静止质量为 m_p，反中微子的静止质量为 m_ν，假设 m_ν 不为零但比电子的静止质量 m_e 小很多。真空中的光速以 c 表示。已知物理量如下：

中子质量 m_n = 939.56563 MeV/c^2

质子质量 m_p = 938.27231 MeV/c^2

电子质量 m_e = 0.5109907 MeV/c^2

以下所有能量与速度均相对于实验室参考系而言。令衰变后产生的电子所具有的总能量为 E。

（A1）求 E 的最大可能值 E_{max} 以及当 $E = E_{max}$ 时反中微子的速率 v_m。两个答案都必须以粒子的静止质量和光速表示。

若已知 $m_\nu < 7.3\,\mathrm{eV}/c^2$，试计算 E_{max} 和 v_m/c 的数值至三位有效数字。

B 部分 光浮

一透明玻璃半球半径为 R，质量为 m，折射率为 n，半球外介质的折射率为 1。一单色平行激光束沿法向均匀射向半球平表面的正中央部分，如图 T4.3.1 所示。在此图中，重力加速度 g 竖直向下。激光束的圆截面半径 δ 远小于 R。玻璃半球和激光束以 z 轴为对称轴。

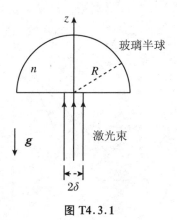

图 T4.3.1

玻璃半球不吸收任何激光。玻璃球表面已经过光学涂料的处理，因此入射光及出射光在平面及球面的反射可以忽略不计，且激光在光学涂料中的光程也可以忽略。

（B1）若忽略量级为 $\left(\dfrac{\delta}{R}\right)^3$ 及更高的项，求为平衡玻璃半球的重力所需的激光功率 P，即利用激光使玻璃半球能够浮在空中所需的最小激光功率。

提示：当角度 θ 远小于 1 时，有 $\cos\theta \approx 1 - \dfrac{\theta^2}{2}$。

第34届国际物理奥林匹克竞赛理论试题解析

第1题 下落摆球的运动

A部分

(A1) 由于细绳长度

$$L = s + R\theta \tag{4.1.1}$$

保持不变,式(4.1.1)两边对时间求导可得

$$\frac{ds}{dt} + R\frac{d\theta}{dt} = 0 \tag{4.1.2}$$

(A2) Q 相对于 O 点做半径为 R 的圆周运动,角速度为 $\frac{d\theta}{dt}$,所以

$$v_Q = R\frac{d\theta}{dt}\hat{t} = -\frac{ds}{dt}\hat{t} \tag{4.1.3}$$

(A3) 相对于 Q,摆球在 Δt 时间内的位移为

$$\Delta r' = (s\Delta\theta)(-\hat{r}) + \Delta s\hat{t} \tag{4.1.4}$$

如图 J4.1.1 所示,由此可得

$$v' = \lim_{\Delta t \to 0}\frac{\Delta r'}{\Delta t} = -s\frac{d\theta}{dt}\hat{r} + \frac{ds}{dt}\hat{t} \tag{4.1.5}$$

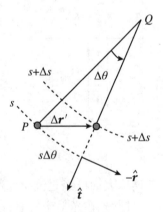

图 J4.1.1

(A4) 摆球相对 O 点的速度为分别由式(4.1.3)和式(4.1.5)给出的两速度之和,于是

$$v = v' + v_Q = -s\frac{d\theta}{dt}\hat{r} + \frac{ds}{dt}\hat{t} - \frac{ds}{dt}\hat{t} = -s\frac{d\theta}{dt}\hat{r} \tag{4.1.6}$$

(A5) 如图 J4.1.2 所示,速度改变量 Δv 在 $-\hat{t}$ 方向的分量由下式给出:

$$-\hat{t} \cdot \Delta v = v\Delta\theta \tag{4.1.7}$$

于是，加速度 $a = \lim_{\Delta t \to 0} \dfrac{\Delta v}{\Delta t}$ 的 $\hat{t}$ 分量为

$$\hat{t} \cdot a = -v\dfrac{\mathrm{d}\theta}{\mathrm{d}t} \tag{4.1.8}$$

由式(4.1.6)，摆球的速率为 $s\dfrac{\mathrm{d}\theta}{\mathrm{d}t}$，于是 P 点处摆球加速度的 $\hat{t}$ 分量为

$$a_t = a \cdot \hat{t} = -v\dfrac{\mathrm{d}\theta}{\mathrm{d}t} = -\left(s\dfrac{\mathrm{d}\theta}{\mathrm{d}t}\right)\dfrac{\mathrm{d}\theta}{\mathrm{d}t} = -s\left(\dfrac{\mathrm{d}\theta}{\mathrm{d}t}\right)^2 \tag{4.1.9}$$

同理，如图 J4.1.2 所示，摆球加速度的径向分量（$\hat{r}$ 分量）也可仿照上述方法得到：

$$a_r = a \cdot \hat{r} = -\dfrac{\mathrm{d}v}{\mathrm{d}t} = -\dfrac{\mathrm{d}\left(s\dfrac{\mathrm{d}\theta}{\mathrm{d}t}\right)}{\mathrm{d}t} \tag{4.1.10}$$

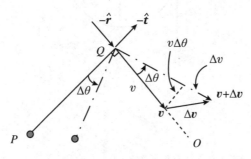

图 J4.1.2

（A6）如图 J4.1.3 所示，摆球的重力势能可用 s 和 θ 表示为

$$U(\theta) = -mgh = -mg[R(1-\cos\theta) + s\sin\theta] \tag{4.1.11}$$

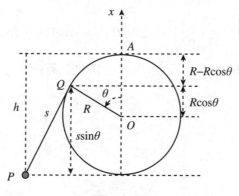

图 J4.1.3

（A7）在轨迹的最低点，摆球的重力势能 U 必须取极小值 U_m，此势能极小位置可由摆球的平衡位置求得。不难看出，此即 $\theta = \dfrac{\pi}{2}$，也即 $s = L - \dfrac{\pi}{2}R$ 的位置，如图 J4.1.4 所示。故

$$U_m = U\left(\dfrac{\pi}{2}\right) = -mg\left(R + L - \dfrac{1}{2}\pi R\right) \tag{4.1.12}$$

初始时摆球的机械能为零,由机械能守恒定律,摆球在轨迹最低点的速率 v_m 满足

$$E = 0 = \frac{1}{2}mv_m^2 + U_m \tag{4.1.13}$$

由式(4.1.12)和式(4.1.13),可得

$$v_m = \sqrt{-\frac{2U_m}{m}} = \sqrt{2g\left(R + L - \frac{\pi}{2}R\right)} \tag{4.1.14}$$

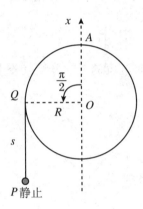

图 J4.1.4

B 部分

(B1) 由式(4.1.11),摆球总机械能可表示为

$$E = 0 = \frac{1}{2}mv^2 + U(\theta) = \frac{1}{2}mv^2 - mg[R(1 - \cos\theta) + s\sin\theta] \tag{4.1.15}$$

由式(4.1.6),摆球速率等于 $s\dfrac{d\theta}{dt}$,于是由式(4.1.15)可得

$$v^2 = \left(s\frac{d\theta}{dt}\right)^2 = 2g[R(1 - \cos\theta) + s\sin\theta] \tag{4.1.16}$$

设细绳中张力 T,如图 J4.1.5 所示,作用在摆球上的合力的 $\hat{t}$ 分量为 $-T + mg\sin\theta$。由牛顿第二定律有

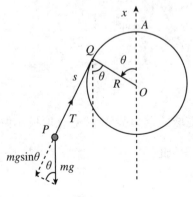

图 J4.1.5

$$m\left[-s\left(\frac{d\theta}{dt}\right)^2\right] = -T + mg\sin\theta \qquad (4.1.17)$$

根据式(4.1.16)和式(4.1.17)，细绳张力可表示为

$$T = mg\sin\theta + ms\left(\frac{d\theta}{dt}\right)^2$$

$$= \frac{mg}{s}[2R(1-\cos\theta) + 3s\sin\theta]$$

$$= \frac{2mgR}{s}\left[\tan\frac{\theta}{2} - \frac{3}{2}\left(\theta - \frac{L}{R}\right)\right]\sin\theta$$

$$= \frac{2mgR}{s}(y_1 - y_2)\sin\theta \qquad (4.1.18)$$

函数 $y_1 = \tan\frac{\theta}{2}$ 和 $y_2 = \frac{3}{2}\left(\theta - \frac{L}{R}\right)$ 的图像如图 J4.1.6 所示。

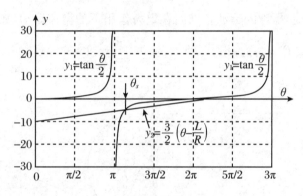

图 J4.1.6

由式(4.1.18)和图 J4.1.6，可得如下结果：

$$\begin{aligned}
0 < \theta < \pi &\Rightarrow y_1 - y_2 > 0, \sin\theta > 0, T > 0 \\
\theta = \pi &\Rightarrow y_1 - y_2 = +\infty, \sin\theta = 0, T > 0 \\
\pi < \theta < \theta_s &\Rightarrow y_1 - y_2 < 0, \sin\theta < 0, T > 0 \\
\theta = \theta_s &\Rightarrow y_1 - y_2 = 0, \sin\theta < 0, T = 0 \\
\theta_s < \theta < 2\pi &\Rightarrow y_1 - y_2 > 0, \sin\theta < 0, T < 0
\end{aligned} \qquad (4.1.19)$$

将 $y_2 = y_1$ 时的 θ 角记为 θ_s（$\pi < \theta_s < 2\pi$），它由下式给出：

$$\frac{3}{2}\left(\theta_s - \frac{L}{R}\right) = \tan\frac{\theta_s}{2} \Rightarrow \frac{L}{R} = \theta_s - \frac{2}{3}\tan\frac{\theta_s}{2} \qquad (4.1.20)$$

由于比值 $\frac{L}{R}$ 由下式给定：

$$\frac{L}{R} = \frac{9\pi}{8} + \frac{2}{3}\cot\frac{\pi}{16} = \left(\pi + \frac{\pi}{8}\right) - \frac{2}{3}\tan\left[\frac{1}{2}\left(\pi + \frac{\pi}{8}\right)\right] \qquad (4.1.21)$$

比较式(4.1.20)和式(4.1.21)，可得

$$\theta_s = \frac{9}{8}\pi \qquad (4.1.22)$$

由式(4.1.19)可知张力 T 在 $0<\theta<\theta_s$ 的范围内恒正,即细绳必须张紧。θ 一旦达到 θ_s,张力即变为零,此后悬空的细绳部分将不再张紧。s 的最小可能值 $s_{\min}$ 出现在 $\theta=\theta_s$ 时, 并由下式给出

$$s_{\min}=L-R\theta_s=R\left(\frac{9\pi}{8}+\frac{2}{3}\cot\frac{\pi}{16}-\frac{9\pi}{8}\right)=\frac{2R}{3}\cot\frac{\pi}{16}=3.352R \quad (4.1.23)$$

当 $\theta=\theta_s$ 时,$T=0$,由式(4.1.16)和式(4.1.17)可得

$$v^2=-g s\sin\theta \quad (4.1.24)$$

因而速率 v_s 为

$$v_s=\sqrt{-g s_{\min}\sin\theta_s}=\sqrt{\frac{2}{3}gR\cot\frac{\pi}{16}\sin\frac{\pi}{8}}$$

$$=\sqrt{\frac{4}{3}gR}\cos\frac{\pi}{16}=1.133\sqrt{gR} \quad (4.1.25)$$

(B2) 当 $\theta\geqslant\theta_s$ 时,摆球的运动就如同在重力作用下的抛体运动,如图 J4.1.7 所示,摆球以初速度 v_s 从位置 $P(x_s,y_s)$ 沿着与 y 轴成 $\varphi=\frac{3}{2}\pi-\theta_s$ 的仰角抛出。

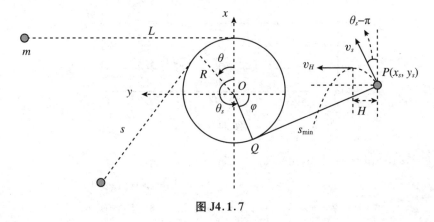

图 J4.1.7

摆球在其抛物线轨道最高点的速率 v_H 等于它抛出时初速度的 y 分量,于是

$$v_H=v_s\sin(\theta_s-\pi)=\sqrt{\frac{4gR}{3}}\cos\frac{\pi}{16}\sin\frac{\pi}{8}=0.4334\sqrt{gR} \quad (4.1.26)$$

摆球从抛出点 P 到最高点间的水平距离为

$$H=\frac{v_s^2\sin 2(\theta_s-\pi)}{2g}=\frac{v_s^2}{2g}\sin\frac{\pi}{4}=0.4535R \quad (4.1.27)$$

当 $\theta=\theta_s$ 时,摆球的坐标由下面两式给出:

$$x_s=R\cos\theta_s-s_{\min}\sin\theta_s=-R\cos\frac{\pi}{8}+s_{\min}\sin\frac{\pi}{8}=0.3587R \quad (4.1.28)$$

$$y_s=R\sin\theta_s+s_{\min}\cos\theta_s=-R\sin\frac{\pi}{8}-s_{\min}\cos\frac{\pi}{8}=-3.479R \quad (4.1.29)$$

显然,$|y_s|>R+H$,因而摆球可达到其最高位置而不会与圆柱表面相碰。

C 部分

(C1)假定重物起始位置位于 O 点以下距离 h 处,如图 J4.1.8 所示。

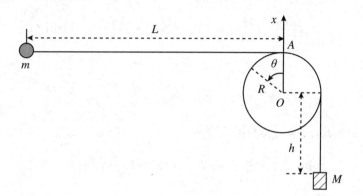

图 J4.1.8

当重物下落距离 D 而停止运动后,将机械能守恒定律应用于摆球-重物系统,有

$$-Mg(h+R) = E' - Mg(h+D+R) \qquad (4.1.30)$$

式中 E' 为重物停止运动后摆球的总机械能。由此可得

$$E' = mgD \qquad (4.1.31)$$

设细绳的总长为 Λ,它在任意角位移 θ 时的值应与 $\theta = 0$ 时的值相同,即

$$\Lambda = L + \frac{\pi}{2}R + h = s + R\left(\theta + \frac{\pi}{2}\right) + (h+D) \qquad (4.1.32)$$

注意到 $D = \alpha L$,引入 $l = L - D$,则

$$l = L - D = (1-\alpha)L \qquad (4.1.33)$$

由式(4.1.32)和式(4.1.33)可得

$$s = L - D - R\theta = l - R\theta \qquad (4.1.34)$$

重物停止运动后,摆球的总机械能应守恒。根据式(4.1.31),式(4.1.15)可改写为

$$E' = MgD = \frac{1}{2}mv^2 - mg[R(1-\cos\theta) + s\sin\theta] \qquad (4.1.35)$$

由此可得摆球的速率的平方为

$$v^2 = \left(s\frac{d\theta}{dt}\right)^2 = \frac{2MgD}{m} + 2gR\left(1 - \cos\theta + \frac{s}{R}\sin\theta\right) \qquad (4.1.36)$$

因式(4.1.17)仍然成立,细绳的张力 T 由下式给定:

$$-T + mg\sin\theta = m\left[-s\left(\frac{d\theta}{dt}\right)^2\right] \qquad (4.1.37)$$

由式(4.1.36)和式(4.1.37),并应用式(4.1.34)可得

$$T = m\left[s\left(\frac{d\theta}{dt}\right)^2 + g\sin\theta\right]$$

$$= \frac{mg}{s}\left[\frac{2M}{m}D + 2R(1-\cos\theta) + 3s\sin\theta\right]$$

$$= \frac{2mgR}{s}\left[\frac{M}{mR}D + (1-\cos\theta) + \frac{3}{2}\left(\frac{l}{R} - \theta\right)\sin\theta\right] \tag{4.1.38}$$

引入函数

$$f(\theta) = (1-\cos\theta) + \frac{3}{2}\left(\frac{l}{R} - \theta\right)\sin\theta \tag{4.1.39}$$

由条件 $l = L - D \gg R$,式(4.1.39)可改写为

$$f(\theta) \approx 1 + \frac{3}{2}\frac{l}{R}\sin\theta - \cos\theta = 1 + A\sin(\theta - \varphi) \tag{4.1.40}$$

其中

$$A = \sqrt{1 + \left(\frac{3}{2}\frac{l}{R}\right)^2}, \quad \varphi = \arctan\frac{2R}{3l} \tag{4.1.41}$$

由式(4.1.40)可以看出,$f(\theta)$ 的极小值由下式给出:

$$f(\theta)_{\min} = 1 - A = 1 - \sqrt{1 + \left(\frac{3l}{2R}\right)^2} \tag{4.1.42}$$

由题意,当摆球绕圆柱摆动时张力始终保持为正(即绳始终伸直),由式(4.1.38)可得不等式

$$\frac{MD}{mR} + f_{\min} = \frac{M(L-l)}{mR} + 1 - \sqrt{1 + \left(\frac{3l}{2R}\right)^2} \geq 0 \tag{4.1.43}$$

即

$$\frac{ML}{mR} + 1 \geq \frac{Ml}{mR} + \sqrt{1 + \left(\frac{3l}{2R}\right)^2} \approx \frac{Ml}{mR} + \frac{3l}{2R} \tag{4.1.44}$$

式(4.1.44)已利用 $l = L - D \gg R, \frac{l}{R} \gg 1$。由式(4.1.33),则式(4.1.44)可改写为

$$\frac{ML}{mR} + 1 \geq \left(\frac{ML}{mR} + \frac{3L}{2R}\right)(1-\alpha) \tag{4.1.45}$$

式(4.1.45)略去 $\frac{R}{L}$ 及更高阶项,可得

$$\alpha \geq 1 - \frac{\frac{ML}{mR} + 1}{\frac{ML}{mR} + \frac{3L}{2R}} = \frac{\frac{3L}{2R} - 1}{\frac{ML}{mR} + \frac{3L}{2R}} = \frac{1 - \frac{2R}{3L}}{\frac{2M}{3m} + 1} \approx \frac{1}{1 + \frac{2M}{3m}} \tag{4.1.46}$$

于是比值 $\frac{D}{L}$ 的临界值为

$$\alpha_c = \frac{1}{1 + \frac{2M}{3m}} \tag{4.1.47}$$

第 2 题 交流电压下的压电晶体共振器

A 部分 力学性质

(A1) 如图 J4.2.1 所示,在时间 Δt 内,棒的左端面移动的距离 $v\Delta t$,同时压力波传播距离 $u\Delta t$,其中 $u = \sqrt{\dfrac{Y}{\rho}}$,于是左端面处的应变为

$$S = \frac{\Delta l}{l} = \frac{-v\Delta t}{u\Delta t} = -\frac{v}{u} \tag{4.2.1}$$

根据胡克定律,左端面的压强为

$$p = -YS = Y\frac{v}{u} = \rho u v \tag{4.2.2}$$

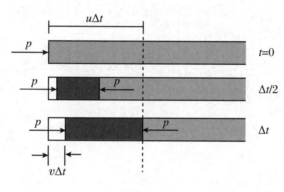

图 J4.2.1

(A2) 方法一

速度 v 与角频率为 $\omega = ku$ 的简谐运动的位移 ξ 相联系,位移 ξ 也可看作匀速圆周运动的投影,如图 J4.2.2 所示,于是有

$$\xi(x,t) = \xi_0 \sin k(x - ut) \tag{4.2.3}$$

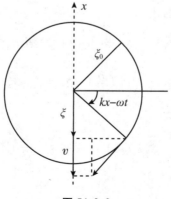

图 J4.2.2

由图 J4.2.1，式(4.2.3)两边对时间求导可得速度：

$$v(x,t) = -ku\xi_0\cos k(x-ut) \quad (4.2.4)$$

应变和压强与速度的关系如同(A1)小题，因而应变为

$$S(x,t) = -\frac{v(x,t)}{u} = k\xi_0\cos k(x-ut) \quad (4.2.5)$$

压强为

$$\begin{aligned}p &= \rho u v(x,t)\\ &= -k\rho u^2\xi_0\cos k(x-ut)\\ &= -YS(x,t)\\ &= -kY\xi_0\cos k(x-ut)\end{aligned} \quad (4.2.6)$$

方法二

由题意，横截面在时刻 t 的位移可表示为

$$\xi(x,t) = \xi_0\sin k(x-ut) \quad (4.2.7)$$

式(4.2.7)对时间 t 求导可得速度：

$$v(x,t) = \frac{\mathrm{d}\xi}{\mathrm{d}t} = -ku\xi_0\cos k(x-ut) \quad (4.2.8)$$

式(4.2.7)对位置 x 求导可得应变：

$$S(x,t) = \frac{\mathrm{d}\xi}{\mathrm{d}x} = k\xi_0\cos k(x-ut) \quad (4.2.9)$$

因此，压强为

$$p(x,t) = -Y\frac{\mathrm{d}\xi}{\mathrm{d}x} = -kY\xi_0\cos k(x-ut) \quad (4.2.10)$$

B 部分　机电性质(包括压电效应)

(B1) 方法一

既然角频率 ω 和传播速度 u 已知，那么波长可由 $\lambda = \frac{2\pi}{k}$ 得到，其中 $k = \frac{\omega}{u}$。由题意，位移随位置的变化关系可用下式描述：

$$g(x) = B_1\sin k\left(x-\frac{b}{2}\right) + B_2\cos k\left(x-\frac{b}{2}\right) \quad (4.2.11)$$

由于已假定电极中心固定不动，故 $g\left(\frac{b}{2}\right) = 0$，进而导致 $B_2 = 0$。已知 $g(x)$ 的极大值为 1，可得 $B_1 = \pm 1$，故

$$g(x) = \pm\sin\frac{\omega}{u}\left(x-\frac{b}{2}\right) \quad (4.2.12)$$

于是位移为

$$\xi(x,t) = \pm 2\xi_0\sin\frac{\omega}{u}\left(x-\frac{b}{2}\right)\cos\omega t \quad (4.2.13)$$

(B2) 方法一

既然压强 p 或应力 T 在晶片的两端处(即 $x=0$ 和 $x=b$ 处)为零,故本小题的答案可用类比法从长度为 b 的两端开放的管子中的声驻波频率得到。但由于电极的中心固定不动,所有基音的偶次谐频必须剔除,因为它们在晶片的中心截面处为位移的波腹,而不是波节。

既然对基音有 $\lambda = 2b$,则基频由 $f_1 = \dfrac{u}{2b}$ 给出。波的传播速率由下式给出:

$$u = \sqrt{\frac{Y}{\rho}} = \sqrt{\frac{7.87 \times 10^{10}}{2.65 \times 10^3}} \text{ m/s} = 5.45 \times 10^3 \text{ m/s} \qquad (4.2.14)$$

已知 $b = 1.00 \times 10^{-2}$ m,因而两个最低驻波频率为

$$f_1 = \frac{u}{2b} = 273 \text{ kHz}, \quad f_3 = 3f_1 = \frac{3u}{2b} = 818 \text{ kHz} \qquad (4.2.15)$$

方法二:(B1)(B2)两小题的另一种解法

晶片中的纵驻波在 $x = \dfrac{b}{2}$ 处为位移波节,该驻波可以看成是两列反向行波的合成,于是其位移和速度应有如下形式:

$$\xi(x,t) = 2\xi_m \sin k\left(x - \frac{b}{2}\right)\cos\omega t$$

$$= \xi_m \left[\sin k\left(x - \frac{b}{2} - ut\right) + \sin k\left(x - \frac{b}{2} + ut\right)\right] \qquad (4.2.16)$$

$$v(x,t) = -ku\xi_m \left[\cos k\left(x - \frac{b}{2} - ut\right) - \cos k\left(x - \frac{b}{2} + ut\right)\right]$$

$$= -2\omega\xi_m \sin k\left(x - \frac{b}{2}\right)\sin\omega t \qquad (4.2.17)$$

其中 $\omega = ku$,$k\left(x - \dfrac{b}{2} - ut\right)$ 表示沿 $+x$ 方向行进的波,$k\left(x - \dfrac{b}{2} + ut\right)$ 表示沿 $-x$ 方向行进的波。注意:若令 $\xi_m = \pm\xi_0$,则式(4.2.16)与式(4.2.13)相同。

对于沿 $-x$ 方向行进的波,式(4.2.1)和式(4.2.2)中的速度 v 应用 $-v$ 替代,于是:

对于沿 $+x$ 方向行进的波有

$$S = -\frac{v}{u}, \quad p = \rho u v \qquad (4.2.18)$$

对于沿 $-x$ 方向行进的波有

$$S = \frac{v}{u}, \quad p = -\rho u v \qquad (4.2.19)$$

故(A2)小题中的应变和压强分别为

$$S(x,t) = -k\xi_m \left[-\cos k\left(x - \frac{b}{2} - ut\right) - \cos k\left(x - \frac{b}{2} + ut\right)\right]$$

$$= 2k\xi_m \cos k\left(x - \frac{b}{2}\right)\cos\omega t \qquad (4.2.20)$$

$$p(x,t) = -\rho u\omega\xi_m \left[\cos k\left(x - \frac{b}{2} - ut\right) + \cos k\left(x - \frac{b}{2} + ut\right)\right]$$

$$= -2\rho u\omega\xi_m \cos k\left(x - \frac{b}{2}\right)\cos\omega t \qquad (4.2.21)$$

式(4.2.20)和式(4.2.21)的结果可利用类似(A2)小题方法二的解法,对 ξ 求导得到。

由于晶片在两端面($x=0$ 和 $x=b$)处是自由的,因而在任何时刻两端面处的应力或压强应为零。由式(4.2.21),这必将导致

$$\cos\frac{kb}{2} = 0 \Rightarrow kb = \frac{\omega}{u}b = \frac{2\pi f}{\lambda f}b = n\pi, \quad n = 1, 3, 5, \cdots \quad (4.2.22)$$

改用波长表示,式(4.2.22)可写为

$$\lambda = \frac{2b}{n}, \quad n = 1, 3, 5, \cdots \quad (4.2.23)$$

频率则为

$$f = \frac{u}{\lambda} = \frac{nu}{2b} = \frac{n}{2b}\sqrt{\frac{Y}{\rho}}, \quad n = 1, 3, 5, \cdots \quad (4.2.24)$$

此结果与式(4.2.14)和式(4.2.15)给出的结果相同。

(B3) 由题意,压电效应将导致下列方程:

$$T = Y(S - d_p E) \quad (4.2.25)$$

$$\sigma = Y d_p S + \varepsilon_T \left(1 - Y\frac{d_p^2}{\varepsilon_T}\right)E \quad (4.2.26)$$

由于晶片中任意纵驻波在 $x=\frac{b}{2}$ 处均为位移波节,位移 ξ 和应变 S 应具有式(4.2.16)和式(4.2.20)的形式:

$$\xi(x,t) = \xi_m \sin k\left(x - \frac{b}{2}\right)\cos(\omega t + \varphi) \quad (4.2.27)$$

$$S(x,t) = k\xi_m \cos k\left(x - \frac{b}{2}\right)\cos(\omega t + \varphi) \quad (4.2.28)$$

上两式中在时间相关因子中加了一个初相位 φ。

题中假定电极间电场均匀且仅依赖于时间变化:

$$E(x,t) = \frac{V(t)}{h} = \frac{V_m \cos\omega t}{h} \quad (4.2.29)$$

将式(4.2.28)和式(4.2.29)代入式(4.2.25),可得

$$T = Y\left[k\xi_m \cos k\left(x - \frac{b}{2}\right)\cos(\omega t + \varphi) - \frac{d_p}{h}V_m \cos\omega t\right] \quad (4.2.30)$$

由于晶片两端面($x=0$ 和 $x=b$)自由,任何时刻两端面处的应力 T 应为零,这必将导致

$$\varphi = 0 \quad (4.2.31)$$

和

$$k\xi_m \cos\frac{kb}{2} = d_p \frac{V_m}{h} \quad (4.2.32)$$

既然 $\varphi=0$,由式(4.2.26)、式(4.2.28)和式(4.2.29)可知电荷面密度也具有相同的时间依赖关系,并可表示为

$$\sigma(x,t) = \sigma(x)\cos\omega t \quad (4.2.33)$$

其中与 x 有关的因子 $\sigma(x)$ 可表示为

$$\sigma(x) = Y d_p k \xi_m \cos k\left(x - \frac{b}{2}\right) + \varepsilon_T\left(1 - Y\frac{d_p^2}{\varepsilon_T}\right)\frac{V_m}{h}$$

$$= \left[Y \frac{d_p^2}{\cos\frac{kb}{2}} \cos k\left(x - \frac{b}{2}\right) + \varepsilon_T \left(1 - Y\frac{d_p^2}{\varepsilon_T}\right) \right] \frac{V_m}{h} \tag{4.2.34}$$

因此

$$D_1 = Y \frac{d_p^2}{\cos\frac{kb}{2}}, \quad D_2 = \varepsilon_T \left(1 - Y\frac{d_p^2}{\varepsilon_T}\right) \tag{4.2.35}$$

(B4) 在时刻 t，下极板的总面电荷 $Q(t)$ 可由式(4.2.33)中的 $\sigma(x,t)$ 对电极表面积分得到，其结果为

$$\frac{Q(t)}{V(t)} = \frac{1}{V(t)} \int_0^b \sigma(x,t) w \, dx = \frac{1}{V_m} \int_0^b \sigma(x) w \, dx$$

$$= \frac{w}{h} \int_0^b \left[Y \frac{d_p^2}{\cos\frac{kb}{2}} \cos k\left(x - \frac{b}{2}\right) + \varepsilon_T \left(1 - Y\frac{d_p^2}{\varepsilon_T}\right) \right] dx$$

$$= \varepsilon_T \frac{bw}{h} \left[Y \frac{d_p^2}{\varepsilon_T} \left(\frac{2}{kb} \tan\frac{kb}{2}\right) + \left(1 - Y\frac{d_p^2}{\varepsilon_T}\right) \right]$$

$$= C_0 \left[\alpha^2 \left(\frac{2}{kb} \tan\frac{kb}{2}\right) + (1 - \alpha^2) \right] \tag{4.2.36}$$

其中

$$C_0 = \varepsilon_T \frac{bw}{h} \tag{4.2.37}$$

$$\alpha^2 = Y \frac{d_p^2}{\varepsilon_T} = \frac{(2.25 \times 10^{-12})^2}{1.27 \times 10^{-11} \times 4.06 \times 10^{-11}} = 9.82 \times 10^{-3} \tag{4.2.38}$$

常数 α 通常称为机电耦合系数。

结果 $C_0 = \varepsilon_T \frac{bw}{h}$ 可由题目中的压电效应方程在静态极限 $k=0$ 的情况下得出：当 $x \ll 1$ 时，$\tan x \approx x$，可得

$$\lim_{k \to 0} \frac{Q(t)}{V(t)} \approx C_0 [\alpha^2 + (1 - \alpha^2)] = C_0 \tag{4.2.39}$$

显然常数 C_0 就是以石英晶片(厚 h，介电常数为 ε_T)作为电介质，由两电极(面积为 bw)形成的平行板电容器的电容，所以由 $C_0 = \varepsilon_T \frac{bw}{h}$。

第3题 两个独立问题

A部分 中微子质量与中子衰变

(A1) 设在实验室参考系(即中子静止系)中，中子衰变产生的电子能量为 $E_e = E$，动量为 $\boldsymbol{p}_e$；质子能量为 E_p，动量为 $\boldsymbol{p}_p$；反中微子能量为 E_ν，动量为 $\boldsymbol{p}_\nu$，则有

$$E_e^2 = m_e^2 c^4 + p_e^2 c^2$$
$$E_p^2 = m_p^2 c^4 + p_p^2 c^2$$

$$E_\nu^2 = m_\nu^2 c^4 + p_\nu^2 c^2 \tag{4.3.1}$$

由能量守恒定律和动量守恒定律可得

$$E_p + E_\nu = E_n - E_e \tag{4.3.2}$$

$$\boldsymbol{p}_p + \boldsymbol{p}_\nu = -\boldsymbol{p}_e \tag{4.3.3}$$

其中 E_n 为中子的静能。将式(4.3.2)两边平方,式(4.3.3)两边平方后同乘以 c^2,得

$$E_p^2 + E_\nu^2 + 2E_p E_\nu = E_n^2 + E_e^2 - 2E_n E_e \tag{4.3.4}$$

$$p_p^2 c^2 + p_\nu^2 c^2 + 2\boldsymbol{p}_p \cdot \boldsymbol{p}_\nu c^2 = p_e^2 c^2 \tag{4.3.5}$$

将式(4.3.4)和式(4.3.5)相减,并利用式(4.3.1)可得

$$m_p^2 c^4 + m_\nu^2 c^4 + 2(E_p E_\nu - \boldsymbol{p}_p \cdot \boldsymbol{p}_\nu c^2) = E_n^2 + m_e^2 c^4 - 2E_n E_e \tag{4.3.6}$$

即

$$2E_n E_e = E_n^2 + m_e^2 c^4 - m_p^2 c^4 - m_\nu^2 c^4 - 2(E_p E_\nu - \boldsymbol{p}_p \cdot \boldsymbol{p}_\nu c^2) \tag{4.3.7}$$

设 $\boldsymbol{p}_p$ 与 $\boldsymbol{p}_\nu$ 间的夹角为 θ,则 $\boldsymbol{p}_p \cdot \boldsymbol{p}_\nu = p_p p_\nu \cos\theta \leq p_p p_\nu$,由式(4.3.7)可得

$$2E_n E_e \leq E_n^2 + m_e^2 c^4 - m_p^2 c^4 - m_\nu^2 c^4 - 2(E_p E_\nu - p_p p_\nu c^2) \tag{4.3.8}$$

由上式可见,当 $\theta = 0$,即反中微子和质子沿着同一方向运动时,电子能量达到最大。

可将 E_p, p_p, E_ν, p_ν 分别与 m_p, m_ν 联系起来,由能量-动量三角形,如图 J4.3.1 所示,得

$$E_p = \frac{m_p c^2}{\cos\varphi_p}, \quad E_\nu = \frac{m_\nu c^2}{\cos\varphi_\nu} \tag{4.3.9}$$

$$p_p c = m_p c^2 \tan\varphi_p, \quad p_\nu c = m_\nu c^2 \tan\varphi_\nu \tag{4.3.10}$$

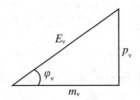

图 J4.3.1

于是式(4.3.8)可写为

$$2E_n E_e \leq E_n^2 + m_e^2 c^4 - m_p^2 c^4 - m_\nu^2 c^4 - 2m_p m_\nu c^4 \frac{1 - \sin\varphi_p \sin\varphi_\nu}{\cos\varphi_p \cos\varphi_\nu} \tag{4.3.11}$$

上式中 $\dfrac{1 - \sin\varphi_p \sin\varphi_\nu}{\cos\varphi_p \cos\varphi_\nu}$ 可表示为

$$\frac{1 - \sin\varphi_p \sin\varphi_\nu}{\cos\varphi_p \cos\varphi_\nu} = \frac{1 - \sin\varphi_p \sin\varphi_\nu - \cos\varphi_p \cos\varphi_\nu}{\cos\varphi_p \cos\varphi_\nu} + 1$$

$$= \frac{1 - \cos(\varphi_p - \varphi_\nu)}{\cos\varphi_p \cos\varphi_\nu} + 1 \geq 1 \tag{4.3.12}$$

显然式(4.3.12)的极小值出现在 $\varphi_p = \varphi_\nu$ 时,即出现在反中微子和质子以同一速度运动时。因此,由式(4.3.11)可得 E_e 的极大值为

$$E_{\max} = \frac{1}{2E_n}(E_n^2 + m_e^2 c^4 - m_p^2 c^4 - m_\nu^2 c^4 - 2m_p m_\nu c^4)$$

$$= \frac{c^2}{2m_n}[m_n^2 + m_e^2 - (m_p + m_\nu)^2] \tag{4.3.13}$$

将相应的数值代入式(4.3.13),并利用 $m_\nu \ll m_p$ 略去 m_ν,得
$$E_{\max} \approx 1.292569 \text{ MeV} \approx 1.29 \text{ MeV} \tag{4.3.14}$$

当反中微子与质子以同一速度运动时,反中微子的速度为
$$v_\nu = \frac{m_\nu v_\nu}{m_\nu} = \frac{p_\nu}{\dfrac{E_\nu}{c^2}} = \frac{c^2 p_\nu}{E_\nu} \tag{4.3.15}$$

同理,质子速度为
$$v_p = \frac{c^2 p_p}{E_p} \tag{4.3.16}$$

由式(4.3.15)和式(4.3.16)可得
$$v_\nu = v_p = c^2 \frac{p_\nu + p_p}{E_\nu + E_p} = c \frac{p_e c}{E_\nu + E_p} = c \frac{\sqrt{E_e^2 - m_e^2 c^4}}{E_n - E_e} \tag{4.3.17}$$

其中 $E_e = E_{\max}$, $E_{\max}$ 已由式(4.3.13)给出,可得 v_ν 的相应值 v_m:
$$v_m = c \frac{\sqrt{E_{\max}^2 - m_e^2 c^4}}{E_n - E_{\max}}$$
$$= c \frac{\dfrac{1}{2m_n} \sqrt{[m_n^2 + m_e^2 - (m_p + m_\nu)^2]^2 - 4m_n^2 m_e^2}}{m_n - \dfrac{1}{2m_n}[m_n^2 + m_e^2 - (m_p + m_\nu)^2]}$$
$$= c \frac{\sqrt{[m_n^2 + m_e^2 - (m_p + m_\nu)^2]^2 - 4m_n^2 m_e^2}}{2m_n^2 - [m_n^2 + m_e^2 - (m_p + m_\nu)^2]}$$
$$= 0.00127c \tag{4.3.18}$$

B 部分 光浮

(B1) 如图 J4.3.2 所示,射向球面的激光服从折射定律而有

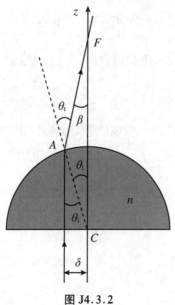

图 J4.3.2

$$n\sin\theta_i = \sin\theta_t \tag{4.3.19}$$

在上式中,展开后忽略 $\left(\dfrac{\delta}{R}\right)^3$ 及更高次项,有

$$n\theta_i = \theta_t \tag{4.3.20}$$

在图 J4.3.2 中的 △FAC 中,有

$$\beta = \theta_t - \theta_i \approx n\theta_i - \theta_i = (n-1)\theta_i \tag{4.3.21}$$

设入射光的频率为 ν_0。若单位时间入射到单位面积平表面上的光子数为 n_p,则单位时间入射到平表面上的总光子数为 $n_p\pi\delta^2$。入射到平表面上的光子的总功率为

$$P = (n_p\pi\delta^2)(h\nu_0) \tag{4.3.22}$$

其中 h 为普朗克常量,因而

$$n_p = \dfrac{P}{\pi\delta^2 h\nu_0} \tag{4.3.23}$$

单位时间入射到平表面上内半径为 r,外半径为 $r+dr$ 的环带上的光子数为 $n_p(2\pi r dr)$,其中 $r = R\sin\theta_i \approx R\theta_i$。于是,单位时间入射到环带上的光子数为

$$n_p(2\pi r dr) \approx n_p(2\pi R^2)\theta_i d\theta_i \tag{4.3.24}$$

当这些光子在球面上发生折射时,单位时间带走光的动量的 z 分量为

$$\begin{aligned}dp_z &= n_p(2\pi r dr)\dfrac{h\nu_0}{c}\cos\beta \\ &\approx n_p\dfrac{h\nu_0}{c}(2\pi R^2)\left(1-\dfrac{\beta^2}{2}\right)\theta_i d\theta_i \\ &\approx n_p\dfrac{h\nu_0}{c}(2\pi R^2)\left[\theta_i - \dfrac{(n-1)^2}{2}\theta_i^3\right]d\theta_i\end{aligned} \tag{4.3.25}$$

所以单位时间内被光子带走的总动量为

$$\begin{aligned}p_z &= 2\pi R^2 n_p \dfrac{h\nu_0}{c}\int_0^{\theta_{im}}\left[\theta_i - \dfrac{(n-1)^2}{2}\theta_i^3\right]d\theta_i \\ &= \pi R^2 n_p \dfrac{h\nu_0}{c}\theta_{im}^2\left[1-\dfrac{(n-1)^2}{4}\theta_{im}^2\right]\end{aligned} \tag{4.3.26}$$

其中 $\theta_{im} = \arcsin\dfrac{\delta}{R} \approx \dfrac{\delta}{R}$。于是,再次利用式(4.3.23),式(4.3.26)可写为

$$p_z = \dfrac{\pi R^2 P}{\pi\delta^2 h\nu_0}\dfrac{h\nu_0}{c}\dfrac{\delta^2}{R^2}\left[1-\dfrac{(n-1)^2}{4}\dfrac{\delta^2}{R^2}\right] = \dfrac{P}{c}\left[1-\dfrac{(n-1)^2}{4}\dfrac{\delta^2}{R^2}\right] \tag{4.3.27}$$

光浮力等于入射光和折射光作用在玻璃半球上的作用力的 z 分量的总和,可表示为

$$\dfrac{P}{c} + (-p_z) = \dfrac{P}{c} - \dfrac{P}{c}\left[1-\dfrac{(n-1)^2}{4}\dfrac{\delta^2}{R^2}\right] = \dfrac{(n-1)^2}{4}\dfrac{\delta^2}{R^2}\dfrac{P}{c} \tag{4.3.28}$$

此力应与玻璃半球的重力相等,由此可得出悬浮半球所需要的激光功率为

$$P = \dfrac{4mgcR^2}{(n-1)^2\delta^2} \tag{4.3.29}$$

第35届国际物理奥林匹克竞赛理论试题[①]

第1题 乒乓电阻

如图 T5.1.1(a)所示,一个电容器由两块半径为 R,相距为 d,平行放置的圆形导体平板构成,$d \ll R$。上板与电压为 V 的恒压电源相连,下板接地。然后,如图 T5.1.1(b)所示,将一个很薄很小的导体圆片放置于电容器下板的中心。小导体圆片的质量为 m,半径为 $r(r \ll R, r \ll d)$,厚度为 $t(t \ll r)$。

假设电容器两板间为真空,真空介电常数为 ε_0,圆形导体平板和小导体圆片均为理想导体,忽略所有静电边界效应和整个电路中的电感,相对论效应和镜像电荷效应也可忽略。

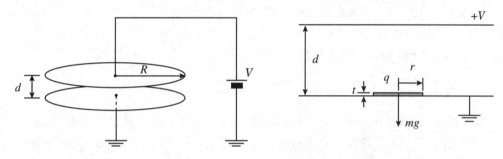

(a)与恒压电源相连的平板电容器　　(b)插入了小导体圆片的平板电容器的侧视图

图 T5.1.1　电容器电路结构示意图

(A1) 未插入小导体圆片时,计算如图 T5.1.1(a)所示的平行板电容器两板相距为 d 时的静电作用力 F_p。

(A2) 如图 T5.1.1(b)所示,将小导体圆片放置于电容器下板的中心,小导体圆片上的电荷量大小 q 与两板间的电压 V 的关系为 $q = \chi V$,求 χ 与 r, d, ε_0 之间的关系。

(A3) 平行板电容器两板与均匀的重力场 g 垂直。要使位于下板中心的小导体圆片由静止开始向上运动,必须加大两板间的电压 V 至一个阈值电压 V_{th},请导出 V_{th} 与 m, g, d, χ 的关系。

(A4) 若 $V > V_{th}$,小导体圆片将在电容器两板间上下运动。假设小导体圆片只做垂直运动,没有摇摆和转动。小导体圆片与导体平板间的碰撞是非弹性的,恢复系数 $\eta = \dfrac{v_{后}}{v_{前}}$,其中 $v_{前}$ 为碰撞前瞬间的速度,$v_{后}$ 为碰撞后瞬间的速度。导体平板在碰撞中保持不动。小导体圆片碰撞后瞬间的速度接近一个稳态速度 v_s,v_s 依赖于平行板电容器两板间电压 V,v_s 与

[①] 第35届国际物理奥林匹克竞赛于 2004 年 7 月 15 日至 7 月 23 日在韩国浦项举行。71 个国家和地区派出代表队参加了本届竞赛。

V 的关系为 $v_s = \sqrt{\alpha V^2 + \beta}$，请导出系数 α 和 β 与 m, g, χ, d, η 的关系。假设小导体圆片表面与平板在碰撞中的接触是均匀和瞬时的，因此，每一次碰撞小导体圆片和平板间的电荷交换在瞬间完成。

(A5) 当到达一个稳态后，如果 $qV \gg mgd$，通过电容器两板间电流的时间平均值 I 可以近似表示为 $I = \gamma V^2$。求系数 γ 与 m, χ, d, η 的关系。

(A6) 当电容器两极板间电压 V 非常缓慢地下降时，存在一个临界电压 V_c。若 $V < V_c$，电荷将在两板间停止流动。求出 V_c 以及相应的临界电流 I_c 与 m, g, χ, d, η 的关系。比较 V_c 与问题 (A3) 中的阈值电压 V_{th}，假设电压 V 在 $V = 0 \sim 3 V_{th}$ 间循环上升和下降，简略作出电容器的 $I\text{-}V$ 特性曲线。

第 2 题 升空的气球

一个充满氦气的橡皮气球从地面上升到高空时，大气压强和温度随高度而下降。在下列问题中，即使有负载，也假设气球始终保持球形，并忽略负载的体积。同时假设在气球内部氦气的温度与周围大气的温度总是相同的，且作为理想气体处理。已知常量如下：普适气体常量 $R = 8.31 \text{ J/(mol·K)}$，氦气的摩尔质量 $M_{He} = 4.00 \times 10^{-3} \text{ kg/mol}$，空气的摩尔质量 $M_A = 28.9 \times 10^{-3} \text{ kg/mol}$，重力加速度 $g = 9.8 \text{ m/s}^2$。

A 部分

(A1) 假设气球周围的大气压强是 p，温度是 T。由于气球表面存在张力，气球内部的压强高于外部的压强。气球含有物质的量为 n 的氦气，内部压强是 $p + \Delta p$。求气球受到的浮力 F_B 与 p、Δp 的函数关系。

(A2) 在韩国的夏天，在 $0 < z < 15$ km 的范围内，距海平面高度为 z 处的温度满足

$$T(z) = T_0 \left(1 - \frac{z}{z_0}\right) \qquad (*)$$

其中 $z_0 = 49$ km，$T_0 = 303$ K。在海平面上大气压强和密度分别为 $p_0 = 1 \text{ atm} = 1.01 \times 10^5$ Pa，$\rho_0 = 1.16 \text{ kg/m}^3$。在上述高度范围内压强满足以下公式：

$$p(z) = p_0 \left(1 - \frac{z}{z_0}\right)^\eta \qquad (**)$$

求出 η 与 z_0, ρ_0, p_0 以及 g 的关系，计算 η 的值，保留两位有效数字。设重力加速度是不随高度变化的常量。

B 部分

当橡皮气球未撑开时半径为 r_0，充气后球的半径增加到 $r (r \geq r_0)$。气球表面撑开时具有弹性能量，在一个简化理论下，温度是常数时，弹性能量可用下式描述：

$$U = 4\pi r_0^2 \kappa RT \left(2\lambda^2 + \frac{1}{\lambda^4} - 3\right) \qquad (***)$$

这里 $\lambda = \dfrac{r}{r_0} (\geq 1)$ 是尺寸膨胀率，κ 是单位为 mol/m^2 的常量。

(B1) 求 Δp,用式(***)中的参量表示,并作简图表示 Δp 与 λ 的关系。

(B2) 常量 κ 可以从撑开气球所需气体的量来确定。在 $T_0 = 303$ K 以及 $p_0 = 1.0$ atm 条件下,未撑开的气球($\lambda = 1$)中有 $n_0 = 12.5$ mol 的氦气。在相同的 T_0 和 p_0 条件下,把气球充气到 $\lambda = 1.5$ 需要的气体总量是 $n = 3.6n_0 = 45$ mol。定义 $\alpha = \dfrac{\kappa}{\kappa_0}$,其中 $\kappa_0 = \dfrac{r_0 p_0}{4RT_0}$。用 n,n_0 以及 λ 表示气球参数 α,并计算 α 的值,保留两位有效数字。

C 部分

设在(B2)小题条件下制备的气球(气球充气到 $\lambda = 1.5$,氦气总量是 $n = 3.6n_0 = 45$ mol,$T_0 = 303$ K,$p_0 = 1$ atm $= 1.01 \times 10^5$ Pa)包括气体、气球自重以及负载在内的总质量为 $M_T = 1.12$ kg。让该气球从海平面上升。

(C1) 假设气球最终静止在 z_f 高度上,这时浮力与总重力平衡,求高度 z_f 以及该高度的膨胀率 λ_f,保留两位有效数字。假设上升过程中气球没有漏气,也没有横向漂移运动。

第 3 题 原子探针显微镜

原子探针显微镜(Atomic Probe Microscopes)是纳米科学领域中非常有用的工具。原子探针显微镜的悬臂的运动可以通过光探测器接收经悬臂反射的激光光束来测量,如图 T5.3.1 所示。悬臂只可在垂直方向运动,它的位移 z 与时间 t 的关系由下式决定:

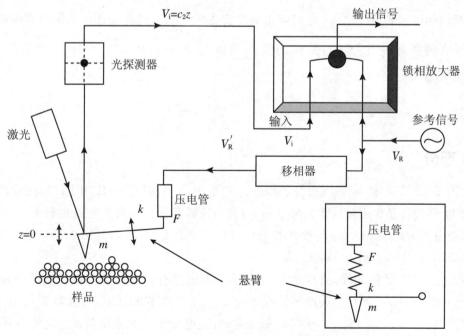

图 T5.3.1 原子探针显微镜结构示意图

右下角的插图表示压电管和悬臂相互作用的简化力学模型。

$$m\frac{d^2z}{dt^2} + b\frac{dz}{dt} + kz = F \quad (*)$$

其中 m 是悬臂的质量，$k = m\omega_0^2$ 是悬臂的劲度系数，b 是一个小的阻尼系数，它满足 $\omega_0 \gg \frac{b}{m} > 0$，$F$ 是压电管作用在悬臂上的驱动力。

A 部分

(A1) 当 $F = F_0\sin\omega t$ 时，式（*）中的 $z(t)$ 满足
$$z(t) = A\sin(\omega t - \varphi)$$
其中 $A > 0, 0 \leqslant \varphi \leqslant \pi$。导出振幅 A，$\tan\varphi$ 与 $F_0, m, \omega, \omega_0, b$ 的关系，并求出在共振频率 $\omega = \omega_0$ 时振幅 A 和相位 φ 的表达式。

(A2) 如图 T5.3.1 所示的锁相放大器的作用是将输入信号和参考信号 $V_R = V_{R0}\sin\omega t$ 相乘，之后只将两者乘积的直流成分输出。假设输入信号为 $V_i = V_{i0}\sin(\omega_i t - \varphi_i)$，其中 $V_{R0}, V_{i0}, \omega_i, \varphi_i$ 都是给定的正常数。求出直流输出信号不为零时的 ω_i。在此频率下，该直流输出信号的幅度的表达式是什么？

(A3) 锁相放大器的参考信号经过移相器后由 $V_R = V_{R0}\sin\omega t$ 变成 $V_R' = V_{R0}\sin\left(\omega t + \frac{\pi}{2}\right)$。$V_R'$ 加在压电管上，对悬臂施以作用力 $F = c_1 V_R'$，此时光探测器将位移 z 转换为电信号 $V_i = c_2 z$，这里 c_1, c_2 是常数。导出在 $\omega = \omega_0$ 时直流输出信号的表达式。

(A4) 悬臂微小的质量变化 Δm 可以使原来的共振频率改变 $\Delta\omega_0$，结果在原来的共振频率 ω_0 处的相位 φ 改变了 $\Delta\varphi$。导出当相位改变 $\Delta\varphi = \frac{\pi}{1800}$（此值为相位测量通常用的分辨率）时相应的质量变化 Δm。悬臂的物理参数为 $m = 1.0 \times 10^{-12}$ kg，$k = 1.0$ N/m，$\frac{b}{m} = 1.0 \times 10^3/$s。

当 $|x| \ll 1$ 时，$(1+x)^a \approx 1 + ax$，$\tan\left(x + \frac{\pi}{2}\right) \approx -\frac{1}{x}$。

B 部分

如图 T5.3.1 所示，除了 A 部分的压电力之外，还需考虑样品有作用力作用在悬臂上。

(B1) 假设样品作用在悬臂上的力 $f(h)$ 只与探针和样品表面的距离 h 有关，可以找到新的平衡位置 h_0。在 $h = h_0$ 附近有 $f(h) \approx f(h_0) + c_3(h - h_0)$，其中 c_3 是常数。导出新的共振频率 ω_0' 与 ω_0, m, c_3 间的关系。

(B2) 通过水平移动样品，探针可以在样品表面进行扫描探测。探针尖带有电荷量 $Q = 6e$，它遇到一固定在样品表面下的点电荷 $q = e$。当探针扫描时，可探测到共振频率的最大变化 $\Delta\omega_0 = \omega_0' - \omega_0 \ll \omega_0$。求 $\Delta\omega_0$ 最大时，针尖电荷量 Q 与点电荷 q 之间的距离 d_0，用 $m, q, Q, \omega_0, \Delta\omega_0$ 以及静电力常量 k_e 来表示。当 $\Delta\omega_0 = 20$ rad/s 时，以 nm 为单位计算 d_0。悬臂的物理常数 $m = 1.0 \times 10^{-12}$ kg，$k = 1.0$ N/m。忽略所有探头以及样品的极化效应。注意：$k_e = \frac{1}{4\pi\varepsilon_0} = 9.0 \times 10^9$ N·m^2/C^2，$e = -1.60 \times 10^{-19}$ C。

第35届国际物理奥林匹克竞赛理论试题解析

第1题 乒乓电阻

（A1）利用高斯定理可知，两极板间加电压 V 时所带的电荷量 Q 为

$$\oint \boldsymbol{E} \cdot \mathrm{d}\boldsymbol{S} = \frac{Q}{\varepsilon_0} \tag{5.1.1}$$

$$Q = \varepsilon_0 E \pi R^2 = \varepsilon_0 \frac{V}{d} \pi R^2 \tag{5.1.2}$$

其中 $E = \dfrac{V}{d}$。电容器储存的能量为

$$U = \int_0^V V \mathrm{d}Q = \int_0^V \varepsilon_0 \pi R^2 \frac{V}{d} \mathrm{d}V = \frac{1}{2} \varepsilon_0 \pi R^2 \frac{V^2}{d} \tag{5.1.3}$$

极板受到的作用力为

$$F_\mathrm{p} = -\frac{\partial U}{\partial d} = -\frac{1}{2} \varepsilon_0 \pi R^2 \frac{V^2}{d^2} \tag{5.1.4}$$

该作用力为吸引力。

（A2）小圆片上的电荷量 q 也可以通过高斯定理计算：

$$\oint \boldsymbol{E} \cdot \mathrm{d}\boldsymbol{S} = \frac{q}{\varepsilon_0} \tag{5.1.5}$$

由于导体圆片的一面与极板接触，故

$$q = \varepsilon_0 E \pi r^2 = \varepsilon_0 \frac{\pi r^2 V}{d} = \chi V \tag{5.1.6}$$

所以

$$\chi = \varepsilon_0 \frac{\pi r^2}{d} \tag{5.1.7}$$

（A3）作用在小圆片上的合力为重力与静电力的合力，即

$$F_\mathrm{net} = F_\mathrm{g} + F_\mathrm{e} \tag{5.1.8}$$

其中重力 $F_\mathrm{g} = -mg$。忽略边缘效应，小圆片所受的静电力为

$$F_\mathrm{e} = \frac{1}{2} \varepsilon_0 \pi r^2 \frac{V^2}{d^2} = \frac{\chi}{2d} V^2 \tag{5.1.9}$$

为使小圆片能提升起来，必须满足 $F_\mathrm{net} > 0$，即

$$\frac{\chi}{2d} V^2 - mg > 0 \tag{5.1.10}$$

所以

$$V_\mathrm{th} = \sqrt{\frac{2mgd}{\chi}} \tag{5.1.11}$$

(A4) 小导体圆片与下板碰撞后的稳态速度是 v_s，碰撞后的动能为

$$E_{ks} = \frac{1}{2}mv_s^2 \tag{5.1.12}$$

每经历一个来回小圆片获得的静电能为

$$\Delta U = 2qV \tag{5.1.13}$$

而每一次非弹性碰撞的动能损失为

$$\Delta E_k = E_{k\text{前}} - E_{k\text{后}} = (1-\eta^2)E_{k\text{前}} = \left(\frac{1}{\eta^2}-1\right)E_{k\text{后}} \tag{5.1.14}$$

E_{ks} 为小圆片和下板碰撞后的动能，因而到达上板碰撞前的动能为 $E_{ks} + qV - mgd$。这样一个来回总的能量损失为

$$\Delta E_{k\text{tot}} = \left(\frac{1}{\eta^2}-1\right)E_{ks} + (1-\eta^2)(E_{ks} + qV - mgd) \tag{5.1.15}$$

达到稳态的条件是经历一个来回的过程中小圆片获得的静电能 ΔU 与碰撞损失的能量 $\Delta E_{k\text{tot}}$ 相当，即

$$2qV = \left(\frac{1}{\eta^2}-1\right)E_{ks} + (1-\eta^2)(E_{ks} + qV - mgd) \tag{5.1.16}$$

由式(5.1.16)解得

$$E_{ks} = \frac{1}{2}mv_s^2 = \frac{\eta^2}{1-\eta^2}qV + \frac{\eta^2}{1+\eta^2}mgd \tag{5.1.17}$$

因此

$$v_s = \sqrt{\frac{\eta^2}{1-\eta^2}\frac{2\chi V^2}{m} + \frac{\eta^2}{1+\eta^2}2gd} \tag{5.1.18}$$

与题中 $v_s = \sqrt{\alpha V^2 + \beta}$ 比较可得

$$\alpha = \frac{\eta^2}{1-\eta^2}\frac{2\chi}{m}, \quad \beta = \frac{\eta^2}{1+\eta^2}2gd \tag{5.1.19}$$

(A5) 每个来回小圆片携带的电荷量为 $\Delta Q = 2q$，时间间隔为 $\Delta t = t_+ + t_-$，这里的 t_+, t_- 分别表示上升和下落过程中所用的时间，它们满足方程：

$$v_{0+}t_+ + \frac{1}{2}a_+t_+^2 = d, \quad v_{0-}t_- + \frac{1}{2}a_-t_-^2 = d \tag{5.1.20}$$

其中 v_{0+}, v_{0-} 分别表示向上和向下运动的初速度，a_+, a_- 分别表示上升和下落过程的加速度。小圆片受到的作用力为

$$F = ma_\pm = qE \mp mg = q\frac{V}{d} \mp mg \tag{5.1.21}$$

在 $qV \gg mgd$ 的极限下，近似有

$$a_0 = a_+ = a_- \approx \frac{qV}{md} \tag{5.1.22}$$

可见向上运动和向下运动是对称的。式(5.1.20)中便有 $t_0 = t_+ = t_-$，$v_s = v_{0+} = v_{0-}$ 和 $a_0 = a_+ = a_-$。因为在上下两个极板刚刚碰撞后的速度需相等，因而有

$$v_s = \eta(v_s + a_0 t_0) \tag{5.1.23}$$

由此可以解得

$$\Delta t = 2t_0 = 2\frac{1-\eta}{\eta}\frac{v_s}{a_0} \tag{5.1.24}$$

由式(5.1.17)，考虑到 $qV \gg mgd$ 的条件，得到

$$E_{ks} = \frac{1}{2}mv_s^2 \approx \frac{\eta^2}{1-\eta^2}qV \tag{5.1.25}$$

将式(5.1.22)和式(5.1.25)的结果代入式(5.1.24)，可得

$$\Delta t = 2\frac{1-\eta}{\eta}\sqrt{\frac{2\eta^2}{1-\eta^2}}\sqrt{\frac{md^2}{qV}} = 2\sqrt{\frac{1-\eta}{1+\eta}}\sqrt{\frac{2md^2}{\chi V^2}} \tag{5.1.26}$$

因此

$$I = \frac{\Delta Q}{\Delta t} = \frac{2q}{\Delta t} = \sqrt{\frac{1+\eta}{1-\eta}}\sqrt{\frac{\chi^3}{2md^2}}V^2 \tag{5.1.27}$$

所以

$$\gamma = \sqrt{\frac{1+\eta}{1-\eta}}\sqrt{\frac{\chi^3}{2md^2}} \tag{5.1.28}$$

（A6）电流停止的条件是小圆片不能到达上板，即取临界电压 V_c 时，小圆片到达上板时的动能 $\overline{E_{ks}}$ 为零，故有

$$\overline{E_{ks}} = E_{ks} + qV_c - mgd = 0 \tag{5.1.29}$$

其中 E_{ks} 是稳态的动能：

$$\frac{\eta^2}{1-\eta^2}qV_c + \frac{\eta^2}{1+\eta^2}mgd + qV_c - mgd = 0 \tag{5.1.30}$$

解得

$$qV_c = \frac{1-\eta^2}{1+\eta^2}mgd \tag{5.1.31}$$

因为 $q = \chi V$，故有

$$V_c = \sqrt{\frac{1-\eta^2}{1+\eta^2}}\sqrt{\frac{mgd}{\chi}} \tag{5.1.32}$$

为了与式(5.1.11)的阈值电压比较，上式可改写为

$$V_c = z_c V_{th}, \quad z_c = \sqrt{\frac{1-\eta^2}{2(1+\eta^2)}} \tag{5.1.33}$$

由于在来回运动过程中

$$d = v_{0+}t_+ + \frac{1}{2}a_+t_+^2 \tag{5.1.34}$$

$$d = v_{0-}t_- + \frac{1}{2}a_-t_-^2 \tag{5.1.35}$$

其加速度分别为

$$a_- = \frac{qV_c}{md} + g = \frac{2}{1+\eta^2}g \tag{5.1.36}$$

$$a_+ = \frac{qV_c}{md} - g = \frac{-2\eta^2}{1+\eta^2}g \tag{5.1.37}$$

所以

$$\frac{a_+}{a_-} = -\eta^2 \tag{5.1.38}$$

因为 $v_{0-} = 0$，所以 $v_{0+} = \eta(a_- t_-)$，由

$$t_- = \sqrt{\frac{2d}{a_-}} = \sqrt{(1+\eta^2)\frac{d}{g}} \tag{5.1.39}$$

利用

$$t_+ = -\frac{v_{0+}}{a_+} = \sqrt{-\frac{2d}{a_+}} = \sqrt{\frac{1+\eta^2}{\eta^2}\frac{d}{g}} = \frac{t_-}{\eta} \tag{5.1.40}$$

所以

$$\Delta t = t_+ + t_- = \left(1 + \frac{1}{\eta}\right)\sqrt{(1+\eta^2)\frac{d}{g}} \tag{5.1.41}$$

$$I_c = \frac{2q}{\Delta t} = \frac{2\chi V_c}{\Delta t} = \frac{2\eta\sqrt{1-\eta^2}}{(1+\eta)(1+\eta^2)}g\sqrt{m\chi} \tag{5.1.42}$$

电容器的 I-V 特性曲线如图 J5.1.1 所示。

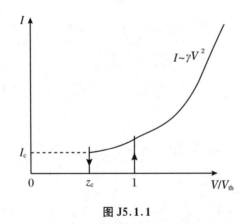

图 J5.1.1

第 2 题 升空的气球

A 部分

（A1）利用理想气体状态方程，物质的量为 n 的氦气在压强为 $p+\Delta p$，温度为 T 时的体积为

$$V = \frac{nRT}{p+\Delta p} \tag{5.2.1}$$

而物质的量为 n' 的空气在压强 p，温度 T 时的体积为

$$V = \frac{n'RT}{p} \tag{5.2.2}$$

因此气球占据了物质的量为 $n' = \dfrac{np}{p+\Delta p}$ 的空气的体积,其浮力等于 $M_A n'g$,即

$$F_B = M_A n g \frac{p}{p+\Delta p} \tag{5.2.3}$$

(A2) 压强与高度的关系满足

$$\frac{\mathrm{d}p}{\mathrm{d}z} = -\rho g = -\frac{\rho_0 T_0}{p_0}\frac{p}{T}g \tag{5.2.4}$$

其中用到了理想气体状态方程的推论 $\dfrac{\rho T}{p} = $ 常数。将 $T(z) = T_0\left(1-\dfrac{z}{z_0}\right)$ 和 $p(z) = p_0\left(1-\dfrac{z}{z_0}\right)^\eta$ 代入式(5.2.4),可得

$$\eta = \frac{\rho_0 z_0 g}{p_0} = 5.5 \tag{5.2.5}$$

B 部分

(B1) 在压强差为 Δp 时,将气球半径由 r 增加到 $r+\mathrm{d}r$ 需要做功:
$$\mathrm{d}W = 4\pi r^2 \Delta p \, \mathrm{d}r \tag{5.2.6}$$
它应该与气球半径从 r 增加到 $r+\mathrm{d}r$ 时弹性势能的增加量相等,即
$$\mathrm{d}W = \mathrm{d}U = 4\pi\kappa RT\left(4r - 4\frac{r_0^6}{r^5}\right)\mathrm{d}r \tag{5.2.7}$$

因此
$$\Delta p = \frac{4\kappa RT}{r_0}\left(\frac{1}{\lambda} - \frac{1}{\lambda^7}\right) \tag{5.2.8}$$

$\dfrac{\Delta p}{\dfrac{4\kappa RT}{r_0}}$ 与 λ 的关系如图 J5.2.1 所示,其中 Δp 以 $\dfrac{4\kappa RT}{r_0}$ 为单位,它在 $\lambda > 1$ 时增加得很快,在 $\lambda = 7^{\frac{1}{6}} = 1.38$ 时达到最大值,λ 继续增大时则按照 $\dfrac{1}{\lambda}$ 衰减。

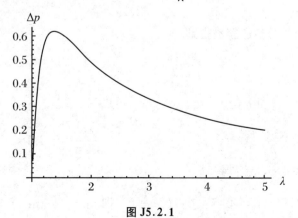

图 J5.2.1

(B2) 理想气体状态方程为

$$p_0 V_0 = nRT_0 \tag{5.2.9}$$

以及

$$p_{in} V = nRT_0 \tag{5.2.10}$$

其中 $V = \lambda^3 V_0$。式(5.2.9)与式(5.2.10)得到的压强差就是本小题的结果：

$$\Delta p = \left(\frac{n}{n_0 \lambda^3} - 1\right) p_0 = \frac{4\kappa RT_0}{r_0}\left(\frac{1}{\lambda} - \frac{1}{\lambda^7}\right) = \alpha p_0\left(\frac{1}{\lambda} - \frac{1}{\lambda^7}\right) \tag{5.2.11}$$

$$\alpha = \frac{\dfrac{n}{n_0 \lambda^3} - 1}{\dfrac{1}{\lambda} - \dfrac{1}{\lambda^7}} = 0.11 \tag{5.2.12}$$

C 部分

（C1）利用(A1)小题的结果有

$$M_T g = M_A n g \frac{p}{p + \Delta p} \tag{5.2.13}$$

根据状态方程有

$$(p + \Delta p)\lambda^3 = \frac{nRT}{V_0} = p_0 \frac{T}{T_0} \frac{n}{n_0} \tag{5.2.14}$$

另外式(5.2.8)给出：

$$\Delta p = \frac{4\kappa RT}{r_0}\left(\frac{1}{\lambda} - \frac{1}{\lambda^7}\right) = \alpha \frac{T}{T_0} p_0 \left(\frac{1}{\lambda} - \frac{1}{\lambda^7}\right) \tag{5.2.15}$$

将式(5.2.14)和式(5.2.15)相除可得

$$\frac{p + \Delta p}{\Delta p} = \frac{\dfrac{n}{n_0}}{\alpha \lambda^2 \left(1 - \dfrac{1}{\lambda^6}\right)} \tag{5.2.16}$$

再结合式(5.2.13)，可得

$$\lambda^2 \left(1 - \frac{1}{\lambda^6}\right) = \frac{1}{\alpha n_0}\left(n - \frac{M_T}{M_A}\right) = 4.54 \tag{5.2.17}$$

利用计算器进行数值计算可得

$$\lambda_f \approx 2.1 \tag{5.2.18}$$

由式(5.2.13)和式(5.2.14)还容易得到

$$\frac{p}{p_0}\frac{T_0}{T}\lambda^3 = \frac{M_T}{M_A n_0} \tag{5.2.19}$$

利用 $T(z) = T_0\left(1 - \dfrac{z}{z_0}\right)$ 和 $p(z) = p_0\left(1 - \dfrac{z}{z_0}\right)^\eta$，可得

$$\frac{p}{p_0}\frac{T_0}{T}\lambda^3 = \left(1 - \frac{z_f}{z_0}\right)^{\eta - 1}\lambda_f^3 = \frac{M_T}{M_A n_0} = 3.10 \tag{5.2.20}$$

代入 $\lambda_f = 2.1, \eta - 1 = 4.5$，最终得

$$z_f = 49 \times \left[1 - \left(\frac{3.1}{2.1^3}\right)^{\frac{1}{4.5}}\right] \text{ km} = 11 \text{ km} \tag{5.2.21}$$

第3题 原子探针显微镜

A 部分

（A1）由题意，将 $z(t) = A\sin(\omega t - \varphi)$ 代入方程

$$m\frac{d^2 z}{dt^2} + b\frac{dz}{dt} + kz = F \tag{5.3.1}$$

可得

$$-m\omega^2 \sin(\omega t - \varphi) + b\omega\cos(\omega t - \varphi) + m\omega_0^2 \sin(\omega t - \varphi) = \frac{F_0}{A}\sin\omega t \tag{5.3.2}$$

整理上式可得

$$\left[m(\omega_0^2 - \omega^2)\cos\varphi + b\omega\sin\varphi - \frac{F_0}{A}\right]\sin\omega t +$$
$$\left[-m(\omega_0^2 - \omega^2)\sin\varphi + b\omega\cos\varphi\right]\cos\omega t = 0 \tag{5.3.3}$$

由于式 (5.3.3) 中 $\sin\omega t$ 和 $\cos\omega t$ 前的系数要求为零，因此有

$$\tan\varphi = \frac{b\omega}{m(\omega_0^2 - \omega^2)} \tag{5.3.4}$$

$$A = \frac{F_0}{\sqrt{m^2(\omega_0^2 - \omega^2)^2 + b^2\omega^2}} \tag{5.3.5}$$

当 $\omega = \omega_0$ 时，有

$$A = \frac{F_0}{b\omega_0}, \quad \varphi = \frac{\pi}{2} \tag{5.3.6}$$

（A2）输入信号与参考信号相乘的结果是

$$V_{i0}\sin(\omega_i t - \varphi_i)V_{R0}\sin\omega t = \frac{1}{2}V_{i0}V_{R0}\left[\cos(\omega_i t - \omega t - \varphi_i) - \cos(\omega_i t + \omega t - \varphi_i)\right] \tag{5.3.7}$$

只有当 $\omega = \omega_i$ 时，直流输出信号才不为零，它的值为

$$\frac{1}{2}V_{i0}V_{R0}\cos\varphi_i \tag{5.3.8}$$

（A3）只有当 $\omega = \omega_0$ 时才有直流输出信号，因此在此共振频率上的输入信号幅度为

$$V_{i0} = c_2 \frac{F_0}{b\omega_0} = \frac{c_1 c_2 V_{R0}}{b\omega_0} \tag{5.3.9}$$

输入信号的 $\varphi_i = -\frac{\pi}{2} + \frac{\pi}{2} = 0$，因此最后的输出信号为

$$\frac{1}{2}V_{i0}V_{R0}\cos 0 = \frac{c_1 c_2 V_{R0}^2}{2b\omega_0} \tag{5.3.10}$$

（A4）当质量由 m 变为 $m' = m + \Delta m$ 时，角频率由 ω_0 变为 ω_0'。由于 $k = m\omega_0^2 = m'\omega_0'^2$，所以

$$\omega_0'^2 = \frac{m\omega_0^2}{m + \Delta m} \approx \omega_0^2 + \left(-\frac{\Delta m}{m}\right)\omega_0^2 \tag{5.3.11}$$

新的共振角频率为 ω_0'，在原来的共振角频率 ω_0 的基础上相位满足

$$\tan\varphi' = \frac{b\omega_0}{m'(\omega_0'^2 - \omega_0^2)} = \frac{b\omega_0}{-m'\dfrac{\Delta m}{m}\omega_0^2} \approx -\frac{b}{\Delta m \omega_0} \quad (5.3.12)$$

利用 $\tan\left(x + \dfrac{\pi}{2}\right) \approx -\dfrac{1}{x}$，有

$$\tan\varphi' = \tan\left(\frac{\pi}{2} + \Delta\varphi\right) \approx -\frac{1}{\Delta\varphi} = -\frac{b}{\Delta m \omega_0} \quad (5.3.13)$$

所以

$$\Delta m = \frac{b}{\omega_0}\Delta\varphi = 1.7 \times 10^{-18} \text{ kg} \quad (5.3.14)$$

B 部分

(B1) 在考虑样品的作用力之后，式(5.3.2)可改写为

$$m\frac{d^2 z}{dt^2} + b\frac{dz}{dt} + m\omega_0^2 z - c_3 z = F_0 \sin\omega t \quad (5.3.15)$$

这里应用了 $f(h) \approx f(h_0) + c_3 z$ 以及 $z = h - h_0$。注意到在新的平衡位置 h_0 附近，$f(h_0) = 0$。原来的角频率 $\omega_0 = \sqrt{\dfrac{k}{m}}$，新的共振角频率为

$$\omega_0' = \sqrt{\frac{k-c_3}{m}} = \sqrt{\frac{m\omega_0^2 - c_3}{m}} = \omega_0\sqrt{1 - \frac{c_3}{m\omega_0^2}} \quad (5.3.16)$$

因此可以求出频移为

$$\Delta\omega_0 = \omega_0\left(\sqrt{1 - \frac{c_3}{m\omega_0^2}} - 1\right) \quad (5.3.17)$$

(B2) 当悬臂处在电荷正上方时频移最大，此时作用力为

$$f(h) = k_e\frac{qQ}{h^2} \quad (5.3.18)$$

所以

$$c_3 = \frac{df}{dh}\bigg|_{h=d_0} = -2k_e\frac{qQ}{d_0^3} \quad (5.3.19)$$

由于 $\Delta\omega_0 \ll \omega_0$，所以式(5.3.17)近似为

$$\Delta\omega_0 \approx -\frac{c_3}{2m\omega_0} = k_e\frac{qQ}{m\omega_0 d_0^3} \quad (5.3.20)$$

将各个数值代入上式可得

$$d_0 = \left(k_e\frac{qQ}{m\omega_0\Delta\omega_0}\right)^{\frac{1}{3}} = 41 \text{ nm} \quad (5.3.21)$$

第 36 届国际物理奥林匹克竞赛理论试题

第 1 题 误入歧途的卫星

航天器的变轨是通过改变沿运动轨迹方向的速度来实现的,为了达到更高的轨道需要加速,为了重新回到大气层需要减速。本题研究发动机沿径向推动时的变轨操作。

为了得到数值结果,提供以下数据:地球半径 $R_T = 6.37 \times 10^6$ m,地球表面重力加速度 $g = 9.81$ m/s^2,恒星日 $T_0 = 24.0$ h。

考虑质量为 m 的地球同步通信卫星(注:其周期为 T_0),处于赤道上空的圆形轨道上,半径为 r_0。为了达到最终轨道,卫星装有推进系统。

A 部分

(A1) 计算 r_0 的数值,保留三位有效数字。

(A2) 用 g,R_T 和 r_0 给出卫星速度 v_0 的表达式,并计算其数值,保留三位有效数字。

(A3) 用 v_0,m,g 和 R_T 给出角动量 L_0 和机械能 E_0 的表达式。

达到同步圆形轨道后,如图 T6.1.1 所示,卫星稳定在预定的位置,准备执行下一步任务。此时地面控制系统发出错误指令,导致发动机点火,推进力指向地心,尽管地面指挥系统反应迅速,关闭了发动机,但仍然产生了速度变化 Δv。这个速度增量用参数 $\beta = \dfrac{\Delta v}{v_0}$ 表示。发动机点火的时间与任何轨道时间参量相比都可以忽略,即可以认为是瞬时的。

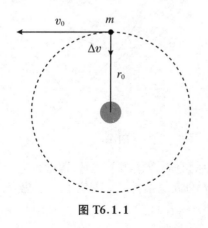

图 T6.1.1

B 部分

假设 $\beta < 1$。

(B1) 确定新轨道参数半正焦弦 l 和离心率 ε 与 r_0 和 β 的关系。

(B2) 计算新轨道的主轴与意外误点火时位置矢量之间的角度 α。

(B3) 给出近地点和远地点与地球中心的距离 r_{min}，r_{max} 的表达式，用 r_0 和 β 表示，当 $\beta = \frac{1}{4}$ 时，计算它们的值。

(B4) 确定新轨道的周期 T 与 T_0 和 β 的关系。当 $\beta = \frac{1}{4}$ 时，计算 T 的值。

C 部分

(C1) 计算卫星逃逸出地球引力场需要的最小增量参数 β_{esc}。

(C2) 确定卫星新轨道到地心的最近距离 r'_{min} 与 r_0 的函数关系。

D 部分

假设 $\beta > \beta_{esc}$。

(D1) 确定在无限远处的剩余速度 v_∞ 与 v_0 和 β 的函数关系。

(D2) 确定逃逸方向渐近线的碰撞参数 b 与 r_0 和 β 的关系，如图 T6.1.2 所示。

(D3) 确定渐近的逃逸方向 φ 与 β 的关系，计算 $\beta = \frac{3}{2}\beta_{esc}$ 时的数值结果。

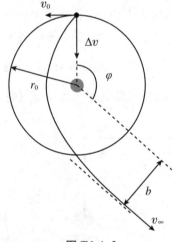

图 T6.1.2

提示：在满足平方反比律的有心力作用下，物体运动轨道可能是椭圆、抛物线或双曲线。如图 T6.1.3 所示，在 $m \ll M$ 的近似条件下，M 位于一个焦点上，以这个焦点为原点，该曲线通常的极坐标方程为

$$r(\theta) = \frac{l}{1 - \varepsilon\cos\theta}$$

其中 l 是正常数，称为半正焦弦，ε 是曲线的离心率，它们用运动常数表示为

$$l = \frac{L^2}{GMm^2}$$

$$\varepsilon = \sqrt{1 + \frac{2EL^2}{G^2M^2m^3}}$$

其中 G 是万有引力常量，L 是轨道上物体相对于原点的角动量的绝对值，E 是机械能，取无限远时引力势能为零。

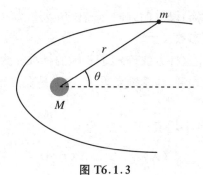

图 T6.1.3

有下列对应情况：

当 $\varepsilon = 0$ 时，曲线是圆；

当 $0 \leqslant \varepsilon < 1$ 时，曲线是椭圆；

当 $\varepsilon = 1$ 时，曲线是抛物线；

当 $\varepsilon > 1$ 时，曲线是双曲线。

第 2 题　电学量的绝对测量

在 19 世纪，随着科学和技术的变革与发展，迫切需要一个标准电学量作为通用标准。法国大革命后，人们已经认识到新绝对单位需要与标准长度、质量和时间单位有关。从 1861 年到 1912 年，为了确定电学单位标准，科学家们进行了深入的实验工作，我们在此选择其中三项进行研究。

A 部分　欧姆的确定（开尔文）

一个半径为 a，总电阻为 R 的 N 匝闭合圆线圈在水平磁场 $\boldsymbol{B}_0 = B_0 \boldsymbol{i}$ 中绕竖直直径以恒定角速度 ω 旋转，如图 T6.2.1 所示。

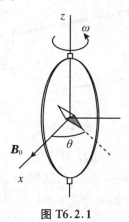

图 T6.2.1

（A1）计算线圈产生的感应电动势 ε 以及维持线圈运动需要的平均功率 $\langle P \rangle$，忽略线圈的自感。

一个小磁针放在线圈的中心，如图 T6.2.1 所示，它可以绕 z 轴在水平面上慢慢地自由转向，但它跟不上线圈的快速旋转。

（A2）一旦达到稳定的状态，磁针的方向与磁场 B_0 夹角为 θ，请给出线圈的电阻 R 的表达式，用以上角度和其他系统参数表示。

在 1860 年，开尔文勋爵用这种方法确定了欧姆的标准。为了避免旋转线圈，洛伦兹设计了一个不同的方法，后来被瑞利、西季维克采用，这就是在 B 部分中需要讨论的。

参考公式：

周期为 T 的函数 $X(t)$ 的平均值 $\langle X \rangle$ 定义为

$$\langle X \rangle = \frac{1}{T} \int_0^T X(t) \mathrm{d}t$$

可能用到的积分：

$$\int_0^{2\pi} \sin x \mathrm{d}x = \int_0^{2\pi} \cos x \mathrm{d}x = 0$$

$$\int_0^{2\pi} \sin^2 x \mathrm{d}x = \int_0^{2\pi} \cos^2 x \mathrm{d}x = \pi$$

$$\int x^n \mathrm{d}x = \frac{1}{n+1} x^{n+1} + C$$

B 部分　欧姆的确定（瑞利，西季维克）

实验装置如图 T6.2.2 所示，它有两个半径同为 b 的相同的金属圆盘 D 和 D'，安装在导电的转轴 SS' 上。角速度为 ω 的马达带动整个实验装置，在测量电阻 R 时角速度可以调节。两个相同的线圈 C 和 C'（它们的半径为 a，匝数为 N）与圆盘同心固定放置。连接后，两线圈中的电流 I 方向相反，利用该装置测量电阻 R。

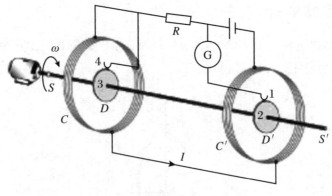

图 T6.2.2

（B1）假设流过线圈的电流 I 在 D 和 D' 处产生均匀磁场 B，它等于线圈中心处的磁场。计算边缘 1 和 4 之间的感应电动势 ε。假设两线圈中心之间的距离 DD' 远大于线圈的半径，并且 $a \gg b$。两个圆盘在边缘 1 和 4 通过电刷与电路相连接，检流计 G 测定流过线圈 1-2-3-4 的电流。

（B2）当 G 读数为零时，可以确定电阻的值，请给出电阻与系统物理参数的关系。

C 部分　安培的确定

让电流流过两个导体，测量它们之间的作用力，是确定电流的绝对量度的方法。1882 年，开尔文勋爵利用这一方法设计了"电流秤"，它由 6 个半径为 a 的相同的单匝线圈 C_1，C_2，C_3，C_4，C_5，C_6 串联而成，如图 T6.2.3 所示。固定线圈 C_1，C_3 和 C_4，C_6，并水平放置，相距皆为 $2h$（$2h$ 是小量），线圈 C_2 和 C_5 挂在天平的两臂上，臂长为 d，在平衡时，它们与上下固定线圈的距离相等。

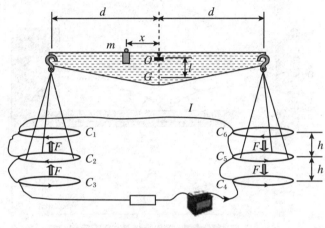

图 T6.2.3

当电流 I 按图 T6.2.3 所示的方向流过不同线圈时，磁力的方向是 C_2 受力向上，C_5 受力向下。一个质量为 m 的砝码置于离支点 O 为 x 处，用于电流存在时恢复上述天平的平衡。

（C1）计算 C_2 与 C_1 的相互作用力 F。为了简单起见，假设它们单位长度的相互作用力与载流平行长直导线的相同。

（C2）当天平平衡时，测量电流的值。请用以上条件和参数表示电流的值。装置的尺度保证了左臂线圈与右臂线圈之间的作用力可以忽略。

M 是天平的质量（砝码和悬挂物的质量除外），G 是其质心，l 是 OG 之间的距离。

（C3）当线圈 C_2 产生一个小的偏移 $+\delta z$，C_5 产生 $-\delta z$ 的偏移时，天平的平衡是稳定的。试计算天平释放后仍能够返回平衡位置的最大偏移 $\delta z_{\max}$。

提示：考虑到线圈中心近似共轴，$\beta \ll 1$ 时，利用以下近似：$\dfrac{1}{1 \pm \beta} \approx 1 \mp \beta + \beta^2$ 或 $\dfrac{1}{1 \pm \beta^2} \approx 1 \mp \beta^2$；当 θ 很小时，$\sin\theta \approx \tan\theta$。

第 3 题　重力场中的中子

在经典力学世界里，地球表面的一个弹性球是理想的永恒运动的一个例子，该球是被束缚住的，不能低于地球表面或高于最高点。它将保持这种状态，上下运动，周而复始，只有空气的摩擦或非弹性碰撞能结束这一过程。但这些效应在以下问题中都将被忽略。

2002年，位于法国格勒诺布尔的劳厄-郎之万研究所（Instiute Laue-Langevin）的物理学家报告了关于中子在地球引力场里的行为的实验，在实验中，向右运动的中子下落到一水平的中子反射镜上，由弹性碰撞一次次地返回到原来的高度。

实验的装置如图T6.3.1所示，包括小窗 W，中子镜 M（在 $z=0$ 的高度），中子吸收板 A（在 $z=H$ 高度，长度为 L）以及中子探测器 D。一束中子由 W 飞出，它的水平方向速度恒定为 v_x，经过 A 与 M 的空腔到达 D。所有碰到 A 表面的中子会被吸收，在实验中消失；碰到 M 表面的中子会被弹性反射，探测器 D 记录穿过率 $N(H)$，也就是单位时间到达 D 的中子总数。

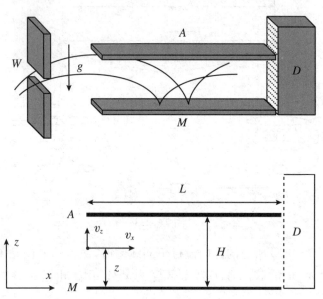

图 T6.3.1

进入空腔的中子垂直速度 v_z 有较大的正负值范围，一旦进入空腔，它们在空腔下方的反射镜 M 和吸收板 A 之间飞行。

（A1）设中子进入空腔时的高度为 z，计算在经典物理下可以到达探测器 D 的中子垂直速度 $v_z(z)$ 的范围，假设 L 远大于所有其他尺度。

（A2）计算在经典物理下，不论 z 值大小，要让所有垂直速度 $v_z(z)$ 超出（A1）给出的范围的中子全被 A 吸收的最短空腔长度 L_c。设 $v_x=10$ m/s，$H=50$ μm。

中子的穿过率 $N(H)$ 是在 D 处测量的。我们预计它随 H 增大而单调上升。

（A3）设中子以垂直速度 v_z 从高度 z 进入空腔，所有 v_z 和 z 值都等概率，求经典穿过率 $N_c(H)$。答案用 ρ 表示，ρ 是具有垂直速度 v_z 以高度 z 进入空腔的中子数密度（每单位时间每单位速度每单位高度的中子数），ρ 是一常量。

劳厄-郎之万研究所的实验结果与经典预言并不符合，得出的 $N(H)$ 值在某些临界高度 $H=H_1,H_2,\cdots$ 时会有陡增现象，图T6.3.2展示了大概的变化。换而言之，实验显示出中子在镜 M 上弹跳的垂直运动是量子化的。用玻尔及索末菲得出氢原子能级时的说法，可以说成"这些中子垂直方向的作用量 S 是普朗克常量 h 的整数倍"。作用量 S 由下式给出：

$$S = \int p_z(z)\,\mathrm{d}z = nh, \quad n = 1,2,3,\cdots$$

称为玻尔-索末菲量子化条件，式中 p_z 为垂直动量，积分范围包括整个弹跳周期。空腔内只允许具有这些 S 值的中子存在。

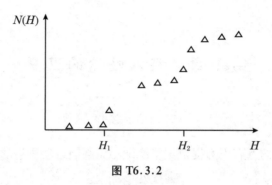

图 T6.3.2

（A4）利用玻尔-索末菲量子化条件，计算转折高度 H_n 以及与垂直运动有关的能级 E_n，以微米（μm）与电子伏特（eV）表达 H_1 和 E_1 的数值。

原本在空腔入口处中子流以数密度 ρ 均匀分布。在经过空腔飞行到达 D 时变成如图 T6.3.2 所示的阶梯状分布。现在，我们简单地考虑一个 $H < H_2$ 的长空腔。根据经典物理，所有能量满足（A1）的中子是可以通过的；但根据量子力学，只有能量为 E_1 的中子可以通过。但空腔长度很小的时候，竖直运动能量的不确定度将是显著的，它将引起能级的展宽。根据海森堡的时间-能量不确定原理，此变化对应最短的飞行时间。

（A5）为了只观察到第一次中子数量的陡增，估计最小的飞行时间 t_q 及对应的空腔的最短距离 L_q。这里 $v_x = 10$ m/s。

已知基本物理常量：普朗克常量 $h = 6.63 \times 10^{-34}$ J·s，真空中光速 $c = 3.00 \times 10^8$ m/s，电子电量 $e = 1.60 \times 10^{-19}$ C，中子质量 $M = 1.67 \times 10^{-27}$ kg，地球表面重力加速度 $g = 9.81$ m/s²。

参考积分公式：

$$\int \sqrt{1-x}\,\mathrm{d}x = -\frac{2}{3}\sqrt{(1-x)^3} + C$$

第36届国际物理奥林匹克竞赛理论试题解析

第1题 误入歧途的卫星

A 部分

(A1) 地球对卫星的万有引力提供卫星绕地心做圆周运动所需的向心力：

$$G\frac{M_T m}{r_0^2} = m\frac{v_0^2}{r_0} \tag{6.1.1}$$

在地球表面物体所受的重力与物体所受的地球万有引力几乎相等：

$$mg = \frac{GM_T m}{R_T^2} \tag{6.1.2}$$

由于卫星做圆周运动，根据圆周运动线速度公式有

$$v_0 = \frac{2\pi r_0}{T_0} \tag{6.1.3}$$

联立式(6.1.1)和式(6.1.2)可得

$$r_0 = \left(\frac{gR_T^2 T_0^2}{4\pi^2}\right)^{\frac{1}{3}} \tag{6.1.4}$$

代入数据可得

$$r_0 = 4.22 \times 10^7 \text{ m} \tag{6.1.5}$$

(A2) 联立式(6.1.1)~式(6.1.3)可得

$$v_0 = R_T \sqrt{\frac{g}{r_0}} \tag{6.1.6}$$

代入数据可得

$$v_0 = 3.07 \times 10^3 \text{ m/s} \tag{6.1.7}$$

(A3) 卫星的角动量为

$$L_0 = r_0 m v_0 \tag{6.1.8}$$

将式(6.1.1)和式(6.1.2)代入式(6.1.8)可得

$$L_0 = \frac{mgR_T^2}{v_0} \tag{6.1.9}$$

卫星的机械能为

$$E_0 = \frac{1}{2}mv_0^2 - G\frac{M_T m}{r_0} \tag{6.1.10}$$

将式(6.1.1)和式(6.1.2)代入式(6.1.10)可得

$$E_0 = -\frac{1}{2}mv_0^2 \tag{6.1.11}$$

B 部分

(B1) 两个轨道的角动量相等,由此可得卫星轨道的半正焦弦为

$$l = \frac{L_0^2}{GM_T m^2} \tag{6.1.12}$$

将式(6.1.9)和式(6.1.6)代入式(6.1.12)可得

$$l = r_0 \tag{6.1.13}$$

卫星轨道的离心率为

$$\varepsilon = \sqrt{1 + \frac{2EL_0^2}{G^2 M_T^2 m^3}} \tag{6.1.14}$$

卫星的机械能为

$$E = \frac{1}{2} m [v_0^2 + (\Delta v)^2] - G \frac{M_T m}{r_0} \tag{6.1.15}$$

结合式(6.1.10)可得

$$E = \frac{1}{2} m (\Delta v)^2 - \frac{1}{2} m v_0^2 \tag{6.1.16}$$

即

$$E = \frac{1}{2} m v_0^2 \left[\frac{(\Delta v)^2}{v_0^2} - 1 \right] = \frac{1}{2} m v_0^2 (\beta^2 - 1) \tag{6.1.17}$$

由式(6.1.2)和式(6.1.6)可得

$$\varepsilon = \beta < 1 \tag{6.1.18}$$

因此卫星的轨道是椭圆。

(B2) 卫星的初始轨道和后来的轨道相交于 P 点,即卫星点火的位置,如图 J6.1.1 所示。

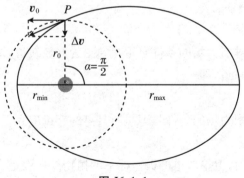

图 J6.1.1

由

$$r(\theta = \alpha) = r_0 = \frac{r_0}{1 - \beta \cos \alpha} \tag{6.1.19}$$

解得

$$\alpha = \frac{\pi}{2} \tag{6.1.20}$$

(B3) 由轨道方程可得到在 $\theta = 0$ 及 $\theta = \pi$ 分别对应于 r 的极大值和极小值：

$$r_{\max} = \frac{l}{1-\varepsilon}, \quad r_{\min} = \frac{l}{1+\varepsilon} \tag{6.1.21}$$

即

$$r_{\max} = \frac{r_0}{1-\beta}, \quad r_{\min} = \frac{r_0}{1+\beta} \tag{6.1.22}$$

当 $\beta = \frac{1}{4}$ 时，代入数据可得

$$r_{\max} = 5.63 \times 10^7 \text{ m}, \quad r_{\min} = 3.38 \times 10^7 \text{ m} \tag{6.1.23}$$

注 根据能量守恒定律和角动量守恒定律，对近地点和远地点联立守恒方程，也可求解得到本题的结论。

(B4) 由开普勒第三定律，新的轨道周期 T 满足

$$\frac{T^2}{a^3} = \frac{T_0^2}{r_0^3} \tag{6.1.24}$$

其中 a 是椭圆的半长轴，其表达式为

$$a = \frac{r_{\max} + r_{\min}}{2} = \frac{r_0}{1-\beta^2} \tag{6.1.25}$$

联立式(6.1.24)和式(6.1.25)可得

$$T = \frac{T_0}{(1-\beta^2)^{\frac{3}{2}}} \tag{6.1.26}$$

当 $\beta = \frac{1}{4}$ 时，代入数据可得

$$T = \frac{T_0}{\left(\frac{15}{16}\right)^{\frac{3}{2}}} = 26.4 \text{ h} \tag{6.1.27}$$

C 部分

(C1) 卫星逃逸出地球引力场的条件是卫星轨道为开放轨道，即要求离心率大于或等于 1。最小值对应于抛物线轨道，即

$$\varepsilon = \beta \Rightarrow \beta_{\text{esc}} = 1 \tag{6.1.28}$$

或者说，卫星逃逸出地球引力场的条件是卫星所具有的能量应大于等于零，所具有的能量为零时，即对应抛物线轨道。

(C2) 当 $\varepsilon = \beta_{\text{esc}} = 1$ 时，卫星轨道的极坐标下的抛物线方程是

$$r = \frac{l}{1-\cos\theta} \tag{6.1.29}$$

半正焦弦仍然是 $l = r_0$。地球与卫星之间的最小距离对应于

$$\theta = \pi \tag{6.1.30}$$

此时

$$r'_{\min} = \frac{r_0}{2} \tag{6.1.31}$$

D 部分

（D1）由能量守恒定律可以得到卫星逃逸到无穷远处时的剩余速度 v_∞，即

$$E = \frac{1}{2}mv_0^2(\beta^2 - 1) = \frac{1}{2}mv_\infty^2 \qquad (6.1.32)$$

解得

$$v_\infty = v_0\sqrt{\beta^2 - 1} \qquad (6.1.33)$$

（D2）当 $\varepsilon = \beta > \beta_{esc} = 1$ 时，卫星轨道为双曲线，由角动量守恒定律可得

$$mv_0 r_0 = mv_\infty b \qquad (6.1.34)$$

解得

$$b = r_0 \frac{v_0}{v_\infty} = \frac{r_0}{\sqrt{\beta^2 - 1}} \qquad (6.1.35)$$

（D3）双曲线渐近线与轴的夹角是该双曲线极坐标方程 $r \to \infty$ 时对应的角度，即极坐标下双曲线方程的分母为零时的角度值，也即

$$1 - \beta\cos\theta_{asym} = 0 \qquad (6.1.36)$$

解得

$$\theta_{asym} = \arccos\frac{1}{\beta} \qquad (6.1.37)$$

如图 J6.1.2 所示，有

$$\varphi = \frac{\pi}{2} + \theta_{asym} \qquad (6.1.38)$$

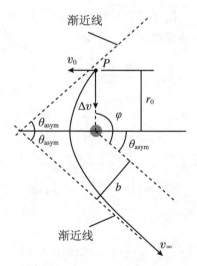

图 J6.1.2

联立式(6.1.37)和式(6.1.38)，代入 $\beta = \frac{3}{2}\beta_{esc} = \frac{3}{2}$，可得

$$\varphi = \frac{\pi}{2} + \arccos\frac{1}{\beta} = 138° = 2.41 \text{ rad} \qquad (6.1.39)$$

第2题 电学量的绝对测量

A部分 欧姆的确定(开尔文)

(A1) 在 t 时刻线圈平面法线与磁场方向的夹角为 ωt，通过线圈的磁通量为

$$\Phi = N\boldsymbol{B}_0 \cdot \boldsymbol{S} \tag{6.2.1}$$

其中 $\boldsymbol{S}$ 为面积矢量：

$$\boldsymbol{S} = \pi a^2(\cos\omega t\, \boldsymbol{i} + \sin\omega t\, \boldsymbol{j}) \tag{6.2.2}$$

将式(6.2.2)代入式(6.2.1)可得

$$\Phi = N\pi a^2 B_0 \cos\omega t \tag{6.2.3}$$

由法拉第电磁感应定律得感应电动势为

$$\varepsilon = -\frac{d\Phi}{dt} = N\pi a^2 B_0 \omega \sin\omega t \tag{6.2.4}$$

其瞬时功率 $P = \dfrac{\varepsilon^2}{R}$，故其平均功率为

$$\langle P \rangle = \frac{1}{T}\int_0^T \frac{(N\pi a^2 B_0 \omega \sin\omega t)^2}{R}dt = \frac{(N\pi a^2 B_0 \omega)^2}{2R} \tag{6.2.5}$$

(A2) 在 t 时刻线圈中心的总磁感应强度为

$$\boldsymbol{B}_t = \boldsymbol{B}_0 + \boldsymbol{B}_i \tag{6.2.6}$$

其中 $\boldsymbol{B}_i$ 为感应电流所产生的磁场的磁感应强度：

$$\boldsymbol{B}_i = B_i(\cos\omega t\, \boldsymbol{i} + \sin\omega t\, \boldsymbol{j}) \tag{6.2.7}$$

线圈电流产生的磁场的磁感应强度为

$$B_i = \frac{\mu_0 NI}{2a} \tag{6.2.8}$$

利用闭合电路欧姆定律有

$$I = \frac{\varepsilon}{R} \tag{6.2.9}$$

联立式(6.2.8)和式(6.2.9)有

$$B_i = \frac{\mu_0 N^2 \pi a B_0 \omega}{2R}\sin\omega t \tag{6.2.10}$$

$\boldsymbol{B}_i$ 的分量的平均值为

$$\langle B_{ix} \rangle = \frac{\mu_0 N^2 \pi a B_0 \omega}{2R}\langle \sin\omega t \cos\omega t \rangle = 0$$

$$\langle B_{iy} \rangle = \frac{\mu_0 N^2 \pi a B_0 \omega}{2R}\langle \sin\omega t \sin\omega t \rangle = \frac{\mu_0 N^2 \pi a B_0 \omega}{4R} \tag{6.2.11}$$

因此，总磁场的磁感应强度的平均值为

$$\langle \boldsymbol{B}_t \rangle = B_0 \boldsymbol{i} + \frac{\mu_0 N^2 \pi a B_0 \omega}{4R}\boldsymbol{j} \tag{6.2.12}$$

磁针指向平均磁场的方向，所以

$$\tan\theta = \frac{\frac{\mu_0 N^2 \pi a B_0 \omega}{4R}}{B_0} = \frac{\mu_0 N^2 \pi a \omega}{4R} \tag{6.2.13}$$

用这种方法测得的电阻可表示为

$$R = \frac{\mu_0 N^2 \pi a \omega}{4\tan\theta} \tag{6.2.14}$$

B 部分　欧姆的确定(瑞利,西季维克)

(B1) 圆盘上单位正电荷所受的力为

$$f_+ = |\boldsymbol{v} \times \boldsymbol{B}| = vB = \omega r B \tag{6.2.15}$$

其中 B 是线圈中心处的磁感应强度,其值为

$$B = N\frac{\mu_0 I}{2a} \tag{6.2.16}$$

圆盘在磁场中转动而产生的电动势为

$$\varepsilon_D = \varepsilon_{D'} = \int_0^b f_+ \mathrm{d}r = \int_0^b \omega r B \mathrm{d}r = \frac{1}{2}B\omega b^2 \tag{6.2.17}$$

故 1 和 4 之间总的电动势为

$$\varepsilon = \varepsilon_D + \varepsilon_{D'} = N\frac{\mu_0 b^2 \omega I}{2a} \tag{6.2.18}$$

(B2) 当检流计 G 的读数为零时,由基尔霍夫定律可得

$$\varepsilon = IR \tag{6.2.19}$$

联立式(6.2.18)和式(6.2.19)可得

$$R = N\frac{\mu_0 b^2 \omega}{2a} \tag{6.2.20}$$

C 部分　安培的确定

(C1) 两根相距为 h 的无限长平行直导线单位长度的作用力为

$$f = \frac{\mu_0}{2\pi}\frac{I_1 I_2}{h} \tag{6.2.21}$$

其中 $I_1 = I_2 = I$,线圈长度为 $2\pi a$,C_2 受到相邻线圈 C_1 的作用力为

$$F = 2\pi f a = \frac{\mu_0 a}{h}I^2 \tag{6.2.22}$$

(C2) 由力矩平衡条件有

$$mgx = 4Fd \tag{6.2.23}$$

所以

$$mgx = \frac{4\mu_0 ad}{h}I^2 \tag{6.2.24}$$

可以解得

$$I = \sqrt{\frac{mghx}{4\mu_0 ad}} \tag{6.2.25}$$

(C3) 当天平偏离平衡位置一个小的 $\delta\varphi$ 时,如果重力矩大于磁力矩,天平会返回平衡位置,如图 J6.2.1 所示,即

$$Mgl\sin\delta\varphi + mgx\cos\delta\varphi > 2\mu_0 aI^2\left(\frac{1}{h-\delta z}+\frac{1}{h+\delta z}\right)d\cos\delta\varphi \tag{6.2.26}$$

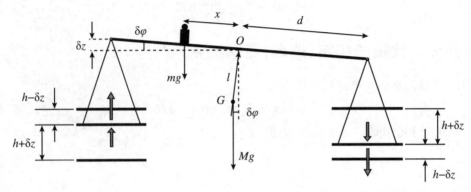

图 J6.2.1

利用题中所给的近似,得到

$$Mgl\sin\delta\varphi + mgx\cos\delta\varphi > \frac{4\mu_0 adI^2}{h}\left[1+\frac{(\delta z)^2}{h^2}\right]\cos\delta\varphi \tag{6.2.27}$$

考虑到平衡条件式(6.2.24),可得

$$Mgl\sin\delta\varphi > mgx\frac{(\delta z)^2}{h^2}\cos\delta\varphi \tag{6.2.28}$$

对于小角度有

$$\tan\delta\varphi \approx \sin\delta\varphi \approx \frac{\delta z}{d} \tag{6.2.29}$$

因此

$$\delta z < \frac{Mlh^2}{mxd} \tag{6.2.30}$$

故

$$\delta z_{\max} = \frac{Mlh^2}{mxd} \tag{6.2.31}$$

第3题 重力场中的中子

(A1) 达到高度 H 而碰到 A 板的中子都会被 A 板吸收,因此转折点在 H 以下中子才能越过空腔。根据能量守恒定律,在高度 z 以速度 v_z 进入空腔到达探测器的条件是

$$\frac{1}{2}Mv_z^2 + Mgz \leqslant MgH \tag{6.3.1}$$

解得

$$-\sqrt{2g(H-z)} \leqslant v_z(z) \leqslant \sqrt{2g(H-z)} \tag{6.3.2}$$

(A2) 空腔的长度要保证超过以上速度范围的中子能被 A 板吸收,即中子在空腔内至少

要达到一次最大高度。最长的距离对应于以 $v_z = 0$ 在 $z = H$ 高度进入的中子,如图 J6.3.1 所示。那么

$$L_c = v_x(2t_f) \tag{6.3.3}$$

$$H = \frac{1}{2}gt_f^2 \tag{6.3.4}$$

其中 t_f 为下落时间,联立式(6.3.3)和式(6.3.4)可得

$$L_c = 2v_x\sqrt{\frac{2H}{g}} = 6.4 \text{ cm} \tag{6.3.5}$$

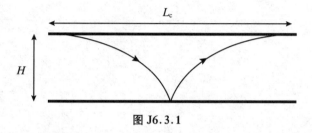

图 J6.3.1

(A3) 以高度 z 进入空腔的中子单位高度的穿过率正比于该高度所允许的速度区域,ρ 是比例常量,有

$$\frac{dN_c(z)}{dz} = \rho[v_{zmax}(z) - v_{zmin}(z)] = 2\rho\sqrt{2g(H-z)} \tag{6.3.6}$$

所有高度进入的中子总数为

$$N_c(H) = \int_0^H dN_c(z) = \int_0^H 2\rho\sqrt{2g(H-z)}dz = \frac{4}{3}\rho\sqrt{2g}H^{\frac{3}{2}} \tag{6.3.7}$$

(A4) 中子由高度 H 下落时,一个周期内的作用量是上升或下降过程作用量的两倍,即

$$S = 2\int_0^H p_z dz = 2\int_0^H M\sqrt{2g(H-z)}dz = \frac{4}{3}M\sqrt{2g}H^{\frac{3}{2}} \tag{6.3.8}$$

利用玻尔-索末菲量子化条件得

$$S = \frac{4}{3}M\sqrt{2g}H^{\frac{3}{2}} = nh, \quad n = 1, 2, 3, \cdots \tag{6.3.9}$$

解得

$$H_n = \left(\frac{9h^2}{32M^2g}n^2\right)^{\frac{1}{3}} \tag{6.3.10}$$

相应的能级为

$$E_n = MgH_n = \left(\frac{9Mg^2h^2}{32}n^2\right)^{\frac{1}{3}} \tag{6.3.11}$$

代入数值可得

$$H_1 = \left(\frac{9h^2}{32M^2g}\right)^{\frac{1}{3}} = 1.65 \times 10^{-5} \text{ m} = 16.5 \text{ μm} \tag{6.3.12}$$

$$E_1 = MgH_1 = 2.71 \times 10^{-31} \text{ J} = 1.69 \times 10^{-12} \text{ eV} \tag{6.3.13}$$

注意到 H_1 与空腔的高度是同一个数量级,$H = 50$ μm,这使得观察到随着高度 H 变化的空间量子化成为可能。

(A5) 按照不确定原理,Δt 和 ΔE 满足关系

$$\Delta E \Delta t \geqslant \hbar \qquad (6.3.14)$$

这段时间内，中子向右飞行的距离为

$$\Delta x = v_x \Delta t \geqslant v_x \frac{\hbar}{\Delta E} \qquad (6.3.15)$$

空腔中子的最低能级是 E_1，取 $\Delta E \approx E_1$，可以估计最小飞行时间和最短距离分别为

$$t_q \approx \frac{\hbar}{E_1} = 0.4 \times 10^{-3} \text{ s} = 0.4 \text{ ms} \qquad (6.3.16)$$

$$L_q \approx v_x \frac{\hbar}{E_1} = 4.0 \times 10^{-3} \text{ m} = 4 \text{ mm} \qquad (6.3.17)$$

第 37 届国际物理奥林匹克竞赛理论试题

第 1 题 中子干涉仪中的重力

物理描述:考虑 Collela、Overhauser 和 Werner 所完成的著名的中子干涉仪实验。在干涉仪中,我们假设分束板和反射镜是理想的且已调整到位,实验研究重力场对中子德布罗意波的影响。

干涉仪中采用与光学类似的符号,如图 T7.1.1 和图 T7.1.2 所示,用带箭头的直线表示中子束的传播。中子从入口 IN 进入干涉仪,沿图示的两条路径到达两个输出端口,在输出端口 OUT1 和 OUT2 检测。两条路径形成一个菱形,其面积一般为数平方厘米。

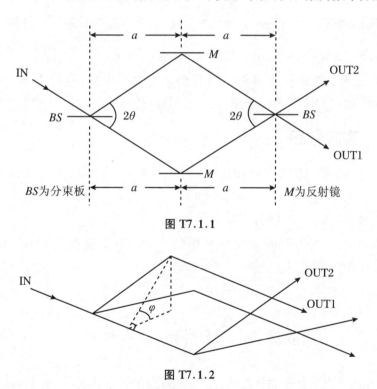

图 T7.1.1

图 T7.1.2

由于中子的德布罗意波(波长约为 10^{-10} m)的干涉,当干涉仪水平放置时,所有中子都从输出端口 OUT1 输出。但如果将干涉仪以中子入射方向为轴旋转 φ 角,如图 T7.1.2 所示,则可以观察到依赖于 φ 的中子输出量在 OUT1 与 OUT2 两个端口之间的再分配。

---

① 第 37 届国际物理奥林匹克竞赛于 2006 年 7 月 8 日至 7 月 17 日在新加坡举行。82 个国家和地区派出代表队参加了本届竞赛。

A 部分 几何描述

$\varphi = 0°$ 时,干涉仪的平面是水平的;而当 $\varphi = +90°$ 时,该平面是竖直的,且两个输出端口都在旋转轴的上方。

(A1) 求两条路径所形成的菱形的面积 A,以 a, θ, φ 表示。

(A2) 以旋转轴所在的水平面为基准,求输出端口 OUT1 的高度 H,以 a, θ, φ 表示。

B 部分 光程

光程 N_{opt}(无量纲量)是几何路径长度与波长 λ 的比值。但是如果 λ 的值不是常数,而是沿着路径变化的,则 N_{opt} 可通过求 $\frac{1}{\lambda}$ 沿路径的积分得到。

(B1) 当干涉仪被旋转了 φ 角后,求两条路径之间的光程差 ΔN_{opt},将答案用以下物理量来表示:a, θ, φ,中子质量 M,入射中子的德布罗意波长 λ_0,重力加速度 g 以及普朗克常量 h。

(B2) 引进体积参数 $V = \dfrac{h^2}{gM^2}$,并将 ΔN_{opt} 用 A, V, λ_0, φ 来表示。已知 $M = 1.675 \times 10^{-27}$ kg,$g = 9.800$ m/s^2,$h = 6.626 \times 10^{-34}$ J·s,求 V 的值。

(B3) 如果把从干涉相长到相消又回到相长作为一个循环,问由 $\varphi = -90°$ 增加到 $\varphi = +90°$ 时,输出端口 OUT1 共经历了多少个完整的循环?

C 部分 实验数据

在一次实验中,干涉仪的参数选为 $a = 3.600$ cm 及 $\theta = 22.10°$,结果观察到 19.00 个完整的循环。

(C1) 问在这次实验中 λ_0 的值为多少。

(C2) 如果在另一次类似的实验中观察到了 30.00 个完整的循环,而入射中子的 $\lambda_0 = 0.2000$ nm,求 A 的值为多少。

提示:当 $|\alpha x| \ll 1$ 时,$(1+x)^\alpha \approx 1 + \alpha x$。

第 2 题 观察运动的细棒

一架针孔照相机以瞬间开关针孔的方式拍摄细棒的运动状况,如图 T7.2.1 所示。针孔位于 $x = 0$,与 x 轴的距离为 D 处。x 轴上标有等距的刻度,用于在照片中测量细棒的表观长度。当细棒静止时,其长度为 L。然而,在本题中细棒并非静止,而是以固定的速度 v 沿 x 轴正方向运动。

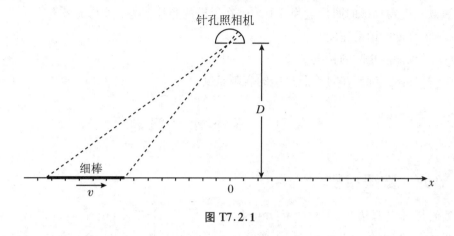

图 T7.2.1

A 部分　基本关系

在针孔照相机所拍摄的一张照片中，显示细棒上的某一点的位置为 $\tilde{x}$。

（A1）问在该照片的拍摄时刻，细棒上该点达到的实际位置 x（实际位置是指以针孔照相机为参考系的位置）是多少？请将答案用 $\tilde{x}, D, L, v$ 和光速 c 来表达。需要时，可用关系 $\beta = \dfrac{v}{c}$ 和 $\gamma = \dfrac{1}{\sqrt{1-\beta^2}}$ 来简化答案。

（A2）求对应的逆关系，即用 x, D, L, v 和 c 来表达 $\tilde{x}$。

B 部分　细棒的表观长度

在细棒中点的实际位置到达 x_0 的瞬间，针孔照相机拍摄了一张照片。

（B1）利用已给出的量，求此照片中细棒的表观长度。

（B2）请指出表观长度如何随时间变化。

C 部分　对称照片

一张针孔相机的照片显示，针孔到细棒两端的距离相等。

（C1）求该照片中细棒的表观长度。

（C2）求照相时细棒中点的实际位置。

（C3）在照片中显示的细棒中点的像的位置在哪里？用中点的像到细棒前端的像的距离来表示。

D 部分　很早或很迟时所拍摄的照片

在很早的时候，即当细棒从极远处靠近且还在极远处时，针孔照相机拍摄了一张照片；在很迟的时候，即细棒远离并已到达极远处时又拍摄了一张照片。其中一张照片中细棒的表观长度为 $1.00\ \text{m}$，另一张照片中细棒的表观长度为 $3.00\ \text{m}$。

（D1）请指出下列哪一项是正确的：

A. 表观长度在早摄的照片上为 $1.00\ \text{m}$，在迟摄的照片上为 $3.00\ \text{m}$。

B. 表观长度在早摄的照片上为 3.00 m，在迟摄的照片上为 1.00 m。

(D2) 求细棒的运动速度 v。

(D3) 求细棒静止时的长度 L。

(D4) 推导出该细棒在对称照片中的表观长度。

第 3 题　五个独立问题

A 部分　数码相机

一数码相机内有边长为 $L = 35$ mm 的正方形 CCD 芯片（电子耦合器件），像素数 $N_p = 5$ Mpix（1 Mpix $= 10^6$ pixels $= 10^6$ 像素），其透镜焦距为 $f = 38$ mm。在相机镜头上标的数列 2, 2.8, 4, 5.6, 8, 11, 16, 22 称为光圈系数，记为 $F\sharp$，定义为透镜焦距和通光孔径（即光圈直径）之比，即 $F\sharp = \dfrac{f}{D}$。

(A1) 由于相机镜头所限，求芯片所能达到的最佳空间分辨率 Δx_{min}。请用波长 λ 和 $F\sharp$ 来表达。当波长 $\lambda = 500$ nm 时，求空间分辨率的数值。

(A2) 若 CCD 芯片要达到此最佳分辨率，求此 CCD 芯片所必须拥有的像素数 N。

(A3) 一般摄影师尽量选用可供使用的最小光圈。如果现在我们有一个像素数为 $N_0 = 16$ Mpix 的数码相机，其 CCD 芯片大小和透镜焦距如前所述，那么应选择的 $F\sharp$ 值是多少才能使得图片清晰度不受光学装置的限制？

(A4) 已知人眼的角度分辨率大约是 $\varphi = 2'$，普通照片打印机的分辨率为 300 dpi（每英寸打印 300 点）。求你的眼睛和打印出的纸张之间的最小距离 z，以确保你看到的不是单个分开的点。

注　1 in $= 25.4$ mm; $1' = 2.91 \times 10^{-4}$ rad。

B 部分　煮熟的鸡蛋

一只从温度为 $T_0 = 4$ ℃ 的冰箱里取出的鸡蛋被直接放入一个盛有沸水的锅中，水始终保持沸腾，水的温度为 $T_1 = 100$ ℃。已知如下参考数据：鸡蛋的密度 $\mu = 10^3$ kg/m³；鸡蛋的比热容 $c = 4.2$ J/(K·g)；鸡蛋的半径 $R = 2.5$ cm；蛋白（鸡蛋的蛋白质）的凝固点 $T_c = 65$ ℃；热传导系数 $\kappa = 0.64$ W/(K·m)，假设液态和固态蛋白的热传导系数相同。估算下列结果：

(B1) 使鸡蛋凝固所需的能量 U 是多少？

(B2) 沸水传导给鸡蛋的热流量 J 是多少？

(B3) 沸水传导给鸡蛋的热功率 P 是多少？

(B4) 需要煮多久才能把鸡蛋煮透，即蛋白完全凝固？

提示：你可使用简化的傅里叶定律 $J = \kappa \dfrac{\Delta T}{\Delta r}$，其中 ΔT 是与问题的特征尺度 Δr 相关联的温度差。热流量 J 的单位是 W/m²。

C 部分 闪电

闪电的简化模型如下:闪电是由云层中所累积的电荷引起的,其结果通常是云层底部带正电,顶部带负电,云层下的地面带负电。当电场强度增大到足以击穿空气时,发生短时放电现象,形成闪电。

把电流看作时间的函数,利用图 T7.3.1 所示的简化曲线和以下数据:云层底部与地面之间的距离 $h = 1$ km;击穿湿润空气所需的电场强度 $E_0 = 300$ kV/m,回答下列问题:

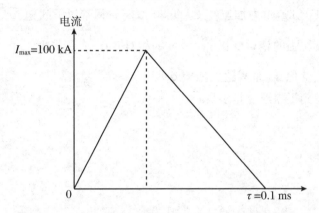

图 T7.3.1 闪电时云层底部和地面之间的理想化电流脉冲

(C1) 一次闪电释放的总电荷 Q 是多少?

(C2) 闪电时云层底部和地面之间的平均电流 I 是多少?

(C3) 假设一年内所有闪电的总能量被收集起来,并平均分配给每个人,若你分得的这份能量用来点亮 100 W 的灯泡,则灯泡可以正常工作多长时间?地球每年闪电数量 32×10^6 个,世界总人口 65 亿。

D 部分 毛细血管

我们把血液看作不可压缩的黏性流体,并把它的密度 μ 视为和水一样,它的动态黏滞系数为 $\eta = 4.5$ g/(m·s)。我们用圆柱形直筒作为血管模型,其半径为 r,长度为 L,并用泊肃叶定律来描述血流量:

$$\Delta p = RD$$

上述流体动力学公式与电学中的欧姆定律类似,这里 Δp 是血管入口和出口的压强差;$D = Sv$ 是单位时间流经横截面积为 S 的血管的血液的体积(也即体积流量),v 是血液流动的速度;血管阻抗 R 由下式给出:

$$R = \frac{8\eta L}{\pi r^4}$$

在处于平静状态的人的体循环(血液经左心室流经身体到右心房)中,血流 $D \approx 100$ cm³/s。假设所有毛细血管都并联,其半径 $r = 4$ μm,长度 $L = 1$ mm,并在压强差 $\Delta p = 1$ kPa 的情况下工作,回答下列问题:

(D1) 人体内共有多少根毛细血管?

(D2) 当血液流经毛细血管时，它的流速 v 是多少？

E 部分　摩天大厦

在高度为 1000 m 的摩天大厦底部，室外温度 $T_{bot} = 30\ ℃$。本部分的目标是估算摩天大厦顶部的温度 T_{top}。设想一片薄的空气切片（可近似为理想气体，其绝热系数为 $\gamma = 7/5$）慢慢上升到高度为 z 的气压较低的地方，并假设这片空气切片绝热膨胀，使得它的温度降低到与周围空气的温度相同。已知数据如下：玻尔兹曼常量 $k = 1.38 \times 10^{-23}\ J/K$，单个氮分子的质量 $m = 4.65 \times 10^{-26}\ kg$，重力加速度 $g = 9.80\ m/s^2$。回答以下问题：

(E1) 请问随着压强的相对变化 $\dfrac{dp}{p}$，温度的相对变化 $\dfrac{dT}{T}$ 是多少？

(E2) 请用高度变化 dz 来表达压强差 dp。

(E3) 由此可得到楼顶温度是多少？

第37届国际物理奥林匹克竞赛理论试题解析

第1题 中子干涉仪中的重力

A部分 几何描述

（A1）菱形的每边长度为

$$L = \frac{a}{\cos\theta} \tag{7.1.1}$$

平行的菱形边长之间的距离为

$$D = L\sin 2\theta = \frac{a}{\cos\theta}\sin 2\theta = 2a\sin\theta \tag{7.1.2}$$

因此，菱形的面积为

$$A = LD = 2a^2\tan\theta \tag{7.1.3}$$

（A2）当干涉仪平面的倾斜角为 φ 时，其输出端口 OUT1 的高度为

$$H = D\sin\varphi = 2a\sin\theta\sin\varphi \tag{7.1.4}$$

B部分 光程

（B1）当干涉仪被转动后，从输入端口进入的中子束分别沿着菱形两邻边行进。由于两平行斜边路径的环境相同，故两条行进路径的光程差 ΔN_{opt} 来自于菱形底边（IN 边）和顶边（OUT1 边）的差异，因为中子在这两边的重力势能不同，所对应的德布罗意波长也不同。设沿 IN 边行进时中子的德布罗意波长为 λ_0，沿着 OUT1 边行进时中子的德布罗意波长为 λ_1，则

$$\Delta N_{\text{opt}} = \frac{L}{\lambda_0} - \frac{L}{\lambda_1} = \frac{a}{\lambda_0\cos\theta}\left(1 - \frac{\lambda_0}{\lambda_1}\right) \tag{7.1.5}$$

中子在 IN 边和 OUT1 边的动量分别为 $\frac{h}{\lambda_0}$ 和 $\frac{h}{\lambda_1}$，由能量守恒定律有

$$\frac{1}{2M}\left(\frac{h}{\lambda_0}\right)^2 = \frac{1}{2M}\left(\frac{h}{\lambda_1}\right)^2 + MgH \tag{7.1.6}$$

解得

$$\frac{\lambda_0}{\lambda_1} = \sqrt{1 - 2\frac{gM^2}{h^2}\lambda_0^2 H} \tag{7.1.7}$$

由于上式根号内的 $\frac{gM^2}{h^2}\lambda_0^2 H$ 的数量级为 10^{-7}，式(7.1.7)可化简为

$$\frac{\lambda_0}{\lambda_1} = 1 - \frac{gM^2}{h^2}\lambda_0^2 H \tag{7.1.8}$$

因而得到

$$\Delta N_{\text{opt}} = \frac{a}{\lambda_0 \cos\theta} \frac{gM^2}{h^2}\lambda_0^2 H = 2\frac{gM^2}{h^2}a^2\lambda_0 \tan\theta \sin\varphi \tag{7.1.9}$$

(B2) 引入体积参数

$$V = \frac{h^2}{gM^2} \tag{7.1.10}$$

利用式(7.1.3),式(7.1.9)可写为

$$\Delta N_{\text{opt}} = \frac{\lambda_0 A}{V}\sin\varphi \tag{7.1.11}$$

代入数据,可得体积参数 V 的值为

$$V = \frac{h^2}{gM^2} = 1.597 \times 10^{-14} \text{ m}^3 \tag{7.1.12}$$

(B3) 若两条行进路径的光程差是波长的整数倍,则在输出端 OUT1 的中子干涉相长;若两条行进路径的光程差是半波长的奇数倍,则在输出端 OUT1 的中子干涉相消。

当 φ 的值由 $\varphi = -90°$ 到 $\varphi = 90°$ 时,有

$$\Delta N_{\text{opt}}\Big|_{\varphi=-90°}^{\varphi=90°} = \frac{2\lambda_0 A}{V} \tag{7.1.13}$$

故输出端 OUT1 的中子强度所经历的完整循环数为 $\frac{2\lambda_0 A}{V}$。

C 部分 实验数据

(C1) 已知干涉仪的实验参数为 $a = 3.600$ cm、$\theta = 22.10°$,中子强度所经历的完整循环数为 $n = 19$,利用式(7.1.13),可求得入射中子的德布罗意波长为

$$\lambda_0 = \frac{V}{2A}n = \frac{nV}{4a^2 \tan\theta}$$

$$= \frac{19 \times 0.1597}{4 \times 3.600^2 \times \tan22.10°} \text{ nm}$$

$$= 0.1441 \text{ nm} \tag{7.1.14}$$

(C2) 若 $n = 30$,入射中子的德布罗意波长 $\lambda_0 = 0.2000$ nm,利用式(7.1.13),则 A 值为

$$A = \frac{nV}{2\lambda_0} = \frac{30 \times 0.1597}{2 \times 0.2000} \text{ cm}^2 = 11.98 \text{ cm}^2 \tag{7.1.15}$$

第 2 题 观察运动的细棒

A 部分 基本关系

(A1) 出现在照片上位置坐标为 $\tilde{x}$ 的像是细棒上某点所发出的光信号经过空中传播后到达针孔照相机所形成的。设该光信号在空中的传播时间为 T,则

$$T = \frac{\sqrt{D^2 + \tilde{x}^2}}{c} \tag{7.2.1}$$

细棒上的某点所发出的光信号必须是针孔开启前的 T 时刻就已经发出,才能进入针孔照相机而在底片上成像。但在这个光信号在空中传播过程中,细棒仍以速度 v 沿 $+x$ 方向运动,因此当针孔照相机开启拍摄的瞬间,棒的实际位置坐标为

$$x = \tilde{x} + vT = \tilde{x} + \frac{v}{c}\sqrt{D^2 + \tilde{x}^2} = \tilde{x} + \beta\sqrt{D^2 + \tilde{x}^2} \tag{7.2.2}$$

(A2) 对式(7.2.2)两边平方后解出 $\tilde{x}$,可得

$$(1 - \beta^2)\tilde{x}^2 - 2x\tilde{x} + (x^2 - \beta^2 D^2) = 0$$

$$\Rightarrow \quad \gamma^{-2}\tilde{x}^2 - 2x\tilde{x} + (x^2 - \beta^2 D^2) = 0$$

$$\Rightarrow \quad \tilde{x} = \frac{x \pm \sqrt{x^2 - \gamma^{-2}(x^2 - \beta^2 D^2)}}{\gamma^{-2}}$$

$$\Rightarrow \quad \tilde{x} = \gamma^2 \left[x \pm \frac{\beta}{\gamma}\sqrt{D^2 + (\gamma x)^2} \right] \tag{7.2.3}$$

由于 $\tilde{x}$ 必须小于 x,故在式(7.2.3)中须取负号,即

$$\tilde{x} = \gamma^2 x - \gamma\beta\sqrt{D^2 + (\gamma x)^2} \tag{7.2.4}$$

B 部分 细棒的表观长度

(B1) 由于洛伦兹收缩,运动细棒的长度为 $\frac{L}{\gamma}$,因此细棒前后两端的实际位置坐标为

前端:

$$x_+ = x_0 + \frac{L}{2\gamma} \tag{7.2.5}$$

后端:

$$x_- = x_0 - \frac{L}{2\gamma} \tag{7.2.6}$$

将式(7.2.5)和式(7.2.6)分别代入式(7.2.4),可得针孔照相机所拍摄的照片中细棒前后两端的位置坐标分别为

前端:

$$\tilde{x}_+ = \gamma\left(\gamma x_0 + \frac{L}{2}\right) - \gamma\beta\sqrt{D^2 + \left(\gamma x_0 + \frac{L}{2}\right)^2} \tag{7.2.7}$$

后端:

$$\tilde{x}_- = \gamma\left(\gamma x_0 - \frac{L}{2}\right) - \gamma\beta\sqrt{D^2 + \left(\gamma x_0 - \frac{L}{2}\right)^2} \tag{7.2.8}$$

由式(7.2.7)和式(7.2.8)可求得照片中细棒的表观长度为

$$\tilde{L}(x_0) = \tilde{x}_+ - \tilde{x}_-$$

$$= \gamma L - \gamma\beta\sqrt{D^2 + \left(\gamma x_0 + \frac{L}{2}\right)^2} + \gamma\beta\sqrt{D^2 + \left(\gamma x_0 - \frac{L}{2}\right)^2} \tag{7.2.9}$$

(B2) 因为细棒以 $v = \dfrac{\mathrm{d}x_0}{\mathrm{d}t}$ 做匀速运动，即细棒中点坐标 x_0 和时间 t 之间有线性关系，因此该细棒的表观长度随时间的变化就相当于表观长度随坐标 x_0 的变化。图 J7.2.1 画出了式(7.2.9)中两平方根项随 x_0 的变化关系，从图中显然可以看出两平方根项的差值 $\sqrt{D^2 + \left(\gamma x_0 - \dfrac{L}{2}\right)^2} - \sqrt{D^2 + \left(\gamma x_0 + \dfrac{L}{2}\right)^2}$ 随着 x_0 的增加而减小，因此表观长度始终随时间减小。

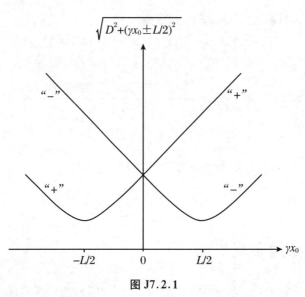

图 J7.2.1

C 部分　对称照片

（C1）由于照片中的细棒对称，细棒两端到针孔照相机的距离相等，只有细棒两端同时发出的光信号才能在同一时刻抵达针孔照相机，因此照片中细棒的表观长度就是运动中细棒的实际长度，即

$$\widetilde{L} = \frac{L}{\gamma} \tag{7.2.10}$$

（C2）**方法一**

在对称的照片上，细棒两端的像位置到坐标轴的原点等距离，即

$$\widetilde{x}_+ = -\widetilde{x}_- \tag{7.2.11}$$

利用式(7.2.7)和式(7.2.8)，可得

$$\begin{aligned} 0 &= \widetilde{x}_+ + \widetilde{x}_- \\ &= 2\gamma^2 x_0 - \gamma\beta\sqrt{D^2 + \left(\gamma x_0 + \dfrac{L}{2}\right)^2} - \gamma\beta\sqrt{D^2 + \left(\gamma x_0 - \dfrac{L}{2}\right)^2} \end{aligned} \tag{7.2.12}$$

利用式(7.2.9)和式(7.2.10)，得

$$\begin{aligned} \dfrac{L}{\gamma} &= \widetilde{x}_+ - \widetilde{x}_- \\ &= \gamma L + \gamma\beta\sqrt{D^2 + \left(\gamma x_0 - \dfrac{L}{2}\right)^2} - \gamma\beta\sqrt{D^2 + \left(\gamma x_0 + \dfrac{L}{2}\right)^2} \end{aligned} \tag{7.2.13}$$

再将式(7.2.12)和式(7.2.13)相加可得

$$\gamma\beta\sqrt{D^2 + \left(\gamma x_0 + \frac{L}{2}\right)^2} = \gamma^2 x_0 + \frac{L}{2}\left(\gamma - \frac{1}{\gamma}\right) \tag{7.2.14}$$

整理后可解得

$$x_0 = \beta\sqrt{D^2 + \left(\frac{L}{2\gamma}\right)^2} \tag{7.2.15}$$

方法二

由于对称性,照片上细棒两端的位置坐标为

前端:

$$\tilde{x}_+ = \frac{L}{2\gamma} \tag{7.2.16}$$

后端:

$$\tilde{x}_- = -\frac{L}{2\gamma} \tag{7.2.17}$$

按照式(7.2.2)的变换关系有

前端:

$$x_+ = \frac{L}{2\gamma} + \beta\sqrt{D^2 + \left(\frac{L}{2\gamma}\right)^2} \tag{7.2.18}$$

后端:

$$x_- = -\frac{L}{2\gamma} + \beta\sqrt{D^2 + \left(\frac{L}{2\gamma}\right)^2} \tag{7.2.19}$$

因此,照相时细棒中点的实际坐标为

$$x_0 = \frac{x_+ + x_-}{2} = \beta\sqrt{D^2 + \left(\frac{L}{2\gamma}\right)^2} \tag{7.2.20}$$

(C3) 利用式(7.2.4),可得细棒中点的像的位置坐标为

$$\tilde{x}_0 = \gamma^2 x_0 - \gamma\beta\sqrt{D^2 + (\gamma x_0)^2}$$
$$= \gamma\beta\left[\sqrt{(\gamma D)^2 + \left(\frac{L}{2}\right)^2} - \sqrt{(\gamma D)^2 + \left(\frac{\beta L}{2}\right)^2}\right] \tag{7.2.21}$$

细棒中点的像到细棒前端的像的距离为

$$l = \tilde{x}_+ - \tilde{x}_0 \tag{7.2.22}$$

因为 $\tilde{x}_- = -\tilde{x}_+$,且 $\tilde{x}_+ - \tilde{x}_- = \frac{L}{\gamma}$,故 $\tilde{x}_+ = \frac{L}{2\gamma}$。将 $\tilde{x}_+ = \frac{L}{2\gamma}$代入式(7.2.22),并利用式(7.2.21),可得

$$l = \frac{L}{2\gamma} - \gamma\beta\left[\sqrt{(\gamma D)^2 + \left(\frac{L}{2}\right)^2} - \sqrt{(\gamma D)^2 + \left(\frac{\beta L}{2}\right)^2}\right]$$
$$= \frac{L}{2\gamma}\left[1 - \frac{\frac{\beta L}{2}}{\sqrt{(\gamma D)^2 + \left(\frac{L}{2}\right)^2} + \sqrt{(\gamma D)^2 + \left(\frac{\beta L}{2}\right)^2}}\right] \tag{7.2.23}$$

D部分 很早或很迟时所拍摄的照片

(D1) 在很早的时候，$x_0 \to -\infty$，利用式(7.2.9)可得那时所拍摄的照片上的细棒的表观长度为

$$\begin{aligned}
\tilde{L}_e &= \tilde{L}(x_0 \to -\infty) \\
&= \lim_{x_0 \to -\infty}\left[\gamma L + \gamma\beta\sqrt{D^2 + \left(\gamma x_0 - \frac{L}{2}\right)^2} - \gamma\beta\sqrt{D^2 + \left(\gamma x_0 + \frac{L}{2}\right)^2}\right] \\
&= \lim_{x_0 \to -\infty}\left[\gamma L + \gamma\beta\left|\gamma x_0 - \frac{L}{2}\right| - \gamma\beta\left|\gamma x_0 + \frac{L}{2}\right|\right] \\
&= \lim_{x_0 \to -\infty}\left[\gamma L - \gamma\beta\left(\gamma x_0 - \frac{L}{2}\right) + \gamma\beta\left(\gamma x_0 + \frac{L}{2}\right)\right] \\
&= \gamma L + \gamma\beta L \\
&= \sqrt{\frac{1+\beta}{1-\beta}}\, L \tag{7.2.24}
\end{aligned}$$

同理，在很晚的时候，$x_0 \to +\infty$，利用式(7.2.9)可得那时所拍摄的照片上的细棒的表观长度为

$$\tilde{L}_l = \tilde{L}(x_0 \to +\infty) = \gamma L - \gamma\beta L = \sqrt{\frac{1-\beta}{1+\beta}}\, L \tag{7.2.25}$$

由式(7.2.24)和式(7.2.25)比较可知 $\tilde{L}_e > \tilde{L}_l$，因此细棒的表观长度为 3 m 的照片是很早的时候拍的，而表观长度为 1 m 的照片是很晚的时候拍的，故 B 选项是正确的。其实这个结果是显然的，由(A4)小题我们就已经知道了表观长度始终随着时间而减小。

(D2) 利用式(7.2.24)和式(7.2.26)，可得

$$\tilde{L}_e + \tilde{L}_l = 2\gamma L \tag{7.2.26}$$

$$\tilde{L}_e - \tilde{L}_l = 2\gamma\beta L \tag{7.2.27}$$

解得

$$\beta = \frac{\tilde{L}_e - \tilde{L}_l}{\tilde{L}_e + \tilde{L}_l} = \frac{3-1}{3+1} = \frac{1}{2} \tag{7.2.28}$$

因此

$$v = \beta c = \frac{1}{2}c \tag{7.2.29}$$

(D3) 将式(7.2.24)和式(7.2.25)相乘，可得

$$\tilde{L}_e \cdot \tilde{L}_l = L^2 \tag{7.2.30}$$

利用式(7.2.30)，即可得细棒在静止时的长度为

$$L = \sqrt{\tilde{L}_e \cdot \tilde{L}_l} = \sqrt{1 \cdot 3}\ \text{m} = \sqrt{3}\ \text{m} \tag{7.2.31}$$

(D4) 利用式(7.2.26)和式(7.2.30)，可得

$$\gamma = \frac{\tilde{L}_e + \tilde{L}_1}{2\sqrt{\tilde{L}_e \cdot \tilde{L}_1}} = \frac{3+1}{2\sqrt{3 \times 1}} = \frac{2\sqrt{3}}{3} \tag{7.2.32}$$

由式(7.2.10),可得对称照片上的细棒的表观长度为

$$\tilde{L} = \frac{L}{\gamma} = \frac{\sqrt{3}}{\frac{2\sqrt{3}}{3}} \text{ m} = \frac{3}{2} \text{ m} = 1.5 \text{ m} \tag{7.2.33}$$

第3题 五个独立问题

A部分 数码相机

(A1) 两个因素限制了数码相机的分辨率:光圈衍射和像素大小。对于光圈衍射,瑞利判据给出了圆孔衍射的最小分辨角为

$$\theta_R = 1.22 \frac{\lambda}{D} \tag{7.3.1}$$

其中 λ 是光的波长,D 是光圈孔径,因子 1.22 反映了孔的形状。

拍摄时,物体一般距离足够远,物体通过透镜组在数码相机的焦平面上成像,而 CCD 芯片恰好置于焦平面上。瑞利判据指出如果两个图像点能够被分开,则要求

$$\Delta x = f\theta_R = 1.22\lambda F\# \tag{7.3.2}$$

最佳空间分辨率对应于最大光圈,即最小的光圈系数,$F\# = 2$,选择最小的光圈系数和典型日光波长 $\lambda = 500$ nm,可得

$$\Delta x_{\min} = 1.22 \ \mu\text{m} \tag{7.3.3}$$

(A2) 分辨率由相邻两个像素的中心距离确定。对于 5 Mpix 的数码相机而言,该距离为

$$l = \frac{L}{\sqrt{N_p}} = 15.65 \ \mu\text{m} \tag{7.3.4}$$

理想情况下,我们应该匹配光学分辨率和数字分辨率,所以有

$$N = \left(\frac{L}{\Delta x_{\min}}\right)^2 \approx 823 \text{ Mpix} \tag{7.3.5}$$

(A3) 按照题意要求光学分辨率不能低于像素间隔,即 $l \geqslant \Delta x$,所以

$$F\# \leqslant \frac{L}{1.22\lambda \sqrt{N_0}} = 14.34 \tag{7.3.6}$$

由于没有与该值完全匹配的 $F\#$,因此我们选择光学分辨率最高的最接近的 $F\#$ 值,即

$$F\# = 11 \tag{7.3.7}$$

(A4) 眼睛到纸张之间的最小距离为

$$z = \frac{l}{\varphi} = \frac{2.54 \times 10^{-2}/300 \text{ dpi}}{2 \times 2.91 \times 10^{-4} \text{ rad}} = 14.55 \text{ cm} \tag{7.3.8}$$

B 部分　煮熟的鸡蛋

(B1) 鸡蛋的温度至少要上升到凝固点才能被煮透，加热前后的温差至少为

$$\Delta T = T_c - T_0 = 65\ ℃ - 4\ ℃ = 61\ ℃ \tag{7.3.9}$$

所以使鸡蛋蛋白凝固所需的能量为

$$U = \mu \frac{4}{3}\pi R^3 c(T_c - T_0) = 16768\ \text{J} \tag{7.3.10}$$

(B2) 利用简化的傅里叶定律，取特征尺寸为鸡蛋的半径，$\Delta r = R$，相应的温差取 $\Delta T = T_1 - T_0$，$T_1 = 100\ ℃$，于是可得沸水传导给鸡蛋的热流量为

$$J = \kappa \frac{T_1 - T_0}{R} = 2458\ \text{W/m}^2 \tag{7.3.11}$$

(B3) 热量从沸水传到鸡蛋的表面，因此传导给鸡蛋的热功率为

$$P = 4\pi R^2 J = 4\pi \kappa R(T_1 - T_0) = 19.3\ \text{W} \tag{7.3.12}$$

(B4) 由于使鸡蛋凝固所需的能量均来自于沸水通过鸡蛋表面传入，根据式(7.3.12)和式(7.3.10)可估算出加热的时间为

$$\tau = \frac{U}{P} = 869\ \text{s} \approx 14.5\ \text{min} \tag{7.3.13}$$

C 部分　闪电

(C1) 闪电的总电荷是图 T7.3.1 曲线所包围的三角形的面积，即

$$Q = \frac{1}{2}I_{\max}\tau = 5\ \text{C} \tag{7.3.14}$$

(C2) 闪电时云层底部和地面之间的平均电流为

$$I = \frac{Q}{\tau} = 50\ \text{kA} \tag{7.3.15}$$

(C3) 我们把云层与地面之间看作平行板电容器，闪电之前储存的能量为

$$W = \frac{1}{2}QE_0 h = 7.5 \times 10^8\ \text{J} \tag{7.3.16}$$

这就是一次闪电释放的能量。$V = E_0 h$ 是放电前两板间的电压，则把一年内所有闪电的能量平均分给世界上每个人用于点亮 100 W 的灯泡，灯泡可以正常工作的时间为

$$t = \frac{32 \times 10^6 \times 7.5 \times 10^8\ \text{J}}{6.5 \times 10^9 \times 100\ \text{W}} \approx 10\ \text{h} \tag{7.3.17}$$

D 部分　毛细血管

(D1) 人体内总的血管阻抗为

$$R_{\text{tot}} = \frac{\Delta p}{D} = 10^7\ \text{Pa} \cdot \text{s/m}^3 \tag{7.3.18}$$

每一根毛细血管的阻抗为

$$R = \frac{8\eta L}{\pi r^4} \approx 4.5 \times 10^{16}\ \text{kg/(m}^4 \cdot \text{s)} = 4.5 \times 10^{16}\ \text{Pa} \cdot \text{s/m}^3 \tag{7.3.19}$$

所有毛细血管均为并联,仿照电路中的并联电阻的关系有

$$R_{tot} = \frac{R}{N} \tag{7.3.20}$$

因而

$$N = \frac{R}{R_{tot}} = \frac{4.5 \times 10^{16}}{10^7} = 4.5 \times 10^9 \tag{7.3.21}$$

(D2) 每根毛细血管的流量为

$$D' = \frac{D}{N} = Sv \tag{7.3.22}$$

所以血液流经毛细血管时的流速为

$$v = \frac{D}{N\pi r^2} = \frac{r^2 \Delta p}{8\eta L} = 0.44 \text{ mm/s} \tag{7.3.23}$$

E 部分　摩天大厦

(E1) 设高度为 z 的空气薄层的压强为 $p(z)$,温度为 $T(z)$,体积为 $V(z) = Ah(z)$,其中 A 是该空气薄层的面积,$h(z)$ 为其厚度。对该空气薄层应用绝热方程有

$$pV^\gamma = C(\text{常数}) \tag{7.3.24}$$

应用理想气体方程有

$$pV = NkT \tag{7.3.25}$$

其中 N 是该空气薄层中的分子数。联立式(7.3.24)和式(7.3.25),可得

$$\frac{p^{\gamma-1}}{T^\gamma} = C(\text{常数}) \tag{7.3.26}$$

对式(7.3.26)两边微分后整理可得

$$\frac{dT}{T} = \left(1 - \frac{1}{\gamma}\right)\frac{dp}{p} \tag{7.3.27}$$

(E2) 空气薄层上下的压力差用于平衡重力,即

$$Nmg + A[p(z+h) - p(z)] = \frac{pV}{kT}mg + \frac{V}{h}\frac{dp}{dz}h = 0 \tag{7.3.28}$$

所以

$$dp = -\frac{mg}{kT}p\,dz \tag{7.3.29}$$

(E3) 由式(7.3.27)和式(7.3.29)联立可得

$$dT = -\left(1 - \frac{1}{\gamma}\right)\frac{mg}{k}dz \tag{7.3.30}$$

对式(7.3.30)两边积分,可得高度为 H 的楼顶温度为

$$T_{top} = T_{bot} - \left(1 - \frac{1}{\gamma}\right)\frac{mg}{k}H \tag{7.3.31}$$

代入数值,可得高度为 1000 m 的摩天大厦顶部的温度为

$$T_{top} = 20.6 \text{ °C} \tag{7.3.32}$$

第38届国际物理奥林匹克竞赛理论试题[①]

第1题 汽车的安全气囊

在本题中,我们考虑一个汽车加速度计的简化模型。该加速度计是为了在撞击中触发汽车的安全气囊而设计的。我们希望设计一个机电系统,使得当加速度超过某个限度时,系统中的某个电学量(如电路中某点的电压)将超过一个阈值,气囊因此被触发。

注意:在本题中,忽略重力。

A 部分

考虑图 T8.1.1 所示的平行板电容器。每块极板面积为 A,两板之间的距离为 d,$d^2 \ll A$。平行板电容器的一块极板通过劲度系数为 k 的弹簧与墙壁相连,另一块极板则固定不动。当两极板间距为 d 时,弹簧处于没有被压缩也没有被拉伸的状态;换言之,此时没有力作用于弹簧上。假设两极板间的空气介电常数为真空介电常数 ε_0,当两板间距为 d 时,平行板电容器的电容为 $C_0 = \dfrac{\varepsilon_0 A}{d}$。我们在极板上分别放置电荷 $+Q$ 和 $-Q$,并使系统达到力学平衡。

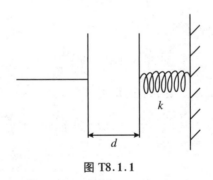

图 T8.1.1

(A1) 计算两极板之间的静电力 F_E。

(A2) 设 x 为与弹簧相连的极板的位移,求 x。

(A3) 此时电容器两极板之间的电势差 V 是多少?用 Q, A, d, k 表示。

(A4) 设 C 为电容器的电容,定义为电荷与电势差之比,用 Q, A, d, k 表示 $\dfrac{C}{C_0}$。

(A5) 图 T8.1.1 所示的系统中储存的总能量 U 是多少?用 Q, A, d 和 k 表示。

[①] 第38届国际物理奥林匹克竞赛于2007年7月7日至7月16日在伊朗伊斯法罕举行。70个国家和地区派出代表队参加了本届竞赛。

B 部分

一个质量为 M 的物体连接一块质量可忽略的导体平板（活动极板），并且与两根劲度系数均为 k 的弹簧相连，如图 T8.1.2 所示。导体平板可以在两块固定的导体平板（固定极板）之间来回运动。这三块平板都是相似的且具有相同的面积 A，所以这三块平板构成了两个电容器。固定极板分别与给定的电势 $+V$ 和 $-V$ 相连，而中间的极板则通过一个双态开关接地，与活动极板连接的导线不会影响极板的运动，且这三块极板之间始终保持平行。当整个系统没有被加速时，活动极板与固定极板之间的距离均为 d，$d^2 \ll A$。活动极板的厚度可忽略。

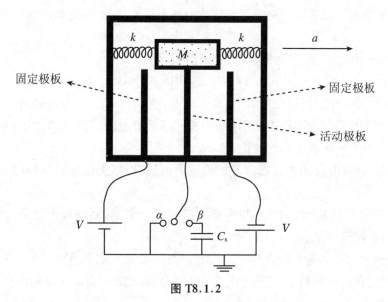

图 T8.1.2

开关可以处于 α 或 β 态。假设整个电容系统置于汽车内随车被加速，且加速度为常数。又假设这时弹簧并没有振动，系统的其他组件在各自平衡位置上，即它们彼此之间没有相对运动，与汽车之间也没有相对运动。由于具有加速度，活动极板从两块固定极板之间的中心位置移动了某一距离 x。

考虑开关处于 α 态的情形，即活动极板经导线接地，那么：

(B1) 求每个电容器所储存的电量，以 x 的函数表示。

(B2) 求活动极板受到的净静电力 F_E，以 x 的函数表示。

(B3) 假设 $d \gg x$，且 x^2 项与 d^2 项相比，x^2 项可以被忽略。对 (B2) 小题的答案进行简化。

(B4) 将活动极板受到的合力（静电力与弹性力之和）写成 $-k_{\text{eff}} x$ 的形式，并给出 k_{eff} 的表达式。

(B5) 将电容器系统随汽车做匀变速运动时的加速度 a 表示成 x 的函数。

C 部分

现假设开关处于 β 态，即活动极板经电容为 C_s 的电容器接地（各电容器初始时均不带

电荷)。若活动极板从其中心位置偏移距离 x,那么:

(C1) 求电容器 C_s 两极板之间的电势差 V_s,以 x 的函数表示。

(C2) 再次假设 $d \gg x$,且与 d^2 项相比,x^2 项可以被忽略。对(C1)小题的答案进行简化。

D 部分

我们在本部分中希望通过调整参数,使得气囊在汽车正常刹车时并不会触发,而在汽车发生碰撞时能够迅速膨胀,以防止驾驶员头部冲向挡风玻璃或方向盘。如你在 B 部分所见,弹簧及电荷作用于活动极板的力可用有效劲度系数为 k_{eff} 的弹簧替代。整个电容系统与以加速度 a 做匀变速直线运动的质量为 M,劲度系数为 k_{eff} 的质量-弹簧系统类似。

注意:有关质量与弹簧在匀变速直线运动中处于平衡状态,因此与汽车没有相对运动的假设在本部分并不适用。

忽略摩擦力,并考虑本题中的参数取如下值:

$d = 1.0$ cm, $A = 2.5 \times 10^{-2}$ m², $k = 4.2 \times 10^3$ N/m, $\varepsilon_0 = 8.85 \times 10^{-12}$ C²/(N·m²), $V = 12$ V, $M = 0.15$ kg。

(D1) 利用上述数据,求你在(B3)小题中所计算的静电力与弹性力之比,并由此得到与弹性力相比,静电力可以被忽略的结论。

即使我们未计算开关处于 β 态情形的静电力,仍然可以类似地得知静电力小到可以被忽略的结论。

(D2) 若汽车在匀速行驶时突然以恒定的加速度 a 刹车,活动极板的最大位移为多少?以题中适当的参数符号表示。

假设开关处于 β 态,将系统设计成为当电容器的电势差达到 $V_s = 0.15$ V 时气囊被触发。我们希望气囊在正常刹车,即汽车的加速度小于重力加速度 $g = 9.8$ m/s² 时不被触发;反之,则会被触发。

(D3) 为此,C_s 应为多少?

我们希望知道气囊能否在撞击时迅速启动,以防止驾驶员头部冲向挡风玻璃或方向盘。假设撞击的结果是,汽车以大小为 g 的恒定加速度减速,但司机的头部继续匀速移动。

(D4) 通过估算驾驶员头部与方向盘之间的距离,求驾驶员头部撞上方向盘的时间 t_1。

(D5) 求气囊被触发前所经历的时间 t_2,并与 t_1 比较,判断气囊是否及时被触发。假设气囊能够瞬时开启。

第 2 题 量纲分析与黑洞

在物理学中,只要等式成立,方程的两边应该具有相同的类型,也就是说,方程两边必须具有相同的量纲。比如你不可能遇到方程右边代表长度而左边代表时间的情形。利用这一事实,有时不需具体求解就可以大致推导出物理关系式。

例如,我们要求一个物体在恒定的重力加速度 g 影响下从高度 h 下落所需的时间。我们只需要构造一个表示时间间隔的量,利用 g 和 h,唯一可行的方法是 $T = a\sqrt{\dfrac{h}{g}}$。注意:这一表达式包含一个尚不确定的系数 a,因为它是无量纲量,因而用这种方法无法确定该系数,这个系数可以是一个如 $1, \frac{1}{2}, \sqrt{3}, \pi$ 的数或任何其他实数。这种推导物理关系的方法称为量纲分析。在量纲分析中,无量纲系数是不重要的,我们不必写出。但是在大多数物理问题中,该系数的数量级为 1,因此舍弃它并不改变物理量的数量级。因此,通过对上述问题应用量纲分析,得到 $T = \sqrt{\dfrac{h}{g}}$。

通常,一个物理量的量纲由四个基本物理量的量纲构成:M(质量)、L(长度)、T(时间)和 K(温度)。任意物理量 x 的量纲被记作 $[x]$。例如,速度 v,动能 E_k,热容量 C_V 的量纲可分别表示为 $[v] = LT^{-1}$,$[E_k] = ML^2 T^{-2}$,$[C_V] = ML^2 T^{-2} K^{-1}$。

A 部分 基本物理常量的量纲分析

(A1) 求下列基本物理常量的量纲:普朗克常量 h,光速 c,万有引力常量 G 和玻尔兹曼常量 k_B,以质量、长度、时间和温度的量纲来表示。

斯特藩-玻尔兹曼定律表明黑体辐射功率,即单位时间内黑体在单位面积上辐射的总能量为 $\sigma \theta^4$,σ 是斯特藩-玻尔兹曼常数,θ 是黑体的绝对温度。

(A2) 确定斯特藩-玻尔兹曼常数的量纲,以质量,长度,时间和温度的量纲来表示。

斯特藩-玻尔兹曼常数不是一个基本常数,但可以用基本常数表示,即可以写成 $\sigma = a h^\alpha c^\beta G^\gamma k_B^\delta$。在这一表达式中,$a$ 是一个无量纲的数量级为 1 的参数。正如前面所提到的,按照我们的观点,a 的精确值并不重要,所以我们假设其值为 1。

(A3) 利用量纲分析求出 $\alpha, \beta, \gamma, \delta$ 的值。

B 部分 黑洞物理

在本部分中,我们希望用量纲分析来得到黑洞的某些性质。按照物理学中所谓的无毛定理,我们在本题中考虑的黑洞的所有性质仅依赖于黑洞的质量。黑洞的一个特征量是其事件视界面积。粗略地说,事件视界就是黑洞的边界。在此边界内,引力强到连光也无法跑出被此边界包围的区域。

我们希望找出黑洞质量 m 与它的事件视界面积 A 之间的关系。此关系依赖于黑洞的质量、光速和万有引力常量。正如在(A3)小题中一样,我们可以写出表达式 $A = G^\alpha c^\beta m^\gamma$。

(B1) 利用量纲分析求出 α, β 和 γ 的值。

从(B1)小题的结果可以清楚地看到,事件视界面积随黑洞质量的增加而增加。按照经典的观点,没有任何物体能够从黑洞中跑出来。因此,在所有物理过程中事件视界面积只可能是增加的。类比于热力学第二定律,贝肯斯坦在 1972 年提出,为一个黑洞赋予正比于事件视界面积的熵 S,即 $S = \eta A$。采用其他论证方法,可以使得这一猜想更加合理。

(B2) 利用熵的热力学定义 $dS = \dfrac{dQ}{\theta}$,求出熵的量纲,其中 dQ 是所交换的热量,θ 是系统的绝对温度。

(B3) 仿照(A3)小题,把有量纲的常数 η 表示成基本常数 h, c, G 和 k_B 的函数。

不要把量纲分析用于本题后面的 C 部分和 D 部分,但是你可以使用在 A 部分和 B 部分中所得到的结果。

C 部分　霍金辐射

采用一种半量子半经典的方法,霍金提出了一个和经典结论相反的观点:与黑体辐射类似,黑洞在所谓霍金温度下也会有辐射放出。

(C1) 用质能关系方程 $E = mc^2$ 以及热力学定律,将一个黑洞的霍金温度 θ_H 表示成黑洞质量和基本常数的函数。假设黑洞对其周围环境不做功。

(C2) 一个孤立黑洞的质量会因霍金辐射而改变。利用斯特藩-玻尔兹曼定律,求出质量的变化率对黑洞的霍金温度 θ_H 的依赖关系,用黑洞的质量和基本常数表示。

(C3) 求质量为 m 的孤立黑洞完全蒸发,即失去全部质量所需的时间 t^*。

(C4) 从热力学的观点来看,黑洞展现了某些奇异的行为,例如黑洞的热容量是负的。求质量为 m 的黑洞的热容量。

D 部分　黑洞和宇宙背景辐射

考虑到黑洞易受到宇宙背景辐射,宇宙背景辐射是温度为 θ_B 的黑体辐射,这种辐射充满了整个宇宙。总面积 A 的物体单位时间内收到的总能量为 $\sigma\theta_B^4 A$,因此,黑洞由于霍金辐射而损失能量,从宇宙背景辐射中获得能量。

(D1) 求出黑洞质量的变化率,用黑洞质量,宇宙背景辐射的温度和基本物理常数来表示。

(D2) 对于某一质量 m^* 的黑洞,质量的变化率为零。求出质量 m^*,用温度 θ_B 和基本物理常数来表示。

(D3) 利用(D2)小题的结果,将 θ_B 代入(D1)小题的结果,写出黑洞质量变化率的表达式,用黑洞质量 m、m^* 和基本物理常数表示。

(D4) 在宇宙背景辐射的热平衡中,求黑洞的霍金温度。

(D5) 宇宙背景辐射的热平衡是稳定的吗?为什么?请用数学方法解释你的结论。

第 3 题　双星系统

两颗绕其共同质心旋转的恒星构成双星系统。我们所在的星系中,几乎一半的恒星属于双星系统。由于双星间距远小于它们到我们的距离,超出了望远镜的分辨本领,要从地球上确定大多数这样的双星系统的本质并不容易。因此,我们不得不采用光度学或光谱学方法来观察特定的恒星的光强度或光谱的变化,进而来确定它是否属于双星系统。

A 部分　双星的光度学

如果我们恰好处于双星运动所在的平面,则一颗恒星会在某些时刻遮住(从前面经过)另一颗恒星,从我们的观察点看来,整个双星系统的光强将随时间发生变化。这类双星系统被称为黄道双星。

假设两颗恒星以恒定的角速度 ω 绕其共同质心转动,并且我们恰好处于此双星系统运动所在的平面内。假设这两颗恒星的表面温度分别为 T_1 和 T_2($T_1 > T_2$),相应的半径分别为 R_1 和 R_2($R_1 > R_2$)。在地球上所观测到的总光强随时间的变化如图 T8.3.1 所示。精确的测量表明,来自两颗恒星入射光强的两个极小值分别为接收自两颗恒星的最大光强 I_0 的 90% 和 63%($I_0 = 4.8 \times 10^{-9}$ W/m^2)。图 T8.3.1 中纵轴为光强比 I/I_0,水平轴以天为单位。

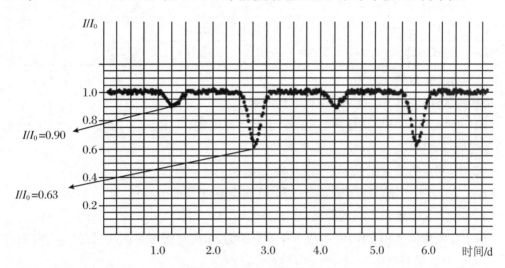

图 T8.3.1 从一个双星系统接收到的相对光强与时间的关系

(A1)求双星的轨道运动的周期和角速度。以 s 和 rad/s 为单位,精确到两位有效数字。

作为一种较好的近似,从一颗恒星接收的辐射可以看成是来自一个具有与此恒星半径相同的圆盘的均匀黑体辐射。因此,从此恒星接收到的辐射功率正比于 AT^4,其中 A 是圆盘的面积,T 是恒星的表面温度。

(A2)由图 T8.3.1,求 $\dfrac{T_1}{T_2}$ 和 $\dfrac{R_1}{R_2}$。

B 部分 双星系统的光谱学

在本部分,我们将由双星系统的光谱实验数据来计算双星的天文学性质。

原子能吸收或发射某些特征波长的电磁波,因此,我们观察到的一颗恒星的光谱包含由此恒星的大气层中的原子引起的吸收线。钠原子具有一条波长为 5895.9 Å(10 Å = 1 nm)的特征黄谱线(D_1 线)。我们考察 A 部分中所提到的双星系统中的钠原子在此波长处的吸收光谱。因为恒星相对于我们是运动的,所以我们接收到的来自双星系统中一颗恒星的光谱会有多普勒频移。每一颗恒星具有不同的速度,相应地,一颗恒星在吸收波长处的频移会和另一颗的不同。由于恒星运动的速度比光速小得多,要观察到谱线的多普勒频移,要求波长的测量高度精确。我们在本题中所讨论的双星系统的质心运动速度比恒星的轨道运动速度小得多。所以,所有的多普勒频移都可以认为是由恒星的轨道运动速度引起的。表 8.3.1 给出了我们所观察到的双星系统的恒星光谱测量数据。

表 T8.3.1　对于钠 D_1 线，双星系统的吸收光谱

t/d	λ_1/Å	λ_2/Å	t/d	λ_1/Å	λ_2/Å	t/d	λ_1/Å	λ_2/Å
0.3	5897.5	5893.1	2.1	5894.1	5899.0	3.9	5897.2	5893.7
0.6	5897.7	5892.8	2.4	5894.6	5898.1	4.2	5896.2	5896.2
0.9	5897.2	5893.7	2.7	5895.6	5896.4	4.5	5895.0	5897.4
1.2	5896.2	5896.2	3.0	5896.7	5894.5	4.8	5894.3	5898.7
1.5	5895.1	5897.3	3.3	5897.3	5893.1			
1.8	5894.3	5898.7	3.6	5897.7	5892.8			

注：不必用此表中的数据作图。

请利用表 T8.3.1 中的数据，求解下列问题：

(B1) 令 v_1 和 v_2 分别是每颗恒星的轨道运动速度，求 v_1 和 v_2。光速 $c = 3 \times 10^8$ m/s，忽略所有的相对论效应。

(B2) 求双星的质量比值 m_1/m_2。

(B3) 令 r_1 和 r_2 分别是双星系统的质心到每颗恒星质心的距离，求 r_1 和 r_2。

(B4) 令 r 是两颗恒星间的距离，求 r。

(B5) 在两颗恒星相互作用时，仅考虑万有引力，求出每颗恒星的质量，保留一位有效数字。万有引力常量 $G = 6.7 \times 10^{-11}$ m³/(kg·s²)。

C 部分　恒星的一般性质

大部分恒星通过相同的机理产生能量。因此，它们的质量 M 和发光度 L（恒星总的辐射功率）之间存在着经验关系：$\dfrac{L}{L_{\text{sun}}} = \left(\dfrac{M}{M_{\text{sun}}}\right)^\alpha$，其中 $M_{\text{sun}} = 2.0 \times 10^{30}$ kg 是太阳的质量，$L_{\text{sun}} = 3.9 \times 10^{26}$ W 是太阳的发光度。这一经验关系的对数-对数曲线如图 T8.3.2 所示。

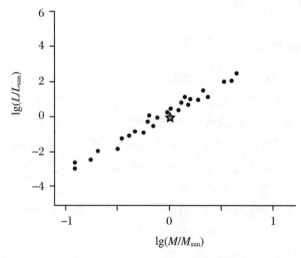

图 T8.3.2　恒星的发光度与质量的关系

★代表质量为 2.0×10^{30} kg，发光度为 3.9×10^{26} W 的太阳。

（C1）求 α，要求保留一位有效数字。

（C2）令 L_1 和 L_2 分别是双星系统中两颗恒星各自的发光度，求 L_1 和 L_2。

（C3）求我们到此双星系统的距离 d，用光年表示。为此你可以利用图 T8.3.1。

（C4）在我们的观察点，双星的最大张角 θ 是多少？

（C5）能够分辨出此双星的光学望远镜的最小孔径 D 是多少？

第38届国际物理奥林匹克竞赛理论试题解析

第1题 汽车的安全气囊

A 部分

（A1）我们将高斯定理应用于带电极板上，可得两带电平行极板之间的电场强度为

$$E = \frac{\sigma}{\varepsilon_0} \tag{8.1.1}$$

其中带电极板的电荷面密度 $\sigma = \frac{Q}{A}$，Q 为极板所带电量，A 为极板面积。由于该电场由两带电极板所构成，故单一带电极板对此电场的贡献为 $\frac{1}{2}E$，因此两极板间的静电力为

$$F_E = \frac{1}{2}EQ = \frac{Q^2}{2\varepsilon_0 A} \tag{8.1.2}$$

（A2）利用胡克定律，可得弹簧的弹力为

$$F_k = -kx \tag{8.1.3}$$

当系统达到受力平衡时，其合力为零，即

$$F_k + F_E = 0 \tag{8.1.4}$$

得

$$x = \frac{Q^2}{2\varepsilon_0 Ak} \tag{8.1.5}$$

（A3）因为极板内的电场为匀强电场，故在平衡状态时，电容器平行板间电势差为

$$V = E(d - x) \tag{8.1.6}$$

将式(8.1.1)和式(8.1.5)代入式(8.1.6)，可得

$$V = \frac{Q}{\varepsilon_0 A}\left(d - \frac{Q^2}{2\varepsilon_0 Ak}\right) = \frac{Qd}{\varepsilon_0 A}\left(1 - \frac{Q^2}{2\varepsilon_0 Akd}\right) \tag{8.1.7}$$

（A4）在平衡状态时，电容器的电容为

$$C = \frac{Q}{V} \tag{8.1.8}$$

利用式(8.1.7)，可得

$$\frac{C}{C_0} = \left(1 - \frac{Q^2}{2\varepsilon_0 Akd}\right)^{-1} = \frac{1}{1 - \frac{Q^2}{2\varepsilon_0 Akd}} \tag{8.1.9}$$

（A5）储存在弹簧内的弹性势能为

$$U_k = \frac{1}{2}kx^2 \tag{8.1.10}$$

储存在电容器内的静电能为

$$U_E = \frac{1}{2}QV = \frac{1}{2}\frac{Q^2}{C} \tag{8.1.11}$$

故储存在系统内的总能量为弹性势能与静电能之和：

$$U = U_k + U_E \tag{8.1.12}$$

利用式(8.1.5)和式(8.1.7)，可得

$$U = \frac{1}{2}k\left(\frac{Q^2}{2\varepsilon_0 Ak}\right)^2 + \frac{Q^2 d}{2\varepsilon_0 A}\left(1 - \frac{Q^2}{2\varepsilon_0 Akd}\right) = \frac{Q^2 d}{2\varepsilon_0 A}\left(1 - \frac{Q^2}{4\varepsilon_0 Akd}\right) \tag{8.1.13}$$

B 部分

（B1）如图 J8.1.1 所示，当活动极板偏离两固定极板间的中点的位移为 x 时，每一电容器所储存的能量分别为

$$Q_1 = VC_1 = \frac{\varepsilon_0 AV}{d - x} \tag{8.1.14}$$

$$Q_2 = VC_2 = \frac{\varepsilon_0 AV}{d + x} \tag{8.1.15}$$

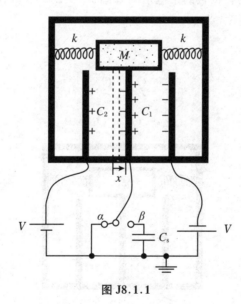

图 J8.1.1

（B2）利用式(8.1.2)，可得移动极板所受的总静电力为

$$F'_E = F_{E1} - F_{E2}$$

$$= \frac{Q_1^2}{2\varepsilon_0 A} - \frac{Q_2^2}{2\varepsilon_0 A}$$

$$= \frac{1}{2}\varepsilon_0 AV^2\left[\frac{1}{(d-x)^2} - \frac{1}{(d+x)^2}\right] \tag{8.1.16}$$

（B3）因为 $d \gg x$，式(8.1.16)对 x 展开，仅保留至 x 的一次方项，可得

$$F'_E = \frac{2\varepsilon_0 AV^2}{d^3}x \tag{8.1.17}$$

（B4）这是两根等效于并联连接的弹簧，其等效劲度系数为 $2k$，那么作用于质量 M 的

弹簧弹力为
$$F'_k = -2kx \tag{8.1.18}$$

利用式(8.1.17)和式(8.1.18),可得移动极板所受的合力为

$$\begin{aligned} F' &= F'_k + F'_E \\ &= -2kx + \frac{2\varepsilon_0 A V^2}{d^3}x \\ &= -2\left(k - \frac{\varepsilon_0 A V^2}{d^3}\right)x = -k_{\text{eff}}x \end{aligned} \tag{8.1.19}$$

其中 $k_{\text{eff}} = 2\left(k - \dfrac{\varepsilon_0 A V^2}{d^3}\right)$

(B5) 根据牛顿第二定律以及式(8.1.19),可得汽车运动的加速度为

$$a = \frac{F'}{M} = -\frac{2}{M}\left(k - \frac{\varepsilon_0 A V^2}{d^3}\right)x \tag{8.1.20}$$

C 部分

(C1) 假设各电容器的各极板的带电情况如图 J8.1.2 所示,利用基尔霍夫定律,可得两个电路回路和电荷量的方程式为

$$\begin{cases} V - \dfrac{Q_2}{C_2} + \dfrac{Q_s}{C_s} = 0 \\ V - \dfrac{Q_s}{C_s} - \dfrac{Q_1}{C_1} = 0 \\ Q_1 - Q_2 - Q_s = 0 \end{cases} \tag{8.1.21}$$

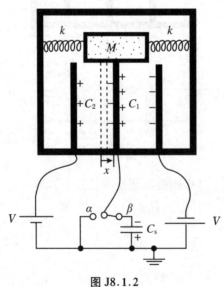

图 J8.1.2

注意到
$$V_s = \frac{Q_s}{C_s} \tag{8.1.22}$$

由式(8.1.21)可解得

$$V_s = V \frac{\dfrac{2\varepsilon_0 Ax}{d^2 - x^2}}{C_s + \dfrac{2\varepsilon_0 Ad}{d^2 - x^2}} \tag{8.1.23}$$

(C2) 题中已知 $d \gg x$，式(8.1.23)可近似为

$$V_s \approx V \frac{2\varepsilon_0 Ax}{d^2 C_s + 2\varepsilon_0 Ad} \tag{8.1.24}$$

D 部分

(D1) 由式(8.1.17)和式(8.1.18)，可得静电力与弹性力的比值为

$$\frac{F'_E}{F'_k} = \frac{\varepsilon_0 A V^2}{k d^3} \tag{8.1.25}$$

代入已知数据，可得

$$\frac{F'_E}{F'_k} = \frac{8.85 \times 10^{-12} \times 2.5 \times 10^{-2} \times 12^2}{4.2 \times 10^3 \times (1.0 \times 10^{-2})^3} = 7.6 \times 10^{-9} \tag{8.1.26}$$

因此，可知和弹性力相比，静电力可以忽略。

(D2) 由(C2)小题结果可知，作用于活动极板上的力主要来自于弹性力。故活动极板达到平衡状态时，活动极板的位移为

$$x = \frac{Ma}{2k} \tag{8.1.27}$$

活动极板的最大位移为式(8.1.27)的两倍，这种情况就如同悬挂在竖直弹簧下端的重物自由下落的情形，即

$$x_{\max} = 2x = \frac{Ma}{k} \tag{8.1.28}$$

(D3) 将 $x_{\max}$ 代入式(8.1.24)中的 x，可得

$$V_s \approx V \frac{2\varepsilon_0 A x_{\max}}{d^2 C_s + 2\varepsilon_0 Ad} \tag{8.1.29}$$

解得

$$C_s \approx \frac{2\varepsilon_0 A}{d} \left(\frac{V x_{\max}}{V_s d} - 1 \right) \tag{8.1.30}$$

代入数据可得

$$x_{\max} = 3.5 \times 10^{-4} \text{ m}, \quad C_s = 8.9 \times 10^{-11} \text{ F} \tag{8.1.31}$$

(D4) 设驾驶员头部与方向盘之间的距离为 l，其值为 $0.4 \sim 1$ m。在刚开始减速运动时，驾驶员头部相对于汽车的速度为零，故在 t_1 时间内，驾驶员头部相对于方向盘之间的位移为 l，故而

$$t_1 = \sqrt{\frac{2l}{g}} \approx 0.3 \sim 0.5 \text{ s} \tag{8.1.32}$$

(D5) 安全气囊启动所需的时间为 t_2，该值应该等于弹簧简谐运动的半个周期，即 $t_2 = \dfrac{T}{2}$。该弹簧系统的振动周期为

$$T = 2\pi\sqrt{\frac{M}{2k}} = 2\pi\sqrt{\frac{0.15}{2\times 4.2\times 10^3}}\text{ s} = 0.026\text{ s} \tag{8.1.33}$$

所以

$$t_2 = 0.013\text{ s} \tag{8.1.34}$$

因为 $t_1 > t_2$，所以安全气囊能够及时启动。

第 2 题 量纲分析与黑洞

A 部分 基本物理常量的量纲分析

(A1) 我们可以利用任何合理的物理公式来获得所求物理量的量纲，如：

$$E = h\nu \Rightarrow [h] = [E][\nu]^{-1} = ML^2T^{-1} \tag{8.2.1}$$

$$l = ct \Rightarrow [c] = [l][t]^{-1} = LT^{-1} \tag{8.2.2}$$

$$F = G\frac{m_1 m_2}{r^2} \Rightarrow [G] = [F][r]^2[m]^{-2} = M^{-1}L^3T^{-2} \tag{8.2.3}$$

$$E = k_B\theta \Rightarrow [k_B] = [E][\theta]^{-1} = ML^2T^{-2}K^{-1} \tag{8.2.4}$$

(A2) 利用斯特藩-玻尔兹曼定律

$$\frac{P}{A} = \sigma\theta^4 \tag{8.2.5}$$

我们可得

$$[\sigma] = [P][A]^{-1}[\theta]^{-4} = [E][A]^{-1}[t]^{-1}[\theta]^{-4} = MT^{-3}K^{-4} \tag{8.2.6}$$

(A3) 不考虑常系数，斯特藩-玻尔兹曼常数可写为

$$\sigma = h^\alpha c^\beta G^\gamma k_B^\delta \tag{8.2.7}$$

其中 $\alpha,\beta,\gamma,\delta$ 可以通过量纲分析的方法来确定，即

$$[\sigma] = [h]^\alpha [c]^\beta [G]^\gamma [k_B]^\delta \tag{8.2.8}$$

将(A1)小题和(A2)小题的结果代入式(8.2.8)可得

$$MT^{-3}K^{-4} = (ML^2T^{-1})^\alpha (LT^{-1})^\beta (M^{-1}L^3T^{-2})^\gamma (ML^2T^{-2}K^{-1})^\delta$$
$$= M^{\alpha-\gamma+\delta} L^{2\alpha+\beta+3\gamma+2\delta} T^{-\alpha-\beta-2\gamma-2\delta} K^{-\delta} \tag{8.2.9}$$

根据量纲法则，式(8.2.9)成立的条件为

$$\begin{cases} \alpha - \gamma + \delta = 1 \\ 2\alpha + \beta + 3\gamma + 2\delta = 0 \\ -\alpha - \beta - 2\gamma - 2\delta = -3 \\ -\delta = -4 \end{cases} \Rightarrow \begin{cases} \alpha = -3 \\ \beta = -2 \\ \gamma = 0 \\ \delta = 4 \end{cases} \tag{8.2.10}$$

故

$$\sigma = \frac{k_B^4}{c^2 h^3} \tag{8.2.11}$$

B 部分 黑洞物理

(B1) 事件视界的面积是由引力理论（如广义相对论）而来的质量 m 计算所得到的，所

以它还与狭义相对论的特征量 c 和引力的特征量 G 有关,而应该与量子现象的特征量普朗克常量 h 无关。我们可以把视界面积写为如下形式:

$$A = G^{\alpha} c^{\beta} m^{\gamma} \tag{8.2.12}$$

应用量纲分析,可得

$$[A] = [G]^{\alpha}[c]^{\beta}[m]^{\gamma} \tag{8.2.13}$$

从而

$$L^2 = (M^{-1}L^3T^{-2})^{\alpha}(LT^{-1})^{\beta}M^{\gamma} = M^{-\alpha+\gamma}L^{3\alpha+\beta}T^{-2\alpha-\beta} \tag{8.2.14}$$

根据量纲法则,式(8.2.14)成立的条件为

$$\begin{cases} -\alpha + \gamma = 0 \\ 3\alpha + \beta = 2 \\ -2\alpha - \beta = 0 \end{cases} \Rightarrow \begin{cases} \alpha = 2 \\ \beta = -4 \\ \gamma = 2 \end{cases} \tag{8.2.15}$$

由此得

$$A = \frac{m^2 G^2}{c^4} \tag{8.2.16}$$

(B2) 由熵的热力学定义

$$\mathrm{d}S = \frac{\mathrm{d}Q}{\theta} \tag{8.2.17}$$

可得

$$[S] = [Q][\theta]^{-1} = ML^2T^{-2}K^{-1} \tag{8.2.18}$$

(B3) 注意到

$$\eta = \frac{S}{A} \tag{8.2.19}$$

有

$$[\eta] = [S][A]^{-1} = MT^{-2}K^{-1} \tag{8.2.20}$$

又

$$[\eta] = [G]^{\alpha}[h]^{\beta}[c]^{\gamma}[k_B]^{\delta} = M^{-\alpha+\beta+\delta}L^{3\alpha+2\beta+\gamma+2\delta}T^{-2\alpha-\beta-\gamma-2\delta}K^{-\delta} \tag{8.2.21}$$

联立式(8.2.20)和式(8.2.21),可得

$$\begin{cases} -\alpha + \beta + \delta = 1 \\ 3\alpha + 2\beta + \gamma + 2\delta = 0 \\ -2\alpha - \beta - \gamma - 2\delta = -2 \\ -\delta = -1 \end{cases} \Rightarrow \begin{cases} \alpha = -1 \\ \beta = -1 \\ \gamma = 3 \\ \delta = 1 \end{cases} \tag{8.2.22}$$

因此有

$$\eta = \frac{c^3 k_B}{Gh} \tag{8.2.23}$$

C 部分　霍金辐射

(C1) 热力学第一定律为

$$\mathrm{d}E = \mathrm{d}Q + \mathrm{d}W \tag{8.2.24}$$

根据题中假设

$$dW = 0 \tag{8.2.25}$$

利用熵的定义

$$dS = \frac{dQ}{\theta_H} \tag{8.2.26}$$

联立式(8.2.24)~式(8.2.26),有

$$dE = \theta_H dS \tag{8.2.27}$$

利用下列两式:

$$S = \eta A = \frac{Gk_B}{hc}m^2 \tag{8.2.28}$$

$$E = mc^2 \tag{8.2.29}$$

可得

$$\theta_H = \frac{dE}{dS} = \left(\frac{dS}{dE}\right)^{-1} = c^2\left(\frac{dS}{dm}\right)^{-1} \tag{8.2.30}$$

因此

$$\theta_H = \frac{1}{2}\frac{c^3 h}{Gk_B}\frac{1}{m} \tag{8.2.31}$$

(C2) 斯特藩-玻尔兹曼定律给出了单位面积的能量辐射功率,注意到爱因斯坦质能方程,我们有

$$\begin{cases} -\dfrac{dE}{dt} = \sigma\theta_H^4 A \\ \sigma = \dfrac{k_B^4}{c^2 h^3} \\ A = \dfrac{m^2 G^2}{c^4} \\ E = mc^2 \end{cases} \tag{8.2.32}$$

由式(8.2.31)和式(8.2.32)有

$$c^2\frac{dm}{dt} = -\frac{k_B^4}{c^2 h^3}\left(\frac{c^3 h}{2Gk_B m}\right)^4 \frac{m^2 G^2}{c^4} \tag{8.2.33}$$

解得

$$\frac{dm}{dt} = -\frac{1}{16}\frac{c^4 h}{G^2}\frac{1}{m^2} \tag{8.2.34}$$

(C3) 对式(8.2.34)两边积分,有

$$\int_{m(0)}^{m(t)} m^2 dm = -\int_0^t \frac{c^4 h}{16G^2}dt \tag{8.2.35}$$

得

$$m^3(t) - m^3(0) = -\frac{3c^4 h}{16G^2}t \tag{8.2.36}$$

在 $t = t^*$ 时,黑洞完全蒸发,此时 $m(t^*) = 0$,因此

$$t^* = \frac{16G^2}{3c^4 h}m^3 \tag{8.2.37}$$

(C4) C_V 测量的是能量 E 随着温度 θ 的变化,由

$$\begin{cases} C_V = \dfrac{dE}{d\theta_H} \\ E = mc^2 \\ \theta_H = \dfrac{1}{2}\dfrac{c^3 h}{Gk_B m} \end{cases} \quad (8.2.38)$$

得

$$C_V = -\dfrac{2Gk_B}{ch}m^2 \quad (8.2.39)$$

D 部分 黑洞和宇宙背景辐射

(D1) 斯特藩-玻尔兹曼定律给出了黑洞的单位面积的能量损失。类似地,斯特藩-玻尔兹曼定律可以得到黑洞从宇宙背景辐射中所获得的能量。注意到热力学平衡,总的能量改变为零,黑体辐射由斯特藩-玻尔兹曼定律得到,因此能量获取可以由相同的公式给出。由

$$\begin{cases} \dfrac{dE}{dt} = -\sigma\theta^4 A + \sigma\theta_B^4 A \\ E = mc^2 \end{cases} \quad (8.2.40)$$

得

$$\dfrac{dm}{dt} = -\dfrac{hc^4}{16G^2 m^2} + \dfrac{G^2}{c^8 h^3}(k_B\theta_B)^4 m^2 \quad (8.2.41)$$

(D2) 设 $\dfrac{dm}{dt} = 0$,我们有

$$-\dfrac{hc^4}{16G^2}\dfrac{1}{m^{*2}} + \dfrac{G^2}{c^8 h^3}(k_B\theta_B)^4 m^{*2} = 0 \quad (8.2.42)$$

因此

$$m^* = \dfrac{c^3 h}{2Gk_B}\dfrac{1}{\theta_B} \quad (8.2.43)$$

(D3) 将式(8.2.43)代入式(8.2.41)可得

$$\dfrac{dm}{dt} = -\dfrac{hc^4}{16G^2}\dfrac{1}{m^2}\left(1 - \dfrac{m^4}{m^{*4}}\right) \quad (8.2.44)$$

(D4) 利用式(8.2.43)和式(8.2.31)可得

$$\theta^* = \dfrac{c^3 h}{2Gk_B}\dfrac{1}{m^*} = \theta_B \quad (8.2.45)$$

也就是说 θ^* 对应于热力学平衡。因此对于 $m = m^*$,黑洞的温度为 θ_B,或者可以假设

$$\dfrac{dE}{dt} = -\sigma(\theta^{*4} - \theta_B^4)A = 0 \quad (8.2.46)$$

从而得到

$$\theta^* = \theta_B \quad (8.2.47)$$

(D5) 考虑到(D3)小题的结果式(8.2.44),验证其是否会离开平衡。由

$$\dfrac{dm}{dt} = -\dfrac{hc^4}{16G^2}\dfrac{1}{m^2}\left(1 - \dfrac{m^4}{m^{*4}}\right) \quad (8.2.48)$$

得到

$$\begin{cases} m > m^* & \Rightarrow & \dfrac{\mathrm{d}m}{\mathrm{d}t} > 0 \\ m < m^* & \Rightarrow & \dfrac{\mathrm{d}m}{\mathrm{d}t} < 0 \end{cases} \tag{8.2.49}$$

由此可得平衡被破坏，因此该平衡是不稳定平衡。

第3题 双星系统

A部分 双星的光度学

（A1）双星轨道运动的周期为

$$T = 3.0\ \mathrm{d} = 2.6 \times 10^5\ \mathrm{s} \tag{8.3.1}$$

双星轨道运动的角速度为

$$\omega = \frac{2\pi}{T} = 2.4 \times 10^{-5}\ \mathrm{rad/s} \tag{8.3.2}$$

（A2）利用图 T8.3.1，设 $\alpha = \dfrac{I_1}{I_0} = 0.90, \beta = \dfrac{I_2}{I_0} = 0.63$。

当双星完全分开而不重合时，所观测到的双星的光强为

$$I_0 \propto \pi R_1^2 \cdot \sigma T_1^4 + \pi R_2^2 \cdot \sigma T_2^4 \tag{8.3.3}$$

当双星重合且大星（半径为 R_1）遮住小星（半径为 R_2）时，所观测到的双星光强为

$$I_0 \propto \pi R_1^2 \cdot \sigma T_1^4 \tag{8.3.4}$$

当双星重合且小星（半径为 R_2）遮住大星（半径为 R_1）时，所观测到的双星的光强为

$$I_2 \propto \pi (R_1^2 - R_2^2) \cdot \sigma T_1^4 + \pi R_2^2 \cdot \sigma T_2^4 \tag{8.3.5}$$

联立式(8.3.3)~式(8.3.5)，可得

$$\frac{I_1}{I_0} = \frac{R_1^2 T_1^4}{R_1^2 T_1^4 + R_2^2 T_2^4} = \alpha \tag{8.3.6}$$

$$\frac{I_2}{I_0} = \frac{(R_1^2 - R_2^2) T_1^4 + R_2^2 T_2^4}{R_1^2 T_1^4 + R_2^2 T_2^4} = \beta \tag{8.3.7}$$

联立式(8.3.6)和式(8.3.7)可得

$$1 - \left(\frac{R_2}{R_1}\right)^2 \left[1 - \left(\frac{T_2}{T_1}\right)^4\right] = \frac{\beta}{\alpha} \tag{8.3.8}$$

因此

$$\frac{R_1}{R_2} = \sqrt{\frac{\alpha}{1-\beta}} \tag{8.3.9}$$

代入数据可得

$$\frac{R_1}{R_2} = 1.6 \tag{8.3.10}$$

$$\frac{T_1}{T_2} = \left(\frac{1-\beta}{1-\alpha}\right)^{\frac{1}{4}} = 1.4 \tag{8.3.11}$$

B 部分 双星系统的光谱学

（B1）由表 T8.3.1 中的数据可以读出

$$\lambda_{1\max} = 589.77 \text{ nm}, \quad \lambda_{1\min} = 589.41 \text{ nm} \tag{8.3.12}$$
$$\lambda_{2\max} = 589.90 \text{ nm}, \quad \lambda_{2\min} = 589.28 \text{ nm}$$

题中双星系统的质心速率远小于星球的轨道速率，因此所有的多普勒频移都可认为是源于双星的轨道速度。利用电磁波的多普勒频移公式

$$\frac{\lambda - \lambda_0}{\lambda_0} \approx \frac{v}{c} \tag{8.3.13}$$

可得

$$\frac{\lambda_{\max} - \lambda_{\min}}{\lambda_0} \approx \frac{v - (-v)}{c} \tag{8.3.14}$$

所以

$$v = \frac{c(\lambda_{\max} - \lambda_{\min})}{2\lambda_0} \tag{8.3.15}$$

将波长的偏移数据式(8.3.12)代入式(8.3.15)，可得

$$v_1 = \frac{c\Delta\lambda_1}{2\lambda_0} = 9.2 \times 10^4 \text{ m/s}$$
$$v_2 = \frac{c\Delta\lambda_2}{2\lambda_0} = 1.6 \times 10^5 \text{ m/s} \tag{8.3.16}$$

（B2）题中双星系统的质心速率远小于轨道速率，因此相比轨道速率，双星系统的质心相对地球的速度可视为零。按照质心的定义，可得

$$m_1 v_1 - m_2 v_2 = 0 \quad \Rightarrow \quad \frac{m_1}{m_2} = \frac{v_2}{v_1} = 1.7 \tag{8.3.17}$$

（B3）双星系统中的双星相对于它们的质心的距离分别为

$$r_1 = \frac{v_1}{\omega} = \frac{9.2 \times 10^4}{2.5 \times 10^{-5}} \text{ m} = 3.7 \times 10^9 \text{ m}$$
$$r_2 = \frac{v_2}{\omega} = \frac{16 \times 10^4}{2.5 \times 10^{-5}} \text{ m} = 6.4 \times 10^9 \text{ m} \tag{8.3.18}$$

（B4）由式(8.3.18)可得双星间的距离为

$$r = r_1 + r_2 = (3.7 \times 10^9 + 6.4 \times 10^9) \text{ m} = 1.0 \times 10^{10} \text{ m} \tag{8.3.19}$$

（B5）双星做圆周运动所需的向心力来源于双星间的万有引力，即

$$G\frac{m_1 m_2}{r^2} = m_1 \frac{v_1^2}{r_1}, \quad G\frac{m_1 m_2}{r^2} = m_2 \frac{v_2^2}{r_2} \tag{8.3.20}$$

联立可解得

$$m_1 = \frac{r^2 v_2^2}{Gr_2} = 6.0 \times 10^{30} \text{ kg}, \quad m_2 = \frac{r^2 v_1^2}{Gr_1} = 3.4 \times 10^{30} \text{ kg} \tag{8.3.21}$$

C 部分 恒星的一般性质

（C1）从图 T8.3.2 中可以读出

$$\alpha = \frac{\lg 10^4 - \lg 1}{\lg 10 - \lg 1} = 4 \qquad (8.3.22)$$

（C2）由（C1）小题的结果，可得

$$L = L_{\text{sun}} \left(\frac{M}{M_{\text{sun}}}\right)^4 \qquad (8.3.23)$$

故

$$L_1 = L_{\text{sun}} \left(\frac{m_1}{M_{\text{sun}}}\right)^4 = 3.9 \times 10^{26} \times \left(\frac{6.0 \times 10^{30}}{2.0 \times 10^{30}}\right)^4 \text{ W} = 3.2 \times 10^{28} \text{ W}$$
$$L_2 = L_{\text{sun}} \left(\frac{m_2}{M_{\text{sun}}}\right)^4 = 3.9 \times 10^{26} \times \left(\frac{3.4 \times 10^{30}}{2.0 \times 10^{30}}\right)^4 \text{ W} = 3.3 \times 10^{27} \text{ W}$$
$$(8.3.24)$$

（C3）我们从地面上测得的双星的发光度与我们到光源的距离平方成反比，故

$$I_0 = \frac{L_1 + L_2}{4\pi d^2} \qquad (8.3.25)$$

因此

$$d = \sqrt{\frac{L_1 + L_2}{4\pi I_0}} = \sqrt{\frac{3.2 \times 10^{28} + 3.3 \times 10^{27}}{4\pi \times 4.8 \times 10^{-9}}} \text{ m} = 7.7 \times 10^{17} \text{ m} \approx 81 \text{ l.y.} \qquad (8.3.26)$$

（C4）我们所观测到的双星之间的最大张角为

$$\theta \approx \tan\theta = \frac{r}{d} = \frac{1.0 \times 10^{10}}{1.0 \times 10^{18}} = 1.0 \times 10^{-8} \text{ rad} \qquad (8.3.27)$$

（C5）能够分辨出双星的光学望远镜所需的最小孔径为

$$D \approx 1.22 \frac{\lambda_0}{\theta} = 1.22 \frac{d\lambda_0}{r} = 1.22 \times \frac{5.896 \times 10^{-7}}{10^{-8}} \text{ m} \approx 72 \text{ m} \qquad (8.3.28)$$

第39届国际物理奥林匹克竞赛理论试题

第1题 水力舂米机

大米是越南大部分人的主食。把稻谷制成白米,需要经过砻谷(谷壳与米粒分开)和碾米(除去米粒外的淡棕色层和除糠)的舂米过程。越南北部的丘陵地带有众多溪流,那里的居民采用水力舂米机来舂米。水力舂米机的结构和外形如图 T9.1.1 所示,水力舂米机的工作原理如图 T9.1.2 所示。

水力舂米机的设计

图 T9.1.1 所示的水力舂米机包含以下部分:米臼实际上是木制的稻米容器。杠杆是一根一端粗一端细的树干,它可以绕水平轴转动。木杵垂直地安装在杠杆较细的一端。杠杆处于水平位置时,木杵刚好可以触及米臼中的稻米。杠杆较粗的一端凿有水槽,水槽的形状在水力舂米机的运行中起着关键作用。

图 T9.1.1 水力舂米机

水力舂米机的运行模式

水力舂米机有两种运行模式:工作模式和杠杆抬起的静止模式。

工作模式:处于工作模式时,水力舂米机是按照图 T9.1.2 所示的步骤循环运行。水力舂米机的舂米功能是通过木杵传递给稻米机械功来实现的,即通过木杵撞击米臼中的稻米

---

① 第39届国际物理奥林匹克竞赛于 2008 年 7 月 20 日至 7 月 29 日在越南河内举行。81 个国家和地区派出代表队参加了本届竞赛。

来实现。这一机械功的传递在图 T9.1.2(f)所示的步骤中完成。如果由于某种原因，木杵碰不到米臼中的稻米，我们则说舂米机不工作。

杠杆抬起的静止模式：在图 T9.1.2(c)所示的步骤中，随着倾角 α 增大，槽中的水量不断减少。在某一特定时刻，水槽中的水刚好可以使杠杆达到平衡状态，将此时的倾角记为 β。如果将杠杆置于倾角 β 处，并使其初角速度为零，则杠杆将永远保持在此平衡位置，这就是杠杆抬起的静止模式。在平衡位置上，杠杆的稳定性取决于流入水槽的流量 Φ。如果 Φ 超过某一值 Φ_2，则静止模式是稳定的，此时水力舂米机不能进入工作模式，即 Φ_2 是水力舂米机不工作的最小水流量。

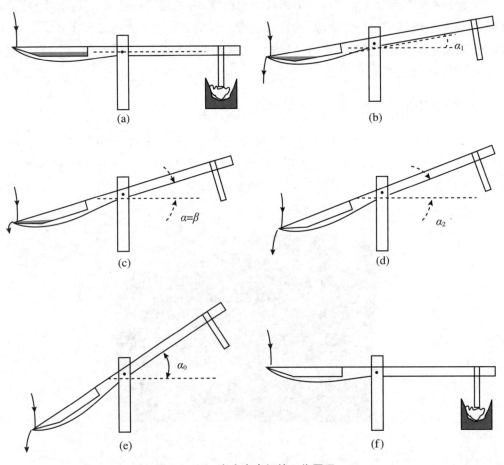

图 T9.1.2 水力舂米机的工作原理

(a) 初始状态，水槽是空的，木杵停在米臼中。之后水以较小的流量流入水槽中，但杠杆在一段时间内仍维持在水平位置。(b) 在某一时刻，水槽中有了足够多的水而使杠杆抬起。由于杠杆是倾斜的，槽中的水会流向水槽的远端(相对转轴而言)，从而使杠杆倾斜得更快。当倾角达到 $\alpha=\alpha_1$ 时，水开始从水槽中溢出。(c) 随着倾角 α 的增大，水开始从槽中溢出。在某一特定的倾角 $\alpha=\beta$ 时，对转轴的总力矩为零。(d) 随着倾角 α 继续增大，水不断从槽中流出，直至水槽中的水全部流光。(e) 倾角 α 因杠杆的惯性而继续增大。由于水槽的形状，流入槽中的水会立刻流出。杠杆的惯性运动将持续至倾角 α 达到其最大值 α_0 时。(f) 水槽中无水后，杠杆的自重使其回到初始的水平位置。木杵下击一次米臼中的稻米，完成一次舂米过程并开始一个新的循环。

如图 T9.1.3 所示，考虑具有以下参数的水力舂米机：杠杆质量（包括木杵，但不包括槽中的水）$M = 30$ kg；杠杆质心为 G；杠杆绕 T 轴转动（图 T9.1.3 中 T 为转轴在纸面的投影）；杠杆对转轴 T 的转动惯量 $I = 12$ kg·m^2。水槽中水的质量记为 m，水槽内水的质心位置记为 N。杠杆与水平面间的倾角为 α。水力舂米机的主要尺寸已标注在图 T9.1.3 中。忽略转轴 T 的摩擦和水流对水槽的冲击力。假设槽中的水面总是水平的。

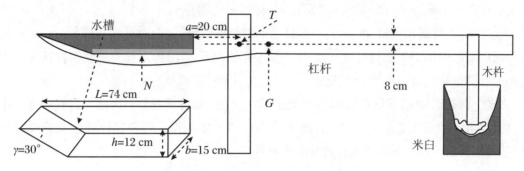

图 T9.1.3　水力舂米机的设计和尺寸

A 部分　水力舂米机的结构

在初始状态时，水槽是空的，杠杆处于水平状态。然后水流入水槽中，直到杠杆开始转动。当杠杆开始转动时，水槽中水的质量 $m = 1.0$ kg。

（A1）求杠杆质心 G 到转轴 T 的距离。已知水槽为空时，GT 是水平的。

（A2）当水开始从水槽中流出时，杠杆相对水平面的倾角为 α_1；当水槽中的水全部流出时，杠杆相对水平面的倾角为 α_2。求 α_1 和 α_2。

（A3）令 $\mu(\alpha)$ 为杠杆的重力和水槽中水的重力的总力矩（相对于转轴 T）。当 $\alpha = \beta$ 时，$\mu(\alpha) = 0$。求倾角 β 和此时水槽中水的质量 m_1。

B 部分　水力舂米机的工作模式的参数

令水以很小的恒定流量 Φ 流入水槽中。在杠杆运动过程中，流入水槽中的水量可以忽略。在本部分中，我们忽略水力舂米机的转动惯量在运行过程中的变化。

（B1）画出在一个完整的循环过程中力矩 $\mu(\alpha)$ 随倾角 α 变化的函数关系图线，即 $\mu(\alpha)$ 的图像，并明确标出倾角为 $\alpha = \alpha_1$，$\alpha = \alpha_2$ 和 $\alpha = 0$ 时 $\mu(\alpha)$ 的值。

（B2）根据（B1）小题中所得到 $\mu(\alpha)$ 的函数关系图线，分别讨论并给出力矩 $\mu(\alpha)$ 所做的总功 $W_\text{总}$ 和由木杵传递给稻米的功 $W_\text{舂}$ 的几何描述，即图中的几何图形的意义。

（B3）根据（B1）小题中所得到 $\mu(\alpha)$ 的函数关系图线，估算 α_0 和 $W_\text{舂}$ 的值，假设流入和溢出水槽的水的动能可以忽略。可以用折线代替曲线以简化计算。

C 部分　静止模式

令水以恒定的流量 Φ 流入水槽中，但不能忽略在杠杆运动过程中流入槽中的水量。

(C1) 假设水槽一直保持充满水且总有水从其中流出的状态。

① 在 $\alpha=\beta$ 的邻域内,画出力矩 $\mu(\alpha)$ 随倾角 α 变化的函数关系图线。据此判断杠杆在 $\alpha=\beta$ 处的平衡属于哪一种平衡。

② 当 $\alpha=\beta+\Delta\alpha$（$\Delta\alpha$ 为小量）时,求出 $\mu(\alpha)$ 与 $\Delta\alpha$ 间的函数关系表达式。

③ 当杠杆在 $\alpha=\beta+\Delta\alpha$（$\Delta\alpha$ 为小量）位置从静止开始运动时,写出杠杆的运动方程,并证明杠杆在相当准确的近似下为简谐运动,并计算振动周期 τ。

(C2) 在给定的水流量 Φ 下,只有杠杆运动的足够缓慢,才会总有水从槽中溢出。杠杆做简谐运动时的振幅不能超过某一上限,而该上限取决于 Φ 值的大小。求使得杠杆能以 $1°$ 的振幅做简谐运动时水流量 Φ 的最小值 Φ_1（单位：kg/s）。

(C3) 假设流量 Φ 足够大,以至于在倾角由 α_2 减小到 α_1 的杠杆自由运动过程中水槽中总有水溢出。但是如果流量 Φ 过大,则水力舂米机不能工作。假设杠杆的运动是简谐运动,估算使得水力舂米机不能工作的最小水流量 Φ_2。

第 2 题 切连科夫辐射和环形图像计数器

光在真空中的传播速率为 c。我们知道,运动速度大于真空光速 c 的粒子是不存在的。然而在折射率为 n 的透明介质中,粒子的运动速度 v 可以大于介质光速 c/n。实验（切连科夫,1934 年）和理论（塔姆和弗兰克,1937 年）都表明：如果带电粒子在折射率为 n 的透明介质中运动,当带电粒子的运动速度 $v>c/n$ 时,那么带电粒子将会辐射出光,称为切连科夫辐射（切连科夫光）。这种光的传播方向与粒子的运动方向之间的夹角为 $\theta=\arccos\dfrac{1}{\beta n}$,其中 $\beta=\dfrac{v}{c}$,如图 T9.2.1 所示。

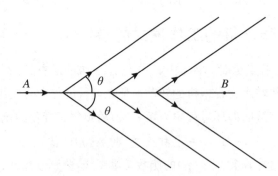

图 T9.2.1 切连科夫辐射或切连科夫光

A 部分

为了理解上述事实,我们考虑一个以速度 $v>\dfrac{c}{n}$ 沿直线运动的粒子,如图 T9.2.1 所示。该粒子在零时刻经过 A 点,在 t_1 时刻经过 B 点。由于本题具有关于 AB 轴的旋转对称性,

因此只需要考虑 AB 所在的任一平面(图 T9.2.1 的纸面)内的光线。在 A，B 之间任一点 C 处，粒子发出以速度 c/n 传播的球面电磁波。在同一时刻 t，粒子从各点发出的所有球面波的包络面定义为该时刻的波前。

(A1) 求 t_1 时刻的波前，并画出该波前与包含粒子运动轨迹的平面的交线。

(A2) 用 n 和 β 表示上述交线与粒子运动轨迹之间的夹角 φ。

B 部分

如图 T9.2.2 所示，考虑一束速度 $v > \dfrac{c}{n}$，沿直线 IS 运动的粒子束，其产生的切连科夫辐射的传播方向与 IS 间的夹角 θ 较小。该粒子束与焦距为 f、球心在 C 点的球面凹面镜相交于 S 点。SC 与 SI 间的夹角为小角度 α。粒子束在凹面镜的焦平面上会产生一个环形的像。上述原理用于制造切连科夫环形图像计数器(Ring Imaging Cherenkov Counter，简称 RICH)，而粒子所通过的介质称为辐射器。

注：在本部分中，α 和 θ 的高阶项可以忽略。

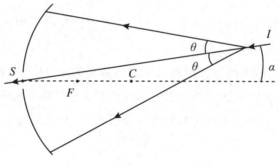

图 T9.2.2

(B1) 通过画一张草图，解释产生这一现象的原因并求出该环形像的中心 O 点的位置和半径 r。

C 部分

一粒子束由动量均为 $p = 10.0\ \text{GeV}/c$ 的三种粒子组成：质子、K 介子、π 介子；其静质量分别为 $M_p = 0.94\ \text{GeV}/c^2$，$M_K = 0.50\ \text{GeV}/c^2$ 和 $M_\pi = 0.14\ \text{GeV}/c^2$。注意，$pc$ 和 Mc^2 都具有能量的量纲，1 eV 是指电子在被 1 V 电压加速后获得的能量，且 $1\ \text{GeV} = 10^9\ \text{eV}$，$1\ \text{MeV} = 10^6\ \text{eV}$。

该粒子束穿过压强为 p 的空气(即透明介质或辐射器)。空气折射率 n 与空气压强 p 之间的关系为 $n = 1 + ap$，其中 $a = 2.7 \times 10^{-4}/\text{atm}$。

(C1) 分别计算使得上述三种粒子能够产生切连科夫辐射所需的最小空气压强 $p_{\min}$。

(C2) 计算使得 K 介子所产生的环形像的半径等于 π 介子所产生的像的半径的一半时的压强 $p_{1/2}$ 以及此时相应的角度 θ_K 和 θ_π。在这一空气压强下，能否观测到质子产生的环形像?

D 部分

假设粒子束不是完全单色的,即粒子的动量分布在以 10 GeV/c 为中心,半高处的半宽为 Δp 的范围内。这将使得环形像有展宽,相应的 θ 分布的半高处的半宽为 $\Delta \theta$。辐射器的压强为在(C2)小题中所确定的压强 $p_{1/2}$。

(D1) 计算 $\dfrac{\Delta \theta_K}{\Delta p}$ 和 $\dfrac{\Delta \theta_\pi}{\Delta p}$,即分别计算与 K 介子和 π 介子对应的 $\dfrac{\Delta \theta}{\Delta p}$ 的值。

(D2) 当两个环形像之间的角间隔 $\theta_\pi - \theta_K$ 大于半高处的半宽之和 $\Delta \theta = \Delta \theta_\pi + \Delta \theta_K$ 的 10 倍,即 $\theta_\pi - \theta_K > 10\Delta\theta$ 时,这两个环形像可以清楚地分辨。计算能够分辨这两个环形像的 Δp 的最大值。

E 部分

1934 年切连科夫第一次发现切连科夫辐射现象时,他观察了一瓶放在放射源附近的水,看到瓶中的水会发光。

(E1) 一个静质量为 M 的粒子在水中运动,求能够使其产生切连科夫辐射的最小动能 $E_{k\min}$,已知水的折射率 $n = 4/3$。

(E2) 当年切连科夫所使用的放射源可能放出静止质量 $M_\alpha = 3.8 \text{ GeV}/c^2$ 的 α 粒子或静止质量 $M_e = 0.510 \text{ MeV}/c^2$ 的 β 粒子。分别计算与 α 粒子和 β 粒子所对应的 $E_{k\min}$ 的值。已知放射源放出的粒子的动能不可能超过几兆电子伏特,指出切连科夫所观察到的是哪种粒子的辐射。

F 部分

在本题的前几部分中,忽略了切连科夫效应与波长 λ 的关系。现在,我们考虑一个粒子的切连科夫辐射是包含可见光谱(波长为 0.4~0.8 μm)在内的很宽的连续光谱。已知在可见光谱范围内,辐射器折射率 n 随着波长 λ 的增加而线性减少,辐射器折射率 n 的减少量为 $n - 1$ 的 2%。

(F1) 考虑一束在压强为 6 atm 的空气中以确定的动量 10.0 GeV/c 运动的 π 介子,求出与可见光谱两端的波长相对应的角度差 $\delta\theta$。

(F2) 在(F1)小题的基础上,我们定性研究 π 介子的环形像的色散效应。π 介子的动量分布在以 $p = 10 \text{ GeV}/c$ 为中心,半高处的半宽为 $\Delta p = 0.3 \text{ GeV}/c$ 的范围内。分别计算由于色散现象(折射率的变化)和色差效应(动量变化)所引起的像展宽,并描述环形像由内向外的颜色变化:内缘颜色是蓝色,白色或红色?中间颜色是蓝色,白色或红色?外缘颜色是蓝色,白色或红色?

第3题 空气温度随海拔高度变化以及大气的稳定性和空气污染

空气的竖直运动主导着许多大气过程,如云的形成、降水和空气中的污染物的扩散。如果大气是稳定的,竖直运动将会受到限制,因此空气中的污染物就会倾向于聚集在污染源附近,无法经由扩散而稀释;反之,在不稳定的空气中,空气的竖直运动会加快空气污染物在竖直方向的扩散。因此,污染物的浓度不仅依赖于污染源释放污染物的强度,而且还依赖于大气的稳定性。

我们将借助气象学中的气团的概念来研究大气的稳定性,并且比较在大气中做绝热上升或下降运动的气团的温度与周围空气温度的关系。我们将在很多情况中看到,从地面上升的含有污染物的气团会停在某个海拔高度,此海拔高度称为混合高度。混合高度越高,空气污染物的浓度就越低。我们将估计在交通早高峰时段河内市区摩托车所释放出的一氧化碳的浓度和混合高度,这个例子中由于在 119 m 以上的高度存在逆温现象(空气温度随海拔高度的增加而上升),空气在竖直方向的混合将受到限制。

让我们把空气视为摩尔质量 $\mu = 29$ g/mol 的理想双原子气体。准静态绝热方程遵从 $pV^\gamma =$ 常数,其中 $\gamma = \dfrac{c_p}{c_V}$ 是气体的等压热容量和等容热容量之比。

物理参数:普适气体常量 $R = 8.31$ J/(mol·K),地面处的大气压 $p_0 = 101.3$ kPa,重力加速度 $g = 9.81$ m/s^2,空气的摩尔等压热容量 $c_p = \dfrac{7}{2}R$,空气的摩尔等容热容量 $c_V = \dfrac{5}{2}R$。

数学提示:(1) $\displaystyle\int \dfrac{\mathrm{d}x}{A + Bx} = \dfrac{1}{B}\int \dfrac{\mathrm{d}(A + Bx)}{A + Bx} = \dfrac{1}{B}\ln(A + Bx) + C$($C$ 为积分常数)。

(2) 微分方程 $\dfrac{\mathrm{d}x}{\mathrm{d}t} + Ax = B$(其中 A,B 为常数)的解为 $x(t) = x_1(t) + \dfrac{B}{A}$,其中 $x_1(t)$ 是微分方程 $\dfrac{\mathrm{d}x}{\mathrm{d}t} + Ax = 0$ 的解。

(3) $\displaystyle\lim_{x \to \infty}\left(1 + \dfrac{1}{x}\right)^x = \mathrm{e}$。

A部分 大气压强随海拔高度的变化

(A1) 假定大气的温度 T_0 是均匀的。写出大气压强 p 与海拔高度 z 的函数关系式。

(A2) 假定大气温度与海拔高度的关系遵从 $T(z) = T(0) - \Lambda z$,这里 Λ 是常数,称为大气的温度下降率(温度的竖直梯度是 $-\Lambda$)。写出大气压强 p 与海拔高度 z 的函数关系式。当空气密度随海拔高度增加而增加时,会发生称为"自由对流"的过程。当 Λ 取何值时,自由对流会发生?

B 部分　气团在竖直运动中的温度变化

考虑一个在大气中上下运动的气团。该气团的尺度既要大到(约几米)可以当作一个独立的热力学体系,但又不能太大,以使其温度可以认为是均匀的。气团的竖直运动可以看作一个准绝热过程,即气团与其周围空气的热交换可以忽略。如果气团在大气中上升,它就会膨胀并冷却;反之,如果向下运动,外部压强的增大会使气团内的空气被压缩,从而温度升高。由于气团的尺寸不是很大,可以认为气团边界上不同位置的大气压具有相同的值 $p(z)$,其中 z 为气团中心的海拔高度。气团的温度 $T_{气团}(z)$ 是均匀的,但与周围的空气温度 $T(z)$ 通常并不相同。在(B1)小题和(B2)小题中,我们对 $T(z)$ 的形式不做任何假定。

(B1) 定义气团的温度 $T_{气团}$ 随海拔高度 z 的变化率为 $\dfrac{dT_{气团}}{dz} = -G$。请推导 $G(T, T_{气团})$ 的表达式。

(B2) 考虑在一种特殊的大气条件下,任一海拔高度 z 的大气温度 T 都等于气团的温度 $T_{气团}$,即 $T(z) = T_{气团}(z)$。我们用 Γ 来标记 $T = T_{气团}$ 时的 G 值,即 $\Gamma = -\dfrac{dT_{气团}}{dz}$,其中 $T = T_{气团}$,并称 Γ 为干燥绝热的气体温度下降率。请推导 Γ 的表达式,计算 Γ 的值,并推导大气温度 $T(z)$ 与海拔高度 z 的函数关系式。

(B3) 假定大气温度与海拔高度 z 间的关系为 $T(z) = T(0) - \Lambda z$,其中 Λ 是常数,求气团温度 $T_{气团}(z)$ 与海拔高度 z 间的函数关系式。

(B4) 当 $|\Lambda z| \ll T(0)$ 且 $T(0) \approx T_{气团}(0)$ 时,求 $T_{气团}(z)$ 的近似表达式。

C 部分　大气的稳定性

在本部分中,我们假定大气温度 T 随海拔高度 z 是线性变化的。

(C1) 考虑初始时与周围空气(海拔高度为 z_0)达到热平衡状态的气团,即气团与周围空气具有相同的温度 $T(z_0)$,如果这个气团(由于例如大气湍流等原因)轻轻地向上或向下移动,下列三种情况之一将会发生:

① 若气团会回到初始的海拔高度 z_0,则气团的平衡状态是稳定的,我们说大气是稳定的;

② 气团会继续沿原方向运动,则气团的平衡状态是不稳定的,我们说大气是不稳定的;

③ 气团会保持在其新位置上不动,则气团的平衡状态是随遇平衡,我们说大气稳定性是中性的。

当 Λ 满足什么条件时,大气是稳定的、不稳定的和中性的?

(C2) 一个气团在地面上的温度 $T_{气团}(0)$ 高于其周围的空气温度 $T(0)$ 时,大气的浮力将使得气团上升。设大气是稳定的,推导此气团所能到达的最大海拔高度的表达式,用 Λ 和 Γ 表示。

D 部分 混合高度

(D1) 表 T9.3.1 给出了探空气球所记录的 11 月某日 7:00 在河内上空不同海拔高度的空气温度。温度随海拔高度的变化可近似表示为 $T(z) = T(0) - \Lambda z$，其中 Λ 为竖直方向的温度下降率；在 0 m<z<96 m，96 m<z<119 m 和 119 m<z<215 m 三层中，下降率 Λ 是不同的。考虑一个温度 $T_{气团}(0) = 22\ ℃$ 的气团从地面上升。基于表 T9.3.1 中所给的数据和前述温度的线性近似式 $T(z) = T(0) - \Lambda z$，计算气团上升至海拔高度 96 m 和 119 m 处的温度。

(D2) 确定这一气团所能到达的最大海拔高度 H 及相应的温度 $T_{气团}(H)$，H 称为混合高度。从地面释放的空气污染物可以和大气中的空气混合（例如借助风、湍流和扩散等），而使其稀释在从地面到混合高度的大气中。

表 T9.3.1 11 月某日 7:00 河内上空探空气球记录的不同海拔高度的空气温度

高度/m	温度/℃	高度/m	温度/℃	高度/m	温度/℃
5	21.5	109	20.1	178	21.0
60	20.6	113	20.1	189	21.5
64	20.5	119	20.1	202	21.8
69	20.5	128	20.2	215	22.0
75	20.4	136	20.3	225	22.1
81	20.3	145	20.4	234	22.2
90	20.2	153	20.5	246	22.3
96	20.1	159	20.6	257	22.3
102	20.1	168	20.8		

E 部分 河内交通早高峰时段摩托车产生 CO 污染的估计

河内市区可以近似看做一个长为 L，宽为 W 的矩形，如图 T9.3.1 所示，其中矩形的一条边沿着红河的西南岸。据估计，在 7:00～8:00 的交通早高峰时段，路上有 8×10^5 辆摩托车，每辆摩托车平均行驶 5 km，每辆摩托车的 CO 排放量为 12 g/km。CO 污染物在所考虑的时段内可近似认为是以常速率 M 均匀排放的。同时，垂直于红河（即竖直于矩形的 L 边）的干净的东北风以均匀的速度 u 吹入河内市区，并将部分被 CO 污染的空气带到河内市区上空。

此外，我们还要用到如下的粗略近似：

① CO 会迅速充满河内市区上空混合层的整个空间，使得在 t 时刻长，宽，高分别为 L，W 和 H 的长方体内各处的 CO 浓度 $C(t)$ 可以看成是常数。

② 吹入长方体的风是洁净无污染的，并且不会从长方体与风向平行的侧面流出，带走污染物。

③ 在 7:00 以前，大气中的 CO 浓度可以忽略。

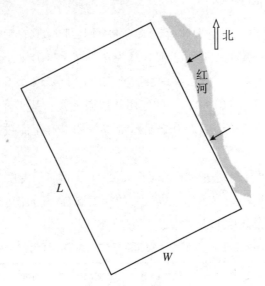

图 T9.3.1　河内市区示意图

(E1) 推导决定 CO 污染物浓度 $C(t)$ 随时间变化的微分方程。

(E2) 写出 (E1) 小题所得方程的解 $C(t)$。

(E3) 计算在 8:00 时 $C(t)$ 的值。已知 $L = 15$ km，$W = 8$ km，$u = 1$ m/s。

第39届国际物理奥林匹克竞赛理论试题解析

第1题 水力舂米机

A部分 水力舂米机的结构

(A1) 水槽中水的体积为

$$V = 1.0 \times 10^{-3} \text{ m}^3 \tag{9.1.1}$$

如图 J9.1.1 所示,水槽底部 $\overline{PK}$ 的长度为

$$d = L - h\tan 60° = (0.74 - 0.12\tan 60°) \text{ m} = 0.5322 \text{ m} \tag{9.1.2}$$

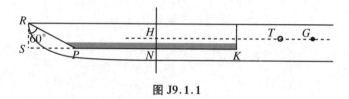

图 J9.1.1

槽中的水深 c 可由下式得出:

$$V = bcd + \frac{1}{2}bc(c\tan 60°) \tag{9.1.3}$$

解得

$$c = \frac{\sqrt{d^2 + \frac{2\sqrt{3}V}{b}} - d}{\sqrt{3}} \tag{9.1.4}$$

将 $b = 0.15$ m,$V = 1.0 \times 10^{-3}$ m³ 和 $d = 0.5322$ m 代入上式,可得

$$c = 0.01228 \text{ m} \tag{9.1.5}$$

当杠杆成水平状态时,转轴 T 和槽中水的质心 N 之间的水平距离为

$$\overline{TH} \approx a + \frac{1}{2}\left(d + \frac{1}{2}c\tan 60°\right)$$

$$= \left[0.20 + \frac{1}{2}\left(0.5322 + \frac{0.01228}{2} \times \sqrt{3}\right)\right] \text{ m}$$

$$= 0.4714 \text{ m} \tag{9.1.6}$$

设 m 为槽中水的质量,M 为杠杆质量,则杠杆质心 G 到转轴 T 间的距离为

$$\overline{TG} = \frac{m}{M}\overline{TH} = \frac{1.0}{30} \times 0.4714 \text{ m} = 0.01571 \text{ m} \approx 0.016 \text{ m} \tag{9.1.7}$$

(A2) 当杠杆与水平面的夹角为 α_1 时,水开始自水槽中流出,此时水面和水槽左边齐平,如图 J9.1.2 所示,水的体积 $V = 1.0 \times 10^{-3}$ m³。假设 $\overline{PQ} < d$,则水的体积为

$$V = \frac{1}{2}bh \times \overline{PQ} \qquad (9.1.8)$$

因此

$$\overline{PQ} = \frac{2V}{bh} = \frac{2 \times 1.0 \times 10^{-3}}{0.15 \times 0.12} \text{ m} = 0.1111 \text{ m} \qquad (9.1.9)$$

由于 $d = 0.5322$ m，所以 $\overline{PQ} < d$ 的假设是正确的。

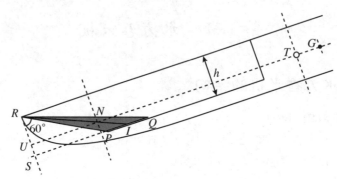

图 J9.1.2

由图 J9.1.2 的几何关系可得杠杆与水平面的夹角为

$$\tan\alpha_1 = \frac{h}{\overline{QS}} = \frac{h}{\overline{PQ} + h\tan60°} = \frac{0.12}{0.1111 + 0.12\sqrt{3}} = 0.3762 \qquad (9.1.10)$$

因此

$$\alpha_1 = 20.6° \approx 21° \qquad (9.1.11)$$

当 RP 成水平状态时，水槽内的水将完全流出，此时杠杆与水平面的夹角为

$$\alpha_2 = 30° \qquad (9.1.12)$$

（A3）当杠杆的倾角为 β 时，杠杆和槽中水的重力相对于转轴 T 的合力矩为零，即

$$m_1 g \times \overline{TN} = Mg \times \overline{TG} \Rightarrow m_1 \times \overline{TN} = M \times \overline{TG} = 0.4713 \text{ kg} \cdot \text{m} \qquad (9.1.13)$$

式中 m_1 是此时槽中水的质量。设 $\overline{PQ} = x$，水的密度为 ρ，则槽中水的质量为

$$m_1 = \rho\left(\frac{1}{2}xhb\right) = 1.0 \times 10^3 \times \left(\frac{1}{2}x \times 0.12 \times 0.15\right) = 9x \qquad (9.1.14)$$

在图 J9.1.2 中，$\triangle PQR$ 为槽中水的截面积，其质心 N 所在的位置将中线 RI 分成长度比值为 $2:1$ 的两线段，即 $\overline{RN} = 2\overline{NI}$ 或 $\overline{RN} = \frac{2}{3}\overline{RI}$，故

$$\overline{UN} = \frac{2}{3}\overline{SI} = \frac{2}{3}(\overline{SP} + \overline{PI}) = \frac{2}{3}\left(h\tan60° + \frac{1}{2}x\right) \qquad (9.1.15)$$

从转轴 T 到质心 N 的距离为

$$\overline{TN} = \overline{TU} - \overline{UN} = (L + a) - \frac{2}{3}\left(h\tan60° + \frac{1}{2}x\right)$$

$$= (0.74 + 0.20) - \frac{2}{3}\left(0.12\sqrt{3} + \frac{1}{2}x\right)$$

$$= 0.8014 - \frac{1}{3}x \qquad (9.1.16)$$

将式（9.1.14）和式（9.1.16）代入式（9.1.13），可得

$$9x\left(0.8014 - \frac{1}{3}x\right) = 0.4713 \implies 3x^2 - 7.213x + 0.4713 = 0 \quad (9.1.17)$$

解得

$$x = 2.337 \text{ m 或 } 0.06722 \text{ m} \quad (9.1.18)$$

由于 x 必须小于 $d = 0.5322$ m, 所以 $x = x_0 = 0.06722$ m。利用式(9.1.14),可得

$$m_1 = 9x_0 = 9 \times 0.06722 \text{ kg} = 0.6050 \text{ kg} \approx 0.61 \text{ kg} \quad (9.1.19)$$

杠杆的倾角 β 为

$$\tan\beta = \frac{h}{\overline{SQ}} = \frac{h}{\overline{SP} + \overline{PQ}} = \frac{h}{h\tan 60° + x_0}$$

$$= \frac{0.12}{0.12\sqrt{3} + 0.06722} = 0.4363 \quad (9.1.20)$$

故

$$\beta = 23.6° \approx 24° \quad (9.1.21)$$

B 部分　水力舂米机的工作模式的参数

(B1) 在本小题中,力矩的符号规则设定为:使倾角 α 减小的力矩取负号,使倾角 α 增大的力矩取正号。完整的舂米工作循环过程可以分成下列五个阶段分别讨论。

第一阶段:起始时,槽中无水,杠杆的倾角 $\alpha = 0$,杠杆所受对转轴 T 的力矩来自于杠杆自身的重力,即

$$\mu(0) = -Mg \times \overline{TG} = -30 \times 9.8 \times 0.01571 \text{ N·m} = -4.6 \text{ N·m} \quad (9.1.22)$$

第二阶段:当水流入槽中后,槽中的水量对转轴 T 所产生的力矩逐渐增加。当杠杆开始往上倾斜时,力矩 μ 转为正值。随着倾角的增加,水的质心位置逐渐远离转轴,即 $\overline{TN}$ 增大,因此力矩也随之增大。当 $\alpha = \alpha_1 = 21°$ 时,水面和水槽左边齐平,水开始从水槽中流出,此时 μ 达到最大值。按照题意:当杠杆运动时,流入水槽的水量可以忽略不计,即槽中的水量可视为定值。μ 的最大值可计算如下:

如图 J9.1.2 所示,并由式(9.1.9)知 $\overline{PQ} = 0.1111$ m,得

$$\overline{SI} = \overline{SP} + \overline{PI} = h\tan 60° + \frac{1}{2}\overline{PQ}$$

$$= \left(0.12\sqrt{3} + \frac{1}{2} \times 0.1111\right) \text{ m} = 0.2634 \text{ m} \quad (9.1.23)$$

$$\overline{TN} = \overline{TU} - \overline{UN} = (L + a) - \frac{2}{3}\overline{SI}$$

$$= \left(0.74 + 0.20 - \frac{2}{3} \times 0.2634\right) \text{ m} = 0.7644 \text{ m} \quad (9.1.24)$$

$$\mu_{\max} = \mu(21°) = (mg \times \overline{TN} - Mg \times \overline{TG})\cos 21°$$

$$= (1.0 \times 0.7644 - 30 \times 0.01571) \times 9.8 \times \cos 21° \text{ N·m}$$

$$= 2.7 \text{ N·m} \quad (9.1.25)$$

第三阶段:若杠杆进一步倾斜,则槽中的水量因流出而减少,μ 值随之减小,当倾角增大至 $\alpha = \beta = 24°$ 时,有

$$\mu(24°) = 0 \quad (9.1.26)$$

第四阶段:当杠杆的倾角增至 β 时,由于惯性的作用,杠杆继续向上倾斜,倾角 α 继续增大,但 μ 值继续减小,然后变为负值。当 $\alpha = \alpha_2 = 30°$ 时,槽中的水完全流尽,这时杠杆对转轴 T 的力矩来自于杠杆本身的重力,即

$$\mu(30°) = -Mg\,\overline{TG}\cos30° = -30 \times 9.8 \times 0.01571 \times \frac{\sqrt{3}}{2}\,\text{N}\cdot\text{m}$$

$$= -4.0\,\text{N}\cdot\text{m} \tag{9.1.27}$$

第五阶段:由于惯性作用,杠杆的倾角继续增大至某一角度 α_0 后,迅速回降至 0,其 μ 值分别为

$$\mu(\alpha_0) = -Mg \times \overline{TG}\cos\alpha_0 = -4.6\cos\alpha_0\,\text{N}\cdot\text{m},\quad \mu(0) = -4.6\,\text{N}\cdot\text{m} \tag{9.1.28}$$

综上所述,$\mu(\alpha)$ 的关系曲线如图 J9.1.3 所示。

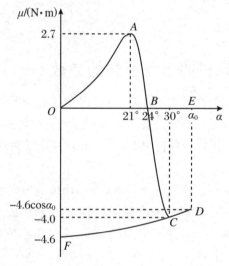

图 J9.1.3

(B2) 力矩 $\mu(\alpha)$ 使杠杆的倾角变化 $d\alpha$,所做的功为

$$dW = \mu(\alpha)d\alpha \tag{9.1.29}$$

因此就一个完整的舂米工作循环过程而言,杠杆所获得的总能量为

$$W_{\text{total}} = \int \mu(\alpha)d\alpha \tag{9.1.30}$$

即为图 J9.1.3 中曲线 OABCFO 所围图形的面积。

木杵舂米所做的功 $W_舂$ 为杠杆从倾角为 α_0 的位置回到 $\alpha = 0$ 的水平位置所获得的能量,即

$$W_舂 = \int_{\alpha_0}^{0}\mu(\alpha)d\alpha = \int_{\alpha_0}^{0}\left(-Mg \times \overline{TG}\cos\alpha\right)d\alpha = 4.6\sin\alpha_0 \tag{9.1.31}$$

即为图 J9.1.3 中曲线 OEDFO 所围图形的面积。

(B3) 杠杆在 D 点的动能为零,故

$$0 = \int_{0}^{\alpha_0}\mu(\alpha)d\alpha \tag{9.1.32}$$

即为图 J9.1.3 中曲线 OABCDE 所围图形的面积。所以图 J9.1.3 中曲线 OABO 所围的面积应该等于曲线 BEDCB 所围的面积。

对于图 J9.1.3 中的曲线,可以看出曲线 $OABO$ 所围的面积近似于一个三角形的面积,而曲线 $BEDCB$ 所围的面积近似于一个梯形的面积,因此式(9.1.32)可改写为

$$\frac{1}{2} \times 24 \times 2.7 \approx \frac{1}{2} \times [(\alpha_0 - 24) + (\alpha_0 - 30)] \times 4.0 \Rightarrow \alpha_0 = 35° \quad (9.1.33)$$

利用式(9.1.31),可得

$$W_{春} = 4.6\sin\alpha_0 \text{ J} = 4.6\sin35° \text{ J} = 2.6 \text{ J} \quad (9.1.34)$$

C 部分　静止模式

(C1) 总有水从水槽中溢出:

① 图 J9.1.4 所示为力矩 $\mu(\alpha)$ 在 $\alpha = \beta$ 附近的曲线形状。当 $\alpha > \beta$ 时,对应 $\mu < 0$,使得 α 减小。反之,当 $\alpha < \beta$ 时,对应 $\mu > 0$,使得 α 增大。因此,当杠杆位于 $\alpha = \beta$ 的平衡位置上时,该平衡是稳定平衡。

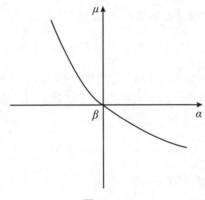

图 J9.1.4

② 如图 J9.1.2 所示,当杠杆的倾角为 α 时,在槽中的水的质量为

$$m = \frac{1}{2}\rho bh \overline{PQ} = \frac{1}{2}\rho bh (\overline{SQ} - \overline{SP}) = \frac{1}{2}\rho bh \left(\frac{h}{\tan\alpha} - \frac{h}{\tan 30°}\right) \quad (9.1.35)$$

当杠杆的倾角由 β 增大至 $\beta + \Delta\alpha$ 时,利用式(9.1.35),可得槽中所增加的水量为

$$\Delta m = -\frac{\rho bh^2}{2\sin^2\alpha}\Delta\alpha \approx -\frac{\rho bh^2}{2\sin^2\beta}\Delta\alpha \quad (9.1.36)$$

当杠杆的倾角为 β 时,作用于杠杆的合力矩为零;而当杠杆的倾角为 $\beta + \Delta\alpha$ 时,作用于杠杆上的总力矩 μ 为 Δm 的重力对转轴 T 所产生的力矩,即

$$\mu = (\Delta m)g \times \overline{TN} \times \cos(\beta + \Delta\alpha) \approx (\Delta m)g \times \overline{TN} \times \cos\beta \quad (9.1.37)$$

式中 $\overline{TN}$ 为杠杆在平衡位置时(倾角为 β)的值。利用式(9.1.13),得

$$\overline{TN} = \frac{Mg \times \overline{TG}}{m_1} = \frac{0.4713}{0.6050} \text{ m} = 0.779 \text{ m} \quad (9.1.38)$$

将式(9.1.36)和式(9.1.38)代入式(9.1.37),可得

$$\mu \approx \left(-\frac{\rho bh^2}{2\sin^2\beta}\Delta\alpha\right)g \times \overline{TN} \times \cos\beta$$

$$= \left(-\frac{1.0 \times 10^3 \times 0.15 \times 0.12^2}{2\sin^2 23.6°}\Delta\alpha\right) \times 9.8 \times 0.779 \times \cos 23.6° \text{ N} \cdot \text{m}$$

$$= -47\Delta\alpha \text{ N} \cdot \text{m} \qquad (9.1.39)$$

③ 杠杆的动力学方程为

$$\mu = I\frac{d^2\alpha}{dt^2} \Rightarrow -47\Delta\alpha = I\frac{d^2(\beta+\Delta\alpha)}{dt^2} \Rightarrow -47\Delta\alpha = I\frac{d^2(\Delta\alpha)}{dt^2} \quad (9.1.40)$$

式中 I 为杠杆和槽中的水相对于转轴 T 的总转动惯量。I 与杠杆的倾角有关，并非定值，因为槽中的水量和倾角 α 有关。若 $\Delta\alpha$ 很小，并假设槽中的水量和其形状保持不变，则 I 可视为近似定值。由(A3)小题的结果可知，当杠杆处于平衡状态时，槽中的水质量为 0.61 kg，$\overline{TN} = 0.779$ m。若考虑槽中的水可近似为一质点，由题意杠杆绕转轴 T 的转动惯量为 12 kg·m²，则

$$I \approx (12 + 0.61 \times 0.779^2) \text{ kg} \cdot \text{m}^2 = 12.4 \text{ kg} \cdot \text{m}^2 \qquad (9.1.41)$$

将式(9.1.41)代入式(9.1.40)，可得

$$\frac{d^2(\Delta\alpha)}{dt^2} + 3.8(\Delta\alpha) \approx 0 \qquad (9.1.42)$$

这是标准的简谐运动的动力学方程，其振动周期为

$$\tau = 2\pi\frac{1}{\sqrt{3.8}} \text{ s} \approx 3.2 \text{ s} \qquad (9.1.43)$$

(C2) 当水槽中处于满溢状态时，杠杆在其平衡位置($\alpha=\beta$)附近做简谐运动。假设杠杆的角振幅为 $\Delta\alpha_0$，且当 $t=0$ 时，$\Delta\alpha=0$，槽中的水满而溢出，使杠杆往 α 减小的方向运动，则由式(9.1.42)可知其运动方程为

$$\Delta\alpha = -\Delta\alpha_0 \sin\frac{2\pi t}{\tau} \qquad (9.1.44)$$

由此可得在 dt 时间内，杠杆倾角的变化量为

$$d(\Delta\alpha) = d\alpha = -\Delta\alpha_0 \frac{2\pi}{\tau}\cos\frac{2\pi t}{\tau}dt \qquad (9.1.45)$$

为使槽中的水能够溢出，利用式(9.1.36)和式(9.1.45)，可得在 dt 时间内必须流入水槽的水量的最小值为

$$dm = -\frac{\rho b h^2}{2\sin^2\beta}d\alpha$$

$$= -\frac{\rho b h^2}{2\sin^2\beta}\left(-\frac{2\pi\Delta\alpha_0}{\tau}\cos\frac{2\pi t}{\tau}dt\right)$$

$$= \frac{\pi\rho b h^2 \Delta\alpha_0}{\tau\sin^2\beta}\cos\frac{2\pi t}{\tau}dt \qquad (9.1.46)$$

当 $t=0$ 时，dm 有最大值 dm_0，即

$$dm_0 = \frac{\pi\rho b h^2 \Delta\alpha_0}{\tau\sin^2\beta}dt \qquad (9.1.47)$$

式(9.1.47)所对应的水的流量为

$$\Phi = \frac{dm_0}{dt} = \frac{\pi\rho b h^2 \Delta\alpha_0}{\tau\sin^2\beta} \qquad (9.1.48)$$

水槽满溢是维持杠杆做简谐运动的必要条件，因此若欲使杠杆进行振幅为 1°的简谐运动，则所需要流入水槽的水的流量必须满足

$$\Phi > \Phi_1 \qquad (9.1.49)$$

其中

$$\Phi_1 = \frac{\pi \rho b h^2}{\tau \sin^2 \beta} \frac{2\pi}{360}$$

$$= \frac{2\pi^2 \times 1.0 \times 10^3 \times 0.15 \times 0.12^2}{3.2 \times 360 \times \sin^2 23.6°} \text{ kg/s}$$

$$= 0.23 \text{ kg/s} \qquad (9.1.50)$$

(C3) 如果水的流量足够大,当杠杆从其平衡位置的倾角 $\beta = 23.6°$ 转至 $\alpha_1 = 20.6°$ 时,其水槽都一直保持在水满溢的状态,即这时槽中的水量必须达到 1.0 kg,杠杆做简谐运动的角振幅等于 $23.6° - 20.6° = 3°$,则要使舂米机无法做功,所需的最小的水的流量为

$$\Phi_2 = 3\Phi_1 = 3 \times 0.23 \text{ kg/s} = 0.69 \text{ kg/s} \qquad (9.1.51)$$

第 2 题 切连科夫辐射和环形图像计数器

A 部分

(A1) 如图 J9.2.1 所示,考虑一个包含粒子运动轨迹平面。当 $t = 0$ 时,粒子位于 A 点;当 $t = t_1$ 时,粒子到达 B 点;而 C 点为该粒子在某一时刻 $t(0 < t < t_1)$ 的位置。根据惠更斯原理,从 $t = 0$ 到 $t = t_1$ 的时间间隔内,由 A 点所发出的辐射波传播至半径为 $\overline{AD}$ 的圆周上;从 C 点所发出的辐射波则传播到半径为 $\overline{CE}$ 的圆周上。这些球形波的半径正比于其球心至 B 点的距离,即

$$\frac{\overline{AD}}{\overline{AB}} = \frac{\frac{c}{n}t_1}{vt_1} = \frac{\frac{c}{n}}{v} = \frac{1}{\beta n}, \quad \text{或} \quad \frac{\overline{CE}}{\overline{CB}} = \frac{\frac{c}{n}(t_1 - t)}{v(t_1 - t)} = \frac{\frac{c}{n}}{v} = \frac{1}{\beta n} \qquad (9.2.1)$$

因此,这些球形波的波前在包含粒子运动轨迹平面的交线为两条直线,即 BD 和 BD'。

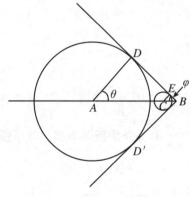

图 J9.2.1

(A2) 由 (A1) 小题,波前和粒子运动轨迹之间的夹角为

$$\sin\varphi = \frac{\overline{AD}}{\overline{AB}} = \frac{1}{\beta n} \quad \Rightarrow \quad \varphi = \arcsin\frac{1}{\beta n} \qquad (9.2.2)$$

B 部分

(B1) 因粒子束的辐射而形成的环形像的作图方法如下所述,所作图为图 J9.2.2。

取粒子运动轨迹和球面镜的光轴所构成的平面,图 J9.2.2 中的符号定义如下:

S:粒子束运动轨迹和球面镜的交点;

F:球面镜的焦点;

C:球面镜的球心;

IS:带电粒子的直线运动轨迹,该直线与球面镜光轴之间的夹角为 α。

作图方法:过 C 点作 IS 的平行线,交焦平面于 O 点。因 $\angle FCO = \alpha$,故 $\overline{FO} \approx f\alpha$。从 C 点开始,在直线 CO 的两侧,各作一条与 CO 夹角为 θ 的直线,这两条直线与焦平面分别交于 M 点和 N 点。在图 J9.2.2 所示的平面上,从粒子运动轨迹的各个位置所发出的切连科夫辐射经球面镜反射后,皆相交于 M 或 N 点。因 $\angle MCO = \angle OCN = \theta$,故 $\overline{MO} \approx f\theta$。

在三维空间中,切连科夫光会在焦平面上形成以 O 点为中心($\overline{FO} \approx f\alpha$),半径为 $\overline{MO} \approx f\theta$ 的环形像。

注意:在图 J9.2.2 中,除了以粗实线表示环形像外,其他所有的直线都在同一平面上。

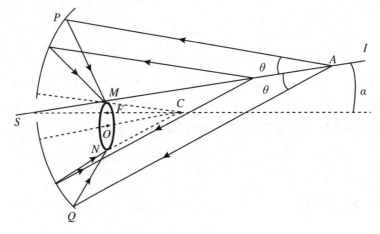

图 J9.2.2

C 部分

(C1)产生切连科夫辐射的条件为粒子的速率 $v > \dfrac{c}{n}$(或介质的折射率 $n > \dfrac{c}{v}$),故介质折射率的最小值必须为 $n_{\min} = \dfrac{c}{v}$。利用介质折射率和空气压强之间的关系

$$n = 1 + ap \tag{9.2.3}$$

可得

$$ap_{\min} = n_{\min} - 1 = \dfrac{c}{v} - 1 = \dfrac{1}{\beta} - 1 \tag{9.2.4}$$

定义参数 K 如下:

$$K = \dfrac{Mc^2}{pc} = \dfrac{Mc}{p} = \dfrac{Mc}{\dfrac{Mv}{\sqrt{1-\beta^2}}} = \dfrac{\sqrt{1-\beta^2}}{\beta} \Rightarrow \beta = \dfrac{1}{\sqrt{1+K^2}} \tag{9.2.5}$$

将题中所给数据代入式(9.2.5),可得质子、K 介子和 π 介子的参数 K 值分别为

$$K_{\text{p}} = \frac{0.94 \text{ GeV}}{10.0 \text{ GeV}} = 0.094$$

$$K_{\text{K}} = \frac{0.50 \text{ GeV}}{10.0 \text{ GeV}} = 0.050 \tag{9.2.6}$$

$$K_{\pi} = \frac{0.14 \text{ GeV}}{10.0 \text{ GeV}} = 0.014$$

由于这三种粒子的 $K^2 \ll 1$,故在下面的计算中,可以忽略 K^2 以上的高阶项。利用式(9.2.5),可得

$$\frac{1}{\beta} - 1 = \sqrt{1 + K^2} - 1 \approx \left(1 + \frac{1}{2}K^2\right) - 1 = \frac{1}{2}K^2 \tag{9.2.7}$$

将式(9.2.7)代入式(9.2.4),可得

$$p_{\min} = \frac{1}{a}\left(\frac{1}{\beta} - 1\right) \approx \frac{K^2}{2a} \tag{9.2.8}$$

利用式(9.2.8),可得每一种粒子能产生切连科夫辐射所需的最低气压分别为

质子:$p_{\text{p min}} = \frac{K_{\text{p}}^2}{2a} = \frac{0.094^2}{2 \times 2.7 \times 10^{-4}}$ atm $= 16$ atm

K 介子:$p_{\text{K min}} = \frac{K_{\text{K}}^2}{2a} = \frac{0.050^2}{2 \times 2.7 \times 10^{-4}}$ atm $= 4.6$ atm (9.2.9)

π 介子:$p_{\pi \min} = \frac{K_{\pi}^2}{2a} = \frac{0.014^2}{2 \times 2.7 \times 10^{-4}}$ atm $= 0.36$ atm

(C2) 由于环形像的直径对球面镜的球心所张开的角度为 2θ,若 K 介子所产生的环形像的半径恰好是 π 介子所产生的环形像的半径的一半,则

$$\theta_{\pi} = 2\theta_{\text{K}} \Rightarrow \cos\theta_{\pi} = \cos2\theta_{\text{K}} = 2\cos^2\theta_{\text{K}} - 1 \tag{9.2.10}$$

利用 $\cos\theta = \frac{1}{\beta n}$ 和式(9.2.7),可得

$$\frac{1}{n}\left(1 + \frac{1}{2}K_{\pi}^2\right) = \frac{2}{n^2}\left(1 + \frac{1}{2}K_{\text{K}}^2\right)^2 - 1$$

$$\Rightarrow \quad \frac{1}{n}\left(1 + \frac{1}{2}K_{\pi}^2\right) \approx \frac{2}{n^2}(1 + K_{\text{K}}^2) - 1$$

$$\Rightarrow \quad n^2 + \left(1 + \frac{1}{2}K_{\pi}^2\right)n - 2(1 + K_{\text{K}}^2) \approx 0 \tag{9.2.11}$$

因此可以解得

$$n \approx \frac{1}{2}\left[-\left(1 + \frac{1}{2}K_{\pi}^2\right) + \sqrt{\left(1 + \frac{1}{2}K_{\pi}^2\right)^2 + 8(1 + K_{\text{K}}^2)}\right]$$

$$\approx \frac{1}{2}\left[-\left(1 + \frac{1}{2}K_{\pi}^2\right) + \sqrt{(1 + K_{\pi}^2) + 8(1 + K_{\text{K}}^2)}\right]$$

$$= 1 + \frac{1}{6}(4K_{\text{K}}^2 - K_{\pi}^2) \tag{9.2.12}$$

故

$$n - 1 = \frac{1}{6}(4K_{\text{K}}^2 - K_{\pi}^2) \tag{9.2.13}$$

再利用介质折射率与空气压强之间的关系式,即式(9.2.3),可得

$$p_{1/2} = \frac{n-1}{a} \approx \frac{4K_K^2 - K_\pi^2}{6a}$$

$$= \frac{4 \times 0.050^2 - 0.014^2}{6 \times 2.7 \times 10^{-4}} \text{ atm}$$

$$= 6.1 \text{ atm} \tag{9.2.14}$$

利用式(9.2.7)和式(9.2.14)，可计算 K 介子和 π 介子所对应的 θ 角：

$$\theta = \arccos \frac{1}{\beta n} = \arccos \frac{1 + \frac{K^2}{2}}{1 + ap} \tag{9.2.15}$$

代入数据可得

$$\text{K 介子}: \theta_K = \arccos \frac{1 + \frac{0.050^2}{2}}{1 + 2.7 \times 10^{-4} \times 6.0} = 1.6° \tag{9.2.16}$$

$$\text{π 介子}: \theta_\pi = 2\theta_K = 3.2°$$

由于质子发出切连科夫辐射所需的最低气压为 16 atm，大于式(9.2.14)计算的 $p_{1/2}$，故在此空气压强下，不可能观察到质子所产生的环形像。

D 部分

(D1) 将 $\cos\theta = \frac{1}{\beta n}$ 两边先取对数，再取微分，可得

$$\ln(\cos\theta) = \ln \frac{1}{\beta n} \Rightarrow \frac{\sin\theta \Delta\theta}{\cos\theta} = \frac{\Delta\beta}{\beta} \tag{9.2.17}$$

由题意 θ 很小，故 $\sin\theta \approx \theta$，$\cos\theta \approx 1$，上式可写为

$$\theta \Delta\theta \approx \frac{\Delta\beta}{\beta} \tag{9.2.18}$$

将式(9.2.7)的两边先取对数后，再微分，可得

$$\ln\left(\frac{1}{\beta} - 1\right) \approx \ln\left(\frac{1}{2}K^2\right) = \ln\left[\frac{1}{2}\frac{(Mc)^2}{p^2}\right] \Rightarrow \frac{\Delta\beta}{\beta(1-\beta)} \approx \frac{2\Delta p}{p} \tag{9.2.19}$$

结合式(9.2.18)和式(9.2.19)，可得

$$\frac{\Delta\theta}{\Delta p} \approx \frac{2(1-\beta)}{\theta p} \tag{9.2.20}$$

利用式(9.2.5)，可得

$$1 - \beta = 1 - \frac{1}{\sqrt{1+K^2}} \approx 1 - \left(1 - \frac{1}{2}K^2\right) = \frac{1}{2}K^2 \tag{9.2.21}$$

将式(9.2.21)代入式(9.2.20)，可得

$$\frac{\Delta\theta}{\Delta p} \approx \frac{K^2}{\theta p} \tag{9.2.22}$$

就 K 介子而言，$K_K = 0.050$，$\theta_K = 1.6° = 0.028$ rad，$p = 10$ GeV/c，代入式(9.2.22)，可得

$$\frac{\Delta\theta_K}{\Delta p} \approx \frac{0.050^2}{0.028 \times 10} \frac{\text{rad}}{\text{GeV}/c} = 8.9 \times 10^{-3} \frac{\text{rad}}{\text{GeV}/c} = 0.51 \frac{1°}{\text{GeV}/c} \tag{9.2.23}$$

就 π 介子而言，$K_\pi = 0.014$，$\theta_\pi = 3.2° = 0.056\text{ rad}$，$p = 10\text{ GeV}/c$，代入式(9.2.22)，可得

$$\frac{\Delta\theta_\pi}{\Delta p} \approx \frac{0.014^2}{0.056 \times 10}\frac{\text{rad}}{\text{GeV}/c} = 3.5 \times 10^{-4}\frac{\text{rad}}{\text{GeV}/c} = 0.020\frac{1°}{\text{GeV}/c} \quad (9.2.24)$$

(D2) 两个环形像可分辨的条件为

$$\theta_\pi - \theta_K > 10\Delta\theta = 10(\Delta\theta_\pi + \Delta\theta_K) \quad (9.2.25)$$

即

$$\Delta\theta_\pi + \Delta\theta_K < 0.1(\theta_\pi - \theta_K) = 0.1 \times (3.2° - 1.6°) = 0.16°$$

$$\Rightarrow \frac{\Delta\theta_\pi + \Delta\theta_K}{\Delta p} < \frac{0.16°}{\Delta p}$$

$$\Rightarrow (0.51 + 0.020)\frac{1°}{\text{GeV}/c} < \frac{0.16°}{\Delta p}$$

$$\Rightarrow \Delta p < 0.30\text{ GeV}/c \quad (9.2.26)$$

E 部分

(E1) 粒子束能产生切连科夫辐射的最小速率为 $\frac{c}{n}$，即最小的 β 值为

$$\beta_{\min} = \frac{v_{\min}}{c} = \frac{1}{n} = \frac{3}{4} \quad (9.2.27)$$

根据相对论动力学，粒子的动能为

$$E_k = E - Mc^2 = \frac{Mc^2}{\sqrt{1-\beta^2}} - Mc^2 = Mc^2\left(\frac{1}{\sqrt{1-\beta^2}} - 1\right) \quad (9.2.28)$$

将式(9.2.27)代入式(9.2.28)，可得粒子动能的最小值为

$$E_{k\min} = Mc^2\left[\frac{1}{\sqrt{1-\left(\frac{3}{4}\right)^2}} - 1\right] = 0.51Mc^2 \quad (9.2.29)$$

(E2) 在式(9.2.29)中，分别代入 α 粒子的静止质量 $M_\alpha = 3.8\text{ GeV}/c^2$ 和 β 粒子的静止质量 $M_\beta = 0.51\text{ MeV}/c^2$，可得

$$\begin{aligned}\alpha\ \text{粒子}&: E_{k\min\alpha} = 0.51 \times 3.8\text{ GeV}/c^2 = 1.9\text{ GeV}/c^2 \\ \beta\ \text{粒子}&: E_{k\min\beta} = 0.51 \times 0.51\text{ MeV}/c^2 = 0.26\text{ MeV}/c^2\end{aligned} \quad (9.2.30)$$

已知切连科夫辐射源放出的粒子动能不会超过 MeV 数量级，因此切连科夫所观测到的水发光是由 β 粒子所造成的。

F 部分

(F1) 若粒子束的动量为单一值，则切连科夫辐射的 θ 角决定于介质的折射率，即

$$\cos\theta = \frac{1}{\beta n} \quad (9.2.31)$$

设 $\delta\theta$ 为对应的可见光谱两端波长($0.4\ \mu\text{m}$ 和 $0.8\ \mu\text{m}$)的 θ 角差值。按照题意，在此可见光的波长范围内，n 的递减总量为 $n-1$ 的 2%，即

$$\delta n = n_v - n_r = 0.02(n-1) \tag{9.2.32}$$

将式(9.2.31)的两边先取对数再微分，可得

$$\frac{\sin\theta \delta\theta}{\cos\theta} = \frac{\delta n}{n} \tag{9.2.33}$$

按照题意 π 介子的动量为 10 GeV/c，在 $p = 6$ atm 的空气中行进。从(C2)小题的结果可知 $\theta_\pi = 3.2°$，又利用介质折射率和空气压强之间的关系式，可得

$$n = 1 + ap = 1 + 2.7 \times 10^{-4} \times 6 = 1.00162 \tag{9.2.34}$$

由于 θ 很小，式(9.2.33)可近似为

$$\delta\theta \approx \frac{\delta n}{\partial n} \approx \frac{0.02 \times (1.00162 - 1)}{3.2 \times \frac{\pi}{180} \times 1.00162} \text{ rad} = 5.8 \times 10^{-4} \text{ rad} = 0.033° \tag{9.2.35}$$

(F2) 利用(F1)小题的结果，可得由于色散效应（因折射率改变）所造成的环形像的发散角，其半高宽的一半为

$$\frac{1}{2}\delta\theta = \frac{1}{2} \times 0.033° = 0.017° \tag{9.2.36}$$

利用(D1)小题的结果，可得由于色差效应（因动量变化）所造成的环形像的发散角，其半高宽的一半为

$$\frac{\Delta\theta_\pi}{\Delta p} \times \Delta p = 0.02 \frac{1°}{\text{GeV}/c} \times 0.3 \text{ GeV}/c = 0.006° \tag{9.2.37}$$

该值约为式(9.2.36)值的三分之一。

由上述计算结果和式(9.2.31)的结果可知，θ 角主要取决于光在传播介质中的折射率。在可见光中，红光的折射率最小，故所对应的 θ 角最小；若不计紫光，则蓝光的折射率最大，故对应的 θ 角最大。因此环状的像的内缘为红色，外缘为蓝色，居中部分则因各色光混合而成白色。

第 3 题 空气温度随海拔高度变化以及大气的稳定性和空气污染

A 部分 大气压强随海拔高度的变化

(A1) 考虑一小段空气柱的受力情况，设该段空气柱的截面积为 A，高度为 dz，顶部和底部的大气压强分别为 $p + dp$ 和 p，由受力平衡条件有

$$(p + dp)A - pA = \rho g A dz \Rightarrow dp = -\rho g dz \tag{9.3.1}$$

其中 ρ 为空气密度。由理想气体方程

$$pV = \nu RT = \frac{m}{\mu}RT \tag{9.3.2}$$

可得

$$\rho = \frac{m}{V} = \frac{\mu p}{RT} \tag{9.3.3}$$

将式(9.3.3)代入式(9.3.1),可得

$$\frac{\mathrm{d}p}{p} = -\frac{\mu g}{RT}\mathrm{d}z \tag{9.3.4}$$

若大气的温度分布是均匀的,均为 T_0,则由式(9.3.4)得

$$\frac{\mathrm{d}p}{p} = -\frac{\mu g}{RT_0}\mathrm{d}z \tag{9.3.5}$$

两边积分可得

$$\int_{p(0)}^{p} \frac{\mathrm{d}p}{p} = -\frac{\mu g}{RT_0}\int_{0}^{z}\mathrm{d}z \Rightarrow \ln\frac{p}{p(0)} = -\frac{\mu g}{RT_0}z \tag{9.3.6}$$

因此

$$p(z) = p(0)\exp\left(-\frac{\mu g}{RT_0}z\right) \tag{9.3.7}$$

（A2）若大气温度随着高度改变的关系为

$$T(z) = T(0) - \Lambda z \tag{9.3.8}$$

由式(9.3.5)可得

$$\frac{\mathrm{d}p}{p} = -\frac{\mu g}{R[T(0) - \Lambda z]}\mathrm{d}z \tag{9.3.9}$$

两边积分可得

$$\int_{p(0)}^{p} \frac{\mathrm{d}p}{p} = -\frac{\mu g}{R}\int_{0}^{z}\frac{\mathrm{d}z}{T(0) - \Lambda z} \Rightarrow \ln\frac{p}{p(0)} = \frac{\mu g}{R\Lambda}\ln\left[1 - \frac{\Lambda z}{T(0)}\right] \tag{9.3.10}$$

整理后可得

$$p(z) = p(0)\left[1 - \frac{\Lambda z}{T(0)}\right]^{\frac{\mu g}{R\Lambda}} \tag{9.3.11}$$

若空气密度随高度增加,则大气中将产生自由对流,即其条件为

$$\frac{\rho(z)}{\rho(0)} > 1 \tag{9.3.12}$$

利用式(9.3.3),可得

$$\frac{\rho(z)}{\rho(0)} = \frac{p(z)T(0)}{p(0)T(z)} = \frac{p(z)}{p(0)}\frac{T(0)}{T(0) - \Lambda z} \tag{9.3.13}$$

利用式(9.3.11),可得

$$\frac{\rho(z)}{\rho(0)} = \left[1 - \frac{\Lambda z}{T(0)}\right]^{\frac{\mu g}{R\Lambda}}\left[1 - \frac{\Lambda z}{T(0)}\right]^{-1} = \left[1 - \frac{\Lambda z}{T(0)}\right]^{\frac{\mu g}{R\Lambda} - 1} \tag{9.3.14}$$

欲使 $\frac{\rho(z)}{\rho(0)} > 1$,须 $\frac{\mu g}{R\Lambda} - 1 < 0$,即发生自由流动的条件为

$$\Lambda > \frac{\mu g}{R} = \frac{0.029 \times 9.81}{8.31}\ \mathrm{K/m} = 0.034\ \mathrm{K/m} \tag{9.3.15}$$

B 部分　气团在竖直运动中的温度变化

（B1）题中气团的竖直运动可视为准静态的绝热过程,且气团不大,气团的压强等于其周围的空气压强,而空气压强和所在高度有关。故气团的温度取决于其压强。

由于气团的温度 $T_{气团}$ 随高度而发生变化，故可写为

$$\frac{dT_{气团}}{dz} = \frac{dT_{气团}}{dp}\frac{dp}{dz} \tag{9.3.16}$$

式中 p 同时为气团及其周围空气的压强。

利用理想气体方程 $pV = \frac{m}{\mu}RT$ 和绝热过程方程 $pV^\gamma =$ 常数，可得

$$T_{气团} p^{\frac{1-\gamma}{\gamma}} = 常数 \tag{9.3.17}$$

式中 $\gamma = \frac{c_p}{c_V}$。将式(9.3.17)两边先取对数，再微分，可得

$$\frac{dT_{气团}}{T_{气团}} + \frac{1-\gamma}{\gamma}\frac{dp}{p} = 0 \Rightarrow \frac{dT_{气团}}{dp} = \frac{\gamma-1}{\gamma}\frac{T_{气团}}{p} \tag{9.3.18}$$

由式(9.3.1)可得

$$\frac{dp}{dz} = -\rho g = -\frac{\mu p g}{RT} \tag{9.3.19}$$

其中 T 为气团周围空气的温度。

将式(9.3.18)和式(9.3.19)代入式(9.3.16)，可得

$$\frac{dT_{气团}}{dz} = \frac{\gamma-1}{\gamma}\frac{T_{气团}}{p}\left(-\frac{\mu p g}{RT}\right) = -\frac{\gamma-1}{\gamma}\frac{\mu g}{R}\frac{T_{气团}}{T} = -G$$

$$\Rightarrow G(T, T_{气团}) = \frac{\gamma-1}{\gamma}\frac{\mu g}{R}\frac{T_{气团}}{T} \tag{9.3.20}$$

一般而言，G 不是一个常数。

(B2) 考虑一种特殊的大气情况：在任一高度 z 处的大气温度 $T(z)$ 都与该处的气团的温度 $T_{气团}(z)$ 相等，即 $T(z) = T_{气团}(z)$。

按照定义，当 $T = T_{气团}$ 时，$\Gamma = -\frac{dT_{气团}}{dz}$。由式(9.3.20)可得

$$\Gamma = \frac{\gamma-1}{\gamma}\frac{\mu g}{R} = \frac{\frac{c_p}{c_V}-1}{\frac{c_p}{c_V}}\frac{\mu g}{R} = \frac{c_p-c_V}{c_p}\frac{\mu g}{R} = \frac{R}{c_p}\frac{\mu g}{R} = \frac{\mu g}{c_p} = 常数 \tag{9.3.21}$$

将空气的绝热指数 $\gamma = \frac{c_p}{c_V} = \frac{7}{5} = 1.4$ 代入式(9.3.21)，可得

$$\Gamma = \frac{1.4-1}{1.4}\frac{0.029 \times 9.81}{8.31} \text{ K/m}$$

$$= 9.8 \times 10^{-3} \text{ K/m}$$

$$\approx 1.0 \times 10^{-2} \text{ K/m} \tag{9.3.22}$$

由上述可知 Γ 为常数，$\Gamma = -\frac{dT_{气团}}{dz}(T = T_{气团})$，积分后可得大气温度 $T(z)$ 的函数关系式为

$$T(z) = T(0) - \Gamma z \tag{9.3.23}$$

(B3) 若大气温度与高度的关系式为 $T(z) = T(0) - \Lambda z$，代入式(9.3.20)，可得

$$\frac{dT_{气团}}{dz} = -\frac{\gamma-1}{\gamma}\frac{\mu g}{R}\frac{T_{气团}}{T(0)-\Lambda z}$$

$$\Rightarrow \frac{dT_{气团}}{T_{气团}} = -\frac{\gamma-1}{\gamma}\frac{\mu g}{R}\frac{dz}{T(0)-\Lambda z}$$

$$\Rightarrow \int_{T_0}^{T}\frac{dT_{气团}}{T_{气团}} = -\frac{\gamma-1}{\gamma}\frac{\mu g}{R}\int_0^z \frac{dz}{T(0)-\Lambda z}$$

$$\Rightarrow \ln\frac{T_{气团}(z)}{T_{气团}(0)} = -\frac{\gamma-1}{\gamma}\frac{\mu g}{R}\left(-\frac{1}{\Lambda}\right)\ln\frac{T(0)-\Lambda z}{T(0)} \quad (9.3.24)$$

因此有

$$T_{气团}(z) = T_{气团}(0)\left[1-\frac{\Lambda z}{T(0)}\right]^{\frac{\Gamma}{\Lambda}} \quad (9.3.25)$$

(B4) 若 $\Lambda z \ll T(0)$，且 $T(0) \approx T_{气团}(0)$，设 $x = -\frac{T(0)}{\Lambda z}$，则式(9.3.25)可改写为

$$T_{气团}(z) = T_{气团}(0)\left[\left(1+\frac{1}{x}\right)^x\right]^{-\frac{\Gamma z}{T(0)}}$$

$$\approx T_{气团}(0)e^{-\frac{\Gamma z}{T(0)}}$$

$$\approx T_{气团}(0)\left[1-\frac{\Gamma z}{T(0)}\right]$$

$$\approx T_{气团}(0) - \Gamma z \quad (9.3.26)$$

因此有

$$T_{气团}(z) \approx T_{气团}(0) - \Gamma z \quad (9.3.27)$$

C 部分 大气的稳定性

(C1) 若气团在高度 z_0 处，起始时与其周围的空气处于平衡状态，即该气团和周围的空气温度相同，$T_{气团}(z_0) = T(z_0)$。设该气团的密度为 ρ，其周围空气的密度为 ρ'，由于两者温度相同，故 $\rho = \rho'$。因此该气团所受来自周围空气的浮力恰好为其本身的重力，其合力为零。

气团温度和高度之间的函数关系式由式(9.3.20)给出。在 $z = z_0$ 附近，因气团温度近似等于周围空气温度，故我们可视 G 值近似等于 Γ 值。取 $z = z_0$ 作为高度的新原点，改写式(9.3.27)，可得气团温度和高度之间的函数关系式为

$$T_{气团}(z) \approx T_{气团}(z_0) - \Gamma(z-z_0) \quad (9.3.28)$$

同样以 $z = z_0$ 作为高度的新原点，大气温度和高度之间的函数关系式可写为

$$T(z) = T(z_0) - \Lambda(z-z_0) \quad (9.3.29)$$

现在考虑气团在平衡状态时($z = z_0$)的稳定性。假设该气团沿 z 轴方向上移动一个微小的距离 d，则式(9.3.28)和式(9.3.29)可分别写为

气团温度：

$$T_{气团}(z_0+d) \approx T_{气团}(z_0) - \Gamma d \quad (9.3.30)$$

大气温度：

$$T(z_0 + d) = T(z_0) - \Lambda d \tag{9.3.31}$$

下面分三种情况讨论:

(1) 若大气在竖直方向的温度递减率 $\Lambda > \Gamma$,则

$$T_{\text{气团}}(z_0 + d) > T(z_0 + d) \Rightarrow \rho(z_0 + d) < \rho'(z_0 + d) \tag{9.3.32}$$

结果是气团所受的浮力大于其本身的重力,因此产生的合力将使该气团往上升,偏离原来的平衡位置。

反之,假设气团沿 z 轴方向向下移动一个小距离 d(d 取正值),则

$$T_{\text{气团}}(z_0 - d) < T(z_0 - d) \Rightarrow \rho(z_0 - d) > \rho'(z_0 - d) \tag{9.3.33}$$

结果是气团所受的浮力小于其本身的重力,因此产生的合力将使该气团往下降,偏离原来的平衡位置。

由上述可知:在 $\Lambda > \Gamma$ 的情况下,大气的平衡状态是不稳定的。

(2) 若大气在竖直方向的温度递减率 $\Lambda < \Gamma$,则

$$T_{\text{气团}}(z_0 + d) < T(z_0 + d) \Rightarrow \rho(z_0 + d) > \rho'(z_0 + d) \tag{9.3.34}$$

结果是气团所受的浮力小于其本身的重力,因此产生的合力将使该气团往下拉回,返回到原来的平衡位置。

反之,假设气团沿 z 轴方向向下移动一个小距离 d(d 取正值),则

$$T_{\text{气团}}(z_0 - d) > T(z_0 - d) \Rightarrow \rho(z_0 - d) < \rho'(z_0 - d) \tag{9.3.35}$$

结果是气团所受的浮力大于其本身的重力,因此产生的合力将使该气团往上升,返回到原来的平衡位置。

由上述可知:在 $\Lambda < \Gamma$ 的情况下,大气的平衡状态是稳定的。

(3) 若大气在竖直方向的温度递减率 $\Lambda = \Gamma$,则

$$T_{\text{气团}}(z) = T(z) \Rightarrow \rho(z) = \rho'(z) \tag{9.3.36}$$

结果是在任何高度,气团所受的浮力都等于其本身的重力,合外力为零,因此气团可以保持平衡。在此情况下,气团处于随遇平衡状态,因此大气的平衡状态是中性的。

(C2) 若大气是稳定的,则 $\Lambda < \Gamma$。一个在地面上的气团,如果它的温度高于周围的空气温度,即 $T_{\text{气团}}(0) > T(0)$,则气团所受的浮力大于其本身的重力,该气团将会上升,直至 $T_{\text{气团}}(h) = T(h)$,式中 h 即为气团能上升的最大高度。利用式(9.3.25),可得

$$\left[1 - \frac{\Lambda h}{T(0)}\right]^{\frac{\Gamma}{\Lambda}} = \frac{T(h)}{T_{\text{气团}}(0)} = \frac{T(0) - \Lambda h}{T_{\text{气团}}(0)} = \frac{T(0)}{T_{\text{气团}}(0)}\left[1 - \frac{\Lambda h}{T(0)}\right]$$

$$\Rightarrow \left[1 - \frac{\Lambda h}{T(0)}\right]^{\frac{\Gamma}{\Lambda} - 1} = \frac{T(0)}{T_{\text{气团}}(0)}$$

$$\Rightarrow 1 - \frac{\Lambda h}{T(0)} = \left[\frac{T(0)}{T_{\text{气团}}(0)}\right]^{\frac{\Lambda}{\Gamma - \Lambda}}$$

$$\Rightarrow h = \frac{T(0)}{\Lambda}\left\{1 - \left[\frac{T(0)}{T_{\text{气团}}(0)}\right]^{\frac{\Lambda}{\Gamma - \Lambda}}\right\} \tag{9.3.37}$$

D 部分　混合高度

(D1) 图 J9.3.1 为根据表 T9.3.1 所给数据而作的图。

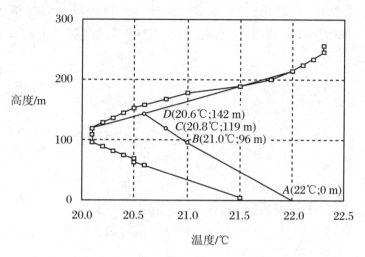

图 J9.3.1

由图可以看出,将高度在 215 m 以下的大气分为三层来讨论:

(1) $0\ \text{m} < z < 96\ \text{m}$,$\Lambda_1 = -\dfrac{\Delta T}{\Delta z} = -\dfrac{21.5 - 20.1}{5 - 96}\ \text{K/m} = 1.54 \times 10^{-2}\ \text{K/m}$;

(2) $96\ \text{m} < z < 119\ \text{m}$,$\Lambda_2 = -\dfrac{\Delta T}{\Delta z} = -\dfrac{20.1 - 20.1}{119 - 96}\ \text{K/m} = 0\ \text{K/m}$,同温层;

(3) $119\ \text{m} < z < 215\ \text{m}$,$\Lambda_3 = -\dfrac{\Delta T}{\Delta z} = -\dfrac{22.0 - 20.1}{215 - 119}\ \text{K/m} = -1.98 \times 10^{-2}\ \text{K/m}$。

在第(1)层大气中,可利用式(9.3.25)来计算气团的温度:

$$T_{\text{气团}}(96\ \text{m}) = T_{\text{气团}}(0)\left[1 - \dfrac{\Lambda_1 z}{T(0)}\right]^{\frac{\Gamma}{\Lambda_1}}$$

$$= 295 \times \left(1 - \dfrac{1.54 \times 10^{-2} \times 96}{294.5}\right)^{\frac{9.8 \times 10^{-3}}{1.54 \times 10^{-2}}}$$

$$= 294.1\ \text{K} = 21.1\ ℃ \tag{9.3.38}$$

在第(2)层大气中,由于是同温层,可利用式(9.3.20)来计算气团的温度。取 $z = 96\ \text{m}$ 作为高度的新原点,并利用式(9.3.21),式(9.3.20)可写为

$$\dfrac{\text{d}T_{\text{气团}}}{\text{d}z} = -\dfrac{\Gamma T_{\text{气团}}}{T(96\ \text{m})} \quad \Rightarrow \quad \dfrac{\text{d}T_{\text{气团}}}{T_{\text{气团}}} = -\dfrac{\Gamma \text{d}z}{T(96\ \text{m})} \tag{9.3.39}$$

式中 $T(96\ \text{m})$ 为 $z = 96\ \text{m}$ 处的大气温度。将式(9.3.39)积分后可得

$$T_{\text{气团}}(z) = T_{\text{气团}}(96\ \text{m})\exp\left[-\dfrac{\Gamma z}{T(96\ \text{m})}\right] \tag{9.3.40}$$

式中 $T_{\text{气团}}(96\ \text{m})$ 是气团在 $z = 96\ \text{m}$ 处的温度。利用式(9.3.40),可得气团在 $z = 119\ \text{m}$ 处的温度为

$$T_{\text{气团}}(119\ \text{m}) = 294.1 \times \exp\left[-\dfrac{9.8 \times 10^{-3} \times (119 - 96)}{293.1}\right]\ \text{K}$$

$$= 293.9 \text{ K}$$
$$= 20.9 \text{ °C} \tag{9.3.41}$$

(D2) 方法一

在第(3)层大气中,可利用式(9.3.37)来计算气团可以达到的最大高度 H。取 $z = 119 \text{ m}$ 作为高度的新原点,设 h 为气团在这层大气中能上升的最大高度,则式(9.3.37)可写为

$$h = \frac{T(119 \text{ m})}{\Lambda_3} \left\{ 1 - \left[\frac{T(119 \text{ m})}{T_{气团}(119 \text{ m})} \right]^{\frac{\Lambda_3}{\Gamma - \Lambda_3}} \right\}$$

$$= \frac{293.1}{-1.98 \times 10^{-2}} \left[1 - \left(\frac{293.1}{293.9} \right)^{\frac{-1.98 \times 10^{-2}}{9.8 \times 10^{-3} + 1.98 \times 10^{-2}}} \right] \text{ m}$$

$$= 27.0 \text{ m} \tag{9.3.42}$$

从地面算起气团所能上升的最大高度,即混合高度 H,为

$$H = h + 119 \text{ m} = 146 \text{ m} \tag{9.3.43}$$

在最大高度 H 处的气团和大气温度为

$$T_{气团}(H) = T(H) = T(119 \text{ m}) - \Lambda_3 h$$
$$= [293.1 - (-1.98 \times 10^{-2}) \times 27.0] \text{ K}$$
$$= 293.6 \text{ K} = 20.6 \text{ °C} \tag{9.3.44}$$

方法二

气团上升的最大高度的近似解法如下:

由于在第(1)层至第(3)层的大气中,$\Delta z \ll T(0)$,因此气团的温度可利用式(9.3.27)近似求解:

$$T_{气团}(96 \text{ m}) \approx (295 - 0.01 \times 96) \text{ K} = 294.04 \text{ K}$$
$$T_{气团}(119 \text{ m}) \approx (295 - 0.01 \times 119) \text{ K} = 293.80 \text{ K} \tag{9.3.45}$$

在 $z = 119 \text{ m}$ 处的大气温度 $T(119 \text{ m}) = (273 + 20.1) \text{ K} = 293.1 \text{ K}$。在第(3)层大气中,在起点处的气团和大气的温差为 $T_{气团}(119 \text{ m}) - T(119 \text{ m}) = 0.7 \text{ K}$。气团在该层大气中上升到最高点时,气团和大气的温度相等,即

$$T_{气团}(H) = T(H)$$
$$\Rightarrow T_{气团}(119 \text{ m}) - \Gamma H = T(119 \text{ m}) - \Lambda_3 H$$
$$\Rightarrow H = \frac{T_{气团}(119 \text{ m}) - T(119 \text{ m})}{\Gamma - \Lambda_3} = \frac{0.7}{0.01 - (-0.02)} \text{ m} = 23 \text{ m} \tag{9.3.46}$$

气团在最大高度时的温度为

$$T_{气团}(H) = T(119 \text{ m}) - \Lambda_3 H$$
$$= [293.1 - (-0.02) \times 23] \text{ K}$$
$$= 293.6 \text{ K}$$
$$= 20.6 \text{ °C} \tag{9.3.47}$$

E部分　河内交通早高峰时段摩托车产生CO污染的估计

（E1）考虑河内市区上空的大气层为高度为 H，两底边长分别为 L 和 W 的长方体。在早晨7时至8时，路上机动车排放一氧化碳的速率为

$$M = \frac{8\times 10^5 \times 5 \times 12}{3600} \text{ g/s} = 1.33\times 10^4 \text{ g/s} \tag{9.3.48}$$

按照题意，在整个市区上空的长方体区域内，一氧化碳浓度 $C(t)$ 均匀分布。在 dt 时间内，由摩托车排放的一氧化碳使得该区域内增加 Mdt，而沿着平行于长方体短边 W 方向吹来的风则带走 $LHC(t)udt$，因此该区域内的一氧化碳的净增加量为

$$LWHdC(t) = Mdt - LHC(t)udt \tag{9.3.49}$$

整理可得

$$\frac{dC(t)}{dt} + \frac{u}{W}C(t) = \frac{M}{LWH} \tag{9.3.50}$$

（E2）微分方程（9.3.50）的一般解为

$$C(t) = K\exp\left(-\frac{ut}{W}\right) + \frac{M}{LHu} \tag{9.3.51}$$

代入初始条件 $C(0) = 0$，可得

$$K = -\frac{M}{LHu} \tag{9.3.52}$$

即

$$C(t) = \frac{M}{LHu} - \frac{M}{LHu}\exp\left(-\frac{ut}{W}\right) \tag{9.3.53}$$

（E3）取早晨7时作为时间原点，则在早晨8时的一氧化碳浓度为

$$\begin{aligned}C(3600 \text{ s}) &= \frac{1.33\times 10^4}{15\times 10^3 \times 146 \times 1}\left[1 - \exp\left(-\frac{1\times 3600}{8\times 10^3}\right)\right] \text{ g/m}^3 \\ &= 2.2\times 10^{-3} \text{ g/m}^3 \end{aligned} \tag{9.3.54}$$

第40届国际物理奥林匹克竞赛理论试题[①]

第1题 地月系统的演化

引言

1969 年，登月宇航员在月球表面放置了一个特别的反射镜，通过测量一束从地球上发射的激光到达月球上的反射镜并返回所需的时间就可以极其精确地测量地月距离，如图 T10.1.1 所示。

图 T10.1.1 一束从天文台发出的用于精确测量地月距离的激光

通过上述方法，科学家们直接测得月亮正在缓慢地远离地球，即地月距离在随时间缓慢增加。如图 T10.1.2 所示，这是由于潮汐引起的扭矩使得地球不断地将角动量传给月球。

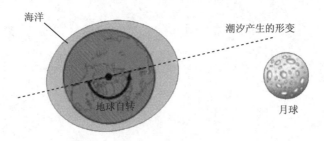

图 T10.1.2

月球的引力会造成地球发生潮汐形变形成"膨凸"。由于地球的自转，贯穿膨凸的连线与地月间的连线并不共线。这种偏离会产生一个扭矩，此扭矩会将地球的自转角动量转移给月球的公转角动量。图未按比例绘制。

本题中所有数值结果要求保留两位有效数字。

[①] 第40届国际物理奥林匹克竞赛于2009年7月12日至7月19日在墨西哥梅里达举行。68个国家和地区派出代表队参加了本届竞赛。

A 部分　角动量守恒

用 L_1 表示地月系统的当前总角动量,并作如下假定:

① L_1 仅是地球绕其自转轴自转的角动量和月球绕地球公转的角动量之和。

② 月球轨道视为圆,且月球可视为质点。

③ 地球自转轴与月球公转轴平行。

④ 为计算简单起见,认为月球是绕地球球心公转,而不是绕系统的质心公转。本题中所用到的所有转动惯量、扭矩和角动量都是相对于地球自转轴而言的。

⑤ 忽略太阳的影响。

(A1) 求地月系统当前总角动量 L_1。用地球的转动惯量 I_E,地球当前的自转角速度 ω_{E1},月球相对于地球自转轴的当前转动惯量 I_{M1} 及月球当前的公转角速度 ω_{M1} 表示。

地月系统当前总角动量的转移过程将在地球自转周期与月球公转周期相等时结束。此时,月球引起的潮汐膨凸将处于月球与地球的中心连线上,因此,扭矩将消失。

(A2) 求地月系统终态总角动量 L_2。作与(A1)小题中相同的假定,用地球的转动惯量 I_E,地球终态的自转角速度(也就是月球的公转角速度) ω_2 以及月球的终态转动惯量 I_{M2} 表示。

(A3) 在本小题中,忽略地球自转对终态总角动量的贡献,写出表示地月系统角动量守恒的方程。

B 部分　地月系统的终态距离与终态角速度

假定月球绕地球地公转轨道是圆,并忽略地球自转对终态角动量的贡献。

(B1) 对月球绕地球的圆形轨道,求终态时地球对月球的引力表达式,用 ω_2,地球质量 M_E,万有引力常量 G 和地月间的终态距离 D_2 表示。

(B2) 求地月终态距离 D_2,用系统当前总角动量 L_1,地球质量 M_E,月球质量 M_M 和万有引力常量 G 表示。

(B3) 求关于地月系统终态角速度 ω_2 的方程,用系统当前总角动量 L_1,地球质量 M_E,月球质量 M_M 和万有引力常量 G 表示。

下面,你将要求解 D_2 和 ω_2 的数值。为此,你首先需要知道地球的转动惯量。假定地球为球形,当半径小于 r_i 时密度为 ρ_i,半径在 r_i 与最外层半径 r_o 之间时密度为 ρ_o,如图 T10.1.3 所示。

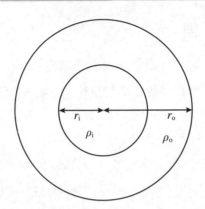

图 T10.1.3 将地球视为 ρ_i 和 ρ_o 两种密度构成的球

（B4）求地球转动惯量 I_E 的表达式。

（B5）估算地球的转动惯量 I_E 的值，其中 $\rho_i = 1.3 \times 10^4$ kg/m³，$r_i = 3.5 \times 10^6$ m，$\rho_o = 4.0 \times 10^3$ kg/m³，$r_o = 6.4 \times 10^6$ m。

地球质量为 $M_E = 6.0 \times 10^{24}$ kg，月球质量为 $M_M = 7.3 \times 10^{22}$ kg。当前地月间距为 $D_1 = 3.8 \times 10^8$ m。当前地球自转角速度 $\omega_{E1} = 7.3 \times 10^{-5}$ rad/s，月球绕地球的公转角速度 $\omega_{M1} = 2.7 \times 10^{-6}$ rad/s，万有引力常量 $G = 6.7 \times 10^{-11}$ m³/(kg·s²)。

（B6）估算系统当前角动量 L_1 的数值。

（B7）求地月终态距离 D_2 的值，分别以 m 和当前距离 D_1 为单位表示。

（B8）求终态角速度 ω_2 的值。以 rad/s 为单位。求终态地球上一天的时长，以当前地球上一天的时长为单位。

由于地球自转的终态角动量和月球公转的终态角动量的比值是小量，因此验证地球自转角动量对总角动量的贡献可忽略的假定是合理的。

（B9）给出地球自转的终态角动量和月球公转的终态角动量的比值。

C 部分　月球每年退行距离

现在你要给出月球相对地球每年退行的距离，为此你需要知道现在作用在月球上的力矩。如图 T10.1.4 所示，假定潮汐膨凸可以用位于地球表面的质量均为 m 的两个质点近似表示。令两个膨凸质点间连线与地月中心连线间的夹角为 θ。

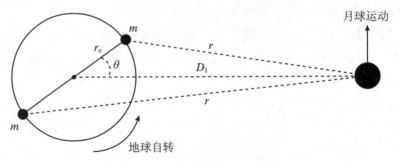

图 T10.1.4　估计地球上的膨凸作用在月球上的转矩的示意图

此图未按比例绘制。

(C1) 求最靠近月球的质点作用在月球上的力 F_c 的大小。

(C2) 求最远离月球的质点作用在月球上的力 F_f 的大小。

你现在可以估计这些质点产生的扭矩。

(C3) 求最靠近月球的质点作用在月球上的力矩 τ_c 的大小。

(C4) 求最远离月球的质点作用在月球上的力矩 τ_f 的大小。

(C5) 求这对质点作用在月球上的总力矩 τ 的大小。当 $x \ll 1$ 时，$(1+x)^a \approx 1 + ax$。

(C6) 若 $\theta = 3°$，$m = 3.6 \times 10^{16}$ kg（注意此质量仅为地球质量的 10^{-8}），计算总力矩的数值。

因为力矩是角动量对时间的变化率，因此可以求出当前地月距离每年的增加量。

(C7) 求当前地月距离每年的增加量，用 M_M，M_E，D_1 和 G 表示月球的角动量。

(C8) 求地球自转角速度 ω_{E1} 每年的减少量，并由此估计地球每年日长增加多少。

D 部分　能量到哪里去了

地月系统的总角动量虽然是守恒的，但系统的总能量（包括动能和引力势能）并不守恒。

(D1) 写出地月系统的总能量 E（包括动能和引力势能）的表达式，用 I_E，ω_{E1}，M_M，M_E，D_1 和 G 表示。

(D2) 写出地月系统的总能量 E 的变化量 ΔE 与 D_1 的变化量和 ω_{E1} 的变化量间的函数表达式。计算一年的 ΔE 的值，D_1 的变化量和 ω_{E1} 的变化量分别采用(C7)小题和(C8)小题中得到的结果。

这一能量损失与月球引起地球潮汐的热损耗能所估计的结果是一致的。假定潮汐使地球任何地方的水面平均升高 0.5 m，地球表面深度 $h = 0.5$ m 的水层参与潮汐（为简单起见，假定地球的整个表面都覆盖满水）。潮汐每天发生两次，并进一步假定由于水的黏性，10% 的重力势能在水的下降过程中耗散为热。水的密度为 $\rho_w = 10^3$ kg/m³，地球表面附近的重力加速度为 $g = 9.8$ m/s²。

(D3) 求地球表面水层的质量。

(D4) 求一年中耗散的能量。此能量与地月系统每年的能量损失相比如何？

第 2 题　多普勒激光冷却与光频饴

引言

本题的目的是通过简单的理论来理解激光冷却和光频饴现象。该现象是指一束中性原子被相向传播的同频率激光冷却，以碱金属最为典型。1997 年，朱棣文、菲利普斯和库恩·坦努吉因此项工作获得诺贝尔物理学奖。

图 10.2.1 展示的是捕捉在三个正交的相向传播的激光束的交叉点的钠原子（中心亮点）。由于耗散性的光学力与在蜂蜜中运动的物体所受的黏性阻力类似，捕捉区域被称为"光频饴"。本题主要研究一个光子入射到一个原子时的相互作用和一维的耗散机制。

图 T10.2.1　捕捉在三个正交的相向传播的激光束的交叉点的钠原子

A 部分　激光冷却的基础

为简单起见,我们考虑一维情况,质量为 m 的原子以速度 v 沿 $+x$ 方向运动,如图 T10.2.2 所示。此原子内部有两个能级,低能级称为基态,能量取为零;高能级称为激发态,能量记为 $\hbar\omega_0$,其中 $\hbar = h/(2\pi)$。原子最初处于基态。实验室参考系中角频率为 ω_L 的一束激光沿 $-x$ 方向照射到前述原子上。按照量子力学的观点,该激光由大量的能量为 $\hbar\omega_L$,动量为 $-\hbar q$ 的光子组成,该光波的波矢大小为 $q = \dfrac{2\pi}{\lambda}$。原子可以吸收一个光子后又自发地发射一个光子,发射的光子沿 $+x$ 方向和 $-x$ 方向的概率均为 $\dfrac{1}{2}$。因为原子的运动速率远小于光速,即 $\dfrac{v}{c} \ll 1$,再考虑到 $\dfrac{\hbar q}{mv} \ll 1$,即单个光子的动量远小于原子的动量,结果只需保留到 $\dfrac{v}{c}$ 和 $\dfrac{\hbar q}{mv}$ 的一次项。

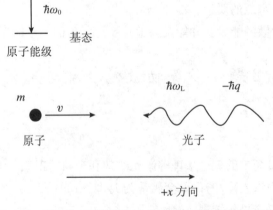

图 T10.2.2　质量为 m,速度为 v,沿 $+x$ 方向运动原子与能量为 $\hbar\omega_L$,动量为 $-\hbar q$ 的光子碰撞的示意图
原子内部有两个能级差为 $\hbar\omega_0$ 的能级。

假定激光的频率被调到某个特定频率 ω_L，在原子参考系中，该频率的激光正好能与原子的两个内部能级间发生跃迁共振。回答下列问题：

（A1）写出光子共振吸收的条件；写出吸收光子后实验室参考系中原子动量 p_{at} 和原子总能量 ε_{at} 的表达式。

在某些时候，吸收上述光子后，原子会沿 $-x$ 方向发射一个光子。

（A2）写出实验室参考系中观察到的沿 $-x$ 方向发射的光子的能量 ε_{ph} 和动量 p_{ph}。写出沿 $-x$ 方向发射一个光子后，实验室参考系中观察到的原子的动量 p_{at} 和总能量 ε_{at}。

在某些时候，吸收上述光子后，原子会沿 $+x$ 方向发射一个光子。

（A3）写出实验室参考系中观测到沿 $+x$ 方向发射的光子的能量 ε_{ph} 和动量 p_{ph}。写出沿 $+x$ 方向发射一个光子后，实验室参考系中观察到的原子的动量 p_{at} 和总能量 ε_{at}。

吸收后的平均发射是指沿 $-x$ 方向和 $+x$ 方向发射一个光子的概率相等。基于此回答下列问题。

（A4）写出所发射光子的平均能量 $\bar{\varepsilon}_{ph}$ 和平均动量 $\bar{p}_{ph}$。写出发射光子后原子的平均总能量 $\bar{\varepsilon}_{at}$ 和平均动量 $\bar{p}_{at}$。

如上所述，对一个完整的单光子吸收-发射过程，在激光辐射和原子间存在一个净的平均动量和能量转移。

（A5）写出经历一个完整的单光子吸收-发射过程后，原子的能量平均变化量 $\Delta\varepsilon$ 和动量平均变化量 Δp。

现在考虑一束角频率为 ω'_L 的激光沿 $+x$ 方向照射到原子上，而原子也以速度 v 沿 $+x$ 方向运动。假定在原子参考系中，激光的频率与原子内部能级间跃迁的共振频率的关系依然满足。

（A6）写出经历一个完整的单光子吸收-发射过程后，原子的能量平均变化量 $\Delta\varepsilon$ 和动量平均变化量 Δp。

B 部分　耗散与光频饴的基础

然而，量子过程中总存在着不确定性。因此，由原子在吸收一个光子后的有限时间内会发射一个光子可以推断，前面讨论的共振条件不一定要严格满足，即激光束的频率 ω_L 和 ω'_L 为任意值时吸收-发射过程依然能够发生。当然，这些过程发生的概率会不同。显然，当共振条件得到严格满足时发生的概率最大。平均而言，从吸收光子到发射光子经历的时间被称为原子的激发能级寿命，用 Γ^{-1} 表示。

考虑 N 个相对实验室参考系静止的原子的集合，现有频率为 ω_L 的激光束照射到原子上。原子不断地吸收和发射光子，平均而言，有 N_{exc} 个原子处于激发态，就有 $N - N_{exc}$ 个原子处于基态。经过量子力学计算可以得到下列结果：

$$N_{exc} = N \frac{\Omega_R^2}{(\omega_0 - \omega_L)^2 + \frac{\Gamma^2}{4} + 2\Omega_R^2}$$

其中 ω_0 是原子跃迁的共振角频率，Ω_R 是所谓的拉比频率，Ω_R^2 正比于激光束的强度。正如前面所提到的，即使激光角频率 ω_L 与原子的共振角频率 ω_0 不等，N_{exc} 也不为零。结果的另一种表达方式是：单位时间内发生吸收-发射过程的数目为 $N_{exc}\Gamma$。

考虑图 T10.2.3 所描述的物理情形，两束角频率相等但角频率 ω_L 任意的相向传播激光照射到包含 N 个原子，速度 v 沿 $+x$ 方向运动的原子气上。

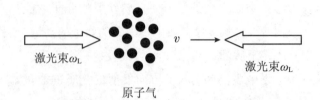

图 T10.2.3 两束角频率相同但角频率 ω_L 任意的相向传播激光照射到包含 N 个原子，以速度 v 沿 $+x$ 方向运动的原子气上

(B1) 按照目前为止得到的知识，给出激光作用在原子束上的力。假定 $mv \gg \hbar q$。

低速极限：现在假定原子的速度足够小，使得你可以将力的表达式展开到 v 的一阶项。

(B2) 在低速极限下，给出(B1)小题中力的表达式。

利用此结果，你可以给出利用激光辐射使原子加速，减速和根本不对原子产生影响的条件。

(B3) 写出得到一个正作用力（使原子加速）的条件；写出作用力为零的条件；写出得到一个负作用力（使原子减速）的条件。考虑原子以速度 $-v$（沿 $-x$ 方向）运动，写出使得原子减速的力的条件。

光频饴：在负作用力的条件下，我们将得到一个摩擦耗散力。假定初始时($t=0$)原子气具有速度 v_0。

(B4) 在低速极限下，给出在被激光束照射 τ 时间后原子的速度。现在假定原子气处于温度为 T_0 的热平衡状态，给出激光束照射 τ 时间后的温度。

注意此模型不允许你达到任意低的温度。

第 3 题　恒星为什么这么大

引言

恒星是炽热的球形气团。大部分恒星发光的能量来源于其核心部分发生的将氢转变为氦的核聚变过程，如图 T10.3.1 所示。在本题中，我们分别采用经典和量子的观点以及静电学和热力学的知识，来理解为什么恒星必须要足够大才能保证核聚变的发生，同时导出能保证氢聚变为氦的核反应发生的最小恒星的质量和半径。

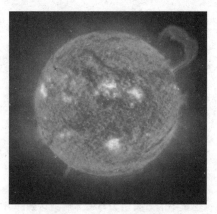

图 T10.3.1 我们的太阳像大多数恒星一样，依靠其核心部分发生的氢聚变为氦的热核反应来发光

已知基本物理常数如下：万有引力常量 $G = 6.67 \times 10^{-11}$ m^3/(kg·s^2)，玻尔兹曼常量 $k = 1.38 \times 10^{-23}$ J/K，普朗克常量 $h = 6.6 \times 10^{-34}$ J·s，质子质量 $m_p = 1.7 \times 10^{-27}$ kg，电子质量 $m_e = 9.1 \times 10^{-31}$ kg，元电荷 $q = 1.6 \times 10^{-19}$ C，真空介电常数 $\varepsilon_0 = 8.9 \times 10^{-12}$ C^2/(N·m^2)，太阳半径 $R_S = 7.0 \times 10^8$ m，太阳质量 $M_S = 2.0 \times 10^{30}$ kg。

本题所有数值结果保留两位有效数字。

A 部分　恒星中心温度的经典理论估计

假设构成恒星的气体是等离子态氢（数量相等的质子与电子），并假设可把构成恒星的气体当作理想气体来处理。根据经典理论的观点，要使聚变发生，两个质子间的距离必须小到 10^{-15} m。只有在这样小的距离下，质子间吸引性的短程核力才能大于排斥力。两个质子能够靠近到如此小的距离，它们首先需要克服库仑斥力。假设可以把质子看作经典的点电荷。考虑两个质子以速度 v_{rms}（v_{rms} 为质子的方均根速度）相向运动并发生一维正碰。

（A1）气体的温度 T_c 要到达什么值才能使质子间的最小距离 d_c 为 10^{-15} m？

B 部分　证明 A 部分估算的温度是错误的

为验证 A 部分估算的温度是否合理，我们需要一个独立的方法来估算恒星中心的温度。恒星的结构是非常复杂的，但作一些合理的假设，我们可以获得很有意义的理解。恒星处于平衡状态，既不膨胀也不收缩，向内的万有引力与向外的气体压力相平衡，如图 T10.3.2 所示。对于距离恒星中心 r 的气体薄层，由流体静力学的平衡条件可以得到如下关系：

$$\frac{\Delta p}{\Delta r} = -\frac{GM_r\rho_r}{r^2}$$

其中 p 为气体压强，G 为万有引力常量，M_r 为以恒星中心为球心、半径为 r 的球体所包含的气体的质量，ρ_r 是所考察的气体薄层的密度。

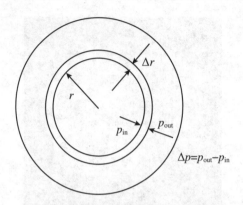

图 T10.3.2 恒星中的万有引力与气体压力达到静力学平衡状态

通过恒星中心和表面的参数可估算恒星中心温度的数量级，采用以下近似：$\Delta p = p_o - p_c$，其中 p_c 和 p_o 分别是恒星核心处和恒星表面处的压强，由于 $p_c \gg p_o$，我们可以假设 $\Delta p \approx -p_c$。此时，我们有 $\Delta r \approx R$，其中 R 是恒星的半径，则 $M_r \approx M_R = M$，其中 M 是恒星的总质量。气体密度可以近似取为恒星中心的气体密度的值：$\rho_r \approx \rho_c$，假设压强为理想气体的压强。

(B1) 导出由恒星半径、恒星质量和若干物理常数确定恒星中心温度 T_c 的方程。

我们可以用此模型的以下推论作为其是否有效的判据：

(B2) 根据(B1)小题得到的方程，写出恒星的质量半径比 M/R 的表达式，用基本物理常数和 T_c 表示。

(B3) 采用(A1)小题中得到的 T_c 的值，计算恒星质量半径比 M/R 的数值。

(B4) 计算太阳的真实质量半径比 M_S/R_S，并验证此值远小于(B3)小题中得到的值。

C 部分 恒星中心温度的量子力学理论估计

(B4)小题的计算结果的巨大不一致说明(A1)小题中用经典方法估算的 T_c 是不正确的。如果考虑量子力学效应，这个不一致问题将得到解决。根据量子力学，质子具有波动性，因此质子弥散在一个德布罗意波长 λ_p 数量级的空间范围内。这意味着当质子间的最小距离 d_c 达到 λ_p 的数量级时，质子在量子力学意义上发生重叠，聚变得以发生。

(C1) 假设 $d_c = \dfrac{\lambda_p}{\sqrt{2}}$ 为聚变发生的条件，对于速度为 v_{rms} 的质子，导出由物理常数确定的 T_c 的方程。

(C2) 计算(C1)小题得到的 T_c 的数值。

(C3) 采用(C2)小题中得到的 T_c 的值和(B2)小题导出的公式，计算恒星的质量半径比 M/R 的数值，验证这个数值与太阳真实的质量半径比 M_S/R_S 相吻合。

在相当大的质量范围内，所谓主星序恒星（氢聚变为氦）的 M/R 的数值的确近似于本部分得到的结果。

D 部分 恒星的质量半径比

前述结果相吻合表明，估算太阳中心温度的量子力学方法是正确的。

(D1) 利用前面的结果证明依靠氢聚变发光的恒星的质量 M 与半径 R 之比是相同的，并且只由基本物理常数确定，并给出氢聚变恒星的质量半径比 M/R 的方程。

E 部分　最小恒星的质量与半径

根据(D1)小题中得到的结果，只要关于质量半径比 M/R 的方程成立，恒星的质量可以取任意值。但实际情况并不是这样。

我们知道正常的氢聚变恒星中的气体可以近似看作理想气体。这意味着电子的平均间距 d_e 要大于电子的典型德布罗意波长 λ_e。如果相距更近，电子会处于简并态，而恒星的表现也将有所不同。我们处理恒星中的质子和电子的方式也不同。对于质子，其德布罗意波必须重叠才能发生聚变。而对于电子，其德布罗意波必须不发生叠加，以便可将其当作理想气体处理。

恒星中的密度随半径的减少而增加。不过在作数量级估算时，我们仍将恒星的密度看作是不变的，我们可以认为 $m_p \gg m_e$。

(E1) 导出关于恒星中电子的平均数密度 n_e 的方程。

(E2) 导出关于恒星中电子典型间距 d_e 的方程。

(E3) 采用条件 $d_e \geqslant \dfrac{\lambda_e}{\sqrt{2}}$，写出可能的正常恒星的最小半径方程。设恒星内部温度均与恒星中心温度相同。

(E4) 求可能的正常恒星最小半径的数值，分别用 m 和太阳半径两种单位表示。

(E5) 求可能的正常恒星最小质量的数值，分别用 kg 和太阳质量两种单位表示。

F 部分　老年恒星中氦核的聚变

随着恒星的老年化，其核心部分的氢(H)大部分已经聚变为氦(He)。若该类恒星要继续发光，必须发生将氦聚变成更重的元素的核聚变。一个氦核包含两个质子和两个中子，即两倍质子的电量和四倍质子的质量。前述我们已经给出质子聚变的条件为 $d_c = \dfrac{\lambda_p}{\sqrt{2}}$。

(F1) 对照质子的情况，设定氦核发生聚变的条件，计算氦核发生聚变所需的氦核的方均根速度 $v_{rms}(He)$ 以及温度 $T(He)$。

第40届国际物理奥林匹克竞赛理论试题解析

第1题 地月系统的演化

A部分 角动量守恒

(A1) 由角动量定理可得,地月系统的当前总角动量为
$$L_1 = I_E \omega_{E1} + I_{M1} \omega_{M1} \tag{10.1.1}$$

(A2) 同理,地月系统的终态总角动量为
$$L_2 = I_E \omega_2 + I_{M2} \omega_2 \tag{10.1.2}$$

(A3) 根据题意,由角动量守恒有
$$I_E \omega_{E1} + I_{M1} \omega_{M1} = I_{M2} \omega_2 = L_1 \tag{10.1.3}$$

B部分 地月系统的终态距离与终态角速度

(B1) 地球对月球的万有引力提供月球做圆周运动的向心力,故
$$G \frac{M_E}{D_2^2} m = m \omega^2 D_2 \Rightarrow \omega_2^2 D_2^3 = G M_E \tag{10.1.4}$$

(B2) 忽略地球自转对系统终态角动量的贡献,则
$$L_1 = I_{M2} \omega_2 = (M_M D_2^2) \omega_2 \tag{10.1.5}$$

联立式(10.1.4)和式(10.1.5),可得地月终态距离为
$$D_2 = \frac{L_1^2}{G M_E M_M^2} \tag{10.1.6}$$

(B3) 将式(10.1.6)代入式(10.1.5),可得地月系统终态角速度为
$$\omega_2 = \frac{G^2 M_E^2 M_M^3}{L_1^3} \tag{10.1.7}$$

(B4) 将地球视为密度为 ρ_o、半径为 r_o 的球与密度为 $\rho_i - \rho_o$、半径为 r_i 的球的组合,并结合球的转动惯量表达式
$$I = \frac{2}{5} MR^2 = \frac{2}{5} \cdot \frac{4}{3} \pi \rho R^5 \tag{10.1.8}$$

得地球的转动惯量为
$$I_E = \frac{2}{5} \cdot \frac{4\pi}{3} [r_o^5 \rho_o + r_i^5 (\rho_i - \rho_o)] \tag{10.1.9}$$

(B5) 代入题中数据,得到地球的转动惯量为
$$I_E = \frac{2}{5} \cdot \frac{4\pi}{3} [r_o^5 \rho_o + r_i^5 (\rho_i - \rho_o)] = 8.0 \times 10^{37} \text{ kg} \cdot \text{m}^2 \tag{10.1.10}$$

(B6) 代入题中所给数据，得到地月系统的当前总角动量为

$$L_1 = I_E\omega_{E1} + I_{M1}\omega_{M1} = 3.4 \times 10^{34} \text{ kg} \cdot \text{m}^2/\text{s} \tag{10.1.11}$$

其中

$$I_{M1} = M_M D_1^2 \tag{10.1.12}$$

(B7) 将式(10.1.11)代入式(10.1.6)，可得地月终态距离为

$$D_2 = 5.4 \times 10^8 \text{ m} \Rightarrow D_2 = 1.4 D_1 \tag{10.1.13}$$

(B8) 将式(10.1.11)代入式(10.1.7)，可得地月系统终态角速度为

$$\omega_2 = 1.6 \times 10^{-6} \text{ rad/s} \tag{10.1.14}$$

因此终态地球的一天时长为当前一天时长的 46 倍，即终态地球的一天相当于当前地球的 46 天。

(B9) 计算可得地球自转终态角动量和月球公转终态角动量分别为

$$I_E\omega_2 = 1.3 \times 10^{32} \text{ kg} \cdot \text{m}^2/\text{s}$$
$$I_{M2}\omega_2 = 3.4 \times 10^{34} \text{ kg} \cdot \text{m}^2/\text{s} \tag{10.1.15}$$

即地球自转的终态角动量与月球公转的终态角动量之比大约为 1/260，(A3)小题中的近似处理合理。

C 部分　月球每年退行距离

(C1) 由余弦定理，靠近月球的质点与月球的距离为 $\sqrt{D_1^2 + r_o^2 - 2D_1 r_o \cos\theta}$，根据万有引力定律，可得靠近月球的质点作用在月球上的力为

$$F_c = \frac{GmM_M}{D_1^2 + r_o^2 - 2D_1 r_o \cos\theta} \tag{10.1.16}$$

(C2) 同理可得远离月球的质点作用在月球上的力为

$$F_f = \frac{GmM_M}{D_1^2 + r_o^2 + 2D_1 r_o \cos\theta} \tag{10.1.17}$$

(C3) 根据力矩定义，靠近月球的质点对月球的力矩为

$$\tau_c = rF_c \sin\theta$$
$$= F_c \frac{\sin\theta r_o D_1}{\sqrt{D_1^2 + r_o^2 - 2D_1 r_o \cos\theta}}$$
$$= \frac{GmM_M r_o D_1 \sin\theta}{\sqrt{(D_1^2 + r_o^2 - 2D_1 r_o \cos\theta)^3}} \tag{10.1.18}$$

(C4) 同理，远离月球的质点对月球的力矩为

$$\tau_f = rF_f \sin\theta$$
$$= F_f \frac{\sin\theta r_o D_1}{\sqrt{D_1^2 + r_o^2 + 2D_1 r_o \cos\theta}}$$
$$= \frac{GmM_M r_o D_1 \sin\theta}{\sqrt{(D_1^2 + r_o^2 + 2D_1 r_o \cos\theta)^3}} \tag{10.1.19}$$

(C5) 两质点对月球的力矩方向相反，总力矩可以表达为 $\tau = \tau_c - \tau_f$，然后进行小量展开，保留 $\frac{r_o}{D_1}$ 的一阶项，得这对质点作用在月球上的总力矩为

$$\tau = \tau_c - \tau_f$$

$$= \frac{GmM_M r_o \sin\theta}{D_1^2}\left(1 - \frac{3r_o^2}{2D_1^2} + \frac{3r_o\cos\theta}{D_1} - 1 + \frac{3r_o^2}{2D_1^2} + \frac{3r_o\cos\theta}{D_1}\right)$$

$$= \frac{6GmM_M r_o^2 \sin\theta\cos\theta}{D_1^3} \qquad (10.1.20)$$

(C6) 代入题中数据，得这对质点作用在月球上的总力矩大小为

$$\tau = \frac{6GmM_M r_o^2 \sin\theta\cos\theta}{D_1^3} = 4.1 \times 10^{16} \text{ N} \cdot \text{m} \qquad (10.1.21)$$

(C7) 由

$$\omega_{M1}^2 D_1^3 = GM_E \qquad (10.1.22)$$

可得月球当前公转角动量为

$$I_{M1}\omega_{M1} = M_M D_1^2 \sqrt{\frac{GM_E}{D_1^3}} = M_M \sqrt{D_1 GM_E} \qquad (10.1.23)$$

根据角动量定理可得

$$\tau = \frac{dL}{dt} = M_M \sqrt{GM_E} \frac{\Delta(\sqrt{D_1})}{\Delta t} = \frac{M_M \sqrt{GM_E}}{2\sqrt{D_1}} \frac{\Delta D_1}{\Delta t}$$

$$\Rightarrow \quad \Delta D_1 = \frac{2\tau}{M_M}\sqrt{\frac{D_1}{GM_E}}\Delta t \qquad (10.1.24)$$

代入数据 $\Delta t = 1$ a $= 3.1 \times 10^7$ s,可得当前地月距离每年的增加量为

$$\Delta D_1 = 0.034 \text{ m} \qquad (10.1.25)$$

(C8) 根据角动量定理有

$$\tau = -\frac{I_E \Delta\omega_{E1}}{\Delta t} \quad \Rightarrow \quad \Delta\omega_{E1} = -\frac{\tau\Delta t}{I_E} \qquad (10.1.26)$$

代入数据 $\Delta t = 1$ a $= 3.1 \times 10^7$ s,可得地球自转角速度每年变化

$$\Delta\omega_{E1} = -1.6 \times 10^{-14} \text{ rad/s} \qquad (10.1.27)$$

设 T 为地球自转周期，则根据周期的定义有

$$T\omega = 2\pi \qquad (10.1.28)$$

对式(10.1.28)两边取对数后再取微分可得

$$\ln T + \ln\omega = \ln 2\pi \quad \Rightarrow \quad \frac{dT}{T} + \frac{d\omega}{\omega} = 0 \qquad (10.1.29)$$

因此

$$\frac{\Delta T}{T} = -\frac{\Delta\omega_{E1}}{\omega_{E1}} \qquad (10.1.30)$$

而地球自转周期为

$$T = 1 \text{ d} = 8.64 \times 10^4 \text{ s} \qquad (10.1.31)$$

则地球每年日长增长量为

$$\Delta T = 1.9 \times 10^{-5} \text{ s} \qquad (10.1.32)$$

D 部分 能量到哪里去了

(D1) 地月系统的总能量包括地球的自转动能与月球的公转动能及两者间的引力势能：

$$E = \frac{1}{2}I_E\omega_{E1}^2 + \frac{1}{2}I_M\omega_{M1}^2 - \frac{GM_EM_M}{D_1} \qquad (10.1.33)$$

由于

$$\omega_{M1}^2 D_1^3 = GM_E \qquad (10.1.34)$$

$$I_M = M_M D_1^2 \qquad (10.1.35)$$

因此地月系统的总能量为

$$E = \frac{1}{2}I_E\omega_{E1}^2 - \frac{1}{2}\frac{GM_EM_M}{D_1} \qquad (10.1.36)$$

(D2) 对式(10.1.36)两边取微分,得

$$\Delta E = I_E\omega_{E1}\Delta\omega_{E1} + \frac{1}{2}\frac{GM_EM_M}{D_1^2}\Delta D_1 \qquad (10.1.37)$$

代入题中数据,得一年中地月系统的每年能量变化量为

$$\Delta E = -9.0 \times 10^{19}\ \text{J} \qquad (10.1.38)$$

(D3) 地球表面水层的质量

$$M_w = \rho_w 4\pi r_o^2 h = 2.6 \times 10^{17}\ \text{kg} \qquad (10.1.39)$$

(D4) 依题意,一年中耗散的能量

$$\Delta E_w = -gM_w \times 0.5\ \text{m} \times 2\ \text{d}^{-1} \times 365\ \text{d} \times 0.1 = -9.3 \times 10^{19}\ \text{J} \qquad (10.1.40)$$

此能量与地月系统每年的能量损失大致相当。

第 2 题 多普勒激光冷却与光频梳

A 部分 激光冷却的基础

本部分的关键是多普勒效应(准确地说是纵向的多普勒效应):观察者所观测到的单色光的角频率取决于其相对于发射器的相对速度,即观察到的单色光角频率为

$$\omega' = \omega\sqrt{\frac{1\pm\dfrac{v}{c}}{1\mp\dfrac{v}{c}}} \approx \omega\left(1\pm\frac{v}{c}\right) \qquad (10.2.1)$$

其中 v 为发射器相对于观察者的速度,ω 为发射器发射的单色光在发射器参考系中的角频率。式(10.2.1)中的正负号取何者,取决于光源与观察者是靠近还是远离。式(10.2.1)中的约等号右边是在低速条件下的近似(非相对论极限)。

在实验室参考系中,激光器发射的激光角频率为 ω_L,原子以速度 v 向激光的入射方向运动;原子的激发角频率为 ω_0。

(A1) 为保证原子能够吸收光子而被激发,在原子参考系中观察到的激光角频率应为 ω_0,根据题中情景,则 ω_0,ω_L 的关系,即光子共振吸收的条件为

$$\omega_0 \approx \omega_L\left(1+\frac{v}{c}\right) \qquad (10.2.2)$$

原子的动量(略去 $\dfrac{v^2}{c^2}$ 及更高阶的小量)为

$$p = \gamma mv = \frac{mv}{\sqrt{1-\frac{v^2}{c^2}}} \approx mv \tag{10.2.3}$$

光子的动量

$$\hbar q = \hbar \frac{\omega_L}{c} \tag{10.2.4}$$

因此在实验室参考系中,原子吸收光子后的动量为

$$p_{at} = p - \hbar q \approx mv - \frac{\hbar \omega_L}{c} \tag{10.2.5}$$

不考虑原子本身质量对应的静能,在实验室参考系中,吸收光子后的原子总能量为

$$\begin{aligned}\varepsilon_{at} &= \frac{p_{at}^2}{2m} + \hbar\omega_0 \\ &= \frac{\left(mv - \frac{\hbar\omega_L}{c}\right)^2}{2m} + \hbar\omega_0 \\ &= \frac{mv^2}{2} - \hbar\omega_L \frac{v}{c} + \frac{\hbar^2 \omega_L^2}{2mc^2} + \hbar\omega_0 \\ &= \frac{mv^2}{2} - \hbar\omega_L \frac{v}{c} + \frac{\hbar^2 \omega_L^2}{2mc^2} + \hbar\omega_L\left(1 + \frac{v}{c}\right) \\ &\approx \frac{mv^2}{2} + \hbar\omega_L \end{aligned} \tag{10.2.6}$$

即

$$\varepsilon_{at} = \frac{p_{at}^2}{2m} + \hbar\omega_0 \approx \frac{mv^2}{2} + \hbar\omega_L \tag{10.2.7}$$

(A2)在实验室参考系中计算发射光子的能量,必须按照正确的逻辑顺序,因为在吸收光子后,原子的速度发生了改变,进而对发射光子的角频率产生影响。在实验室参考系中观察到的发射光子的角频率为

$$\omega_{ph} \approx \omega_0 \left(1 - \frac{v'}{c}\right) \tag{10.2.8}$$

其中

$$v' \approx v - \frac{\hbar q}{m} \tag{10.2.9}$$

因此

$$\begin{aligned}\omega_{ph} &\approx \omega_0 \left(1 - \frac{v}{c} + \frac{\hbar q}{mc}\right) \\ &\approx \omega_L\left(1 + \frac{v}{c}\right)\left(1 - \frac{v}{c} + \frac{\hbar q}{mc}\right) \\ &\approx \omega_L\left(1 + \frac{\hbar q}{mc}\right) \\ &\approx \omega_L\left(1 + \frac{\hbar q}{mv}\frac{v}{c}\right) \\ &\approx \omega_L \end{aligned} \tag{10.2.10}$$

在实验室参考系中,原子沿 $-x$ 方向自发发射一个光子,光子的能量为

$$\varepsilon_{ph} \approx \hbar\omega_L \tag{10.2.11}$$

在实验室参考系中,原子沿 $-x$ 方向自发发射一个光子,光子的动量为

$$p_{ph} \approx -\frac{\hbar\omega_L}{c} \tag{10.2.12}$$

原子沿 $-x$ 方向自发发射一个光子后,根据动量守恒定律有

$$mv - \hbar q = mv - \hbar\frac{\omega_L}{c} = p_{ph} + p_{at} \tag{10.2.13}$$

得沿 $-x$ 方向发射一个光子后,在实验室参考系中观察到的原子的动量 p_{at} 为

$$p_{at} \approx p = mv \tag{10.2.14}$$

沿 $-x$ 方向发射一个光子后,在实验室参考系中观察到的原子的能量 ε_{at} 为

$$\varepsilon_{at} \approx \frac{p^2}{2m} = \frac{1}{2}mv^2 \tag{10.2.15}$$

(A3) 原子从激发态回到基态,放出角频率为 ω_0 的光子,原子又以速率 v 在向 $+x$ 方向运动,则在实验室参考系中,观察到的角频率为 $\omega_0\left(1+\frac{v'}{c}\right)$,进而推得在实验室参考系中,$+x$ 方向自发发射的一个光子的动能为

$$\varepsilon_{ph} \approx \hbar\omega_0\left(1+\frac{v'}{c}\right)$$

$$\approx \hbar\omega_L\left(1+\frac{v'}{c}\right)\left(1+\frac{v}{c}\right)$$

$$\approx \hbar\omega_L\left(1+2\frac{v}{c}\right) \tag{10.2.16}$$

由光子的能量-动量关系可以导得,在实验室参考系中观测到沿 $+x$ 方向发射的光子能量为

$$p_{ph} \approx \frac{\hbar\omega_L}{c}\left(1+2\frac{v}{c}\right) \tag{10.2.17}$$

原子沿 $+x$ 方向自发发射一个光子后,根据动量守恒定律,在实验室参考系中观测到其动量为

$$p_{at} = p - \hbar q - p_{ph}$$

$$\approx p - \hbar q - \frac{\hbar\omega_L}{c}\left(1+2\frac{v}{c}\right)$$

$$\approx mv - 2\frac{\hbar\omega_L}{c} \tag{10.2.18}$$

沿 $+x$ 方向自发发射一个光子后,在实验室参考系中观测到原子的动能为

$$\varepsilon_{at} = \frac{p_{at}^2}{2m} \approx \frac{1}{2}mv^2\left(1-2\frac{\hbar q}{mv}\right) \tag{10.2.19}$$

(A4) 由于原子沿 $+x$ 和 $-x$ 方向发射光子的概率相同,则发射的光子的平均能量为

$$\bar{\varepsilon}_{ph} = \frac{1}{2}\varepsilon_{ph}^+ + \frac{1}{2}\varepsilon_{ph}^- \approx \hbar\omega_L\left(1+\frac{v}{c}\right) \tag{10.2.20}$$

沿 $+x$ 和 $-x$ 方向发射光子的概率相同，则发射光子的平均动量为

$$\bar{p}_{\text{ph}} = \frac{1}{2} p_{\text{ph}}^+ + \frac{1}{2} p_{\text{ph}}^- \approx \frac{\hbar \omega_L}{c} \frac{v}{c} = mv\left(\frac{\hbar q}{mv} \frac{v}{c}\right) \approx 0 \tag{10.2.21}$$

同理可得原子的平均总能量为

$$\bar{\varepsilon}_{\text{at}} = \frac{1}{2} \varepsilon_{\text{at}}^+ + \frac{1}{2} \varepsilon_{\text{at}}^- \approx \frac{1}{2} m v^2 \left(1 - \frac{\hbar q}{mv}\right) \tag{10.2.22}$$

原子的平均动量为

$$\bar{p}_{\text{at}} = \frac{1}{2} p_{\text{at}}^+ + \frac{1}{2} p_{\text{at}}^- \approx p - \frac{\hbar \omega_L}{c} \tag{10.2.23}$$

(A5) 根据前述结果式(10.2.22)，可知

$$\varepsilon_{\text{at}}^{\text{后}} = \frac{1}{2} m v^2 \left(1 - \frac{\hbar q}{mv}\right), \quad \varepsilon_{\text{at}}^{\text{前}} = \frac{1}{2} m v^2 \tag{10.2.24}$$

因此在一个完整的单光子吸收-发射过程中，原子能量的平均变化量为

$$\Delta \varepsilon = \bar{\varepsilon}_{\text{at}}^{\text{后}} - \varepsilon_{\text{at}}^{\text{前}} \approx -\frac{1}{2} \hbar q v = -\frac{1}{2} \hbar \omega_L \frac{v}{c} \tag{10.2.25}$$

据前述结果式(10.2.23)，可知

$$\bar{p}_{\text{at}}^{\text{后}} = p - \frac{\hbar \omega_L}{c}$$

$$p_{\text{at}}^{\text{前}} = p \tag{10.2.26}$$

所以在一个完整的单光子吸收-发射过程中，原子动量的平均变化量为

$$\Delta p = \bar{p}_{\text{at}}^{\text{后}} - p_{\text{at}}^{\text{前}} \approx -\hbar q = -\frac{\hbar \omega_L}{c} \tag{10.2.27}$$

(A6) 题设场景可以利用(A5)小题中的式(10.2.25)的结果得到，即将 ω_L 替换为 $-\omega_L'$，可得

$$\Delta \varepsilon = \bar{\varepsilon}_{\text{at}}^{\text{后}} - \varepsilon_{\text{at}}^{\text{前}} \approx +\hbar q v = +\frac{1}{2} \hbar \omega_L' \frac{v}{c} \tag{10.2.28}$$

同理根据式(10.2.27)，得

$$\Delta p = \bar{p}_{\text{at}}^{\text{后}} - p_{\text{at}}^{\text{前}} \approx +\hbar q = +\frac{\hbar \omega_L'}{c} \tag{10.2.29}$$

B 部分　耗散与光频饴的基础

(B1) 根据题中所给知识，在原子参考系中，角频率为 ω_L 的激光使基态原子跃迁到激发态的概率为

$$P_{\text{exc}} = \frac{N_{\text{exc}}}{N} = \frac{\Omega_R^2}{(\omega_0 - \omega_L)^2 + \frac{\Gamma^2}{4} + 2\Omega_R^2} \tag{10.2.30}$$

向 $+x$ 方向发射的激光与向 $-x$ 方向发射的激光在沿 $+x$ 方向以速度 v 运动的原子参考系中观察到的角频率分别为 $\omega_L\left(1 - \frac{v}{c}\right)$ 与 $\omega_L\left(1 + \frac{v}{c}\right)$，结合前述结论，作用到原子束上的力可

以表示为

$$F = N\Delta p^- P_{exc}^- \Gamma + N\Delta p^+ P_{exc}^+ \Gamma$$

$$= \left[\frac{\Omega_R^2}{\left(\omega_0 - \omega_L + \omega_L \frac{v}{c}\right)^2 + \frac{\Gamma^2}{4} + 2\Omega_R^2} - \frac{\Omega_R^2}{\left(\omega_0 - \omega_L - \omega_L \frac{v}{c}\right)^2 + \frac{\Gamma^2}{4} + 2\Omega_R^2} \right] N\Gamma\hbar q$$

(10.2.31)

(B2) 由于 $\frac{v}{c} \ll 1$，将式(10.2.31)通分后，略去分母中 $\pm \omega_L \frac{v}{c}$ 项，得

$$F \approx -\frac{4N\hbar q^2 \Omega_R^2 \Gamma}{\left[(\omega_0 - \omega_L)^2 + \frac{\Gamma^2}{4} + 2\Omega_R^2\right]^2}(\omega_0 - \omega_L)v \tag{10.2.32}$$

(B3) 因此得到正作用力(使原子加速)的条件为

$$\omega_0 < \omega_L \tag{10.2.33}$$

作用力为零的条件为

$$\omega_0 = \omega_L \tag{10.2.34}$$

负作用力(使原子减速)的条件为

$$\omega_0 > \omega_L \tag{10.2.35}$$

这就是著名的"激光冷却"。

若原子以速度 $-v$(沿 $-x$ 方向)运动，则使得原子减速的力的条件为

$$\omega_0 > \omega_L \tag{10.2.36}$$

即激光冷却与原子运动方向无关。

(B4) 从式(10.2.32)中，我们可以得到

$$F = -\beta v, \quad \beta = \frac{4N\hbar q^2 \Omega_R^2 \Gamma}{\left[(\omega_0 - \omega_L)^2 + \frac{\Gamma^2}{4} + 2\Omega_R^2\right]^2}(\omega_0 - \omega_L) \tag{10.2.37}$$

根据牛顿运动定律有

$$F = -\beta v \Rightarrow m\frac{\mathrm{d}v}{\mathrm{d}t} \approx -\beta v \tag{10.2.38}$$

因此在低速极限下，被激光束照射 τ 时间后原子的速度为

$$v = v_0 \mathrm{e}^{-\beta\tau/m} \tag{10.2.39}$$

由一维运动的能均分定理

$$\bar{\varepsilon} = \frac{1}{2}m\overline{v^2} = \frac{1}{2}kT \tag{10.2.40}$$

容易得到在低速极限下，激光束照射 τ 时间后的温度为

$$T = T_0 \mathrm{e}^{-2\beta\tau/m} \tag{10.2.41}$$

第 3 题 恒星为什么这么大

A 部分 恒星中心温度的经典理论估计

（A1）我们认为两个质子的初始动能全部用于克服靠近时两者间库仑力做功，得

$$2\left(\frac{1}{2}m_\mathrm{p} v_\mathrm{rms}^2\right) = \frac{q^2}{4\pi\varepsilon_0 d_\mathrm{c}} \tag{10.3.1}$$

由能均分定理，可知

$$\frac{3}{2}kT_\mathrm{c} = \frac{1}{2}m_\mathrm{p} v_\mathrm{rms}^2 \tag{10.3.2}$$

得到等离子态氢温度为

$$T_\mathrm{c} = \frac{q^2}{12\pi\varepsilon_0 d_\mathrm{c} k} = 5.5\times 10^9\ \mathrm{K} \tag{10.3.3}$$

B 部分 证明 A 部分估算的温度是错误的

（B1）根据流体静力学平衡条件

$$\frac{\Delta p}{\Delta r} = -\frac{GM_r \rho_r}{r^2} \tag{10.3.4}$$

采用题中近似条件，可得

$$p_\mathrm{c} = \frac{GM\rho_\mathrm{c}}{R} \tag{10.3.5}$$

理想气体的压强公式为

$$p = nkT \tag{10.3.6}$$

分子数密度公式为

$$n = \frac{\rho}{m} \tag{10.3.7}$$

根据道尔顿分压定律，气体压强为质子气的压强与电子气的压强之和，其中质子气的压强为

$$p = \frac{\rho k T_\mathrm{c}}{m_\mathrm{p}} \tag{10.3.8}$$

而电子气数密度与质子气数密度相同，则总压强为

$$p_\mathrm{c} = \frac{2\rho_\mathrm{c} k T_\mathrm{c}}{m_\mathrm{p}} \tag{10.3.9}$$

其中 ρ_c 可认为是质子气密度或气体密度。

联立式（10.3.5）和式（10.3.9），可得恒星核心部分温度为

$$T_\mathrm{c} = \frac{GMm_\mathrm{p}}{2kR} \tag{10.3.10}$$

（B2）根据式（10.3.10），可得恒星的质量半径比为

$$\frac{M}{R} = \frac{2kT_c}{Gm_p} \tag{10.3.11}$$

(B3) 将式(10.3.3)代入式(10.3.11)，可得恒星的质量半径比为

$$\frac{M}{R} = \frac{2kT_c}{Gm_p} = 1.4 \times 10^{24} \text{ kg/m} \tag{10.3.12}$$

(B4) 根据太阳的真实质量与半径数据，得太阳的质量半径比为

$$\frac{M_S}{R_S} = 2.9 \times 10^{21} \text{ kg/m} \tag{10.3.13}$$

此值仅为式(10.3.12)的 1/1000。

C 部分　恒星中心温度的量子力学理论估计

(C1) 根据德布罗意物质波波长公式，可得质子的德布罗意波长为

$$\lambda_p = \frac{h}{m_p v_{rms}} \tag{10.3.14}$$

由能均分定理有

$$\frac{3}{2}kT_c = \frac{1}{2}m_p v_{rms}^2 \tag{10.3.15}$$

利用式(10.3.3)所得公式

$$T_c = \frac{q^2}{12\pi\varepsilon_0 d_c k} \tag{10.3.16}$$

和题中条件

$$d_e \geqslant \frac{\lambda_e}{\sqrt{2}} \tag{10.3.17}$$

得恒星的核心部分温度为

$$T_c = \frac{q^4 m_p}{24\pi^2 \varepsilon_0^2 k h^2} \tag{10.3.18}$$

(C2) 代入数据，得恒星的核心部分温度为

$$T_c = \frac{q^4 m_p}{24\pi^2 \varepsilon_0^2 k h^2} = 9.7 \times 10^6 \text{ K} \tag{10.3.19}$$

(C3) 将式(10.3.19)代入式(10.3.11)，可得恒星的质量半径比为

$$\frac{M}{R} = \frac{2kT_c}{Gm_p} = 2.4 \times 10^{21} \text{ kg/m} \tag{10.3.20}$$

而准确值为 $\frac{M_S}{R_S} = 2.9 \times 10^{21}$ kg/m，数量级相同，但有 17% 的误差。

D 部分　恒星的质量半径比

(D1) 联立式(10.3.11)和式(10.3.18)，可得恒星的质量半径比为

$$\frac{M}{R} = \frac{q^4}{12\pi^2 \varepsilon_0^2 G h^2} \tag{10.3.21}$$

E 部分　最小恒星的质量与半径

（E1）根据电子气与质子气的数密度相同，即 $n_p = n_e$，从 n_p 定义得质子气的平均数密度为

$$n_p = \frac{M}{\frac{4}{3}\pi R^3 m_p} \tag{10.3.22}$$

从而电子气的平均数密度为

$$n_e = \frac{M}{\frac{4}{3}\pi R^3 m_p} \tag{10.3.23}$$

（E2）按立方体模型估算电子典型间距，有

$$n_e = \frac{1}{V} = \frac{1}{d_e^3} \tag{10.3.24}$$

因此电子的典型间距为

$$d_e = n_e^{-1/3} = \left(\frac{M}{\frac{4}{3}\pi R^3 m_p}\right)^{-1/3} \tag{10.3.25}$$

（E3）根据条件

$$d_e \geqslant \frac{\lambda_e}{\sqrt{2}} \tag{10.3.26}$$

利用德布罗意物质波公式

$$\lambda_e = \frac{h}{m_e v_{erms}} \tag{10.3.27}$$

和能均分定理

$$\frac{3}{2}kT_c = \frac{1}{2}m_e v_{erms}^2 \tag{10.3.28}$$

以及式（10.3.18），可得最小正常恒星的质量半径比为

$$\frac{M}{R} = \frac{q^4}{12\pi^2 \varepsilon_0^2 G h^2} \tag{10.3.29}$$

又因为

$$d_e = \left(\frac{M}{\frac{4}{3}\pi R^3 m_p}\right)^{-1/3} \tag{10.3.30}$$

可得最小正常的恒星半径为

$$R = \frac{\varepsilon_0^{1/2} h^2}{4^{1/4} q m_e^{3/4} m_p^{5/4} G^{1/2}} \tag{10.3.31}$$

（E4）代入数据，最小正常的恒星半径为

$$R = \frac{\varepsilon_0^{1/2} h^2}{4^{1/4} q m_e^{3/4} m_p^{5/4} G^{1/2}} = 6.9 \times 10^7 \text{ m} = 0.10 R_S \tag{10.3.32}$$

（E5）恒星的质量半径比为

$$\frac{M}{R} = \frac{q^4}{12\pi^2 \varepsilon_0^2 G h^2} = 2.4 \times 10^{21} \text{ kg/m} \tag{10.3.33}$$

结合式(10.3.32),可以得到最小正常恒星的质量为

$$M = 1.7 \times 10^{29} \text{ kg} = 0.09 M_S \tag{10.3.34}$$

F 部分 老年恒星中氦核的聚变

(F1) 对于氦核

$$2\left(\frac{1}{2} m_{He} v_{rms}^2\right) = \frac{(2q)^2}{4\pi\varepsilon_0 d_c} \tag{10.3.35}$$

和聚变发生条件

$$d_c = \frac{\lambda}{\sqrt{2}} = \frac{h}{\sqrt{2} m_{He} v_{rms}(He)} \tag{10.3.36}$$

有

$$\frac{4q^2}{4\pi\varepsilon_0 m_{He} v_{rms}^2(He)} = \frac{h}{2^{1/2} m_{He} v_{rms}(He)} \tag{10.3.37}$$

氦核发生聚变所需的氦核的方均根速度为

$$v_{rms}(He) = \frac{2^{1/2} q^2}{\pi \varepsilon_0 h} = 2.0 \times 10^6 \text{ m/s} \tag{10.3.38}$$

由能均分定理可得氦核发生聚变所需的温度为

$$T(He) = \frac{v_{rms}^2(He) m_{He}}{3k} = 6.5 \times 10^8 \text{ K} \tag{10.3.39}$$

10^8 K 即是通过合理估计得到的恒星中心温度的数量级。

第 41 届国际物理奥林匹克竞赛理论试题

第 1 题 点电荷在金属球中的静电镜像

引言：镜像法

半径为 R 的接地金属球附近有一电量为 q 的点电荷，如图 T11.1.1(a) 所示，点电荷 q 会在金属球表面上产生感应电荷分布。利用金属球表面的感应电荷分布来计算其周围的电场和电势分布是一件十分困难的事情。但这种计算可以用所谓的"镜像法"进行简化。按照镜像法，金属球面上的感应电荷产生的电场和电势可以用置于金属球内的点电荷 q' 产生的电场和电势来代替（你无须证明这个结论）。注意：这个像电荷 q' 产生的电场和电势仅在金属球外（包括球面）与金属球面上的感应电荷产生的电场和电势相同。

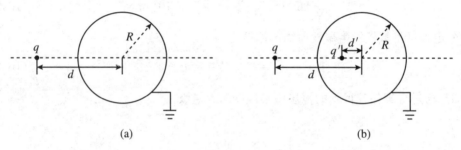

图 T11.1.1

(a) 一个点电荷 q 放置在一个接地的金属球附近。(b) 分布在金属球面上的感应电荷产生的电场等效于一个像电荷 q' 产生的电场。

A 部分 像电荷

本问题的对称性表明，像电荷应该位于点电荷 q 与球心的连线上，如图 T11.1.1(b) 所示。

(A1) 金属球面上的电势是多大？

(A2) 求像电荷电量 q' 和其到金属球球心的距离 d'，用 R,q 和 d 等表示。

(A3) 求作用在电荷 q 上的静电力的大小。请问这个力是排斥力吗？

B 部分 静电场的屏蔽

考虑一个电量为 q 的点电荷，置于距接地金属球的球心 d 处，金属球的半径为 R。我

---

① 第 41 届国际物理奥林匹克竞赛于 2010 年 7 月 17 日至 7 月 25 日在克罗地亚萨格勒布举行。80 个国家和地区派出代表队，370 名选手参加了本届竞赛。

们希望讨论的是：接地金属球是如何影响 A 点的电场的，如图 T11.1.2 所示。A 点位于点电荷 q 与金属球球心的连线上，A 与 q 分居金属球的两侧，A 到 q 的距离是 r。

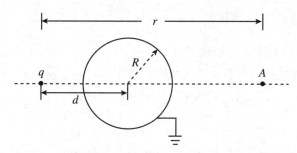

图 T11.1.2 A 点的电场被接地金属球部分屏蔽掉

（B1）求 A 点的电场强度。

（B2）当 $r \gg d$ 时，求 A 点的电场强度，已知 $(1+a)^{-2} \approx 1-2a\,(a \ll 1)$。

（B3）当 d 取何极限值时，接地金属球能完全屏蔽点电荷 q 的电场，使得 A 点的电场强度精确地为 0？

C 部分 接地金属球的电场中的小振动

在接地金属球附近，将质量为 m 的点电荷 q 用长为 L 的细线悬挂在墙上，如图 T11.1.3 所示，悬挂点与金属球球心的距离为 l，则点电荷构成了一个单摆。忽略来自于墙的所有静电效应，并忽略重力。

（C1）对于给定的角度 α，求作用在点电荷上的静电力的大小，并用示意图表示静电力的方向。

（C2）求此静电力在垂直悬挂线方向的分量，用 l, L, R, q 和 α 等表示。

（C3）求此单摆做小振动时的角频率。

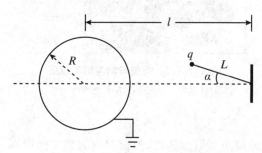

图 T11.1.3 在接地金属球附近的点电荷做小振动

D 部分 系统的静电能

对于一个给定电荷分布，知道系统的静电能是很重要的。在图 T11.1.1(a) 中，金属球外的电荷 q 与金属球表面上的感应电荷间存在静电力，金属球表面上的感应电荷之间也存在着静电作用力。计算以下各静电能，用电荷 q，金属球半径 R 和距离 d 表示。

（D1）金属球外电荷 q 与它在金属球表面上感应出的感应电荷间的相互作用的静电能。

（D2）金属球表面上的感应电荷间的相互作用的静电能。

(D3) 该系统各电荷间的总相互作用静电能。

提示：此问题有几种不同解法。

(1) 利用积分公式：$\int_d^\infty \frac{x\mathrm{d}x}{(x^2-R^2)^2} = \frac{1}{2}\frac{1}{d^2-R^2}$。

(2) 利用下述结论：对于由分别位于点 $r_i(i=1,2,\cdots,N)$ 的 N 个电量分别为 q_i 的点电荷构成的系统，其静电能是所有点电荷间两两相互作用的静电能之和：

$$W = \frac{1}{2}\sum_{i=1}^{N}\sum_{j=1,i\neq j}^{N}\frac{1}{4\pi\varepsilon_0}\frac{q_iq_j}{|r_i-r_j|}$$

第 2 题 烟囱的物理

引言

如图 T11.2.1 所示，固态物质（燃料）在温度为 $T_{烟气}$ 的燃烧炉中燃烧，燃烧所产生的气体（烟气）通过截面积为 A，高度为 h 的烟囱排放到温度为 $T_{大气}$ 的大气中。燃烧炉中单位时间产生的烟气体积为 B。

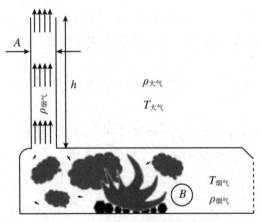

图 T11.2.1　烟囱与燃烧炉示意图

烟囱的高度为 h，燃烧炉内的气体温度为 $T_{烟气}$。

假设：

① 燃烧炉中烟气的速度小到可以忽略，但烟囱内的烟气速度不可忽略。

② 在相同的温度和压强下，燃烧产生的气体（烟气）密度与空气密度相同。在燃烧炉内，气体可被视为理想气体。由于燃烧炉内需要输入空气，添加燃料，故图中燃烧炉右端有与大气相连的开口（图 T11.2.1 右侧），只要烟囱正常工作，就没有烟气从该开口处流走，烟气只能沿着烟囱往上排放。

③ 空气的压强随高度的变化满足流体静力学规律，且空气密度随高度的变化可忽略。

④ 气体的流动满足伯努利方程。同一流线上各点所满足的伯努利方程为

$$\frac{1}{2}\rho v^2(z) + \rho gz + p(z) = C$$

其中 ρ 是气体的密度，$v(z)$ 是流速，$p(z)$ 是压强，z 是高度。

⑤ 在整个烟囱内，气体的密度变化可忽略。

⑥ 已知地面 $z=0$ 处的大气压强为 $p(0)$（未知），但在问题（A4）中可保留 $p(0)$。

A 部分　烟囱

（A1）为了能让烟囱将燃烧炉中产生的所有烟气排放到大气中，即烟囱能正常运转，求烟囱所需的最小高度。用 B，A 和 $T_{大气}$ 等表示，其中 $g = 9.81\ \mathrm{m/s^2}$，$\Delta T = T_{烟气} - T_{大气}$。重要提示：在接下来的所有问题中，都假设烟囱的高度为此最小高度。

（A2）假设要建造两个烟囱，其目的都是将燃烧炉中产生的所有烟气排放到大气中。两个烟囱的截面积相同，但一个位于寒冷区域，大气的平均温度为 $-30\ ℃$；另一个位于温暖区域，大气的平均温度为 $30\ ℃$。燃烧炉内部温度都是 $400\ ℃$。若已求出位于寒冷区域的烟囱的高度是 $100\ \mathrm{m}$，则另一个位于温暖区域的烟囱的高度是多少？

（A3）假设烟囱的截面积不随高度变化，烟囱内不同高度的气体的速度如何变化？通过示意图说明，须在图中标明烟气进入烟囱的位置。

（A4）烟气的压强随着烟囱的高度如何变化？

B 部分　太阳能发电厂

气体在烟囱中的流动可以用来建造一种特殊的太阳能发电厂（即太阳能烟囱），其原理如图 T11.2.2 所示，图中面积为 S 的收集器下方的空气可被太阳加热。收集器的开口可以让空气不受干扰的流入。随着被太阳加热的空气在烟囱中上升（细实箭头），新的冷空气从收集器的周围进入收集器（粗虚线箭头），使得气流连续不断地流进太阳能电厂。沿着烟囱上升的气流推动涡轮发电机，从而产生电能。单位时间、单位水平面积的收集器所接收到的太阳能为 G。假设收集器接收到的所有太阳能都用于加热收集器中的空气（空气的比热容是 c，忽略空气热容量随温度的变化）。太阳能烟囱的效率定义为空气流的动能与空气进入烟囱前被加热的过程中所吸收的太阳能之比。

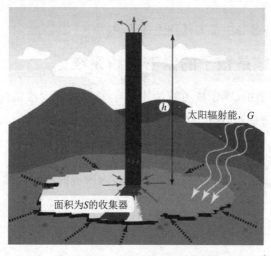

图 T11.2.2　太阳能烟囱示意图

(B1) 求太阳能烟囱发电厂的效率。

(B2) 通过示意图说明太阳能烟囱的效率随烟囱高度的变化关系。

C部分　曼察纳尔斯太阳能发电原型机

西班牙的曼察纳尔斯建成了一座太阳能烟囱发电原型机,该烟囱高为 195 m,半径为 5 m,其收集器是圆形的,直径为 244 m。该原型机正常工作情况下,空气比热容为 1012 J/(kg·K),热空气的密度约为 0.9 kg/m³,典型的大气温度为 $T_{大气}$ = 295 K。当曼察纳尔斯的天气晴朗时,单位水平面积上的太阳辐射功率约为 150 W/m²。

(C1) 求此太阳能烟囱发电原型机的效率,并估算其数值。

(C2) 求此太阳能烟囱发电原型机的功率是多少。

(C3) 晴天时,此太阳能烟囱发电原型机一天能提供多少能量?

(C4) 当周围的冷空气进入烟囱变成热空气后,其温度上升了多少?写出一般公式,并就上述太阳能原型烟囱求出其数值。

(C5) 通过该烟囱的空气的质量流量是多少?

第3题　原子核的简单模型

引言

虽然原子核是量子系统,但关于它们的基本性质(如核半径或结合能)的几个唯象规律却可以从以下几个简单假设中得出:

① 原子核由核子(质子和中子)组成;

② 将这些核子结合在一起的强相互作用具有非常短的作用范围(它只存在于相邻核子之间);

③ 原子核中的质子数(Z)近似等于中子数(N),即 $Z \approx N \approx A/2$,A 是核子的总数,且 $A \gg 1$。

重要提示:在下面各部分中都要使用上述假设。

A部分　原子核是核子的紧密堆积系统

在原子核的简单模型中,原子核可视为由核子紧密堆积而成的球体,如图 T11.3.1(a) 所示,核子视为半径 $r_N = 0.85$ fm(1 fm = 10^{-15} m)的球体。核力只存在于相互接触的核子之间。原子核的体积 V 大于组成原子核的核子体积之和 AV_N,其中 $V_N = \dfrac{4}{3}\pi r_N^3$。$f = \dfrac{AV_N}{V}$ 称为填充因子,用于表示组成核子的物质在原子核内所占的空间比例。

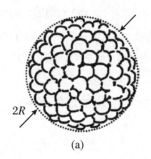
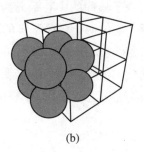

图 T11.3.1

（a）原子核视为核子紧密堆积而成的球体；（b）简单立方晶格堆积。

（A1）若核子按照"简单立方"晶格排布，如图 T11.3.1(b)所示，即每个核子位于无限立方晶格的格点上，计算此时的填充因子 f。

重要提示：在接下来的所有问题中，都假设原子核的实际填充因子等于在（A1）小题中得到的值。

（A2）由 A 个核子组成的原子核，估算其平均质量密度 ρ_m，电荷密度 ρ_e 和半径 R，已知核子的平均质量为 1.67×10^{-27} kg。

B 部分 原子核的结合能——体积项和表面项

一个原子核的结合能等于将原子核分离成单独核子所需的能量，此能量主要来源于每个核子和与它相邻的核子相互作用间的吸引力部分。不在原子核表面的核子对原子核总结合能的贡献为 $a_V = 15.8$ MeV（1 MeV $= 1.602 \times 10^{-13}$ J）。而位于原子核表面的核子对原子核总结合能的贡献约为 $a_V/2$。

（B1）求核子数为 A 的原子核的结合能 E_b，用 A，a_V 和 f 表示，需要考虑表面修正。

C 部分 静电效应对结合能的影响

半径为 R，总电量为 Q_0 的均匀带电球体的静电能为

$$U_e = \frac{3Q_0^2}{20\pi\varepsilon_0 R}$$

其中 $\varepsilon_0 = 8.85 \times 10^{-12}$ C^2/(N·m)。

（C1）应用上述公式计算原子核的静电能。在原子核中，每个质子与自身没有静电力，而只有其他质子对它的静电力。这样考虑后，需要将所得到的表达式中的 Z^2 替换为 $Z(Z-1)$。在接下来的所有题目中都要使用这一修正。

（C2）写出结合能的完整表达式，需要包括体积项、表面修正项和（C1）小题中得到的静电修正项。

D 部分 重原子核的分裂

原子核分裂为若干较小部分（即轻原子核）的过程称为重原子核的分裂。假设核子数为 A 的原子核分裂为两个相同的原子核，如图 T11.3.2 所示。设 $R(A)$ 为核子数为 A 的原子核半径。

(D1) 设两个轻原子核间的中心距离为 $d(d \geqslant 2R(A/2))$,其中 $R(A/2)$ 是两个轻原子核半径,计算分裂后产生的两个轻原子核的总动能。假设分裂前重原子核是静止的。

(D2) 假设 $d = 2R(A)$,分别就 $A = 100, 150, 200$ 和 250,利用(D1)小题中得到的总动能的表达式,求总动能的值(结果用 MeV 为单位表示出来)。

(D3) 对于本部分的模型,估计原子核能够分裂时 A 的取值范围。

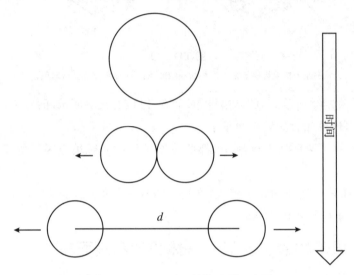

图 T11.3.2　重原子核的分裂示意图

E 部分　转移反应

在近代物理中,原子核的能量及原子核反应所涉及的能量都用质量来描述。例如,一个静止的原子核处于激发能(即高于基态的能量)为 E_{exc} 的激发态,其质量为 $m = m_0 + \dfrac{E_{exc}}{c^2}$,这里 m_0 是该原子核处于基态且相对实验室参考系静止时的质量。

核反应 $^{16}O + {}^{54}Fe \longrightarrow {}^{12}C + {}^{58}Ni$ 就是所谓"转移反应"的例子,在该反应中,一个原子核的某一部分(称为原子核团簇)被转移到另一个原子核中,如图 T11.3.3 所示。在上述核反应中,被转移的部分是 ^{4}He 团簇(即 α 粒子)。如果在转移反应中,反应后的出射核(上述核反应中的 ^{12}C)的速度的大小和方向都与反应前的入射核(上述核反应中的 ^{16}O)的速度的大小和方向相同,则转移反应发生的概率最大。上述核反应中的靶核 ^{54}Fe 在反应前是静止的。在核反应中,^{58}Ni 被激发到某一个高激发态。

参加反应的原子核在基态时的静止质量分别为:$m(^{16}O) = 15.99491$ u;$m(^{54}Fe) = 53.93962$ u;$m(^{12}C) = 12.00000$ u;$m(^{58}Ni) = 57.93535$ u;其中 $1\ u = 1.6605 \times 10^{-27}$ kg。

(E1) 如果入射核 ^{16}O 的动能是 50 MeV,求 ^{58}Ni 所处的激发态的激发能。已知光速为 $c = 3 \times 10^8$ m/s。

(E2) (E1)小题讨论的是处于激发态的 ^{58}Ni 原子核可通过发射一个与 ^{58}Ni 的运动方向相同的 γ 光子而退到基态。在处于相对激发态的 ^{58}Ni 静止的参考系中,求 ^{58}Ni 的反冲能量(即 ^{58}Ni 在发射 γ 光子后所获得的动能)。在此静止参考系中,γ 光子的能量是多少?在实验室参考系中，γ光子的能量是多少？（即在 ^{58}Ni 运动方向上放置相对实验室静止的探测器，测得的光子的能量是多少？）

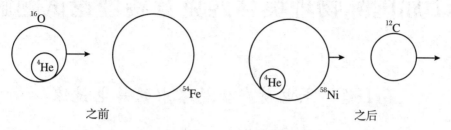

图 T11.3.3　转移反应示意图

第41届国际物理奥林匹克竞赛理论试题解析

第1题 点电荷在金属球中的静电镜像

A部分 像电荷

（A1）由于金属球接地，故球面上的电势为零。

（A2）如图 J11.1.1 所示，B 为球面上的任意一点，则该点与像电荷 q' 之间的距离为

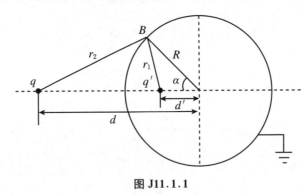

图 J11.1.1

$$r_1 = \sqrt{R^2 + d'^2 - 2Rd'\cos\alpha} \tag{11.1.1}$$

B 点与球外的点电荷 q 之间的距离为

$$r_2 = \sqrt{R^2 + d^2 - 2Rd\cos\alpha} \tag{11.1.2}$$

B 点的电势为

$$V_B = \frac{1}{4\pi\varepsilon_0}\left(\frac{q}{r_2} + \frac{q'}{r_1}\right) \tag{11.1.3}$$

因为 B 点的电势必须为零，故

$$\frac{q}{r_2} + \frac{q'}{r_1} = 0 \tag{11.1.4}$$

将式(11.1.1)和式(11.1.2)代入式(11.1.4)，可得

$$R^2 + d^2 - 2Rd\cos\alpha = \left(\frac{q}{q'}\right)^2(R^2 + d'^2) - \left(\frac{q}{q'}\right)^2(2Rd')\cos\alpha \tag{11.1.5}$$

由于金属球面为等势面，故对任一角度 α 而言，式(11.1.5)都必须成立，因此以下两式必须同时成立：

$$R^2 + d^2 = \left(\frac{q}{q'}\right)^2(R^2 + d'^2) \tag{11.1.6}$$

$$Rd = \left(\frac{q}{q'}\right)^2 (Rd') \tag{11.1.7}$$

联立式(11.1.6)和式(11.1.7),可解得

$$d' = \frac{R^2}{d} \tag{11.1.8}$$

$$q' = -\frac{qR}{d} \tag{11.1.9}$$

(A3) 利用式(11.1.8)和式(11.1.9),可得作用在该点电荷 q 的静电力大小为

$$F = \frac{1}{4\pi\varepsilon_0} \frac{qq'}{(d-d')^2} = \frac{1}{4\pi\varepsilon_0} \frac{q\left(-\frac{qR}{d}\right)}{\left(d-\frac{R^2}{d}\right)^2}$$

$$= -\frac{1}{4\pi\varepsilon_0} \frac{q^2 Rd}{(d^2-R^2)^2} \tag{11.1.10}$$

故该静电力为吸引力。

B 部分　静电场的屏蔽

(B1) 如图 J11.1.2 所示,A 点处的电场强度矢量为

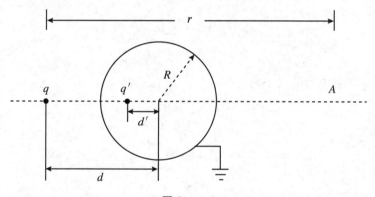

图 J11.1.2

$$\boldsymbol{E}_A = \left[\frac{1}{4\pi\varepsilon_0}\frac{q}{r^2} + \frac{1}{4\pi\varepsilon_0}\frac{q'}{(r-d+d')^2}\right]\hat{\boldsymbol{r}}$$

$$= \left[\frac{1}{4\pi\varepsilon_0}\frac{q}{r^2} - \frac{1}{4\pi\varepsilon_0}\frac{q\frac{R}{d}}{\left(r-d+\frac{R^2}{d}\right)^2}\right]\hat{\boldsymbol{r}} \tag{11.1.11}$$

(B2) 若 $r \gg d$,则式(11.1.11)中

$$\left(r-d+\frac{R^2}{d}\right)^{-2} \approx \frac{1}{r^2}\left(1+\frac{2d}{r}-\frac{2R^2}{rd}\right) \tag{11.1.12}$$

将式(11.1.12)代入式(11.1.11),可得 A 点的电场强度矢量为

$$\boldsymbol{E}_A = \frac{1}{4\pi\varepsilon_0}\frac{\left(1-\frac{R}{d}\right)q}{r^2}\hat{\boldsymbol{r}} - \frac{1}{4\pi\varepsilon_0}\frac{2q\frac{R}{d}}{r^3}\left(d-\frac{R^2}{d}\right)\hat{\boldsymbol{r}} \tag{11.1.13}$$

(B3) 由式(11.1.13)可知,当 $d \to R$ 时,A 点处的电场趋近于零,即接地的金属球完全屏蔽点电荷 q 所产生的电场。

注 一般而言,接地的金属球不能完全屏蔽球外电荷所产生的电场,即使球外电荷产生的电场随距离的增加而减小,其减小的趋势快过 $\frac{1}{r^2}$。电场强度和距离的函数关系主要决定于 $\frac{1}{r^2}$,如同标准的库仑定律。

C 部分　接地金属球的电场中的小振动

(C1) 如图 J11.1.3 所示,点电荷 q 至金属球中心的距离为

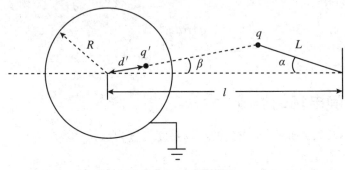

图 J11.1.3

$$d = \sqrt{l^2 + L^2 - 2lL\cos\alpha} \tag{11.1.14}$$

作用于点电荷 q 的静电力的大小为

$$F = \frac{1}{4\pi\varepsilon_0} \frac{qq'}{(d-d')^2}$$

$$= \frac{1}{4\pi\varepsilon_0} \frac{q\left(-\dfrac{qR}{d}\right)}{\left(d-\dfrac{R^2}{d}\right)^2}$$

$$= -\frac{1}{4\pi\varepsilon_0} \frac{q^2 R d}{(d^2 - R^2)^2} \tag{11.1.15}$$

将式(11.1.14)代入式(11.1.15),可得作用在点电荷 q 上的静电力大小为

$$F = -\frac{1}{4\pi\varepsilon_0} \frac{q^2 R \sqrt{l^2 + L^2 - 2lL\cos\alpha}}{(l^2 + L^2 - 2lL\cos\alpha - R^2)^2} \tag{11.1.16}$$

静电力的方向如图 J11.1.4 所示。

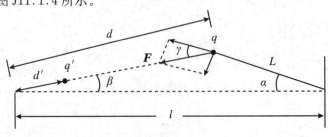

图 J11.1.4

(C2) 由图 J11.1.4 中的几何关系可得

$$L\sin\alpha = d\sin\beta \tag{11.1.17}$$
$$\gamma = \alpha + \beta \tag{11.1.18}$$

静电力在垂直于细绳方向上的分量为

$$F_\perp = \frac{1}{4\pi\varepsilon_0}|F|\sin\gamma$$
$$= \frac{1}{4\pi\varepsilon_0}\frac{q^2R\sqrt{l^2+L^2-2lL\cos\alpha}}{(l^2+L^2-2lL\cos\alpha-R^2)^2}\sin(\alpha+\beta) \tag{11.1.19}$$

其中

$$\beta = \arcsin\frac{L\sin\alpha}{d} = \arcsin\frac{L\sin\alpha}{\sqrt{l^2+L^2-2lL\cos\alpha}} \tag{11.1.20}$$

(C3) 点电荷 q 做单摆运动的动力学方程为

$$F_\perp = -mL\frac{d^2\alpha}{dt^2} \tag{11.1.21}$$

就小角度振动而言,$\alpha \ll 1$。利用近似关系:$\sin\theta \approx \theta$ 和 $\cos\theta \approx 1 - \frac{1}{2}\theta^2$,并在展开式中保留至 α 的一次项,由式(11.1.18)和式(11.1.20)可得

$$\beta \approx \sin\beta = \frac{L\sin\alpha}{\sqrt{l^2+L^2-2lL\cos\alpha}} \approx \frac{L\alpha}{l-L} \tag{11.1.22}$$

$$\gamma \approx \alpha + \frac{L\alpha}{l-L} = \frac{l\alpha}{l-L} \tag{11.1.23}$$

由式(11.1.19)可得

$$F_\perp = \frac{1}{4\pi\varepsilon_0}\frac{q^2R(l-L)}{[(l-L)^2-R^2]^2}\frac{l\alpha}{l-L}$$
$$= \frac{1}{4\pi\varepsilon_0}\frac{q^2Rl\alpha}{[(l-L)^2-R^2]^2} \tag{11.1.24}$$

将式(11.1.24)代入式(11.1.21),可得

$$mL\frac{d^2\alpha}{dt^2} + \frac{1}{4\pi\varepsilon_0}\frac{q^2Rl\alpha}{[(l-L)^2-R^2]^2} = 0$$

$$\Rightarrow \frac{d^2\alpha}{dt^2} + \frac{1}{4\pi\varepsilon_0}\frac{q^2Rl}{[(l-L)^2-R^2]^2 mL}\alpha = 0 \tag{11.1.25}$$

故点电荷 q 做小角度振动的角频率为

$$\omega = \frac{q}{(l-L)^2-R^2}\sqrt{\frac{1}{4\pi\varepsilon_0}\frac{Rl}{mL}} \tag{11.1.26}$$

D 部分　系统的静电能

方法一

(D1) 该系统各电荷间相互作用的总静电能 W_E 由两部分静电能构成:一是球外点电荷和金属球面上的感应电荷之间的相互作用的静电能 W_{E1};二是金属球面上各感应电荷之间的相互作用静电能 W_{E2},即

$$W_E = W_{E1} + W_{E2} \tag{11.1.27}$$

设金属球面上共有 N 个感应电荷,各电荷的电量和位置矢量分别为 q_j, r_j,其中 $j=1, 2, \cdots, N$。利用像电荷的定义,可知这些感应电荷在球面上形成的电势等价于其像电荷在球面上所形成的电势。位置矢量为 r 的球面上的某点由感应电荷所形成的电势为

$$\frac{q'}{|r - d'|} = \sum_{j=1}^{N} \frac{q_j}{|r - r_j|} \tag{11.1.28}$$

若该点的位置矢量恰好与感应电荷的 q_i 的重合,则式(11.1.28)须修正为

$$\frac{q'}{|r - d'|} = \sum_{j=1, j \neq i}^{N} \frac{q_j}{|r - r_j|} \tag{11.1.29}$$

由于金属球接地,其球面的电势必须为零,故球外电荷和球面上各感应电荷在球面上形成的总电势为零,即

$$\frac{q}{|r - d|} + \frac{q'}{|r - d'|} = 0 \tag{11.1.30}$$

其中 d, d' 分别为球外点电荷 q 和其像电荷 q' 的位置矢量。

球外电荷 q 和球面上的感应电荷之间相互作用的静电能可写为

$$W_{E1} = \frac{1}{4\pi\varepsilon_0} \sum_{j=1}^{N} \frac{qq_j}{|d - r_j|}$$

$$= \frac{q}{4\pi\varepsilon_0} \sum_{j=1}^{N} \frac{q_j}{|d - r_j|}$$

$$= \frac{q}{4\pi\varepsilon_0} \frac{q'}{|d - d'|} \tag{11.1.31}$$

利用式(11.1.8)和式(11.1.9),可得

$$W_{E1} = \frac{q}{4\pi\varepsilon_0} \frac{q'}{d - d'} = -\frac{q}{4\pi\varepsilon_0} \frac{\frac{qR}{d}}{d - \frac{R^2}{d}} = -\frac{1}{4\pi\varepsilon_0} \frac{q^2 R}{d^2 - R^2} \tag{11.1.32}$$

(D2) 球面上感应电荷之间相互作用的静电能可写为

$$W_{E2} = \frac{1}{2} \sum_{i=1}^{N} \sum_{j=1, j \neq i}^{N} \frac{1}{4\pi\varepsilon_0} \frac{q_i q_j}{|r_i - r_j|} \tag{11.1.33}$$

利用式(11.1.29)和式(11.1.30),式(11.1.33)可改写为

$$W_{E2} = \frac{1}{2} \frac{1}{4\pi\varepsilon_0} \sum_{i=1}^{N} q_i \left(\sum_{j=1, j \neq i}^{N} \frac{q_j}{|r_i - r_j|} \right)$$

$$= \frac{1}{2} \frac{1}{4\pi\varepsilon_0} \sum_{i=1}^{N} q_i \frac{q'}{|r_i - d'|}$$

$$= \frac{1}{2} \frac{1}{4\pi\varepsilon_0} \sum_{i=1}^{N} q_i \left(-\frac{q}{|r_i - d|} \right)$$

$$= -\frac{1}{2} \frac{1}{4\pi\varepsilon_0} q \sum_{i=1}^{N} \frac{q_i}{|r_i - d|} \tag{11.1.34}$$

再利用式(11.1.28),可得

$$W_{E2} = -\frac{1}{2} \frac{1}{4\pi\varepsilon_0} q \frac{q'}{|d' - d|}$$

$$= -\frac{1}{2}\frac{1}{4\pi\varepsilon_0}q\frac{-\frac{qR}{d}}{d-\frac{R^2}{d}}$$

$$= \frac{1}{2}\frac{1}{4\pi\varepsilon_0}\frac{q^2 R}{d^2-R^2} \tag{11.1.35}$$

(D3) 由式(11.1.27)、式(11.1.32)和式(11.1.35)，可得此系统各电荷间相互作用的总静电能为

$$W_E = -\frac{1}{4\pi\varepsilon_0}\frac{q^2 R}{d^2-R^2} + \frac{1}{2}\frac{1}{4\pi\varepsilon_0}\frac{q^2 R}{d^2-R^2}$$

$$= -\frac{1}{8\pi\varepsilon_0}\frac{q^2 R}{d^2-R^2} \tag{11.1.36}$$

方法二

由式(11.1.10)可知，当球外点电荷 q 和金属球心之间的距离为 x 时，作用于该电荷的静电力为

$$F(x) = -\frac{1}{4\pi\varepsilon_0}\frac{q^2 Rx}{(x^2-R^2)^2} \tag{11.1.37}$$

把电荷 q 从无穷远处移至距球心为 d 时，外界对该电荷所做的功将转存为该系统的静电势能，即

$$W_E = -\int_\infty^d F(x)\mathrm{d}x$$

$$= \frac{1}{4\pi\varepsilon_0}\int_\infty^d \frac{q^2 Rx}{(x^2-R^2)^2}\mathrm{d}x$$

$$= \frac{1}{4\pi\varepsilon_0}\left(-\frac{1}{2}\frac{q^2 R}{d^2-R^2}\right)$$

$$= -\frac{1}{8\pi\varepsilon_0}\frac{q^2 R}{d^2-R^2} \tag{11.1.38}$$

球外电荷 q 和球面上感应电荷之间的相互作用的静电能等于点电荷 q 和其像电荷 q' 之间的静电能，即

$$W_{E1} = \frac{1}{4\pi\varepsilon_0}\frac{qq'}{d-d'}$$

$$= \frac{1}{4\pi\varepsilon_0}\frac{q\left(-\frac{qR}{d}\right)}{d-\frac{R^2}{d}}$$

$$= -\frac{1}{4\pi\varepsilon_0}\frac{q^2 R}{d^2-R^2} \tag{11.1.39}$$

利用式(11.1.27)，可得球面上感应电荷之间相互作用的静电能为

$$W_{E2} = W_E - W_{E1}$$

$$= -\frac{1}{8\pi\varepsilon_0}\frac{q^2 R}{d^2-R^2} + \frac{1}{4\pi\varepsilon_0}\frac{q^2 R}{d^2-R^2}$$

$$= \frac{1}{8\pi\varepsilon_0}\frac{q^2 R}{d^2-R^2} \tag{11.1.40}$$

第2题 烟囱的物理

A部分 烟囱

（A1）设 $p(z)$ 为高度为 z 处的大气压强，根据静止流体的压强公式，可得

$$p(z) = p(0) - \rho_{\text{大气}} g z \tag{11.2.1}$$

式中 $p(0)$ 为 $z=0$ 处的大气压强。根据题意，将伯努利方程应用于烟囱内部各处，有

$$\frac{1}{2}\rho_{\text{烟气}} v^2(z) + \rho_{\text{烟气}} g z + p_{\text{烟气}}(z) = \text{常数} \tag{11.2.2}$$

式中 $p_{\text{烟气}}$ 为烟囱内部的烟气在高度为 z 处的压强，$\rho_{\text{烟气}}$ 为烟气的密度，$v(z)$ 为烟气的速度。式(11.2.2)中我们已经使用了题中的假设③，即烟囱内的气体密度不变。将式(11.2.2)应用于烟囱的两端：（ⅰ）连通燃烧炉的烟囱底部，即 $z=-\varepsilon$ 处，ε 为很小且可忽略的正数；（ⅱ）烟囱的顶部，即 $z=h$ 处，可得

$$\frac{1}{2}\rho_{\text{烟气}} v^2(h) + \rho_{\text{烟气}} g h + p_{\text{烟气}}(h) = p_{\text{烟气}}(-\varepsilon) \tag{11.2.3}$$

在式(11.2.3)中，我们使用了题中的假设①，即火炉内的烟气速度小到可以忽略；同时又有 $\rho_{\text{烟气}} g(-\varepsilon) \approx 0$。本小题的意图是求出能完全排放烟气的最小烟囱高度，因此在烟囱顶端的气体压强必须大于等于该处的大气压强 $p(h)$。燃烧炉内烟囱底端入口处的烟气压强 $p_{\text{烟气}}(-\varepsilon) \approx p(0)$。因此式(11.2.3)可改写为

$$\frac{1}{2}\rho_{\text{烟气}} v^2(h) + \rho_{\text{烟气}} g h + p(h) \approx p(0) \tag{11.2.4}$$

利用式(11.2.1)和式(11.2.4)，可解得

$$v(h) \approx \sqrt{2gh\left(\frac{\rho_{\text{大气}}}{\rho_{\text{烟气}}} - 1\right)} \tag{11.2.5}$$

欲将烟气完全排放到大气中去，则在烟囱顶端的烟气流量 $Av(h)$ 必须大于等于单位时间内火炉内燃烧所产生的气体体积 B，即

$$Av(h) \geq B \Rightarrow v(h) \geq \frac{B}{A} \tag{11.2.6}$$

由式(11.2.5)和式(11.2.6)可得

$$h \geq \frac{B^2}{2gA^2} \frac{1}{\frac{\rho_{\text{大气}}}{\rho_{\text{烟气}}} - 1} \tag{11.2.7}$$

按照题中假设②，燃烧炉内的烟气可视为理想气体，其压强和温度分别为 $p(0)$ 和 $T_{\text{烟气}}$；烟气的密度和同温度同压强下的空气密度相同，根据理想气体方程，可得

$$\frac{\rho_{\text{大气}}}{\rho_{\text{烟气}}} = \frac{T_{\text{烟气}}}{T_{\text{大气}}} \tag{11.2.8}$$

将式(11.2.8)代入式(11.2.7)，可得

$$h \geq \frac{B^2}{2gA^2} \frac{1}{\frac{T_{\text{烟气}}}{T_{\text{大气}}} - 1} = \frac{B^2}{2gA^2} \frac{T_{\text{大气}}}{T_{\text{烟气}} - T_{\text{大气}}} = \frac{B^2}{2gA^2} \frac{T_{\text{大气}}}{\Delta T} \tag{11.2.9}$$

故烟囱所需的最小高度为

$$h_{\min} = \frac{B^2}{2gA^2} \frac{T_{大气}}{\Delta T} \tag{11.2.10}$$

(A2) 利用式(11.2.10),可得

$$\frac{h(30\ ℃)}{h(-30\ ℃)} = \frac{\dfrac{T(30\ ℃)}{T_{烟气} - T(30\ ℃)}}{\dfrac{T(-30\ ℃)}{T_{烟气} - T(-30\ ℃)}} = \frac{\dfrac{303}{673-303}}{\dfrac{243}{673-243}} = 1.45$$

$$\Rightarrow h(30\ ℃) = 145\ \text{m} \tag{11.2.11}$$

即位于温暖区域的烟囱的高度至少为 145 m。

(A3) 按照题中假设③,烟囱内的气体密度的变化可忽略且烟囱的截面积不变,故由流体的连续性方程可知

$$Av = B \Rightarrow v = \frac{B}{A} \tag{11.2.12}$$

即在烟囱内的气体速度不变,不会随高度而改变。利用式(11.2.5)和式(11.2.8),该气体速度也可写为

$$v = v(h) \approx \sqrt{2gh\left(\frac{\rho_{大气}}{\rho_{烟气}} - 1\right)}$$

$$= \sqrt{2gh\left(\frac{T_{烟气}}{T_{大气}} - 1\right)}$$

$$= \sqrt{2gh\frac{\Delta T}{T_{大气}}} \tag{11.2.13}$$

当烟气由火炉刚进入烟囱时,其速度由近似为零突然跃升至式(11.2.13)的值。

(A4) 由式(11.2.2)和式(11.2.5)可得

$$\frac{1}{2}\rho_{烟气} \cdot 2gh\left(\frac{\rho_{大气}}{\rho_{烟气}} - 1\right) + \rho_{烟气}gz + p_{烟气}(z) = p(0)$$

$$\Rightarrow p_{烟气}(z) = p(0) - (\rho_{大气} - \rho_{烟气})gh - \rho_{烟气}gz \tag{11.2.14}$$

B 部分 太阳能发电厂

(B1) 利用式(11.2.13),可得烟囱内的热气流在 Δt 时间内所释放出的动能为

$$E_k = \frac{1}{2}\Delta m v^2 = \frac{1}{2}(\rho_{热气}Av\Delta t)v^2 = (\rho_{热气}Av\Delta t)gh\frac{\Delta T}{T_{大气}} \tag{11.2.15}$$

式中 $\rho_{热气}$ 代表被太阳辐射所加热的气流密度。热气流的动能用于推动涡轮发电机,其功率为

$$P_k = \frac{E_k}{\Delta t} = (\rho_{热气}Av)gh\frac{\Delta T}{T_{大气}} \tag{11.2.16}$$

加热该气流的太阳能辐射功率为

$$P_s = GS = (\rho_{热气}Av)c\Delta T \tag{11.2.17}$$

由式(11.2.16)和式(11.2.17)可得太阳能烟囱发电厂的效率为

$$\eta = \frac{P_k}{P_s} = \frac{gh}{cT_{大气}} \tag{11.2.18}$$

(B2) 太阳能烟囱的效率 η 和烟囱的高度 h 呈线性关系。

C 部分　曼察纳尔斯太阳能发电原型机

(C1) 利用式(11.2.18),可知太阳能烟囱原型机的效率为

$$\eta = \frac{gh}{cT_{大气}} = \frac{9.81 \times 195}{1012 \times 295} = 6.41 \times 10^{-3} = 0.641\% \tag{11.2.19}$$

(C2) 利用式(11.2.17)和式(11.2.19),可计算太阳能烟囱发电原型机的功率为

$$P_E = \eta P_s = \eta GS = \eta G \pi \left(\frac{D}{2}\right)^2$$
$$= 0.00641 \times 150 \times \pi \times \left(\frac{244}{2}\right)^2 \text{ W}$$
$$= 45.0 \text{ kW} \tag{11.2.20}$$

(C3) 若一天有 8 h 的日照时间,则太阳能电厂一天能提供的能量为

$$E = P_E t = 45.0 \text{ kW} \times 8 \text{ h} = 360 \text{ kW} \cdot \text{h} \tag{11.2.21}$$

(C4) 利用式(11.2.13)和式(11.2.17),可得

$$GS = \left(\rho_{热气} A \sqrt{2gh \frac{\Delta T}{T_{大气}}}\right) c \Delta T \Rightarrow$$

$$\Delta T = \left(\frac{G^2 S^2 T_{大气}}{2ghc^2 \rho_{热气}^2 A^2}\right)^{1/3}$$
$$= \left[\frac{150^2 \times (\pi \times 122^2)^2 \times 295}{2 \times 9.81 \times 195 \times 1012^2 \times 0.90^2 \times (\pi \times 5^2)^2}\right]^{1/3} \text{ K}$$
$$= 9.1 \text{ K} \tag{11.2.22}$$

(C5) 利用式(11.2.17),可得此通过此原型机烟囱的空气质量流量为

$$\frac{\Delta m}{\Delta t} = \rho_{热气} Av = \frac{GS}{c \Delta T} = \frac{150 \times \pi \times 122^2}{1012 \times 9.1} \text{ kg/s} = 760 \text{ kg/s} \tag{11.2.23}$$

第 3 题　原子核的简单模型

A 部分　原子核是核子的紧密堆积系统

(A1) 在图 J11.3.1 所示的简单立方晶格中,每个顶角处各有一个核子,各核子的半径为 r_N,与邻近的其他核子密切接触,故 $a = 2r_N$。每个顶角的核子被邻近的 8 个立方晶格共享,故属于该立方晶格的部分仅有 $\frac{1}{8}$,因此一个立方晶格内所拥有的核子数为 $8 \times \frac{1}{8} = 1$ 个。一个核子所占的体积为

$$V_N = \frac{4}{3}\pi r_N^3 = \frac{4}{3}\pi \left(\frac{a}{2}\right)^3 = \frac{1}{6}\pi a^3 \tag{11.3.1}$$

故该原子核的填充因子为

$$f = \frac{V_N}{a^3} = \frac{\pi}{6} \approx 0.524 \tag{11.3.2}$$

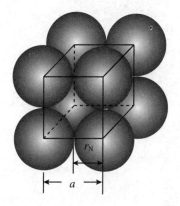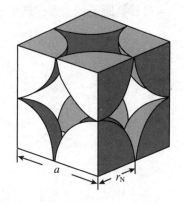

图 J11.3.1

（A2）由于一个立方晶格内仅含一个核子，故原子核的平均质量密度为

$$\rho_m = \frac{m_N}{a^3} = \frac{V_N}{a^3}\frac{m_N}{V_N} = f\frac{m_N}{V_N} = f\frac{m_N}{\frac{4}{3}\pi r_N^3}$$

$$= 0.524 \times \frac{1.67 \times 10^{-27}}{\frac{4}{3}\pi \times (0.85 \times 10^{-15})^3} \text{ kg/m}^3$$

$$= 3.40 \times 10^{17} \text{ kg/m}^3 \tag{11.3.3}$$

由于题中假设原子核内的质子数和中子数近乎相等，故原子核的电荷密度为

$$\rho_e = \frac{1}{2}\frac{e}{a^3} = \frac{f}{2}\frac{e}{V_N}$$

$$= \frac{0.524}{2} \times \frac{1.60 \times 10^{-19}}{\frac{4}{3}\pi \times (0.85 \times 10^{-15})^3} \text{ C/m}^3$$

$$= 1.63 \times 10^{25} \text{ C/m}^3 \tag{11.3.4}$$

原子核的半径为

$$f \times \frac{4}{3}\pi R^3 = AV_N = A \times \frac{4}{3}\pi r_N^3 \Rightarrow$$

$$R = r_N\left(\frac{A}{f}\right)^{1/3} = 0.85 \times 10^{-15} \times \left(\frac{A}{0.524}\right)^{1/3} \text{ m}$$

$$= 1.06 \times 10^{-15} A^{1/3} \text{ m}$$

$$= 1.06 A^{1/3} \text{ fm} \tag{11.3.5}$$

B 部分　原子核的结合能——体积项和表面项

（B1）首先计算分布在原子核表面的核子数 $A_{表面}$，这些核子位于原子核表面以下厚度为 $2r_N$ 的球壳内。这个球壳的体积为

$$V_{表面} = \frac{4}{3}\pi R^3 - \frac{4}{3}\pi (R - 2r_N)^3$$

$$= 8\pi\left(R^2 r_N - 2R r_N^2 + \frac{4}{3}r_N^3\right) \tag{11.3.6}$$

利用式(11.3.6)，可计算原子核表面的核子数：

$$A_{表面} V_N = V_{表面} f \tag{11.3.7}$$

解得原子核表面的核子数为

$$A_{表面} = f \frac{V_{表面}}{V_N}$$

$$= f \times \frac{8\pi \left(R^2 r_N - 2R r_N^2 + \frac{4}{3} r_N^3 \right)}{\frac{4}{3}\pi r_N^3}$$

$$= 6f \left[\left(\frac{R}{r_N} \right)^2 - 2 \frac{R}{r_N} + \frac{4}{3} \right] \tag{11.3.8}$$

利用式(11.3.5)可得

$$A_{表面} = 6f \left[\left(\frac{R}{r_N} \right)^2 - 2 \frac{R}{r_N} + \frac{4}{3} \right]$$

$$= 6f^{1/3} A^{2/3} - 12 f^{2/3} A^{1/3} + 8f$$

$$= 6 \left(\frac{\pi}{6} \right)^{1/3} A^{2/3} - 12 \left(\frac{\pi}{6} \right)^{2/3} A^{1/3} + 8 \times \frac{\pi}{6}$$

$$= 6^{2/3} \pi^{1/3} A^{2/3} - 2 \times 6^{1/3} \pi^{2/3} A^{1/3} + \frac{4}{3} \pi$$

$$= 4.84 A^{2/3} - 7.80 A^{1/3} + 4.19 \tag{11.3.9}$$

原子核的结合能为

$$E_b = (A - A_{表面}) a_V + A_{表面} \frac{a_V}{2} = A a_V - A_{表面} \frac{a_V}{2}$$

$$= A a_V - (3 f^{1/3} A^{2/3} - 6 f^{2/3} A^{1/3} + 4f) a_V$$

$$= (A - 3 f^{1/3} A^{2/3} + 6 f^{2/3} A^{1/3} - 4f) a_V$$

$$= (15.8 A - 38.2 A^{2/3} + 61.6 A^{1/3} - 33.1) \text{ MeV} \tag{11.3.10}$$

C 部分　静电效应对结合能的影响

(C1) 根据均匀带电球体（半径为 R，总电荷为 Q_0）的静电能公式 $U_e = \dfrac{3 Q_0^2}{20 \pi \varepsilon_0 R}$，一个原子核的静电能为

$$U_e = \frac{3 (Ze)^2}{20 \pi \varepsilon_0 R} = \frac{3 Z^2 e^2}{20 \pi \varepsilon_0 R} \tag{11.3.11}$$

但考虑到原子核中每一个质子所受的静电力来自于其他质子的库仑力，不受其自身的库仑力的影响，故 Z^2 需近似取为 $Z(Z-1)$，因此 U_e 需修正为

$$U_e = \frac{3 Z(Z-1) e^2}{20 \pi \varepsilon_0 R} \tag{11.3.12}$$

注　均匀带电球体静电能公式 $U_e = \dfrac{3 Q_0^2}{20 \pi \varepsilon_0 R}$ 的推导过程如下。

方法一

一个半径为 r 的均匀带电球体，设电荷密度为 ρ_e，则在球面上的电势为 $\varphi(r) = \dfrac{1}{4\pi\varepsilon_0} \cdot$

$\dfrac{\dfrac{4}{3}\pi r^3 \rho_e}{r}$。若将 $(4\pi r^2 \mathrm{d}r)\rho_e$ 的电量从无穷远处移至该球体的表面上,则所需能量为 $(4\pi r^2 \mathrm{d}r)\rho_e \varphi(r)$。因此半径为 R,总电量为 Q_0 的均匀带电球体的静电能为

$$U_e = \int_0^R (4\pi r^2 \mathrm{d}r)\rho_e \varphi(r)$$

$$= \int_0^R (4\pi r^2 \mathrm{d}r)\rho_e \frac{1}{4\pi\varepsilon_0} \frac{\dfrac{4}{3}\pi r^3 \rho_e}{r}$$

$$= \frac{\rho_e^2}{4\pi\varepsilon_0} \frac{16\pi^2}{3} \int_0^R r^4 \mathrm{d}r = \frac{4\pi \rho_e^2}{15\varepsilon_0} R^5$$

$$= \frac{4\pi}{15\varepsilon_0} \left(\frac{Q_0}{\dfrac{4}{3}\pi R^3}\right)^2 R^5 = \frac{3 Q_0^2}{20\pi\varepsilon_0 R}$$

方法二

静电场的能量密度为 $w_e = \dfrac{1}{2}\varepsilon_0 E^2(r)$,式中的电场强度为

若 $r \geqslant R$,则

$$E(r) = \frac{1}{4\pi\varepsilon_0} \frac{Q_0}{r^2}$$

若 $r < R$,则

$$E(r) = \frac{1}{4\pi\varepsilon_0} \frac{\dfrac{4}{3}\pi r^3 \rho_e}{r^2} = \frac{1}{4\pi\varepsilon_0} \frac{\dfrac{4}{3}\pi r^3}{r^2} \frac{Q_0}{\dfrac{4}{3}\pi R^3} = \frac{1}{4\pi\varepsilon_0} \frac{Q_0}{R^3} r$$

均匀带电球体的静电能为

$$U_e = \int_0^\infty \left[\frac{1}{2}\varepsilon_0 E^2(r)\right](4\pi r^2 \mathrm{d}r)$$

$$= \int_0^R \left[\frac{1}{2}\varepsilon_0 E^2(r)\right](4\pi r^2 \mathrm{d}r) + \int_R^\infty \left[\frac{1}{2}\varepsilon_0 E^2(r)\right](4\pi r^2 \mathrm{d}r)$$

$$= \frac{1}{8\pi\varepsilon_0} \left(\frac{Q_0}{R^3}\right)^2 \int_0^R r^4 \mathrm{d}r + \frac{1}{8\pi\varepsilon_0} Q_0^2 \int_R^\infty \frac{1}{r^2} \mathrm{d}r$$

$$= \frac{1}{8\pi\varepsilon_0} \left(\frac{Q_0}{R^3}\right)^2 \frac{R^5}{5} + \frac{1}{8\pi\varepsilon_0} Q_0^2 \frac{1}{R}$$

$$= \frac{3 Q_0^2}{20\pi\varepsilon_0 R}$$

(C2) 质子间的库仑斥力使原子核的束缚能减少,其减少量为

$$\Delta E_b = -U_e = -\frac{3Z(Z-1)e^2}{20\pi\varepsilon_0 R} \tag{11.3.13}$$

利用式(11.3.5), $R = r_N \left(\dfrac{A}{f}\right)^{1/3}$,式(11.3.13)可改写为

$$\Delta E_b = -\frac{3 e^2 f^{1/3}}{20\pi\varepsilon_0 r_N} \frac{Z(Z-1)}{A^{1/3}}$$

$$= -\frac{Z(Z-1)}{A^{1/3}} \times 1.31 \times 10^{-13} \text{ J}$$

$$= -\frac{Z(Z-1)}{A^{1/3}} \times 0.820 \text{ MeV} \tag{11.3.14}$$

代入 $Z \approx \dfrac{A}{2}$,式(11.3.14)可写为

$$\Delta E_b \approx (-0.205 A^{5/3} + 0.410 A^{2/3}) \text{ MeV} \tag{11.3.15}$$

原子核的总结合能为

$$E_b = (A - 3f^{1/3}A^{2/3} + 6f^{2/3}A^{1/3} - 4f)a_V - \Delta E_b$$

$$= (A - 3f^{1/3}A^{2/3} + 6f^{2/3}A^{1/3} - 4f)a_V - \frac{3e^2 f^{1/3}}{20\pi\varepsilon_0 r_N} \frac{Z(Z-1)}{A^{1/3}}$$

$$\approx (A - 3f^{1/3}A^{2/3} + 6f^{2/3}A^{1/3} - 4f)a_V - \frac{3e^2 f^{1/3}}{20\pi\varepsilon_0 r_N} \frac{\frac{A}{2}\left(\frac{A}{2}-1\right)}{A^{1/3}}$$

$$= (A - 3f^{1/3}A^{2/3} + 6f^{2/3}A^{1/3} - 4f)a_V - \frac{3e^2 f^{1/3}}{20\pi\varepsilon_0 r_N}\left(\frac{A^{5/3}}{4} - \frac{A^{2/3}}{2}\right) \tag{11.3.16}$$

D 部分　重原子核的分裂

(D1) 原子核分裂后的总动能 E_k 来自于产物（两个较轻的原子核）和原来的重原子核之间的结合能差值以及两个轻原子核间的电势能,即

$$E_k(d) = 2E_b\left(\frac{A}{2}\right) - \frac{1}{4\pi\varepsilon_0}\frac{\left(\frac{Ze}{2}\right)^2}{d} - E_b(A) \tag{11.3.17}$$

将式(11.3.16)代入式(11.3.17),并利用 $\dfrac{Z}{2} \approx \dfrac{A}{4}$,可得

$$E_k(d) = 2\left\{\left[\frac{A}{2}a_V - 3f^{1/3}\left(\frac{A}{2}\right)^{2/3}a_V + 6f^{2/3}\left(\frac{A}{2}\right)^{1/3}a_V - 4fa_V\right]\right.$$

$$\left. - \frac{3e^2 f^{1/3}}{20\pi\varepsilon_0 r_N}\left[\frac{1}{4}\left(\frac{A}{2}\right)^{5/3} - \frac{1}{2}\left(\frac{A}{2}\right)^{2/3}\right]\right\}$$

$$- \left[(Aa_V - 3f^{1/3}A^{2/3}a_V + 6f^{2/3}A^{1/3}a_V - 4fa_V) - \frac{3e^2 f^{1/3}}{20\pi\varepsilon_0 r_N}\left(\frac{A^{5/3}}{4} - \frac{A^{3/2}}{2}\right)\right]$$

$$- \frac{1}{4\pi\varepsilon_0}\frac{\left(\frac{A}{4}\right)^2 e^2}{d}$$

$$= -3f^{1/3}A^{2/3}a_V(2^{1/3} - 1) + 6f^{2/3}A^{1/3}(2^{2/3} - 1) - 4fa_V$$

$$- \frac{3e^2 f^{1/3}}{20\pi\varepsilon_0 r_N}\left[\frac{A^{5/3}}{4}(2^{-2/3} - 1) - \frac{A^{2/3}}{2}(2^{1/3} - 1)\right] - \frac{1}{4\pi\varepsilon_0}\frac{A^2 e^2}{16d} \tag{11.3.18}$$

(D2) 若 $d = 2R\left(\dfrac{A}{2}\right)$,则式(11.3.17)可化为

$$E_k = 2E_b\left(\frac{A}{2}\right) - E_b(A) - \frac{1}{4\pi\varepsilon_0}\frac{\left(\frac{A}{4}\right)^2 e^2}{2R\left(\frac{A}{2}\right)} \tag{11.3.19}$$

利用式(11.3.5)可得

$$R\left(\frac{A}{2}\right) = \left(\frac{A}{2f}\right)^{1/3} r_N = 2^{-1/3} A^{1/3} f^{-1/3} r_N \qquad (11.3.20)$$

将式(11.3.20)代入式(11.3.19),可得

$$E_k = 2E_b\left(\frac{A}{2}\right) - E_b(A) - \frac{1}{4\pi\varepsilon_0} \frac{A^2 e^2}{16 \times 2 \times 2^{-1/3} A^{1/3} f^{-1/3} r_N}$$

$$= 2E_b\left(\frac{A}{2}\right) - E_b(A) - \frac{1}{\pi\varepsilon_0} \frac{2^{1/3} A^{5/3} f^{1/3} e^2}{128 r_N}$$

$$= -3f^{1/3} A^{2/3} a_V (2^{1/3} - 1) + 6f^{2/3} A^{1/3} (2^{2/3} - 1) - 4f a_V$$

$$- \frac{e^2 f^{1/3}}{\pi\varepsilon_0 r_N}\left[\frac{3}{80}(2^{-2/3} - 1) + \frac{2^{1/3}}{128}\right]A^{5/3} - \frac{e^2 f^{1/3}}{\pi\varepsilon_0 r_N}\left[\frac{3}{40}(2^{1/3} - 1)\right]A^{2/3}$$

$$= (0.02203 A^{5/3} - 10.0365 A^{2/3} + 36.175 A^{1/3} - 33.091)\ \text{MeV} \qquad (11.3.21)$$

将 $A = 100, 150, 200, 250$ 依次代入式(11.3.21)进行数值计算,可得

$$A = 100, \quad E_k = -33.95\ \text{MeV}$$
$$A = 150, \quad E_k = -30.93\ \text{MeV}$$
$$A = 200, \quad E_k = -14.10\ \text{MeV}$$
$$A = 250, \quad E_k = +15.06\ \text{MeV}$$

(D3) 造成核分裂的 A 值的必要条件为

$$E_k = (0.02203 A^{5/3} - 10.0365 A^{2/3} + 36.175 A^{1/3} - 33.091)\ \text{MeV} \geqslant 0 \qquad (11.3.22)$$

从(D2)小题的计算数据可知,所需的最小 A 值应落在 200 和 250 之间,粗略估计为 $A_{\min} = 225$。满足式(11.3.22)的精确数值解为

$$A \geqslant 227 \qquad (11.3.23)$$

E 部分　转移反应

(E1) 本小题可用经典力学或相对论力学来求解。

方法一：经典力学解法

首先,在核反应前后的质量变化为

$$\Delta m = m_{0\text{总后}} - m_{0\text{总前}}$$
$$= (57.93535 + 12.00000)\text{u} - (53.93962 + 15.99491)\ \text{u}$$
$$= 0.00082\ \text{u} = 1.3616 \times 10^{-30}\ \text{kg} \qquad (11.3.24)$$

利用质能方程,可得核反应前后的能量变化为

$$\Delta E = \Delta m c^2$$
$$= 1.3616 \times 10^{-30} \times 299792458^2\ \text{J}$$
$$= 1.2237 \times 10^{-13}\ \text{J} \qquad (11.3.25)$$

然后利用动量守恒定律和能量守恒定律,可得

$$m(^{16}\text{O})v(^{16}\text{O}) = m(^{12}\text{C})v(^{12}\text{C}) + m(^{58}\text{Ni})v(^{58}\text{Ni}) \qquad (11.3.26)$$

$$[m(^{16}\text{O})c^2 + E_k(^{16}\text{O})] + m(^{54}\text{Fe})c^2$$
$$= [m(^{12}\text{C})c^2 + E_k(^{12}\text{C})] + [m(^{58}\text{Ni})c^2 + E_x(^{58}\text{Ni}) + E_k(^{58}\text{Ni})] \qquad (11.3.27)$$

其中 $E_x(^{58}\text{Ni})$ 是 ^{58}Ni 处于激发态时的激发能,利用式(11.3.25),式(11.3.27)可写为

$$E_k(^{16}\text{O}) - \Delta E = E_k(^{12}\text{C}) + E_k(^{58}\text{Ni}) + E_x(^{58}\text{Ni}) \quad (11.3.28)$$

由于题中反应后产物粒子 ^{12}C 的速度与反应前入射粒子 ^{16}O 有相同的速度,所以式(11.3.26)可写为

$$[m(^{16}\text{O}) - m(^{12}\text{C})] v(^{16}\text{O}) = m(^{58}\text{Ni}) v(^{58}\text{Ni}) \quad (11.3.29)$$

因此可得 ^{58}Ni 的动能为

$$\begin{aligned}
E_k(^{58}\text{Ni}) &= \frac{1}{2} m(^{58}\text{Ni}) v^2(^{58}\text{Ni}) \\
&= \frac{[m(^{58}\text{Ni}) v(^{58}\text{Ni})]^2}{2 m(^{58}\text{Ni})} \\
&= \frac{[m(^{16}\text{O}) v(^{16}\text{O}) - m(^{12}\text{C}) v(^{16}\text{O})]^2}{2 m(^{58}\text{Ni})} \\
&= \frac{1}{2} m(^{16}\text{O}) v^2(^{16}\text{O}) \frac{[m(^{16}\text{O}) - m(^{12}\text{C})]^2}{m(^{58}\text{Ni}) m(^{16}\text{O})} \\
&= E_k(^{16}\text{O}) \frac{[m(^{16}\text{O}) - m(^{12}\text{C})]^2}{m(^{58}\text{Ni}) m(^{16}\text{O})} \quad (11.3.30)
\end{aligned}$$

利用式(11.3.28),可得 ^{58}Ni 激发态的能量为

$$\begin{aligned}
E_x(^{58}\text{Ni}) &= E_k(^{16}\text{O}) - \Delta E - E_k(^{12}\text{C}) - E_k(^{58}\text{Ni}) \\
&= E_k(^{16}\text{O}) - \Delta E - \frac{1}{2} m(^{12}\text{C}) v^2(^{16}\text{O}) - E_k(^{16}\text{O}) \frac{[m(^{16}\text{O}) - m(^{12}\text{C})]^2}{m(^{58}\text{Ni}) m(^{16}\text{O})} \\
&= -\Delta E + E_k(^{16}\text{O}) - E_k(^{16}\text{O}) \frac{m(^{12}\text{C})}{m(^{16}\text{O})} - E_k(^{16}\text{O}) \frac{[m(^{16}\text{O}) - m(^{12}\text{C})]^2}{m(^{58}\text{Ni}) m(^{16}\text{O})} \\
&= -\Delta E + E_k(^{16}\text{O}) \left\{ 1 - \frac{m(^{12}\text{C})}{m(^{16}\text{O})} - \frac{[m(^{16}\text{O}) - m(^{12}\text{C})]^2}{m(^{58}\text{Ni}) m(^{16}\text{O})} \right\} \\
&= -\Delta E + E_k(^{16}\text{O}) \frac{[m(^{16}\text{O}) - m(^{12}\text{C})][m(^{58}\text{Ni}) - m(^{16}\text{O}) + m(^{12}\text{C})]}{m(^{58}\text{Ni}) m(^{16}\text{O})}
\end{aligned}$$

$$(11.3.31)$$

式(11.3.31)中 $m(^{16}\text{O}) - m(^{12}\text{C})$ 的数值约等于所转移粒子的质量(即 ^{4}He 原子核);$m(^{58}\text{Ni}) - m(^{16}\text{O}) + m(^{12}\text{C})$ 的数值约等于作为靶核的原子核质量(即 ^{54}Fe 原子核)。将各物理量的数值代入式(11.3.31)计算可得

$$E_x(^{58}\text{Ni}) = 10.866 \text{ MeV} \quad (11.3.32)$$

方法二:相对论力学解法

利用动量守恒定律和能量守恒定律,可得

$$\frac{m(^{16}\text{O}) v(^{16}\text{O})}{\sqrt{1 - \frac{v^2(^{16}\text{O})}{c^2}}} = \frac{m(^{12}\text{C}) v(^{12}\text{C})}{\sqrt{1 - \frac{v^2(^{12}\text{C})}{c^2}}} + \frac{m^*(^{58}\text{Ni}) v(^{58}\text{Ni})}{\sqrt{1 - \frac{v^2(^{58}\text{Ni})}{c^2}}} \quad (11.3.33)$$

$$m(^{54}\text{Fe}) c^2 + \frac{m(^{16}\text{O}) c^2}{\sqrt{1 - \frac{v^2(^{16}\text{O})}{c^2}}} = \frac{m(^{12}\text{C}) c^2}{\sqrt{1 - \frac{v^2(^{12}\text{C})}{c^2}}} + \frac{m^*(^{58}\text{Ni}) c^2}{\sqrt{1 - \frac{v^2(^{58}\text{Ni})}{c^2}}} \quad (11.3.34)$$

式(11.3.33)和式(11.3.34)中的各项质量均为静止质量。但由于 ^{58}Ni 处于激发态,其静止

质量以 $m^*(^{58}\text{Ni})$ 表示。由于 ^{12}C 和 ^{16}O 具有相同的速度,故式(11.3.33)和式(11.3.34)可改写为

$$\frac{m(^{16}\text{O})v(^{16}\text{O}) - m(^{12}\text{C})v(^{16}\text{O})}{\sqrt{1 - \frac{v^2(^{16}\text{O})}{c^2}}} = \frac{m^*(^{58}\text{Ni})v(^{58}\text{Ni})}{\sqrt{1 - \frac{v^2(^{58}\text{Ni})}{c^2}}} \qquad (11.3.35)$$

$$m(^{54}\text{Fe}) + \frac{m(^{16}\text{O}) - m(^{12}\text{C})}{\sqrt{1 - \frac{v^2(^{16}\text{O})}{c^2}}} = \frac{m^*(^{58}\text{Ni})}{\sqrt{1 - \frac{v^2(^{58}\text{Ni})}{c^2}}} \qquad (11.3.36)$$

由式(11.3.35)和式(11.3.36)联立可得

$$v(^{58}\text{Ni}) = \frac{m(^{16}\text{O})v(^{16}\text{O}) - m(^{12}\text{C})v(^{16}\text{O})}{m(^{16}\text{O}) - m(^{12}\text{C}) + m(^{54}\text{Fe})\sqrt{1 - \frac{v^2(^{16}\text{O})}{c^2}}} \qquad (11.3.37)$$

^{16}O 原子核的动能为

$$E_k(^{16}\text{O}) = \frac{m(^{16}\text{O})c^2}{\sqrt{1 - \frac{v^2(^{16}\text{O})}{c^2}}} - m(^{16}\text{O})c^2 \qquad (11.3.38)$$

故

$$\sqrt{1 - \frac{v^2(^{16}\text{O})}{c^2}} = \frac{m(^{16}\text{O})c^2}{E_k(^{16}\text{O}) + m(^{16}\text{O})c^2} \qquad (11.3.39)$$

最终可得

$$v(^{16}\text{O}) = c\sqrt{1 - \left[\frac{m(^{16}\text{O})c^2}{E_k(^{16}\text{O}) + m(^{16}\text{O})c^2}\right]^2} \qquad (11.3.40)$$

将已知数值代入式(11.3.40),可得

$$v(^{16}\text{O}) = 2.4498 \times 10^7 \text{ m/s} \qquad (11.3.41)$$

将式(11.3.41)代入式(11.3.37),计算可得

$$v(^{58}\text{Ni}) = 1.69455 \times 10^6 \text{ m/s} \qquad (11.3.42)$$

利用式(11.3.35),可得 ^{58}Ni 在激发态时的静止质量为

$$m^*(^{58}\text{Ni}) = [m(^{16}\text{O}) - m(^{12}\text{C})] \frac{\sqrt{1 - \frac{v^2(^{58}\text{Ni})}{c^2}}}{\sqrt{1 - \frac{v^2(^{16}\text{O})}{c^2}}} \frac{v(^{16}\text{O})}{v(^{58}\text{Ni})}$$

$$= 57.9470 \text{ u} \qquad (11.3.43)$$

^{58}Ni 在激发态的能量为

$$E_x(^{58}\text{Ni}) = m^*(^{58}\text{Ni})c^2 - m(^{58}\text{Ni})c^2$$

$$= 1.7386 \times 10^{-12} \text{ J} = 10.8527 \text{ MeV} \qquad (11.3.44)$$

(E2) 当 ^{58}Ni 原子核从激发态返回到基态时,γ射线从起始静止的原子核发射出去,依据动量守恒定律和能量守恒定律有

$$p_\gamma = p_{反冲} \qquad (11.3.45)$$

$$E_x(^{58}\text{Ni}) = E_\gamma + E_{反冲} \qquad (11.3.46)$$

γ射线的方向与反冲原子核 ^{58}Ni 的运动方向相反。γ射线的能量与动量的关系式为

$$E_\gamma = p_\gamma c \tag{11.3.47}$$

由式(11.3.42)可知 ^{58}Ni 的速率 $v(^{58}\text{Ni}) = 1.69455 \times 10^6$ m/s，仅为光速的 0.6%，故可应用经典力学解法。^{58}Ni 的反冲动能为

$$E_{反冲} = \frac{p_{反冲}^2}{2m(^{58}\text{Ni})} = \frac{p_\gamma^2}{2m(^{58}\text{Ni})} = \frac{E_\gamma^2}{2m(^{58}\text{Ni})c^2} \tag{11.3.48}$$

将式(11.3.48)代入式(11.3.46)，可得

$$E_x(^{58}\text{Ni}) = E_\gamma + \frac{E_\gamma^2}{2m(^{58}\text{Ni})c^2} \tag{11.3.49}$$

由式(11.3.49)可解得 γ 射线的能量为

$$E_\gamma = \sqrt{[m(^{58}\text{Ni})c^2]^2 + 2m(^{58}\text{Ni})c^2 E_x(^{58}\text{Ni})} - m(^{58}\text{Ni})c^2 \tag{11.3.50}$$

代入数值计算可得

$$E_\gamma = 10.8649 \text{ MeV} \tag{11.3.51}$$

利用式(11.3.46)，可得 ^{58}Ni 的反冲动能为

$$E_{反冲} = E_x(^{58}\text{Ni}) - E_\gamma = (10.866 - 10.8649) \text{ MeV} = 1.1 \text{ keV} \tag{11.3.52}$$

在实验室参考系中，光源(^{58}Ni 原子核)朝向探测器运动，由于多普勒效应，静止的探测器测得 γ 光子的频率为

$$f_{探} = f_\gamma \sqrt{\frac{1+\beta}{1-\beta}} \tag{11.3.53}$$

式中 $\beta = \dfrac{v(^{58}\text{Ni})}{c} = \dfrac{1.6946 \times 10^6}{2.9979 \times 10^8} = 0.00565$。探测器所测得 γ 光子的能量为

$$E_{探} = hf_{探} = hf_\gamma \sqrt{\frac{1+\beta}{1-\beta}} = E_\gamma \sqrt{\frac{1+\beta}{1-\beta}}$$

$$= 10.865 \times \sqrt{\frac{1+0.00565}{1-0.00565}} \text{ MeV} = 10.926 \text{ MeV} \tag{11.3.54}$$

注 式(11.3.50)可近似计算如下：

$$E_\gamma = \sqrt{[m(^{58}\text{Ni})c^2]^2 + 2m(^{58}\text{Ni})c^2 E_x(^{58}\text{Ni})} - m(^{58}\text{Ni})c^2$$

$$= m(^{58}\text{Ni})c^2 \sqrt{1 + \frac{2E_x(^{58}\text{Ni})}{m(^{58}\text{Ni})c^2}} - m(^{58}\text{Ni})c^2$$

$$\approx m(^{58}\text{Ni})c^2 \left[1 + \frac{E_x(^{58}\text{Ni})}{m(^{58}\text{Ni})c^2} - \frac{1}{2}\frac{E_x^2(^{58}\text{Ni})}{m^2(^{58}\text{Ni})c^4}\right] - m(^{58}\text{Ni})c^2$$

$$= E_x(^{58}\text{Ni})\left[1 - \frac{E_x(^{58}\text{Ni})}{2m(^{58}\text{Ni})c^2}\right]$$

$$= 10.8649 \text{ MeV} \tag{11.3.55}$$

第42届国际物理奥林匹克竞赛理论试题

第1题 三体问题与探空激光干涉仪

A部分 三体问题

质量分别为 M 和 m 的物体在相互间的万有引力作用下绕它们共同的质心分别做半径为 R 和 r 的圆周运动。

(A1) 求 M 和 m 间连线的角速度 ω_0，用 R, r, M, m 和万有引力常量 G 表示。

如图 T12.1.1 所示，现将质量无限小的物体 μ 放在 M, m 的轨道平面上，μ 以 M, m 的共同质心 O 为圆心做圆周运动，且 μ 相对于 M 和 m 保持静止。假设质量无限小的物体 μ 不与 M 和 m 共线。

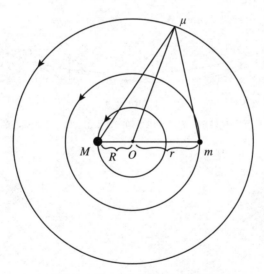

图 T12.1.1 三个物体的共面轨道

(A2) 求 μ 和 M 之间的距离 r_1，μ 和 m 之间的距离 r_2，μ 到 M, m 的共同质心 O 的距离 ρ，用 R 和 r 表示。

(A3) 考虑 $M = m$ 的情况。如果 μ 在 $O\mu$ 方向受到一个径向微扰，求 μ 相对于原先无微扰时的位置振动的角频率，用 ω_0 表示。假定 μ 的角动量守恒。

---

① 第42届国际物理奥林匹克竞赛于 2011 年 7 月 10 日至 7 月 18 日在泰国曼谷举行。84 个国家和地区派出代表队，393 名选手参加了本届竞赛。

B 部分　探空激光干涉仪

探空激光干涉仪(Laser Interferometry Space Antenna, LISA)由三个相同的航天器组成，其目的是为了探测低频引力波。如图 T12.1.2 和图 T12.1.3 所示，三个航天器分别位于等边三角形的三顶点上。等边三角形的边长（或称为 LISA 的"臂长"）为 5000000 km。LISA 处在地球的公转轨道上并跟踪地球绕太阳公转，LISA 质心的角位置落后地球 20°。实际上，LISA 中每一个航天器各自绕太阳运行的轨道相对于地球轨道略有倾斜。LISA 中的三个航天器绕它们共同的中心转动，周期为 1 a。

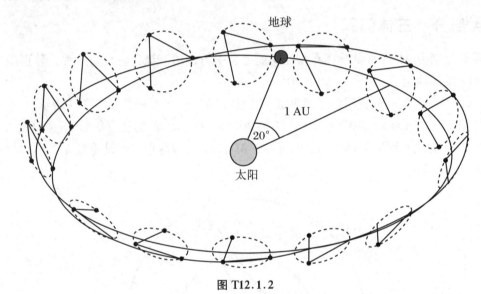

图 T12.1.2

三个航天器绕它们的质心以 1 a 为周期转动。它们跟踪着地球绕太阳公转，LISA 质心的角位置落后地球 20°。

图 T12.1.3　三个航天器跟踪地球的放大示意图

A，B 和 C 代表位于等边三角形顶点的三个航天器。

三个航天器不间断地相互发射和接收激光信号，并通过激光的干涉效应来探测由于引力波而导致的 LISA 等边三角形边长的微小改变。质量巨大的天体的碰撞，比如说银河系的近邻星系中黑洞的碰撞，就是引力波的波源的一个例子。

（B1）在三个航天器的所在平面内，求一个航天器相对于另一个航天器的速度。

第2题 带电肥皂泡

一个球形的肥皂泡,其内部空气密度为 ρ_i,温度为 T_i,半径为 R_0。周围的大气密度为 ρ_a,大气压强为 p_a,温度为 T_a。肥皂泡的表面张力系数为 γ,密度为 ρ_s,厚度为 t。假定肥皂泡的质量和表面张力系数都不随温度变化,且 $R_0 \gg t$。

当肥皂泡-空气的界面的面积增加 dA 时,肥皂泡的能量增加 $dE = \gamma dA$,γ 是肥皂膜的表面张力系数。

(A1) 用 γ, p_a 和 R_0 表示比值 $\dfrac{\rho_i T_i}{\rho_a T_a}$。

(A2) 求 $\dfrac{\rho_i T_i}{\rho_a T_a} - 1$ 的值,已知 $\gamma = 0.0250 \text{ N/m}$,$R_0 = 1.00 \text{ cm}$,$p_a = 1.013 \times 10^5 \text{ N/m}^2$。

(A3) 肥皂泡刚形成时的内部温度较高。请计算能使肥皂泡飘浮在空气中的内部空气温度 T_i 的最低值。已知 $T_a = 300 \text{ K}$,$\rho_s = 1000 \text{ kg/m}^3$,$\rho_a = 1.30 \text{ kg/m}^3$,$t = 100 \text{ nm}$ 和 $g = 9.80 \text{ m/s}^2$。

肥皂泡在形成一段时间后,将与其周围环境达到热平衡。这样,该肥皂泡就会在静止的空气中下沉。

(A4) 上升气流可以使与周围环境处于热平衡状态的肥皂泡飘浮在空中,求上升气流的最小速度 u,用 ρ_s, R_0, g, t 以及空气的黏滞系数 η 表示。假设气流的速度很小,斯托克斯定律成立,并可忽略肥皂泡内气温降低而导致半径的变化。斯托克斯定律给出的黏滞力为 $F = 6\pi \eta R_0 u$。

(A5) 求上升气流的最小速度 u 的数值,已知 $\eta = 1.8 \times 10^{-5} \text{ kg/(m·s)}$。

上述计算表明:涉及表面张力系数 γ 的项对结果的精确度影响较小。在以下所有问题中,都可忽略表面张力的影响。

(A6) 现使球形肥皂泡均匀带电,带电量为 q,求肥皂泡新的半径 R_1,用 R_0, p_a, q 和真空介电常数 ε_0 表示。

(A7) 假设带电量 q 不是很大 $\left(\dfrac{q^2}{\varepsilon_0 R_0^4} \ll p_a\right)$,且肥皂泡的半径只有微量增加,求 ΔR,其中 $R_1 = R_0 + \Delta R$。已知当 $x \ll 1$ 时,$(1+x)^n \approx 1 + nx$。

(A8) 要使均匀带电的肥皂泡能够静止不动地飘浮在静止的空气中,求带电量 q,用 $t, \rho_a, \rho_s, \varepsilon_0, R_0, p_a$ 表示,并计算带电量的数值。已知真空介电常数 $\varepsilon_0 = 8.85 \times 10^{-12} \text{ F/m}$。

第3题 卢瑟福原子模型百年纪念:中性原子对离子的散射

质量 m,带电量为 Q 的离子以非相对论的初始速率 v_0 从极远处射向中性原子。中性原子的质量 $M \gg m$,电极化率为 α,如图 T12.3.1 所示,碰撞参量(瞄准距离)为 b。

中性原子会被正在靠近的入射离子的电场(E)极化,从而具有电偶极矩 $p = \alpha E$。在本题中,忽略辐射损失。

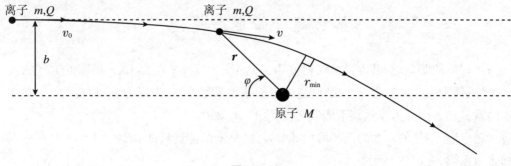

图 T12.3.1

（A1）如图 T12.3.2 所示，理想电偶极子 p 位于原点 O，计算沿 p 方向，距离原点为 r 处的电场强度矢量 E_p。

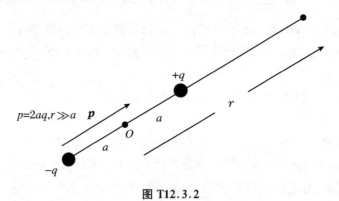

图 T12.3.2

（A2）求被极化的原子作用在离子上的力 f 的表达式，并证明不论离子带何种电荷，该力都是吸引力。

（A3）求离子和原子间的相互作用的电势能，用 α，Q 和 r 表示。

（A4）给出图 T12.3.1 中离子与原子的最接近距离 $r_{\min}$ 的表达式。

（A5）当瞄准距离 b 小于临界值 b_0 时，离子将会沿一螺旋线撞上原子。在此情况下，离子将被中和，而原子会带电。此过程称为"电荷交换"相互作用。试求粒子与原子发生"电荷交换"作用的碰撞截面面积 $A = \pi b_0^2$。

第 42 届国际物理奥林匹克竞赛理论试题解析

第 1 题 三体问题与探空激光干涉仪

A 部分 三体问题

（A1）如图 J12.1.1 所示，设质量 M 和 m 所组成的系统的质心为 O，有

$$MR - mr = 0 \tag{12.1.1}$$

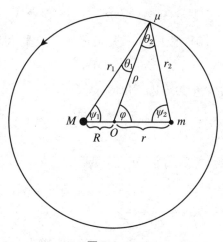

图 J12.1.1

质量 M 和 m 分别绕质心 O 做圆周运动，故

$$\frac{GMm}{(R+r)^2} = m\omega_0^2 r, \quad \frac{GMm}{(R+r)^2} = M\omega_0^2 R \tag{12.1.2}$$

或利用约化质量 $m_{\rm rd} = \dfrac{Mm}{M+m}$，可得

$$m_{\rm rd}\omega_0^2(R+r) = \frac{GMm}{(R+r)^2} \tag{12.1.3}$$

利用式（12.1.2）或式（12.1.3），可得

$$\omega_0 = \sqrt{\frac{GM}{r(R+r)^2}} = \sqrt{\frac{Gm}{R(R+r)^2}} = \sqrt{\frac{G(M+m)}{(R+r)^3}} \tag{12.1.4}$$

（A2）因为质量 μ 极小，所以对 M 和 m 的万有引力极小，故对两者的运动几乎没有影响。为使 μ 相对于 M 和 m 保持静止不动，需满足下列两式：

$$\frac{GM\mu}{r_1^2}\cos\theta_1 + \frac{Gm\mu}{r_2^2}\cos\theta_2 = \mu\omega_0^2 \rho = \frac{G(M+m)\mu}{(R+r)^3}\rho \tag{12.1.5}$$

211

$$\frac{GM\mu}{r_1^2}\sin\theta_1 = \frac{Gm\mu}{r_2^2}\sin\theta_2 \tag{12.1.6}$$

由式(12.1.5)和式(12.1.6)，消去 r_1，可得

$$m\frac{\sin(\theta_1+\theta_2)}{r_2^2} = \frac{(M+m)}{(R+r)^3}\rho\sin\theta_1 \tag{12.1.7}$$

从图 J12.1.1 中的 $\triangle\mu MO$ 和 $\triangle\mu Mm$，利用正弦定理，可得 r_2 和 ρ 以及 $\theta_1+\theta_2$ 的关系式：

$$\frac{\sin\psi_1}{\rho} = \frac{\sin\theta_1}{R}, \quad \frac{\sin\psi_1}{r_2} = \frac{\sin(\theta_1+\theta_2)}{R+r} \tag{12.1.8}$$

将式(12.1.8)代入式(12.1.7)，得

$$m\frac{R+r}{r_2^3}\sin\psi_1 = \frac{(M+m)}{(R+r)^3}R\sin\psi_1 \Rightarrow \frac{1}{r_2^3} = \frac{R}{(R+r)^4}\frac{M+m}{m} \tag{12.1.9}$$

将式(12.1.1)代入式(12.1.9)，可得

$$r_2 = R+r \tag{12.1.10}$$

由式(12.1.5)和式(12.1.6)，消去 r_2，重复上述计算步骤，可得

$$r_1 = R+r \tag{12.1.11}$$

由式(12.1.16)可得 $\triangle\mu Mm$ 为等边三角形，故

$$\psi_1 = \psi_2 = 60° \tag{12.1.17}$$

利用余弦定理，由 $\triangle\mu mO$ 可得

$$\rho = \sqrt{r^2 + r_2^2 - 2rr_2\cos\psi_2}$$
$$= \sqrt{r^2 + (R+r)^2 - 2r(R+r)\cos 60°}$$
$$= \sqrt{R^2 + rR + r^2} \tag{12.1.18}$$

因此，μ 和 M 之间的距离为 $r_1 = R+r$；μ 和 m 之间的距离为 $r_2 = R+r$；从 μ 到 M, m 的共同质心之间的距离为 $\rho = \sqrt{R^2 + rR + r^2}$。

r_1 另解

在图 J12.1.1 的 $\triangle\mu MO$ 和 $\triangle\mu mO$ 中，利用正弦定理，可得

$$\frac{r_1}{\sin(\pi-\varphi)} = \frac{R}{\sin\theta_1} \tag{12.1.12}$$

$$\frac{r_2}{\sin\varphi} = \frac{r}{\sin\theta_2} \tag{12.1.13}$$

利用式(12.1.1)、式(12.1.12)和式(12.1.13)，可得

$$\frac{\sin\theta_1}{\sin\theta_2} = \frac{R}{r} \times \frac{r_2}{r_1} = \frac{m}{M} \times \frac{r_2}{r_1} \tag{12.1.14}$$

由式(12.1.6)可得

$$\frac{\sin\theta_1}{\sin\theta_2} = \frac{m}{M} \times \frac{r_1^2}{r_2^2} \tag{12.1.15}$$

由式(12.1.14)和式(12.1.15)可得

$$r_1 = r_2 = R + r \tag{12.1.16}$$

(A3) 考虑 $M = m$ 的情况，在 μ 未被扰动前，由式(12.1.1)知 $R = r$，又由式(12.1.10)和式(12.1.11)可知 $r_{10} = r_{20} = R + r = 2R$，$\triangle \mu Mm$ 为等边三角形。在 μ 受到径向微扰后，μ 沿径向做简谐运动，故 $\triangle \mu Mm$ 不再为等边三角形，而变为等腰三角形，设两边长为 $r_1 = r_2 = x$，如图 J12.1.2 所示。

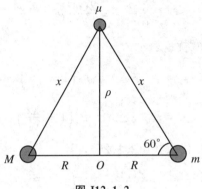

图 J12.1.2

方法一：能量解法

μ 被扰动后的总机械能为

$$E = \frac{1}{2}\mu\left[\left(\frac{d\rho}{dt}\right)^2 + \rho^2\omega^2\right] + \left(-\frac{GM\mu}{r_1} - \frac{Gm\mu}{r_2}\right) \tag{12.1.19}$$

由于 μ 仅受到径向扰动，所受的冲量矩为零，故其角动量在扰动前后是守恒的，即

$$\mu\rho_0^2\omega_0 = \mu\rho^2\omega \Rightarrow \omega = \frac{\rho_0^2\omega_0}{\rho^2} \tag{12.1.20}$$

将式(12.1.20)代入式(12.1.19)，整理后可得

$$E = \frac{1}{2}\mu\left[\left(\frac{d\rho}{dt}\right)^2 + \frac{\rho_0^4\omega_0^2}{\rho^2}\right] - \frac{2GM\mu}{x} \tag{12.1.21}$$

由于 μ 在保守力场中运动，故其机械能守恒，即 $\frac{dE}{dt} = 0$。将式(12.1.21)对时间 t 求导，可得

$$\frac{dE}{dt} = \mu\frac{d\rho}{dt}\frac{d^2\rho}{dt^2} - \mu\frac{\rho_0^4\omega_0^2}{\rho^3}\frac{d\rho}{dt} + \frac{2GM\mu}{x^2}\frac{dx}{dt} = 0 \tag{12.1.22}$$

式(12.1.22)中的 $\frac{dx}{dt}$ 可改写为

$$\frac{dx}{dt} = \frac{dx}{d\rho}\frac{d\rho}{dt} \tag{12.1.23}$$

又 $x^2 = \rho^2 + R^2$，故

$$\frac{dx}{d\rho} = \frac{\rho}{x} \tag{12.1.24}$$

由式(12.1.23)和式(12.1.24)可得 $\frac{dx}{dt} = \frac{\rho}{x}\frac{d\rho}{dt}$，代入式(12.1.22)，可得

$$\mu \frac{d\rho}{dt}\frac{d^2\rho}{dt^2} - \mu \frac{\rho_0^4 \omega_0^2}{\rho^3}\frac{d\rho}{dt} + \frac{2GM\mu}{x^3}\rho \frac{d\rho}{dt} = 0 \qquad (12.1.25)$$

因为 $\frac{d\rho}{dt} \neq 0$，故得

$$\mu \frac{d^2\rho}{dt^2} - \mu \frac{\rho_0^4 \omega_0^2}{\rho^3} + \frac{2GM\mu}{x^3}\rho = 0$$

$$\Rightarrow \quad \frac{d^2\rho}{dt^2} = -\frac{2GM}{x^3}\rho + \frac{\rho_0^4 \omega_0^2}{\rho^3} \qquad (12.1.26)$$

将 μ 偏离原静止位置的微扰量表示为

$$\rho = \rho_0 + \Delta\rho = \rho_0\left(1 + \frac{\Delta\rho}{\rho_0}\right) \qquad (12.1.27)$$

$$x = x_0 + \Delta x = x_0\left(1 + \frac{\Delta x}{x_0}\right) \qquad (12.1.28)$$

将式(12.1.27)和式(12.1.28)代入式(12.1.26)，得

$$\frac{d^2(\rho_0 + \Delta\rho)}{dt^2} = -\frac{2GM}{x_0^3\left(1 + \frac{\Delta x}{x_0}\right)^3}\rho_0\left(1 + \frac{\Delta\rho}{\rho_0}\right) + \frac{\rho_0^4 \omega_0^2}{\rho_0^3\left(1 + \frac{\Delta\rho}{\rho_0}\right)^3} \qquad (12.1.29)$$

利用二项式展开作近似，$(1+\varepsilon)^n \approx 1+n\varepsilon$，得

$$\frac{d^2\Delta\rho}{dt^2} \approx -\frac{2GM}{x_0^3}\rho_0\left(1 + \frac{\Delta\rho}{\rho_0}\right)\left(1 - \frac{3\Delta x}{x_0}\right) + \rho_0\omega_0^2\left(1 - \frac{3\Delta\rho}{\rho_0}\right) \qquad (12.1.30)$$

利用式(12.1.24)，有 $\Delta\rho = \frac{x}{\rho}\Delta x$，式(12.1.30)可写为

$$\frac{d^2\Delta\rho}{dt^2} \approx -\frac{2GM}{x_0^3}\rho_0\left(1 + \frac{\Delta\rho}{\rho_0} - \frac{3\rho_0\Delta\rho}{x_0^2}\right) + \rho_0\omega_0^2\left(1 - \frac{3\Delta\rho}{\rho_0}\right) \qquad (12.1.31)$$

由式(12.1.4)得 $\omega_0^2 = \frac{2GM}{(2R)^3} = \frac{GM}{4R^3}$，又 $x_0 = r_{10} = r_{20} = 2R$, $\rho_0 = R\tan 60° = \sqrt{3}R$，代入式(12.1.31)，整理后有

$$\frac{d^2\Delta\rho}{dt^2} \approx -\omega_0^2\rho_0\left(1 + \frac{\Delta\rho}{\rho_0} - \frac{9}{4}\frac{\Delta\rho}{\rho_0}\right) + \omega_0^2\rho_0\left(1 - 3\frac{\Delta\rho}{\rho_0}\right)$$

$$\Rightarrow \quad \frac{d^2\Delta\rho}{dt^2} \approx -\frac{7}{4}\omega_0^2\Delta\rho \qquad (12.1.32)$$

式(12.1.32)为标准的简谐运动的动力学方程，故质量 μ 在受到微扰后的振动角频率为 $\omega = \frac{\sqrt{7}}{2}\omega_0$。

方法二：受力解法

质量 μ 受到径向扰动后，其径向和角向的动力学方程分别为

径向动力学方程为

$$\mu\left(\frac{d^2\rho}{dt^2} - \rho\omega^2\right) = -\frac{2GM\mu}{x^2}\frac{\rho}{x} \qquad (12.1.33)$$

角向动力学方程为

$$\mu\left(\rho\frac{d\omega}{dt}+2\frac{d\rho}{dt}\omega\right)=0 \tag{12.1.34}$$

由于 $x^2 = \rho^2 + R^2$，故式(12.1.33)可写为

$$\frac{d^2\rho}{dt^2}-\rho\omega^2=-\frac{2GM\rho}{(\rho^2+R^2)^{3/2}} \tag{12.1.35}$$

式(12.1.34)可写为

$$\frac{d}{dt}(\mu\rho^2\omega)=0 \quad \Rightarrow \quad \mu\rho^2\omega=\text{常数} \tag{12.1.36}$$

式(12.1.36)相当于质量 μ 遵循角动量守恒，即

$$\rho^2\omega=\rho_0^2\omega_0 \quad \Rightarrow \quad \omega=\frac{\rho_0^2\omega_0}{\rho^2} \tag{12.1.37}$$

将式(12.1.36)代入式(12.1.35)，得

$$\frac{d^2\rho}{dt^2}-\frac{\rho_0^4}{\rho^3}\omega_0^2=-\frac{2GM\rho}{(\rho^2+R^2)^{3/2}} \tag{12.1.38}$$

设 $\Delta\rho$ 为质量 μ 沿径向的微扰偏移量，即 $\rho=\rho_0+\Delta\rho$，又 μ 在未受扰动前的径向距离 $\rho_0=R\tan 60°=\sqrt{3}R$，将其代入式(12.1.38)，可得

$$\frac{d^2\Delta\rho}{dt^2}-\frac{\rho_0^4\omega_0^2}{\rho_0^3\left(1+\frac{\Delta\rho}{\rho_0}\right)^3}=-\frac{2GM}{\left[\rho_0^2\left(1+\frac{\Delta\rho}{\rho_0}\right)^2+\frac{\rho_0^2}{3}\right]^{3/2}}\rho_0\left(1+\frac{\Delta\rho}{\rho_0}\right) \tag{12.1.39}$$

利用二项式展开，式(12.1.39)可近似为

$$\frac{d^2\Delta\rho}{dt^2}-\rho_0\omega_0^2\left(1-3\frac{\Delta\rho}{\rho_0}\right)\approx-\frac{2GM}{\left[\rho_0^2\left(\frac{4}{3}+2\frac{\Delta\rho}{\rho_0}\right)\right]^{3/2}}\rho_0\left(1+\frac{\Delta\rho}{\rho_0}\right)$$

$$\approx-\frac{2GM}{\frac{8}{3\sqrt{3}}\rho_0^3\left(1+\frac{3}{2}\frac{\Delta\rho}{\rho_0}\right)^{3/2}}\rho_0\left(1+\frac{\Delta\rho}{\rho_0}\right) \tag{12.1.40}$$

由式(12.1.4)可得

$$\omega_0^2=\frac{2GM}{(2R)^3}=\frac{GM}{4R^3}=\frac{3\sqrt{3}}{4}\frac{GM}{\rho_0^3} \quad \Rightarrow \quad \frac{GM}{\rho_0^3}=\frac{4\omega_0^2}{3\sqrt{3}} \tag{12.1.41}$$

将式(12.1.41)代入式(12.1.40)，可得

$$\frac{d^2\Delta\rho}{dt^2}-\omega_0^2\rho_0\left(1-3\frac{\Delta\rho}{\rho_0}\right)\approx-\omega_0^2\rho_0\left(1-\frac{9}{4}\frac{\Delta\rho}{\rho_0}\right)\left(1+\frac{\Delta\rho}{\rho_0}\right) \tag{12.1.42}$$

最终有

$$\frac{d^2\Delta\rho}{dt^2}+\frac{7}{4}\omega_0^2\Delta\rho\approx0 \tag{12.1.43}$$

式(12.1.43)为标准的简谐运动动力学方程，故质量 μ 在受到微扰后的振动圆频率为 $\omega\approx\frac{\sqrt{7}}{2}\omega_0$。

B 部分　探空激光干涉仪

(B1) 如图 J12.1.3 所示，A、B、C 分别代表三艘宇宙飞船，环绕其共同质心 O 做圆周

运动，周期为 1 a。v_{AO}、v_{BO} 和 v_{CO} 分别代表这三艘宇宙飞船相对于 O 点的速度。由于这三艘宇宙飞船分别位于正三角形的三个顶点上，故其切线方向的速率为

$$|\boldsymbol{v}_{AO}| = |\boldsymbol{v}_{BO}| = |\boldsymbol{v}_{CO}| = v$$

$$= \frac{2\pi r}{T} = \frac{2\pi}{T} \frac{L}{2\cos 30°}$$

$$= \frac{2\pi}{365 \times 24 \times 60 \times 60} \frac{5.00 \times 10^9}{2\cos 30°} \text{ m/s}$$

$$= 575 \text{ m/s} \tag{12.1.44}$$

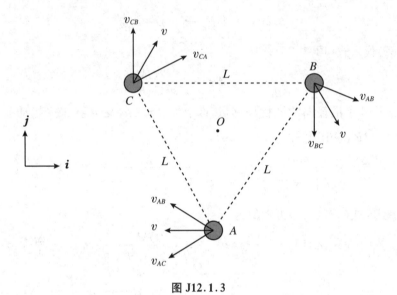

图 J12.1.3

图 J12.1.3 中，v_{AB}、v_{BC} 和 v_{CA} 分别代表这三艘宇宙飞船彼此之间的相对速度。以 v_{BC}（表示 B 相对于 C 的速度）为例，可计算如下：

$$\boldsymbol{v}_{BO} = v\cos 60°\boldsymbol{i} - v\sin 60°\boldsymbol{j} \tag{12.1.45}$$

$$\boldsymbol{v}_{CO} = v\cos 60°\boldsymbol{i} + v\sin 60°\boldsymbol{j} \tag{12.1.46}$$

联立式(12.1.44)和式(12.1.45)，有

$$\boldsymbol{v}_{BC} = \boldsymbol{v}_{BO} - \boldsymbol{v}_{CO} = -2v\sin 60°\boldsymbol{j} = -\sqrt{3}v\boldsymbol{j} \tag{12.1.47}$$

因此 B 相对于 C 的相对速度的大小为

$$|\boldsymbol{v}_{BC}| = \sqrt{3} \times 575 \text{ m/s} = 996 \text{ m/s} \tag{12.1.48}$$

另解 $|\boldsymbol{v}_{BC}|$

由于该三艘宇宙飞船彼此之间的相对距离和方位不变，因此某一艘宇宙飞船相对于另一艘宇宙飞船的转动周期等于该宇宙飞船相对于共同质心 O 点的转动周期，故

$$|\boldsymbol{v}_{BC}| = \frac{2\pi L}{T} = \frac{2\pi \times 5.00 \times 10^9}{365 \times 24 \times 60 \times 60} \text{ m/s} = 996 \text{ m/s} \tag{12.1.49}$$

第 2 题 带电肥皂泡

（A1）如图 J12.2.1(a)所示，肥皂泡内部和外部的空气压强，密度，温度分别为 p_i, ρ_i, T_i 和 p_a, ρ_a, T_a。

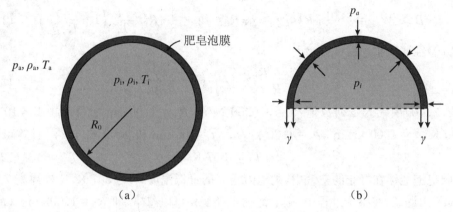

图 J12.2.1

假设将球形肥皂泡膜切成两半，考虑上半部的半球形肥皂泡膜所受的各力，如图 J12.2.1(b)所示，利用静力学平衡条件，可得

$$p_i \pi R_0^2 = p_a \pi R_0^2 + 2(2\pi R_0 \gamma) \Rightarrow p_i = p_a + \frac{4\gamma}{R_0} \tag{12.2.1}$$

利用理想气体方程，可得气体压强和密度的关系为

$$pV = \nu RT = \frac{m}{M}RT \Rightarrow p = \frac{\rho RT}{M} \tag{12.2.2}$$

式中 m 为肥皂泡内空气的质量，M 为空气的摩尔质量。

利用式(12.2.2)，可得肥皂泡内部和外部空气的压强和密度之间的关系为

$$\rho_i T_i = p_i \frac{M}{R}, \quad \rho_a T_a = p_a \frac{M}{R} \tag{12.2.3}$$

利用式(12.2.1)和式(12.2.3)可得

$$\frac{\rho_i T_i}{\rho_a T_a} = \frac{p_i}{p_a} = 1 + \frac{4\gamma}{R_0 p_a} \tag{12.2.4}$$

（A2）将 $\gamma = 0.0250 \text{ N/m}, R_0 = 1.00 \text{ cm}$ 和 $p_a = 1.013 \times 10^5 \text{ N/m}$ 代入式(12.2.4)，计算可得

$$\frac{\rho_i T_i}{\rho_a T_a} - 1 = \frac{4\gamma}{R_0 p_a} = 9.87 \times 10^{-5} \approx 0.0001 \tag{12.2.5}$$

表明肥皂泡膜的表面张力的影响很小。

（A3）设肥皂泡受到的总重力为 W，肥皂泡所受的空气浮力为 B，则

$$W = \left(4\pi R_0^2 \rho_s t + \frac{4}{3}\pi R_0^3 \rho_i\right)g \tag{12.2.6}$$

利用式(12.2.4)，式(12.2.6)可写为

$$W = 4\pi R_0^2 \rho_s t g + \frac{4}{3}\pi R_0^3 \frac{\rho_a T_a}{T_i}\left(1 + \frac{4\gamma}{R_0 p_a}\right)g \tag{12.2.7}$$

肥皂泡所受的空气浮力为

$$B = \frac{4}{3}\pi R_0^3 \rho_a g \tag{12.2.8}$$

若欲使空气泡能浮在静止的空气中，其条件为

$$B \geqslant W \Rightarrow \frac{4}{3}\pi R_0^3 \rho_a g \geqslant 4\pi R_0^2 \rho_s t g + \frac{4}{3}\pi R_0^3 \frac{\rho_a T_a}{T_i}\left(1 + \frac{4\gamma}{R_0 p_a}\right)g \tag{12.2.9}$$

式(12.2.9)经移项整理后可得

$$T_i \geqslant \frac{R_0 \rho_a T_a}{R_0 \rho_a - 3\rho_s t}\left(1 + \frac{4\gamma}{R_0 p_a}\right) \tag{12.2.10}$$

在式(12.2.10)中代入下列数值：$\gamma = 0.0250$ N/m，$R_0 = 1.00$ cm，$p_a = 1.013 \times 10^5$ N/m，$T_a = 300$ K，$\rho_s = 1000$ kg/m³，$\rho_a = 1.30$ kg/m³，$t = 100$ nm 和 $g = 9.80$ m/s²，计算可得

$$T_i \geqslant 307 \text{ K} \tag{12.2.11}$$

若欲使肥皂泡能浮在静止的空气中，则泡内空气的最低温度 T_i 为 307 K，比外界高 7 ℃。

(A4) 由题意，在整个过程中，肥皂泡的半径变化可以忽略，即 $R_0 = 1.00$ cm。（注：当肥皂泡内的空气温度从 307 K 降至 300 K 时，肥皂泡的半径减小约 0.8%，其膜厚度会稍微增加。）依据斯托克斯定律，肥皂泡在上升的气流中所受阻力为

$$f = 6\pi \eta R_0 u \tag{12.2.12}$$

欲使处于热平衡状态的肥皂泡能够在往上流动的空气中维持不下落，其条件为

$$f \geqslant W - B \tag{12.2.13}$$

利用式(12.2.7)、式(12.2.8)和式(12.2.12)，可得

$$6\pi \eta R_0 u \geqslant 4\pi R_0^2 \rho_s t g + \frac{4}{3}\pi R_0^3 \frac{\rho_a T_a}{T_i}\left(1 + \frac{4\gamma}{R_0 p_a}\right)g - \frac{4}{3}\pi R_0^3 \rho_a g \tag{12.2.14}$$

肥皂泡在最后达到热平衡时，$T_i = T_a$。将式(12.2.14)整理后，可得

$$u \geqslant \frac{4R_0 \rho_s t g}{6\eta} + \frac{\frac{4}{3}R_0^2 \rho_a g \frac{4\gamma}{R_0 p_a}}{6\eta} \tag{12.2.15}$$

(A5) 将已知数值代入式(12.2.15)，可得

$$u \geqslant (0.36 + 0.0016) \text{ m/s} \approx 0.36 \text{ m/s} \tag{12.2.16}$$

在式(12.2.15)中涉及张力的是第二项，其数值仅为第一项的 0.4%，影响极小。

(A6) 若球形肥皂泡均匀带电，带电量为 q，则肥皂泡表面上同性电荷之间彼此排斥，使肥皂泡向外膨胀，其效果相当于增加肥皂泡向外的压强。为计算带电肥皂泡表面上单位电荷所受的来自于其他电荷的总静电排斥力，可利用高斯定理，先得出紧邻球表面外侧和内侧的电场强度如下：

$$\text{紧邻球表面的外侧} \quad E_{\text{out}} = \frac{1}{4\pi\varepsilon_0}\frac{q}{R^2} = \frac{q/(4\pi R^2)}{\varepsilon_0} = \frac{\sigma}{\varepsilon_0} \tag{12.2.17}$$

$$\text{紧邻球表面的内侧} \quad E_{\text{in}} = 0$$

式中 $\sigma = \frac{q}{4\pi R^2}$ 为肥皂泡的表面电荷密度，由此可得肥皂泡表面上的电场强度为

$$E = \frac{1}{2}(E_{out} + E_{in}) = \frac{\sigma}{2\varepsilon_0} \tag{12.2.18}$$

方向沿径向向外。

注 推导肥皂泡表面上的电场强度的另一种解法：

如图 J12.2.2 所示，球面上宽度为 $R\mathrm{d}\theta$ 的圆弧（灰色标示的圆弧）所带电量为

$$\mathrm{d}q = \frac{q}{4\pi R^2}(2\pi R\sin\theta)R\mathrm{d}\theta \tag{12.2.19}$$

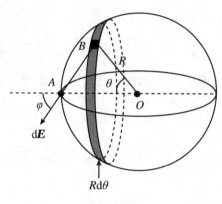

图 J12.2.2

该电量在 A 点形成的电场，由于对称关系，其净电场沿着 $\overrightarrow{OA}$ 方向，即向外垂直于肥皂泡表面，电场强度为

$$\mathrm{d}E_A = \frac{1}{4\pi\varepsilon_0} \frac{\frac{q}{4\pi R^2} 2\pi R^2 \sin\theta\mathrm{d}\theta}{|AB|^2}\cos\varphi \tag{12.2.20}$$

由图 J12.2.2 中的几何关系可得 $\varphi = \frac{1}{2}(\pi - \theta)$，$|AB| = 2R\sin\frac{\theta}{2}$，代入式(12.2.20)，可得

$$\mathrm{d}E_A = \frac{1}{4\pi\varepsilon_0} \frac{\frac{q}{4\pi R^2} 2\pi R^2 \sin\theta\mathrm{d}\theta}{\left(2R\sin\frac{\theta}{2}\right)^2}\sin\frac{\theta}{2} = \frac{1}{4\pi\varepsilon_0}\frac{q}{4R^2}\cos\frac{\theta}{2}\mathrm{d}\theta \tag{12.2.21}$$

将式(12.2.21)积分可得

$$E_A = \frac{1}{4\pi\varepsilon_0}\frac{q}{4R^2}\int_0^\pi \cos\frac{\theta}{2}\mathrm{d}\theta = \frac{1}{2\varepsilon_0}\frac{q}{4\pi R^2} = \frac{\sigma}{2\varepsilon_0} \tag{12.2.22}$$

带电肥皂泡表面单位面积所受的库仑斥力（方向沿径向向外）的大小为由库仑排斥力而产生的压强：

$$p_E = \sigma E = \frac{\sigma^2}{2\varepsilon_0} = \frac{q^2}{32\varepsilon_0 \pi^2 R^4} \tag{12.2.23}$$

设带电肥皂泡由于库仑斥力的作用，向外膨胀后的新半径为 R_1，其内部的空气压强变为 p_i'，根据理想气体方程，可得

$$p_i' \cdot \frac{4}{3}\pi R_1^3 = p_i \cdot \frac{4}{3}\pi R_0^3 \Rightarrow p_i' = \frac{R_0^3}{R_1^3}p_i \tag{12.2.24}$$

按照题中所给条件,可忽略表面张力的影响,由式(12.2.1)可知 $p_i \approx p_a$,故可得

$$p'_i = \frac{R_0^3}{R_1^3} p_a \tag{12.2.25}$$

考虑到带电肥皂泡所受的大气压强,带电肥皂泡内的空气压强,肥皂泡膜的表面张力和库仑斥力,利用力平衡条件,式(12.2.1)可改写为

$$p'_i + p_E = p_a + \frac{4\gamma}{R_1} \tag{12.2.26}$$

利用式(12.2.23)和式(12.2.25),可得

$$\frac{R_0^3}{R_1^3} p_a + \frac{q^2}{32\varepsilon_0 \pi^2 R_1^4} = p_a + \frac{4\gamma}{R_1} \tag{12.2.27}$$

按照题中所给条件,可忽略表面张力的影响,将式(12.2.27)整理后,可得

$$\left(\frac{R_1}{R_0}\right)^4 - \frac{R_1}{R_0} - \frac{q^2}{32\varepsilon_0 \pi^2 R_0^4 p_a} = 0 \tag{12.2.28}$$

(A7) 若带电量 q 很小 $\left(\dfrac{q^2}{32\varepsilon_0 \pi^2 R_0^4 p_a} \ll 1\right)$,则肥皂泡半径仅有微量增加。设 $R_1 = R_0 + \Delta R$,则

$$\frac{R_1}{R_0} = 1 + \frac{\Delta R}{R_0} \Rightarrow \left(\frac{R_1}{R_0}\right)^4 \approx 1 + 4\frac{\Delta R}{R_0} \tag{12.2.29}$$

将式(12.2.29)代入式(12.2.28),可得

$$\Delta R \approx \frac{q^2}{96\varepsilon_0 \pi^2 R_0^3 p_a} \tag{12.2.30}$$

故

$$R_1 \approx R_0 + \frac{q^2}{96\varepsilon_0 \pi^2 R_0^3 p_a} \approx R_0\left(1 + \frac{q^2}{96\varepsilon_0 \pi^2 R_0^4 p_a}\right) \tag{12.2.31}$$

(A8) 若欲使此均匀带电的肥皂泡能够浮在静止空气中,保持不动,其静力学平衡条件为

$$B = W \Rightarrow \frac{4}{3}\pi R_1^3 \rho_a g = 4\pi R_0^2 \rho_s tg + \frac{4}{3}\pi R_0^3 \rho_i g \tag{12.2.32}$$

由于肥皂泡最后将与周围空气达到热平衡状态,即 $T_i = T_a$,故 $\rho_i = \rho_a$。将 $R_1 = R_0 + \Delta R$ 代入式(12.2.32),可得

$$\frac{4}{3}\pi R_0^3\left(1 + \frac{\Delta R}{R_0}\right)^3 \rho_a g = 4\pi R_0^2 \rho_s tg + \frac{4}{3}\pi R_0^3 \rho_a g$$

$$\Rightarrow \rho_a \Delta R = \rho_s t \tag{12.2.33}$$

利用式(12.2.30),式(12.2.33)可写为

$$\frac{q^2}{96\varepsilon_0 \pi^2 R_0^3 p_a} \rho_a = \rho_s t \tag{12.2.34}$$

最终得到

$$q = \sqrt{\frac{96\varepsilon_0 \pi^2 R_0^3 \rho_s t p_a}{\rho_a}} = 3.32 \times 10^{-10} \text{ C} \tag{12.2.35}$$

第3题 卢瑟福原子模型百年纪念：中性原子对离子的散射

（A1）如图 T12.3.2 所示，利用库仑定律，可得该电偶极子在距离原点 r 处的电场强度为

$$E_p = \frac{q}{4\pi\varepsilon_0(r-a)^2}\hat{r} - \frac{q}{4\pi\varepsilon_0(r+a)^2}\hat{r}$$

$$= \frac{q}{4\pi\varepsilon_0 r^2}\left[\left(1-\frac{a}{r}\right)^{-2} - \left(1+\frac{a}{r}\right)^{-2}\right]\hat{r} \quad (12.3.1)$$

由于 $r \gg a$，利用二项式展开，式(12.3.1)可近似为

$$E_p = \frac{q}{4\pi\varepsilon_0 r^2}\left(1 + \frac{2a}{r} - 1 + \frac{2a}{r}\right)\hat{r}$$

$$= \frac{qa}{\pi\varepsilon_0 r^3}\hat{r} = \frac{p}{2\pi\varepsilon_0 r^3}\hat{r} = \frac{p}{2\pi\varepsilon_0 r^3} \quad (12.3.2)$$

（A2）入射离子在原子中心位置处产生的电场强度为

$$E_{\text{ion}} = -\frac{Q}{4\pi\varepsilon_0 r^2}\hat{r} \quad (12.3.3)$$

中性原子会被入射离子的电场瞬间极化，因此原子的电偶极矩必定沿着原子至离子的连线方向，即和 r 方向一致，故原子被离子产生的电场极化的电偶极矩为

$$p = \alpha E_{\text{ion}} = -\frac{\alpha Q}{4\pi\varepsilon_0 r^2}\hat{r} \quad (12.3.4)$$

利用式(12.3.2)和式(12.3.4)，可得原子电偶极矩作用于离子所在位置的电场强度为

$$E_p = \frac{1}{2\pi\varepsilon_0 r^3}p = \frac{1}{2\pi\varepsilon_0 r^3}\left(-\frac{\alpha Q}{4\pi\varepsilon_0 r^2}\hat{r}\right) = -\frac{\alpha Q}{8\pi^2\varepsilon_0^2 r^5}\hat{r} \quad (12.3.5)$$

因此原子电偶极矩施加在离子的作用力为

$$f = QE_p = -\frac{\alpha Q^2}{8\pi^2\varepsilon_0^2 r^5}\hat{r} \quad (12.3.6)$$

在式(12.3.6)中，$\frac{\alpha Q^2}{8\pi^2\varepsilon_0^2 r^5}$ 为正值，故式中的负号表示作用力的方向指向原子，即无论离子的电荷正负，该力都是吸引力。

（A3）离子和原子之间相互作用的电势能为

$$U = -\int_{\infty}^{r} f \cdot dr \quad (12.3.7)$$

将式(12.3.6)代入式(12.3.7)，可得

$$U = -\int_{\infty}^{r} -\frac{\alpha Q^2}{8\pi^2\varepsilon_0^2 r^5} r \cdot dr = \frac{\alpha Q^2}{8\pi^2\varepsilon_0^2}\int_{\infty}^{r}\frac{dr}{r^5} = -\frac{\alpha Q^2}{32\pi^2\varepsilon_0^2 r^4} \quad (12.3.8)$$

（A4）当离子与原子之间的距离最小时，$r = r_{\min}$，此时对应的离子速率最大，为 $v_{\max}$。根据角动量守恒定律有

$$mv_{\max}r_{\min} = mv_0 b \implies v_{\max} = v_0 \frac{b}{r_{\min}} \quad (12.3.9)$$

再根据能量守恒定律,可得

$$\frac{1}{2}mv_{\max}^2 + \left(-\frac{\alpha Q^2}{32\pi^2\varepsilon_0^2 r_{\min}^4}\right) = \frac{1}{2}mv_0^2 \tag{12.3.10}$$

将式(12.3.9)代入式(12.3.10),可得

$$\frac{1}{2}mv_0^2\left(\frac{b}{r_{\min}}\right)^2 - \frac{\alpha Q^2}{32\pi^2\varepsilon_0^2 b^4}\left(\frac{b}{r_{\min}}\right)^4 = \frac{1}{2}mv_0^2$$

$$\Rightarrow \quad \left(\frac{r_{\min}}{b}\right)^4 - \left(\frac{r_{\min}}{b}\right)^2 + \frac{\alpha Q^2}{16\pi^2\varepsilon_0^2 mv_0^2 b^4} = 0 \tag{12.3.11}$$

由式(12.3.11)解得

$$r_{\min} = \frac{b}{\sqrt{2}}\sqrt{1 \pm \sqrt{1 - \frac{\alpha Q^2}{4\pi^2\varepsilon_0^2 mv_0^2 b^4}}} \tag{12.3.12}$$

该式表明 $r_{\min}$ 为一正值,除非 $b=0$,否则 $r_{\min}$ 不可能为零。

当 $Q=0$ 时,式(12.3.12)也必须成立,故 $r_{\min} = \frac{b}{\sqrt{2}}\sqrt{1\pm 1} = b$ 或 0,必须取正号,从而得到 $r_{\min} = b$。因此在式(12.3.12)中必须取正号,即

$$r_{\min} = \frac{b}{\sqrt{2}}\sqrt{1 + \sqrt{1 - \frac{\alpha Q^2}{4\pi^2\varepsilon_0^2 mv_0^2 b^4}}} \tag{12.3.13}$$

(A5) 若式(12.3.13)中的 $\sqrt{1 - \frac{\alpha Q^2}{4\pi^2\varepsilon_0^2 mv_0^2 b^4}}$ 为虚数,则表示 $r_{\min}$ 不存在,即粒子会沿螺旋线轨道向内撞击原子。故 $r_{\min}$ 不为实数的条件为

$$1 - \frac{\alpha Q^2}{4\pi^2\varepsilon_0^2 mv_0^2 b^4} < 0 \quad \Rightarrow \quad b < b_0 = \left(\frac{\alpha Q^2}{4\pi^2\varepsilon_0^2 mv_0^2}\right)^{1/4} \tag{12.3.14}$$

离子与原子发生此种"电荷交换"作用的碰撞截面积为

$$A = \pi b_0^2 = \pi\sqrt{\frac{\alpha Q^2}{4\pi^2\varepsilon_0^2 mv_0^2}} \tag{12.3.15}$$

第43届国际物理奥林匹克竞赛理论试题[①]

第1题 三个独立问题：关于物理分析能力的考察

A部分 弹道学

一个小球以初速度 v_0 在均匀的重力场中抛出，小球的运动平面为 x-z，x 轴沿水平方向，z 轴正方向与重力加速度 g 方向相反。忽略空气阻力。

(A1) 假设小球在坐标原点以恒定的初速度 v_0 抛出，通过调节小球的发射角，使位于 $z \leqslant z_0 - kx^2$ 范围内的目标都能被击中。前述不等式无需证明，求参数 z_0 和 k 的表达式。

(A2) 现在可以在水平面 $z=0$ 上任意选择小球的抛出点，小球的发射角也可任意调整，目标是以最小初速度 v_0 击中半径为 R 的球形建筑物（如图 T13.1.1 所示）的最高点，小球在击中目标前不能在屋顶反弹。定性地画出小球的最佳轨迹形状。

(A3) 为了使小球能击中半径为 R 的球形建筑的最高点，求小球抛出时的最小初速度 $v_{\min}$ 的表达式。

 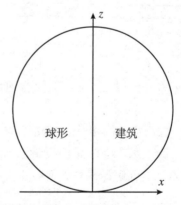

图 T13.1.1　法国巴黎的拉维莱特科学城公园内的晶球电影院

B部分 机翼边的气流

我们知道，对于管中流动的液体或气体，若流体的流动速度 v 远小于声速，流线上的各点满足伯努利方程 $p + \rho g h + \frac{1}{2}\rho v^2 =$ 常数，其中 ρ 是流体密度，h 为高度，g 为重力加速度，

[①] 第43届国际物理奥林匹克竞赛于2012年7月15日至7月24日在爱沙尼亚塔林和塔尔图举行。81个国家和地区派出代表队，378名选手参加了本届竞赛。

p 为流体静压强。流线定义为流体粒子的轨迹（假设流动图案不随时间变化）。注意：$\frac{1}{2}\rho v^2$ 称为动力学压强。

图 T13.1.2 所示是飞机的机翼横截面和机翼附近空气流动的流线图（以机翼为参考系）。我们假设：

① 将空气流动视为纯二维的问题（空气流动的速度矢量位于图示平面内）；
② 空气流线组成的图案与飞机速度无关；
③ 仅考虑无风情况；
④ 动力学压强远小于大气压强 $p_0 = 1.0 \times 10^5$ Pa。

提示：你可以利用尺子来测量示意图。

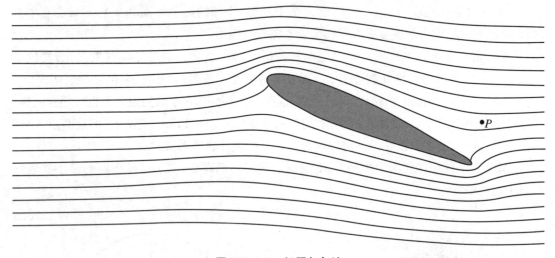

图 T13.1.2 机翼与气流

(B1) 若飞机相对于地面的飞行速度为 $v_0 = 100$ m/s，求 P 点处的空气相对地面的速度 v_P。

(B2) 假设空气的相对湿度较高，当飞机相对地面的速度超过临界值 v_{crit} 时，空气在经过机翼后，一股小水珠会在机翼后产生。假设这些小水珠将在某 Q 点处出现。请在示意图中标出点 Q，并定性解释你是如何找出此位置的（尽量使用公式并且用尽可能少使用文字表达）。

相对湿度的定义是在给定温度下，空气中水的蒸气压与其饱和蒸气压之比。饱和蒸气压的定义是水与水蒸气之间达到平衡时的蒸气压。

(B3) 利用以下数据估算临界速度 v_{crit}：空气的相对湿度 $r = 90\%$，空气的等压比热容 $c_p = 1.00 \times 10^3$ J/(kg·K)，在无干扰的空气中，水的饱和蒸气压在温度 $T_a = 293$ K 时为 $p_{sa} = 2.31$ kPa，在温度 $T_b = 294$ K 时为 $p_{sb} = 2.46$ kPa。因为你可能采用不同的近似方法，所以你可能需要知道空气的等容比热容 $c_V = 0.717 \times 10^3$ J/(kg·K)。

C 部分　磁管

考虑一个由超导体制成的圆柱管，管长为 l，内半径为 r，且 $l \gg r$。取圆柱管的中心为坐标原点，圆柱管的中心轴与坐标系的 z 轴重合。在圆柱管内，穿过圆柱管中心截面（$z=0, x^2+y^2<r^2$）的磁通量为 Φ，如图 T13.1.3 所示。

超导体是一种能完全排斥磁场的材料，即超导体内部的磁感应强度为零。

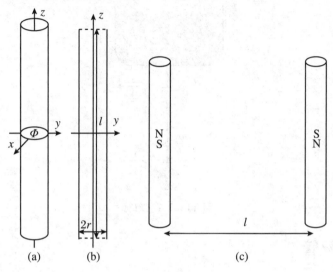

图 T13.1.3　磁管

（C1）在图 T13.1.3(b)中分别画出通过圆柱管的中心轴截面上五个标记点的五条磁感线。

（C2）求圆柱管中部沿 z 轴方向的张力 T 的表达式（即管 $z>0$ 和 $z<0$ 的两半部分之间的相互作用力）。

（C3）现在考虑第二根圆柱管，它与第一根圆柱管完全相同且平行放置，如图 T13.1.3(c)所示，第二根圆柱管内的磁场与第一根圆柱管内的磁场大小相同但方向相反，并且第二根圆柱管的中心位于 $y=l, x=z=0$ 处，因此这两根圆柱管是正方形的两条对边。求两根圆柱管之间的磁相互作用力 F 的表达式。

第 2 题　开尔文滴水器

我们知道，液体和气体交界处的液体表面分子数密度小于液体内部分子数密度，液体表面存在表面能 $U=\sigma S$，其中 S 是界面的表面积，σ 是表面张力系数。表面张力公式为 $F=\sigma l$，其中 l 为长度。

A 部分　单管

如图 T13.2.1 所示，一根长金属管竖直向下放置，内直径为 d；水从金属管下端的管口缓慢滴落。现将水视为导体，水的表面张力系数为 σ，密度为 ρ。半径为 r 的水滴在管口下方，水滴半径随时间缓慢增大，直到最后因重力作用而与管口分离，已知重力加速度为 g，且 $d \ll r$。

（A1）求水滴即将与管口分离时的水滴半径 r_{max}。

（A2）金属管相对于无穷远处的静电电势为 φ。求水滴半径为 r 时所带电量 Q。

（A3）在本小题中，假设 r 为常数，使 φ 缓慢增加。当水滴内部压强小于大气压强时，水滴会变得不稳定而碎裂成两部分。求水滴开始变得不稳定时的临界电势 φ_{max}。

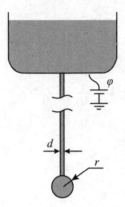

图 T13.2.1　单管

B 部分　双管

图 T13.2.2 所示为"开尔文滴水器"，由两根完全相同的金属管（与 A 部分所述相同）用 T 形管连接在一起，两管末端分别放置在两个圆筒形电极的中心（圆筒形电极的高度为 L，直径为 D，且 $L \gg D \gg r$）；两管在单位时间内下落的水滴数均为 n。水滴从高为 H 处下落至管口下方的两个导体碗中，导体碗和圆筒形电极按图 T13.2.2 中所示交叉相连；两个圆筒形电极之间连接电容 C。导体碗与圆筒形电极组成的系统为电中性的，其净电荷为零。注意图 T13.2.2 中上方的盛水容器是接地的。第一滴下落的水滴带有微量电荷，这将引起两电极间电荷的不平衡，从而使得电容器 C 充电。

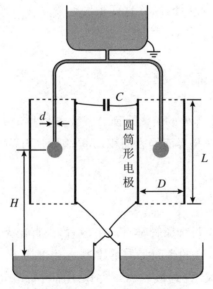

图 T13.2.2　开尔文滴水器

(B1) 当电容器 C 的带电量为 q 时，求水滴刚从金属管口分离瞬间水滴的带电量 Q_0，用 r_{max}（(A1)小题中的定义）表示。忽略(A3)小题中所描述的效应。

(B2) 求电容器 C 的带电量 q 随时间 t 变化的连续函数 $q(t)$ 的表达式，假设 $q(0)=q_0$。

(B3) (A3)小题中描述的效应会阻碍滴水器持续工作。此外，水滴和导体碗之间的静电斥力也使得两个圆筒形电极之间能获得的电压存在上限 U_{max}，求 U_{max}。

第 3 题 原恒星的形成

我们可以用下面的模型来描述恒星的形成过程。一个由稀薄星际气体构成的球形云团从静止开始，由于其自身的引力而向内坍缩。球形云团的初始半径为为 r_0，质量为 m，周围环境（周围环境比所讨论的球形云团更为稀薄）的温度始终为 T_0，球形云团的初始温度也为 T_0。球形云团中的气体可视为理想气体，其平均摩尔质量为 μ，绝热指数 $\gamma > \dfrac{4}{3}$。假定 $\dfrac{Gm\mu}{r_0} \gg RT_0$，其中 R 为普适气体常量，G 为万有引力常量。

(A1) 在球形云团坍缩的大部分过程中，球形云团可视为透明的，即坍缩过程所产生的热量立刻由于辐射而散失掉，也即球形云团与周围环境保持热平衡状态。假定球形云团中气体密度始终是均匀的，当球形云团的半径减少为初始状态的一半（$r_1 = 0.5 r_0$）时，球形云团的压强变为原来的多少倍？

(A2) 求球形云团的半径从 r_0 收缩到 $r_2 = 0.95 r_0$ 时所需的近似时间 t_2，在此球形云团坍缩过程中，下落气体粒子所在处的引力场的变化可以忽略。

(A3) 假定球形云团内的压强始终可以忽略，利用开普勒定律，求球形云团半径从 r_0 坍缩到极小的半径时所需的时间 $t_{r_0 \to 0}$。

(A4) 当球形云团坍缩到半径 $r_3 \ll r_0$ 时，球形云团内的气体会变得足够稠密，以至于对热辐射不透明。请计算球形云团的半径从 r_0 降到 r_3 时，坍缩过程中球形云团所辐射出的热量 Q。

(A5) 当球形云团的半径小于 r_3 时，球形云团的热辐射可以忽略。求球形云团的温度 T 与其半径 $r(<r_3)$ 的函数关系。

(A6) 在球形云团坍缩的最后阶段，我们不能再忽略压强对气体动力学的影响，坍缩将会在 $r = r_4$ 时停止（$r_4 \ll r_3$，球形云团的对外辐射仍可忽略，但它的温度不足以产生核聚变）。此时原恒星的压强不能再被视为是均匀的，但我们仍可以粗略估计球形云团（原恒星）最后的半径 r_4 和此时的温度 T_4，请估计最后的半径 r_4 和温度 T_4。

第43届国际物理奥林匹克竞赛理论试题解析

第1题 三个独立问题：关于物理分析能力的考察

A 部分 弹道学

(A1) 方法一

设小球刚抛出时的发射角为 θ，则其在空间 x-z 平面上的动力学方程为

$$x = (v_0\cos\theta)t \tag{13.1.1}$$

$$z = (v_0\sin\theta)t - \frac{1}{2}gt^2 \tag{13.1.2}$$

将式(13.1.1)和式(13.1.2)联立消去时间 t 后，可得到小球运动的轨迹方程为

$$z = x\tan\theta - \frac{gx^2}{2v_0^2\cos^2\theta} = x\tan\theta - \frac{gx^2}{2v_0^2}(1+\tan^2\theta) \tag{13.1.3}$$

将式(13.1.3)整理后，可得

$$\tan^2\theta - \frac{2v_0^2}{gx}\tan\theta + \left(1 + \frac{2v_0^2 z}{gx^2}\right) = 0 \tag{13.1.4}$$

对于 $\tan\theta$ 而言，式(13.1.4)具有实数解的条件为

$$\Delta = \left(\frac{2v_0^2}{gx}\right)^2 - 4\left(1 + \frac{2v_0^2 z}{gx^2}\right) \geqslant 0 \tag{13.1.5}$$

解得

$$z \leqslant \frac{v_0^2}{2g} - \frac{g}{2v_0^2}x^2 \tag{13.1.6}$$

式(13.1.6)表示小球可击中的目标范围。对照题中所给的已知条件：$z \leqslant z_0 - kx^2$，可得

$$z_0 = \frac{v_0^2}{2g}, \quad k = \frac{g}{2v_0^2} \tag{13.1.7}$$

方法二

题中所给条件 $z \leqslant z_0 - kx^2$ 代表小球可击中的目标范围。若小球做竖直上抛运动，小球所能达到的最高点坐标为 $x=0, z=\frac{v_0^2}{2g}$，对照已知条件 $z \leqslant z_0 - kx^2$，可得 $z_0 = \frac{v_0^2}{2g}$。然后，考虑小球做平抛运动时，小球的抛物线的轨迹方程为

$$\left.\begin{array}{l} x = v_0 t \\ z = -\frac{1}{2}gt^2 \end{array}\right\} \Rightarrow z = -\frac{g}{2v_0^2}x^2 \leqslant z_0 - kx^2 \tag{13.1.8}$$

因此有

$$\left(k - \frac{g}{2v_0^2}\right)x^2 \leqslant z_0 \tag{13.1.9}$$

由于 $z_0 = \frac{v_0^2}{2g}$ 为常数,且由式(13.1.8)可知,当 $z \to -\infty$ 时,$x^2 \to \infty$,因此式(13.1.9)能成立的条件为

$$k \leqslant \frac{g}{2v_0^2} \tag{13.1.10}$$

对照 $z \leqslant z_0 - kx^2$ 和式(13.1.8),可知当 $|x| \to \infty$ 时,$z \approx -kx^2$。若 $k < \frac{g}{2v_0^2}$,则代表平抛运动的式(13.1.8)显然未被包含在已知条件 $z \leqslant z_0 - kx^2$ 的目标范围内,因此必须被排除,故 $k = \frac{g}{2v_0^2}$。

(A2) 小球的抛物线轨迹具有可逆性,我们考虑小球从球形建筑物的最高点开始斜抛。欲使小球落到地面而不接触球形建筑物表面,则所需初速率的最小值是多少?小球的运动轨迹又是什么呢?

假设自球形建筑物的最高点开始平抛,则其轨迹方程为 $z = -\frac{g}{2v_0^2}x^2$,在该轨迹最高点(即抛出点)处的曲率半径为 $\frac{v_0^2}{g}$,此为曲率的最小值,该值与初速度密切相关。若 $v_0 \geqslant \sqrt{gR}$,即该最高点的曲率半径大于或等于球形建筑物的半径,则小球可落至地面而不会触碰球面建筑物表面。再进一步考虑,若维持抛出的初速度不变,但是往上调整抛出的仰角,则抛出点不再是抛体运动轨迹的最高点,小球在地面上的落点将向球形建筑物靠近。这时可降低抛出时的初速度,直至小球的抛物线轨迹和球形建筑物相切,如图 J13.1.1 所示,该抛物线即为本小题所求的最佳选择的小球轨迹。

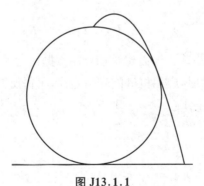

图 J13.1.1

(A3) 在(A1)小题中我们已经证明 $z \leqslant \frac{v_0^2}{2g} - \frac{g}{2v_0^2}x^2$,这表示小球自球形建筑物的最高点以初速度 v_0 抛出后在 x-z 平面上可击中的目标范围。若球形建筑物的球面区域是可击中的,则该建筑物的球面方程式 $x^2 + (z+R)^2 = R^2$ 和上述不等式的界面曲线 $z = \frac{v_0^2}{2g} - \frac{g}{2v_0^2}x^2$ 间的交点即为小球的击中点。考虑本题所述情况,对 z 轴有对称性,若抛射初速度 v_0 较小,则球形建筑物球面上有两个击中点(即在数学上,球形建筑物的球面和抛物线之间有四个交

点);若抛射初速度 v_0 较大,则小球不会碰到球形建筑物的球面(即在数学上没有相交点);若该球形建筑物的球面和 $z \leqslant \dfrac{v_0^2}{2g} - \dfrac{g}{2v_0^2}x^2$ 的界面相切(即在数学上仅有两个相交点),此时的抛物线即为所求的最佳选择的抛体运动轨迹。

$$z = \frac{v_0^2}{2g} - \frac{g}{2v_0^2}x^2 \tag{13.1.11}$$

$$x^2 + (z+R)^2 = R^2 \tag{13.1.12}$$

联立式(13.1.11)和式(13.1.12),消去 z,可得

$$\left(\frac{g}{2v_0^2}\right)^2 x^4 - \left(\frac{gR}{v_0^2} - \frac{1}{2}\right)x^2 + \frac{v_0^2}{g}\left(\frac{v_0^2}{4g} + R\right) = 0 \tag{13.1.13}$$

解得

$$x^2 = \frac{1}{2\left(\dfrac{g}{2v_0^2}\right)^2}\Bigg[\left(\frac{gR}{v_0^2} - \frac{1}{2}\right)$$

$$\pm \sqrt{\left(\frac{gR}{v_0^2} - \frac{1}{2}\right)^2 - 4\left(\frac{g}{2v_0^2}\right)^2 \frac{v_0^2}{g}\left(\frac{v_0^2}{4g} + R\right)}\ \Bigg] \tag{13.1.14}$$

对于式(13.1.14)而言,仅有一个根的条件为

$$\left(\frac{gR}{v_0^2} - \frac{1}{2}\right)^2 - 4\left(\frac{g}{2v_0^2}\right)^2 \frac{v_0^2}{g}\left(\frac{v_0^2}{4g} + R\right) = 0 \tag{13.1.15}$$

解得

$$v_0 = \sqrt{\frac{1}{2}gR} \tag{13.1.16}$$

利用式(13.1.11)、式(13.1.14)和式(13.1.16),可得抛物线和球形建筑物球面的相切点的坐标为

$$x = \pm \frac{\sqrt{3}}{2}R, \quad z = -\frac{1}{2}R \tag{13.1.17}$$

由式(13.1.16)所得的 v_0 是小球自球面建筑物最高点抛射时的初速率。利用抛物线轨迹的可逆性,将小球从地面上抛射时,应用机械能守恒定律,可得所需的最小速率为

$$\frac{1}{2}mv_{\min}^2 = \frac{1}{2}mv_0^2 + mg(2R) \tag{13.1.18}$$

最终得

$$v_{\min} = \sqrt{v_0^2 + 4gR} = \sqrt{\frac{9}{2}gR} \tag{13.1.19}$$

B 部分　机翼边的气流

(B1) 在机翼参考系中,由于流体的连续性,沿着两流线之间的管道流动的气体的通量保持不变。由于本小题中空气的流动是二维的,因此管道的截面积和其宽度成正比。由图 J13.1.2 所示的空气流线图可以看出图中左端面为未被扰动的空气,其相对于机翼参考系的速度为 $v_0 = 100$ m/s,在该端面 O 点处的流线管道宽度 a 与图中右方 P 点处的流线管道宽度 b 的比值约为 $b/a = 13/10$。设 P 点相对于机翼参考系的速度为 u_P,依据流体的连续性

方程,可得

$$v_0 a = u_P b \Rightarrow u_P = v_0 \frac{a}{b} = 77 \text{ m/s} \tag{13.1.20}$$

利用式(13.1.20),可得 P 点的空气相对于地面参考系的速度为

$$v_P = v_0 - u_P = (100 - 77) \text{ m/s} = 23 \text{ m/s} \tag{13.1.21}$$

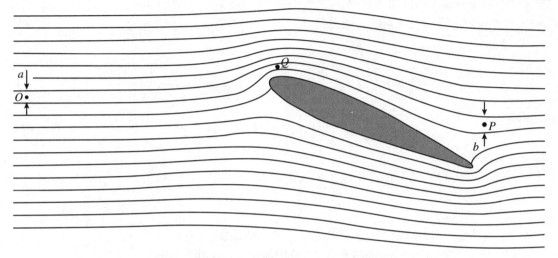

图 J13.1.2

(B2) 流体中的动压强虽然远小于流体的静压强,但它会引起流体的膨胀和压缩。由于涉及的空气体积甚大,且膨胀压缩迅速,因此经由空气转移的热量几乎可以忽略,故空气的膨胀和压缩可视为绝热过程。

当某一区域的空气绝热膨胀时,温度下降,则其对应的水的饱和蒸气压也随之降低。若温度降至露点,则空气中的水蒸气凝结成小水珠。此凝结过程开始于绝热膨胀的最大处。

根据伯努利定理 $p + \frac{1}{2}\rho v^2 = $ 常数,在定常流动中,流体静压强出现最小值的空间点就是空气发生绝热膨胀的最大处,也就是发生于流体动压强 $\frac{1}{2}\rho v^2$ 或流速 v 取最大值的位置,该位置为图 J13.1.2 中的 Q 点,该点处的流线管道宽度 c 最为狭窄。

(B3) 首先计算空气的露点:已知空气的相对湿度为 $r = 90\%$,故空气中的水蒸气压为

$$p_w = r p_{sa} = 0.90 \times 2.31 \text{ kPa} = 2.08 \text{ kPa} \tag{13.1.22}$$

由于本题涉及的空气温度和对应的饱和蒸气压的相对变化量都较小,两者之间可近似为线性关系。设露点的温度和饱和蒸气压分别为 T_w 和 p_w,利用内插法,可得

$$\frac{p_{sa} - p_w}{T_a - T_w} = \frac{p_{sa} - p_{sb}}{T_a - T_b} \tag{13.1.23}$$

解得

$$T_w = T_a - (T_a - T_b)\frac{(1-r)p_{sa}}{p_{sa} - p_{sb}}$$

$$= 293 \text{ K} - (293 - 294) \times \frac{(1 - 0.90) \times 2.31}{2.31 - 2.46} \text{ K}$$

$$= 291.5 \text{ K} \tag{13.1.24}$$

其次推导流体温度和流速之间的关系式。在图 J13.1.2 中 O 点和 Q 点之间的流管内的气体为一系统。假设 1 mol 空气(质量为 μ)从 O 点处流管的截面流入,其流速为 v_a,则输入流管的总能量 E_a 为气体的平动动能 $\frac{1}{2}\mu v_a^2$ 和气体的内能增加量 $\Delta U = Q + W$ 之和,其中 $Q = C_V T_a$ 为输入系统的热量,C_V 为气体等容热容,T_a 为 O 点处的气体温度;$W = pV = RT_a$ 为外界对流管内气体系统所做的功,即

$$E_a = \frac{1}{2}\mu v_a^2 + C_V T_a + RT_a$$

$$= \frac{1}{2}\mu v_a^2 + (C_V + R)T_a$$

$$= \frac{1}{2}\mu v_a^2 + C_p T_a \tag{13.1.25}$$

式中 C_p 为等压热容。

同理可得从 Q 点流管的截面输出的总能量为

$$E_c = \frac{1}{2}\mu v_c^2 + C_p T_c \tag{13.1.26}$$

式中 v_c 和 T_c 分别为该流管上 Q 点处的流速和气体温度。

由于是定常流动,流线不随时间变化,根据能量守恒定律,可得

$$E_a = E_c \tag{13.1.27}$$

化简可得

$$v_c^2 - v_a^2 = 2c_p(T_a - T_c) \tag{13.1.28}$$

根据流体的连续性方程,可得

$$v_a a = v_c c \Rightarrow v_c = v_a \frac{a}{c} \tag{13.1.29}$$

式中 a 和 c 分别为该流管上 O 点和 Q 点处的宽度,可在图 J13.1.2 中利用刻度尺测量,有 $a = 10$ mm,$c = 4.5$ mm。将式(13.1.29)代入式(13.1.28),可得

$$v_a^2 \left(\frac{a^2}{c^2} - 1\right) = 2c_p(T_a - T_c) \Rightarrow v_a = c\sqrt{\frac{2c_p(T_a - T_c)}{a^2 - c^2}} \tag{13.1.30}$$

若飞机相对于地面的速度达到临界值 v_{crit},则在 Q 点的气体温度降至露点而凝结出小水珠,即 $v_a = v_{\text{crit}}$,$T_c = T_w$,代入式(13.1.30),计算可得

$$v_{\text{crit}} = c\sqrt{\frac{2c_p(T_a - T_c)}{a^2 - c^2}}$$

$$= 4.5 \times \sqrt{\frac{2 \times 1.0 \times 10^3 \times (293 - 291.5)}{10^2 - 4.5^2}} \text{ m/s}$$

$$= 27.6 \text{ m/s} \tag{13.1.31}$$

注 在实际情况中,所需的飞机的临界速率比式(13.1.31)给出的要高一些,因为若要快速凝结出水珠,则须使空气中的水蒸气达到过饱和状态。

C 部分 磁管

(C1) 由于圆柱管壁是由超导材料制成的,故磁感线不能穿过管壁,因此管内的磁感线

无法弯曲而呈现均匀分布,且平行于圆柱管的中心轴;在上下端管口外部的磁感线则弯曲形成回路,如图 J13.1.3 所示。整体的磁感线分布形状类似于螺线管的磁场。

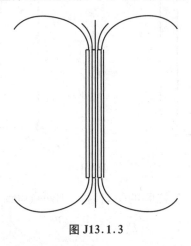

图 J13.1.3

(C2) 根据虚功原理,考虑圆柱管沿管轴方向拉伸一极小的长度 Δl 所产生的磁能变化。需要注意的是,即使将管长拉伸,管内通过横截面的磁通量 Φ 仍然保持不变,这是因为若管内的磁通量发生变化,则在管壁上会感应产生电动势 $-\dfrac{\mathrm{d}\Phi}{\mathrm{d}t}$,但由于管壁为零电阻的超导体材料,所生成的感应电流将为无限大,因此所生成的感应电流的磁场将抵消掉管内可能的磁通量变化。管内的磁感应强度为 $B = \dfrac{\Phi}{\pi r^2}$,磁场能量密度为 $u_\mathrm{M} = \dfrac{B^2}{2\mu_0}$,其中 μ_0 为真空中的磁导率,故当管长被拉伸一极小长度 Δl 时,所产生的磁能变化量为

$$\Delta W = \frac{B^2}{2\mu_0}\pi r^2 \Delta l = \frac{\Phi^2}{2\mu_0 \pi r^2}\Delta l \tag{13.1.32}$$

所增加的磁能来自于外力(等于管内的张力 T)将圆柱管拉伸 Δl 所需做的功,即

$$\Delta W = T\Delta l \tag{13.1.33}$$

由式(13.1.32)和式(13.1.33),可得管内上半部和下半部之间的磁场相互作用力为

$$T = \frac{\Phi^2}{2\mu_0 \pi r^2} \tag{13.1.34}$$

(C3) 首先考虑若将两磁管中的某一磁管移动一小段距离,磁场的能量会有何变化。由于磁管内的磁通量不变,故管内的磁感应强度维持不变,但管外的磁感应强度会发生变化。在磁管的外部区域,除了管口之外,没有磁感线来源,不能形成闭合的磁感线。若磁管的长度远大于其内半径,即 $l \gg r$,则该磁管上、下端的管口成为磁感线的进出源头,各有一固定的磁通量 $+\Phi$ 和 $-\Phi$,可视为两个异种的磁单极子或者称为点磁荷。它们所生成的磁感线分布和一对相同距离的异种点电荷 $+Q$ 和 $-Q$ 所生成的电场线分布完全相同。本小题所述的构成正方形对边的两磁管所形成的磁场可视为由 4 个位于该正方形顶点的磁单极子(或点磁荷)所构成,如图 J13.1.4 所示,它们的磁感线分布与 4 个位于同样位置的点电荷所形成的电场线分布完全相同。由于上述磁场和电场的相似性,因此应用于两点电荷之间的相互作用力公式也可应用于计算两磁单极子之间的相互作用力。

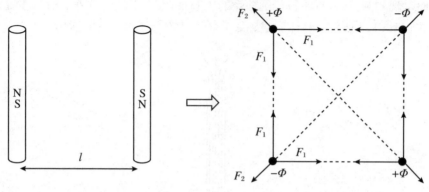

图 J13.1.4

若两异种点电荷 $+Q$ 和 $-Q$ 之间的距离为 a，则两点电荷之间相互作用的电场力为

$$F_E = \frac{1}{4\pi\varepsilon_0} \frac{Q^2}{a^2} \tag{13.1.35}$$

单一电荷（$+Q$ 或 $-Q$）所产生的电场在另一电荷位置处的电场能量密度为

$$u_E = \frac{1}{2}\varepsilon_0 E^2 = \frac{1}{2}\varepsilon_0 \left(\frac{1}{4\pi\varepsilon_0}\frac{Q}{a^2}\right)^2 = \frac{1}{32\pi^2\varepsilon_0}\frac{Q^2}{a^4} \tag{13.1.36}$$

利用式（13.1.35），式（13.1.36）可改写为

$$F_E = 8\pi a^2 u_E \tag{13.1.37}$$

上式可用于计算相距为 a 的两异种磁单极子之间相互作用磁力。单一磁单极子在距离 a 处的磁感应强度 B，利用磁场的高斯定理可得

$$B = \frac{\Phi}{4\pi a^2} \tag{13.1.38}$$

在该处的磁场能量密度为

$$u_M = \frac{B^2}{2\mu_0} = \frac{1}{32\pi^2\mu_0}\frac{\Phi^2}{a^4} \tag{13.1.39}$$

利用式（13.1.37），可得相距为 a 的两个磁单极子之间相互作用的磁力为

$$F_M = 8\pi a^2 u_M = \frac{1}{4\pi\mu_0}\frac{\Phi^2}{a^2} \tag{13.1.40}$$

图 J13.1.4 为两磁管之间的作用力示意图，图中的 F_1 为两异种磁单极子沿正方形边长方向的相互作用力；F_2 为两同种磁单极子沿正方形对角线方向的相互作用力。利用式（13.1.40），可得

$$F_1 = \frac{1}{4\pi\mu_0}\frac{\Phi^2}{l^2} \tag{13.1.41}$$

$$F_2 = \frac{1}{4\pi\mu_0}\frac{\Phi^2}{(\sqrt{2}l)^2} = \frac{1}{2}F_1 \tag{13.1.42}$$

从图 J13.1.4 中可以看出沿磁管纵轴方向的磁力相互抵消，因此两磁管在垂直于管轴方向上相互吸引的作用力为

$$F = 2\left(F_1 - F_2\cos\frac{\pi}{4}\right) = \frac{4-\sqrt{2}}{2}F_1 = \frac{4-\sqrt{2}}{8\pi\mu_0}\frac{\Phi^2}{l^2} \tag{13.1.43}$$

第 2 题 开尔文滴水器

A 部分 单管

（A1）悬挂在金属管底端管口下方的水滴总共受到下述四个力的作用：

① 水滴本身的重力：$G = \dfrac{4}{3}\pi r_{\max}^2 \rho g$，方向向下；

② 水滴颈部（即水滴和管口的连接处）所受的表面张力：$F = \pi d\sigma$，方向向上；

③ 周围空气压力对水滴的作用力：$F_a = \pi\left(\dfrac{d}{2}\right)^2 p_a$，方向向上；

④ 金属管内液体压强对水滴的作用力：$F_w = \pi\left(\dfrac{d}{2}\right)^2 p_w$，方向向下。

悬挂在金属管底端管口的水滴维持静力学平衡的条件为

$$-G + F + F_a - F_w = 0$$

$$\Rightarrow \quad \dfrac{4}{3}\pi r_{\max}^3 \rho g = \pi d\sigma + \dfrac{1}{4}\pi d^2 (p_a - p_w) \tag{13.2.1}$$

由于题设中 $d \ll r$，故式（13.2.1）等号右边的第二项 $\dfrac{1}{4}\pi d^2 (p_a - p_w)$ 可忽略，故得到

$$\dfrac{4}{3}\pi r_{\max}^3 \rho g \approx \pi d\sigma \quad \Rightarrow \quad r_{\max} \approx \left(\dfrac{3d\sigma}{4\rho g}\right)^{\frac{1}{3}} \tag{13.2.2}$$

（A2）由于水可视为导电体，由题意又有 $d \ll r$，故悬挂在金属管口下方的水滴可视为电势为 φ 的球形电容。当水滴半径为 r 时，若所带水滴的电量为 Q，则水滴表面的电势 φ 可写为

$$\varphi = \dfrac{1}{4\pi\varepsilon_0}\dfrac{Q}{r} \quad \Rightarrow \quad Q = 4\pi\varepsilon_0 \varphi r \tag{13.2.3}$$

其中 ε_0 为空气中的介电常数（可用真空中的介电常数代替）。

（A3）**方法一：受力解法**

若水滴的半径 r 维持定值，但电势 φ 缓慢地增加，则在原先水滴的平衡压强外会多出两种新的压强。

一是由于静电排斥产生的压强。由于水滴是导体，其内部电场为零，所带电荷均匀分布在其表面上。当水面的电势 φ 增加时，水滴表面的带电量也随之增加，表面电荷之间的静电斥力随之增加，使水滴产生向外的压强。利用高斯定理，在水滴表面上取微元面积 ΔA，则在邻近该微元面积外侧的电场强度为 $E = \dfrac{\sigma_s}{\varepsilon_0}$，式中 σ_s 为水滴的表面电荷密度；在该微元内侧的电场强度为零。因此表面电荷所在处的电场强度为

$$E = \dfrac{1}{2}\left(\dfrac{\sigma_s}{\varepsilon_0} + 0\right) = \dfrac{\sigma_s}{2\varepsilon_0} \tag{13.2.4}$$

该微元面积的表面电荷所受的静电力为 $\Delta F_e = (\sigma_s \Delta A) E = \dfrac{\sigma_s^2}{2\varepsilon_0}\Delta A$，故该水滴因静电力的作

用而承受的压强为

$$p_e = \frac{\Delta F_e}{\Delta A} = \frac{\sigma_s^2}{2\varepsilon_0} = \frac{1}{2\varepsilon_0}\left(\frac{Q}{4\pi r^2}\right)^2 \tag{13.2.5}$$

利用式(13.2.3),可得

$$p_e = \frac{1}{2\varepsilon_0}\left(\frac{4\pi\varepsilon_0 \varphi r}{4\pi r^2}\right)^2 = \frac{\varepsilon_0 \varphi^2}{2r^2} \tag{13.2.6}$$

该静电压强使水滴向外扩张。

二是水滴表面张力产生的压强。假设将该球形水滴切成两个半球,则在上半球的圆形切面处受下半球表面张力的作用而产生的拉力为 $2\pi r\sigma$,此拉力会使水滴产生向内收缩的压强 p_s,故得

$$p_s \pi r^2 = 2\pi r\sigma \quad \Rightarrow \quad p_s = \frac{2\sigma}{r} \tag{13.2.7}$$

若增加水滴的电势 φ,则静电斥力将使水滴有向外膨胀的趋势,但同时由于表面张力的作用,将使水滴有向内收缩的趋势。在临界平衡时,两个压强相等,利用式(13.2.6)和式(13.2.7),可得此时水滴的临界电势 φ_{max} 为

$$\frac{\varepsilon_0 \varphi_{max}^2}{2r^2} = \frac{2\sigma}{r} \quad \Rightarrow \quad \varphi_{max} = 2\sqrt{\frac{\sigma r}{\varepsilon_0}} \tag{13.2.8}$$

方法二:能量解法

当水滴的表面电势为 φ 时,具有的静电能为

$$U_e = \frac{1}{2}C\varphi^2 = \frac{1}{2}(4\pi\varepsilon_0 r)\left(\frac{1}{4\pi\varepsilon_0}\frac{Q}{r}\right)^2 = \frac{1}{8\pi\varepsilon_0}\frac{Q^2}{r} \tag{13.2.9}$$

由于表面张力的作用,水滴同时具有的表面势能为

$$U_s = 4\pi r^2 \sigma \tag{13.2.10}$$

水滴所具有的总能量为

$$U = U_e + U_s = \frac{1}{8\pi\varepsilon_0}\frac{Q^2}{r} + 4\pi r^2 \sigma \tag{13.2.11}$$

当水滴的电势增至临界值 φ_{max} 时,其对应的带电量为 Q_{max},则 $\left.\frac{dU}{dr}\right|_{Q_{max}} = 0$,即所受的合力为零。由式(13.2.11)可得

$$\left.\frac{dU}{dr}\right|_{Q_{max}} = -\frac{1}{8\pi\varepsilon_0}\frac{Q_{max}^2}{r^2} + 8\pi r\sigma = 0 \quad \Rightarrow \quad Q_{max} = 8\pi\sqrt{\varepsilon_0 \sigma r^3} \tag{13.2.12}$$

因此可得水滴的临界电势为

$$\varphi_{max} = \frac{1}{4\pi\varepsilon_0}\frac{Q_{max}}{r} = \frac{1}{4\pi\varepsilon_0}\frac{8\pi\sqrt{\varepsilon_0 \sigma r^3}}{r} = 2\sqrt{\frac{\sigma r}{\varepsilon_0}} \tag{13.2.13}$$

B 部分 双管

(B1) 电容器的电势差为 $U = \frac{Q}{C}$,由于"开尔文滴水器"左右对称,故两圆柱形电极的电势分别为 $\frac{U}{2}$ 和 $-\frac{U}{2}$。悬挂在两金属管下端管口的水滴因有 T 形管连接而接地,故其电势为

零。由题意,圆柱形电极的长度很长,具有静电屏蔽的功能,可隔离周围环境的静电影响,故水滴相对于圆柱形电极的电势差为 $\dfrac{U}{2}$。本小题虽涉及双金属管,但其物理情景本质上与(A1)小题所描述的相同,利用式(13.2.3),可得

$$Q_0 = 4\pi\varepsilon_0 \dfrac{U}{2} r_{\max} = 2\pi\varepsilon_0 r_{\max} \dfrac{q}{C} \tag{13.2.14}$$

(B2) 由题意,圆柱形电极与导体碗组合成的系统为电中性的,水滴所带电荷的电性与邻近的圆柱形电极相反,而和另一侧的圆柱形电极相同,后者经由交叉连接方式接通至该水滴所落入的导体碗。因此每一个带电水滴落入导体碗后,会使电容器增加电量 Q_0。单位时间内有 n 个小水滴从两金属管的管口滴落入其下方的导体碗内,因此电容器在 $\mathrm{d}t$ 时间内所增加的电量为

$$\mathrm{d}q = Q_0 n \mathrm{d}t = 2\pi\varepsilon_0 r_{\max} \dfrac{q}{C} n \mathrm{d}t \tag{13.2.15}$$

将式(13.2.15)两边积分可得

$$\int_{q_0}^{q} \dfrac{\mathrm{d}q}{q} = \dfrac{2\pi\varepsilon_0 r_{\max} n}{C} \int_{0}^{t} \mathrm{d}t \tag{13.2.16}$$

解得

$$q(t) = q_0 \mathrm{e}^{\gamma t} \tag{13.2.17}$$

其中

$$\gamma = \dfrac{2\pi\varepsilon_0 r_{\max} n}{C} = \dfrac{2\pi\varepsilon_0 n}{C}\left(\dfrac{3\sigma d}{4\rho g}\right)^{1/3} = \dfrac{\pi\varepsilon_0 n}{C}\left(\dfrac{6\sigma d}{\rho g}\right)^{1/3}$$

(B3) 由于掉落的带电水滴与其下方的导体碗具有相同的电性,因此水滴必须克服静电斥力,才能落入导体碗内。若取下方导体碗内的水面为重力势能的零参考点,则水滴在脱离金属管口时具有重力势能 mgH。圆柱形电极和其下方导体碗之间的电势差为 $\dfrac{U}{2} - \left(-\dfrac{U}{2}\right) = U$,因此,带有电量 Q_0 的水滴能落入其下方导体碗的条件为

$$mgH \geqslant Q_0 U \tag{13.2.18}$$

利用式(13.2.14),可得

$$mgH \geqslant 2\pi\varepsilon_0 r_{\max} U^2 \tag{13.2.19}$$

因此,两电极之间所能达到的最大电势差 $U_{\max}$ 为

$$U_{\max} = \sqrt{\dfrac{mgH}{2\pi\varepsilon_0 r_{\max}}} \tag{13.2.20}$$

其中 $mg = \dfrac{4}{3}\pi r_{\max}^3 \rho g$。利用式(13.2.2),最终得到

$$U_{\max} = \sqrt{\dfrac{d\sigma H}{2\varepsilon_0 r_{\max}}} = \left(\dfrac{d^2 \sigma^2 H^3 \rho g}{6\varepsilon_0^3}\right)^{1/6} \tag{13.2.21}$$

第3题 原恒星的形成

（A1）由于在球形云团坍缩的大部分过程中，球形云团的温度和周围环境的温度相同，维持不变，即 $T = T_0$，根据理想气体方程

$$pV = \nu RT \tag{13.3.1}$$

且球形云团的体积 $V = \dfrac{4}{3}\pi r^3$，可得

$$pr^3 = \frac{3}{4\pi}\nu RT_0 = 常数 \tag{13.3.2}$$

因此有

$$p_1 r_1^3 = p_0 r_0^3 \tag{13.3.3}$$

故

$$\frac{p_1}{p_0} = \left(\frac{r_0}{r_1}\right)^3 = \left(\frac{r_0}{0.5r_0}\right)^3 = 8 \tag{13.3.4}$$

所以球形云团的压强变为原来的8倍。

（A2）在球形云团由初始半径 r_0 坍缩至 $r_2 = 0.95r_0$ 的过程中，球形云团表面层壳内的气体粒子仅受引力的作用，来自下层气体压力的影响可忽略。因此在坍缩过程中，气体粒子的下落相当于自由落体运动。由于球形云团是球对称的，因此表面层壳内的气体粒子所受的引力就如同球形云团的所有质量都集中在球心处所造成的引力一样。由题意，下落过程中气体粒子所在处的引力场变化可以忽略，故气体分子在下落时的重力加速度为

$$g = \frac{Gm}{r_0^2} \tag{13.3.5}$$

气体粒子下落的距离为 $r_0 - r$，利用自由落体公式，可得本阶段坍缩的时间为

$$r_0 - r = \frac{1}{2}g t_2^2 \;\Rightarrow\; t_2 = \sqrt{\frac{2(r_0 - r)}{g}} \tag{13.3.6}$$

将式(13.3.5)代入式(13.3.6)可得

$$t_2 = \sqrt{\frac{2r_0^2(r_0 - 0.95r_0)}{Gm}} = \sqrt{\frac{0.1 r_0^3}{Gm}} \tag{13.3.7}$$

（A3）方法一：开普勒定律解法

由题意，气体的压强可以忽略，球形云团内的任一质点仅受引力的吸引，故气体质点的运动可运用开普勒定律。根据开普勒第一定律，球形云团表面层的任一质点下落时的运动轨迹为狭长的椭圆，实际上该椭圆退化为一条直线，椭圆的两焦点位于直线的两端点：一焦点位于球心；另一焦点位于球面处，即 $r = r_0$。图 J13.3.1 所示为该质点的狭长椭圆轨道。

质点从球面处下落至球心的时间也就是球形云团坍缩至极小的半径时所需要的时间 $t_{r_0 \to 0}$，等于上述椭圆轨道的半周期。设椭圆轨道的周期为 $\tau = 2t_{r_0 \to 0}$，椭圆的半长轴 $a = r_0/2$，根据开普勒第三定律，可得

$$\frac{\tau^2}{a^3} = \frac{4\pi^2}{Gm} \;\Rightarrow\; \frac{(2t_{r_0 \to 0})^2}{(r_0/2)^3} = \frac{4\pi^2}{Gm} \tag{13.3.8}$$

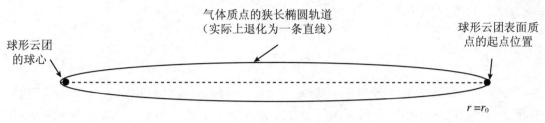

图 J13.3.1

解得

$$t_{r_0 \to 0} = \pi \sqrt{\frac{r_0^3}{8Gm}} \tag{13.3.9}$$

方法二：直接解法

也可以直接计算一个位于球形云团表面上的质点从静止开始下落至球心所经历的时间。设气体质点的径向坐标为 r，仅受到万有引力的作用，其动力学方程可写为

$$\ddot{r} = -\frac{Gm}{r^2} \tag{13.3.10}$$

将式(13.3.10)两边同乘以 $\dot{r}$，可得

$$\dot{r}\frac{\mathrm{d}\dot{r}}{\mathrm{d}t} = -\frac{Gm}{r^2}\frac{\mathrm{d}r}{\mathrm{d}t} \Rightarrow \frac{\mathrm{d}}{\mathrm{d}t}\left(\frac{1}{2}\dot{r}^2 - \frac{Gm}{r}\right) = 0 \tag{13.3.11}$$

故

$$\frac{1}{2}\dot{r}^2 - \frac{Gm}{r} = E \tag{13.3.12}$$

其中 E 为常数。代入质点运动的初始条件：当 $r = r_0$ 时，$\dot{r} = 0$，可得

$$\frac{1}{2}\dot{r}^2 - \frac{Gm}{r} = -\frac{Gm}{r_0} \tag{13.3.13}$$

即

$$\frac{\mathrm{d}r}{\mathrm{d}t} = -\sqrt{2Gm\left(\frac{1}{r} - \frac{1}{r_0}\right)} \tag{13.3.14}$$

将式(13.3.14)两边积分，可得

$$\begin{aligned}
t_{r_0 \to 0} &= -\frac{1}{\sqrt{2Gm}}\int_{r_0}^{0} \frac{\mathrm{d}r}{\sqrt{\frac{1}{r} - \frac{1}{r_0}}} \\
&= -\frac{1}{\sqrt{2Gm}}\int_{r_0}^{0} \sqrt{\frac{r_0 r}{r_0 - r}}\,\mathrm{d}r \\
&= -\sqrt{\frac{2r_0^3}{9Gm}}\int_{r_0}^{0} \frac{1}{\sqrt{1 - \frac{r}{r_0}}}\,\mathrm{d}\left(\frac{r}{r_0}\right)^{3/2} \\
&= -\sqrt{\frac{2r_0^3}{9Gm}}\int_{0}^{\frac{\pi}{2}} \frac{1}{\sin\theta}\,\mathrm{d}(\cos^3\theta) \quad \left(\diamondsuit\frac{r}{r_0} = \cos^2\theta\right) \\
&= \sqrt{\frac{2r_0^3}{9Gm}}\int_{0}^{\frac{\pi}{2}} 3\cos^2\theta\,\mathrm{d}\theta
\end{aligned}$$

$$= \sqrt{\frac{2r_0^3}{9Gm}} \frac{3\pi}{4}$$

$$= \pi \sqrt{\frac{r_0^3}{8Gm}} \tag{13.3.15}$$

（A4）在球形云团由初始半径 r_0 坍缩至 r_3 前，气体对热辐射是透明的，其内部所产生的热可由热辐射散失至周围环境，周围气体温度保持为 T_0。该气体的平均摩尔质量为 μ，故理想气体方程可写为

$$pV = \frac{m}{\mu}RT_0 \quad \Rightarrow \quad p = \frac{mRT_0}{\mu V} \tag{13.3.16}$$

由于引力的作用，引力压缩球形云团所做的功为

$$W = -\int p\,dV$$

$$= -\frac{mRT_0}{\mu} \int_{V_0}^{V_3} \frac{dV}{V}$$

$$= -\frac{mRT_0}{\mu} \int_{r_0}^{r_3} \frac{3r^2\,dr}{r^3}$$

$$= \frac{3mRT_0}{\mu} \ln \frac{r_0}{r_3} \tag{13.3.17}$$

因为气体温度维持不变，故内能的变化量为零。按照热力学第一定律

$$\Delta U = \Delta Q + \Delta W \tag{13.3.18}$$

引力压缩球形云团所做的功 W 转化为所辐射出去的热能 Q，即

$$Q = \frac{3mRT_0}{\mu} \ln \frac{r_0}{r_3} \tag{13.3.19}$$

（A5）当球形云团坍缩至半径小于 r_3 时，球形云团气体变得很致密，以致遮蔽热辐射。球形云团的坍缩过程为绝热过程，故气体压强 p，体积 V 和温度 T 之间满足绝热方程

$$PV^{\gamma} = \text{常数} \quad \Rightarrow \quad TV^{\gamma-1} = \text{常数} \quad \Rightarrow \quad T \propto V^{1-\gamma} \propto r^{3(1-\gamma)} \tag{13.3.20}$$

因此

$$T = T_0 \left(\frac{r_3}{r}\right)^{3(\gamma-1)} \tag{13.3.21}$$

（A6）在最后阶段的坍缩过程中，球形云团因受引力压缩而减少的引力势能转化为热能，但因为热辐射被遮蔽而无法散失至周围环境中，结果使气体的温度升高，亦即气体的内能增加。若球形云团的半径为 r，则其总引力势能为

$$E_p = -\frac{3}{5}\frac{Gm^2}{r} \tag{13.3.22}$$

注 考虑密度为 ρ 的均匀球形云团的半径从零开始逐渐增加到半径为 R 的过程中引力势能的变化。当均匀球形云团的半径为 r，质量为 m 时，若将微元质量 dm 的气体从无穷远处移至该球形云团表面，则该球形云团的引力势能的增加量为

$$dE_p = -\frac{Gm}{r}dm \tag{13.3.23}$$

式中 $m = \rho \frac{4}{3}\pi r^3$。将上式积分，可得球形云团的总引力势能为

$$E_p = -G\left(\frac{4}{3}\pi\rho\right)^2 \int_0^R \frac{r^3}{r} dr^3$$

$$= -G\left(\frac{4}{3}\pi\rho\right)^2 \int_0^R 3r^4 dr$$

$$= -G\left(\frac{4}{3}\pi\rho\right)^2 \frac{3}{5}R^5$$

$$= -\frac{3}{5}\frac{Gm^2}{R} \tag{13.3.24}$$

利用式(13.3.22)，可得球形云团从半径为 r_3 坍缩至半径为 r_4（$r_4 \ll r_3$）所减少的引力势能为

$$\Delta E_p = \frac{3}{5}Gm^2\left(\frac{1}{r_4} - \frac{1}{r_3}\right) \approx \frac{3}{5}\frac{Gm^2}{r_4} \tag{13.3.25}$$

由于引力压缩，使球形云团的温度由 T_0 上升至 T_4 时，气体总内能的增加量为

$$\Delta U = \frac{m}{\mu}C_V(T_4 - T_0) \tag{13.3.26}$$

其中 C_V 为等容摩尔热容。利用式(13.3.21)，可得

$$T_4 = T_0\left(\frac{r_3}{r_4}\right)^{3(\gamma-1)} \tag{13.3.27}$$

其中 $r_4 \ll r_3$。由式(13.3.27)可知 $T_4 \gg T_0$，因此式(13.3.26)可近似为

$$\Delta U \approx \frac{m}{\mu}C_V T_4 \tag{13.3.28}$$

利用 $\gamma = \frac{C_p}{C_V}$ 和 $C_p = C_V + R$，其中 C_p 为等压摩尔热容，可得

$$C_V = \frac{R}{\gamma - 1} \tag{13.3.29}$$

将式(13.3.29)代入式(13.3.28)，可得

$$\Delta U \approx \frac{m}{\mu}\frac{R}{\gamma - 1}T_4 \tag{13.3.30}$$

利用能量守恒定律，球形云团减少的引力势能转化为内能。利用式(13.3.25)、式(13.3.27)和式(13.3.30)，可得

$$\frac{3}{5}\frac{Gm^2}{r_4} \approx \frac{m}{\mu}\frac{R}{\gamma - 1}T_4 = \frac{m}{\mu}\frac{R}{\gamma - 1}T_0\left(\frac{r_3}{r_4}\right)^{3(\gamma-1)} \tag{13.3.31}$$

解得

$$r_4 \approx r_3\left[\frac{5}{3(\gamma - 1)}\frac{RT_0 r_3}{\mu m G}\right]^{\frac{1}{3\gamma - 4}} \tag{13.3.32}$$

利用式(13.3.27)，可得

$$T_4 = T_0\left[\frac{5}{3(\gamma - 1)}\frac{RT_0 r_3}{\mu m G}\right]^{\frac{3\gamma - 3}{4 - 3\gamma}} \tag{13.3.33}$$

注 本小题也可从力平衡的角度求解。当球形云团坍缩至最后的平衡状态时（$r = r_4$），球形云团受自身引力的作用而产生向内的压强 p_{in}，其值等于球内气体的向外压强 p_{out}。先导出 p_{in}。利用虚功原理，假想球形云团受引力的作用而使其半径由 r 缩减至 $r + dr$

(式中 dr 为负值)，则引力所做的功为 $-p_{in} \cdot 4\pi r^2 dr$，该值等于球形云团引力势能的减少量 $-dE_p$，即

$$p_{in} \cdot 4\pi r^2 dr = dE_p \tag{13.3.34}$$

利用式(13.3.24)，可得

$$p_{in} \cdot 4\pi r^2 dr = d\left(-\frac{3}{5}\frac{Gm^2}{r}\right) = \frac{3}{5}\frac{Gm^2}{r^2}dr \Rightarrow p_{in} = \frac{3}{5}\frac{Gm^2}{4\pi r^4} \tag{13.3.35}$$

然后导出 p_{out}。根据理想气体方程 $p_{out}V = \frac{m}{\mu}RT$，得

$$p_{out} = \frac{3}{4\pi r^3}\frac{m}{\mu}RT \tag{13.3.36}$$

最后，当球形云团处于最后的平衡状态时，$r = r_4$，$T = T_4$，$p_{in} = p_{out}$，由式(13.3.35)和式(13.3.36)可得

$$\frac{3}{5}\frac{Gm^2}{4\pi r_4^4} = \frac{3}{4\pi r_4^3}\frac{m}{\mu}RT_4 \Rightarrow \frac{1}{5}\frac{Gm}{r_4} = \frac{1}{\mu}RT_4 \tag{13.3.37}$$

将式(13.3.27)代入式(13.3.37)，可得

$$\frac{1}{5}\frac{Gm}{r_4} = \frac{1}{\mu}RT_0\left(\frac{r_3}{r_4}\right)^{3(\gamma-1)} \Rightarrow r_4 = r_3\left(\frac{5RT_0 r_3}{\mu m G}\right)^{\frac{1}{3\gamma-4}} \tag{13.3.38}$$

利用式(13.3.27)，可得

$$T_4 = T_0\left(5\frac{RT_0 r_3}{\mu m G}\right)^{\frac{3\gamma-3}{4-3\gamma}} \tag{13.3.39}$$

上述结果与式(13.3.33)几乎相同，仅数值因子略有差异，即 5 与 $\frac{5}{3(\gamma-1)}$ 的差异。

第 44 届国际物理奥林匹克竞赛理论试题[①]

第 1 题 马里博陨石

引言

小流星是从彗星或者小行星分离出来的部分(一般直径小于 1 m)。小流星撞击地球后落在地面上称为陨石。

2009 年 1 月 17 日,住在波罗的海附近的许多人亲眼看到了一颗小流星(或者叫火球)穿过地球大气而划过的闪亮轨迹。瑞典(瑞典位于丹麦首都哥本哈根东北方向)的一个监视摄像机恰巧拍下了这个事件,如图 T14.1.1(a)所示。利用这些图片和目击者的描述,可以缩小流星落地点的寻找范围。六周以后,在丹麦南部城市马里博发现了一个质量为 0.025 kg 的陨石,对该陨石(现命名为马里博陨石)的参数和在天空中的运行轨迹进行测量后,得到了一系列有趣的结果。从测量结果可以看出,这个陨石进入地球大气层的速度非常高。从测量中还可以推测出它的年龄为 4.567×10^9 a,这显示它形成于太阳系产生后不久。因此,可以推测马里博陨石可能是恩克彗星的一部分。

A 部分 马里博陨石的速度

小流星向西运动,朝向与正北方向夹角为 285°,如图 T14.1.1(b)和(c)所示,后来陨石就是在这个方向上发现的。以摄像机为观测点,陨石落地点到监视摄像机的距离为 195 km,陨石落地点的方位角为北偏西 230°。

(A1) 利用以上描述和图 T14.1.1 中的数据计算马里博陨石在第 155 帧画面和第 161 帧画面的时间间隔内的平均速度。忽略地球的曲率和流星所受的万有引力。

[①] 第 44 届国际物理奥林匹克竞赛于 2013 年 7 月 7 日至 7 月 15 日在丹麦哥本哈根举行。82 个国家和地区派出代表队,374 名选手参加了本届竞赛。

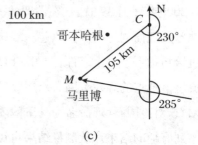

帧	时间	方位角	高度角
155	1.46 s	215°	19.2°
161	2.28 s	221°	14.7°
落地点：马里博		230°	0.0°

(b)   (c)

图 T14.1.1

(a) 位于瑞典的监视摄像机拍摄到的一系列画面，从图中可以看出马里博流星在大气中的运行轨迹，本图给出了第 148,155,161,168 帧这四帧照片。图中方位角是流星飞行过程中处在某点时，该点与摄像头位置 C 的连线在水平面上与正北方向 N 的夹角（从正北方向顺时针旋转到该直线的角度），高度角是该连线与水平面的夹角。(b) 第 155 帧和第 166 帧照片的数据：时间，相对于图(c)中的摄像机位置点 C 的方位角（用角度表示）和相对于水平面的高度（用高度角表示）。(c) 马里博小流星降落的轨迹的俯视图，由右下方指向左上方的箭头表示，其中 C 点为监视摄像机的位置，M 点为小流星落地点。

B 部分 马里博小流星穿过大气并被烧熔

在高层大气中，小流星所受的空气阻力的影响因素比较复杂，空气阻力与小流星的形状和运行速度以及大气的温度和密度等相关。但根据合理的近似，在高层大气中，空气阻力可表示为 $F = k\rho_{atm}Av^2$，其中 k 为常数，ρ_{atm} 为大气密度，A 为小流星的截面投影面积，v 为小流星的速率。

对于马里博小流星，可简化为：进入大气的物体是球体，其质量 $m_M = 30$ kg，半径 $R_M = 0.13$ m，温度 $T_0 = 200$ K，速率 $v_M = 2.91 \times 10^4$ m/s，大气密度为常数（取地球表面上方 40 km 处的值），即 $\rho_{atm} = 4.1 \times 10^{-3}$ kg/m³，摩擦系数 $k = 0.60$。

（B1）估算马里博小流星进入大气层多少时间后，它的速率会减少 10%（即从 v_M 减少到

$0.90 v_M$)。忽略作用在小流星上的万有引力,并假设小流星的质量和形状保持不变。

(B2) 马里博小流星进入大气层后的动能 E_k 是小流星完全烧熔所需要的能量 $E_{熔}$ 的多少倍?

C 部分　马里博小流星在大气下落过程中的加热过程

冷的岩质的马里博小流星以超音速进入大气层后,由于与周围大气摩擦而燃烧发光,从而看起来如同火球。尽管如此,马里博小流星只有最外层被加热。假设马里博小流星是一个均匀的密度为 ρ_{sm} 的球体,比热容为 c_{sm},热导率为 k_{sm}(详细数据参看后面的参数表)。当马里博小流星进入大气层时其温度为 $T_0 = 200$ K,当穿过大气层时,由于大气摩擦,逐渐加热到其内部,而表面温度维持 $T_s = 1000$ K 不变。

马里博小流星在大气层中下落时间 t 后,其厚度为 x 的外壳会被加热到显著高于 T_0 的温度,我们可以通过热力学参量之间的量纲分析来估算这个厚度:$x \approx t^\alpha \rho_{sm}^\beta c_{sm}^\gamma k_{sm}^\delta$。

(C1) 通过量纲分析,求数 α,β,γ 和 δ 的数值,从而确定厚度 x。

(C2) 计算马里博小流星在大气层中下落 $t = 5$ s 后厚度 x 的值,并计算比值 x/R_M。

D 部分　陨石的年龄

放射性元素的化学性质可能是不同的,因此在陨石刚形成的结晶过程中,有些矿物质含有较多的特定放射性元素,而有些矿物质含有较少量的前述的特定放射性元素。利用这个差异,可以通过测量放射性矿物质的放射性年龄,从而确定陨石的年龄。

比如,我们研究铷的同位素 ^{87}Rb(原子序数为 37)衰变为稳定的锶同位素 ^{87}Sr(原子序数为 38),其半衰期为 $T_{1/2} = 4.9 \times 10^{10}$ a,而锶的稳定同位素还有 ^{86}Sr。通过测量 ^{87}Sr 和 ^{86}Sr 的比值来确定陨石的年龄。在矿物质开始结晶时,^{87}Sr/^{86}Sr 是相同的,而 ^{87}Rb/^{86}Sr 则不同,随着时间的推移,^{87}Rb 的含量由于衰变而减少,导致 ^{87}Sr 总量增加。结果使得 ^{87}Sr/^{86}Sr 今天在不同矿物中是不同的。在图 T14.1.2(a)中,水平线直线上的空心点表示不同的矿物质样品在最初结晶时的 ^{87}Rb/^{86}Sr 值。

(D1) 写出由 $^{87}_{37}$Rb 衰变到 $^{87}_{38}$Sr 的衰变方程。

(D2) 证明:取自同一个陨石不同位置处的不同矿物质样品在目前时刻的 ^{87}Sr/^{86}Sr 值与目前时刻的 ^{87}Rb/^{86}Sr 值之间的关系为直线(称为等时线),且其斜率 $a(t) = e^{\lambda t} - 1$,其中 t 是从矿物质结晶至今的时间,λ 是衰变常数,它与半衰期 $T_{1/2}$ 成反比。

(D3) 利用图 T14.1.2(b)中的等时线数据,确定陨石的年龄 τ_M。

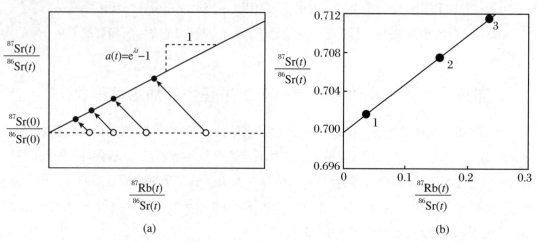

图 T14.1.2

(a) 空心点表示不同的矿物质样品开始结晶时(设时间 $t=0$)的 $^{87}Sr/^{86}Sr$ 值;实心点表示不同的矿物质样品在目前的 $^{87}Sr/^{86}Sr$ 值。(b) 在同一个陨石中取出的三个不同的矿物质样品的等时线。

E 部分 恩克彗星(马里博陨石可能来自于此彗星)

恩克彗星的绕日轨道中,其与太阳的最小距离和最大距离分别为 $a_{\min}=4.95\times10^{10}$ m 和 $a_{\max}=6.16\times10^{11}$ m。

(E1) 计算恩克彗星的轨道周期 $t_{恩克}$。

F 部分 小行星碰撞地球的影响

6500 万年前,地球被一颗巨大的小行星击中,小行星的密度为 $\rho_{ast}=3.0\times10^3$ kg/m³,半径为 $R_{ast}=5.0$ km,最终速率为 $v_{ast}=2.5\times10^4$ m/s。这次撞击导致地球上很多生命的灭绝,并形成了巨大的陨星坑(奇克苏鲁布陨星坑)。现假设一颗相同的小行星要以完全非弹性碰撞的形式撞击地球,并且地球的实际转动惯量为具有与地球相同的质量和半径的均质球体的 0.83 倍。已知质量为 M,半径为 R 的均质球体的转动惯量为 $\frac{2}{5}MR^2$。忽略地球公转轨道的变化。

(F1) 若小行星撞击地球北极,求撞击后地球自转轴的角度的最大变化量。

(F2) 若小行星在赤道平面沿径向撞击地球赤道,求撞击后地球自转一周时间的变化 $\Delta\tau_{vrt}$。

(F3) 若小行星在赤道平面沿切线方向撞击地球赤道,求撞击后地球自转一周时间的变化 $\Delta\tau_{tan}$。

G 部分 最大碰撞速度

考虑一个天体,受万有引力而约束在太阳系中,后来以速率 v_{imp} 碰撞地球表面。开始时,可以忽略地球引力场对天体的作用。不考虑地球大气层的阻力,其他天体的影响和地球自转。

(G1) 计算 v_{imp} 的最大的可能速率 $v_{imp}^{\max}$。

第2题 等离激元蒸气发生器

引言

本题我们研究一个在实验中已被证实并演示的有效地产生蒸气的方法。用光束聚焦照射盛有纳米尺寸的银粒子球的水溶液（每升仅含有大约 10^{13} 个粒子）。银纳米粒子球吸收一部分光而被加热，从而在其周围产生水蒸气，而整个水溶液却没有被加热。蒸气以气泡的形式被银纳米粒子球和水溶液组成的系统释放出去。整个过程目前还没有完全搞清，但是，这个过程的核心是由于金属纳米粒子中的电子等离激元振荡（大量电子的集体振荡）而使光被共振吸收所造成的。这个装置被称为等离激元蒸气发生器。

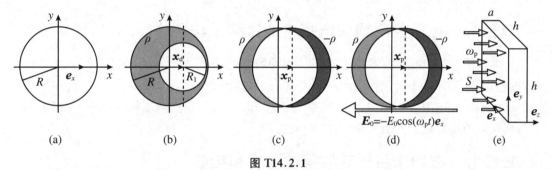

图 T14.2.1

(a) 半径为 R 的电中性银纳米粒子球的中心位于直角坐标系原点。(b) 一个带有均匀正电荷密度 ρ（浅灰色）的球内含一半径为 R_1 的电中性球形区域（白色区域），该电中性球形区域的中心偏离原点 $\boldsymbol{x}_d = x_d \boldsymbol{e}_x$。(c) 带有正电荷（电荷密度为 ρ）的银纳米粒子球（由银纳米粒子球除去自由电子后形成）位于直角坐标系的原点。带有负电荷（电荷密度为 $-\rho$，深灰色）的球形电子云的中心偏离原点位移 $\boldsymbol{x}_p$（$x_p \ll R$）。(d) 在外加电场 $\boldsymbol{E}_0 = -E_0 \boldsymbol{e}_x$（其中 E_0 是随时间变化的）的作用下，电子云的移动速率为 $v = \dfrac{\mathrm{d}x_p}{\mathrm{d}t}$。(e) 矩形容器（$h \times h \times a$）盛有银纳米粒子球的水溶液，受到沿着 z 轴方向传播的角频率为 ω_p，强度为 S 的单色光照射。

A 部分 单个银纳米粒子球

本题中，我们考虑半径 $R = 10.0$ nm 的银纳米粒子球，其中心位于直角坐标系的原点，如图 T14.2.1 所示。所有的运动中，作用力和驱动电场都平行于水平 x 轴（单位矢量 $\boldsymbol{e}_x$）。银纳米粒子球内含有自由电子（可导电），自由电子可在纳米粒子内部自由运动，而不会被任一银原子所束缚。每个银原子在贡献一个自由电子后成为带正电的离子。

（A1）求下列参量：银纳米粒子球的体积 V 和质量 M，银纳米粒子球中银离子的数量 N 和电荷密度 ρ，以及自由电子数密度 n，自由电子总电荷 Q，自由电子总质量 m_0。

B 部分 带电球体内部的电中性区域的电场

在本题余下的部分中，我们假设所有材料的相对介电常数 $\varepsilon = 1$，如图 T14.2.1(b) 所示。在带有均匀电荷（密度为 ρ）和半径为 R 的带电球内，以在半径为 R_1 的球形区域中加入负电荷（密度为 $-\rho$）的方式产生一个电中性球形区域，该电中性球形区域的中心偏离原点的位移为 $\boldsymbol{x}_d = x_d \boldsymbol{e}_x$。

(B1)证明电中性球形区域内部的电场是均匀的，电场强度表达式为 $E = \dfrac{A\rho}{\varepsilon_0} x_d$，并计算系数 A 的值。

C 部分　作用于偏离中心的电子云上的回复力

接下来，我们研究银纳米粒子球内的自由电子的集体运动。将此模型简化为：单个带负电荷的小球的中心位于偏移直角坐标系原点 x_p 的位置，其可沿着 x 轴方向运动，如图 T14.2.1(c)所示。假设外力 F_{ext} 使电子云移到新的平衡位置 $x_p = x_p e_x$，其中 $|x_p| \ll R$。除纳米粒子两端带有微量净电荷外，纳米粒子球内部大部分仍保持电中性。该模型与(B1)小题中当 R_1 趋向于 R 时相符。

(C1)用 x_p 和 n 表示下述两参量：在电子云偏离过程中，作用在电子云上的回复力 F 和在电子云移动过程中对电子云所做的功 W_{el}。

D 部分　位于外部均匀电场中的银纳米粒子球

一个位于真空中的银纳米粒子球在外加均匀静电场 $E_0 = -E_0 e_x$ 的作用下，受到外力 F_{ext} 的作用，从而使电子云偏移原点一小距离 $|x_p|$，其中 $|x_p| \ll R$。

(D1)利用 E_0 和 n 求出电子云产生的偏移 x_p，并求出在银纳米粒子球中心处通过 yz 平面偏移时的电荷总量 $-\Delta Q$，用 n, R 和 x_p 表示。

E 部分　银纳米粒子球的等效电容和电感

无论是在稳恒电场还是随时间变化的电场 E_0 的作用下，银纳米粒子球可以看作等效电路模型。利用移动电荷量为 ΔQ 电子云而做的功 W_{el} 和两个极板分别携带 $\pm \Delta Q$ 电量的电容器所具有的能量，可以计算出该等效电路的等效电容。正负电荷的分离引起在等效电容上产生了等效电压 V_0。

(E1)用 ε_0 和 R 表示系统的等效电容 C，并求出它的值。

(E2)给等效电容充电 ΔQ 时，求电容器两端所需要加的等效电压 V_0 的表达式，用 E_0 和 R 表示。

如图 T14.2.1(d)所示，对于随时间变化的电场 E_0，电子云以速度 $v = v e_x$ 运动，电子云具有动能 W_k 并形成穿过 yz 平面流动的电流 I。电子云的动能可归结于载有电流 I 的等效电感 L 所具有的能量。

(E3)用电子云速率 v 表示电子云的动能 W_k 和电流 I。

(E4)用粒子半径 R，电子电量 e，电子质量 m_e 和电子数密度 n 表示等效电感 L 并计算其值。

F 部分　银纳米粒子的等离激元共振

根据以上分析，电子云从其平衡位置偏移以及偏移回复所引起的运动可以等效为理想的 LC 谐振电路。这个电子云的动态运动模型被称为等离激元共振，其共振频率称为等离激元共振角频率 ω_p。

(F1)利用电子电荷 e，电子质量 m_e，电子数密度 n 和介电常数 ε_0 表示电子云的等离激

元共振频率 ω_p。

(F2) 计算角频率 ω_p（单位：rad/s）和真空中角频率 ω 为 ω_p 的光的波长 λ_p（单位：nm）。

G 部分　具有等离激元共振频率的光照射银纳米粒子

在以下部分中，我们用强度为 $S = \frac{1}{2}c\varepsilon_0 E_0^2 = 1.00 \text{ MW/m}^2$，角频率为等离激元共振频率 ω_p 的单色光照射银纳米粒子球。由于此时等离激元共振波长 λ_p 远大于纳米粒子球半径 R，故纳米粒子可视为处于空间均匀但随时间做简谐变化的电场 $\boldsymbol{E}_0 = -E_0\cos(\omega_p t)\boldsymbol{e}_x$ 中。在电场 $\boldsymbol{E}_0$ 的驱动下，电子云的中心位置 $x_p(t)$ 及其速度 $v = \dfrac{dx_p}{dt}$ 会以相同的频率振荡，其振幅 x_0 为常数。这种电子云的振动会导致吸收光能。被纳米粒子吸收的光能会被转换成银纳米粒子内部的焦耳热能，或被粒子散射形成散射光。

焦耳热是由随机的非弹性碰撞造成的，当自由电子撞击到银离子时将会失去其所有的动能，动能转化为银离子的振动能量（热能）。连续两次碰撞之间的平均时间 $\tau \gg \dfrac{1}{\omega_p}$，对于银纳米粒子而言，$\tau = 5.24 \times 10^{-15}$ s。

(G1) 写出纳米粒子的焦耳热功率的时间平均值 $P_{热}$ 的表达式以及电流平方的时间平均值 $\langle I^2 \rangle$ 的表达式，要求表达式中必须包含电子云的速率平方的时间平均值 $\langle v^2 \rangle$。

(G2) 在纳米粒子的等效电阻模型中，自由电子云的电流 I 在等效电阻上产生焦耳热，写出等效电阻 $R_{热}$ 的表达式，并计算 $R_{热}$ 的数值。

由于入射光被振动的电子云散射出去，使得入射光因散射而损失功率 $P_{散射}$。$P_{散射}$ 与散射源的振幅 x_0，电荷 Q，角频率 ω_p 和光的性质（光速 c 和真空介电常数 ε_0）有关。利用以上变量，$P_{散射}$ 可以表达为 $P_{散射} = \dfrac{Q^2 x_0^2 \omega_p^4}{12\pi\varepsilon_0 c^3}$。

(G3) 利用 $P_{散射}$ 的表达式和类似(G2)小题中的做法，求等效散射电阻 $R_{散射}$ 的表达式，并计算它的值。

将以上等效电路模型整合后，可以建立银纳米粒子的 LCR 串联电路模型，该等效 LCR 电路由等效谐振电压 $V = V_0\cos(\omega_p t)$ 所驱动，该电压由入射光的电场 E_0 决定。

(G4) 在等离激元共振时($\omega = \omega_p$)，推导含入射光电场振幅 E_0 的功率损耗的时间平均值 $P_{热}$ 和 $P_{散射}$。

(G5) 计算 E_0，$P_{热}$ 和 $P_{散射}$ 的数值。

H 部分　光致蒸气发生器

制备数密度为 $n_{np} = 7.3 \times 10^{15}/\text{m}^3$ 的银纳米粒子水溶液，将该溶液放入大小为 $h \times h \times a = 10 \text{ cm} \times 10 \text{ cm} \times 1.0 \text{ cm}$ 的矩形透明容器中，以具有等离激元频率的强度为 $S = 1.00 \text{ MW/m}^2$ 的单色光垂直照射水溶液，如图 T14.2.1(e)所示。水溶液的温度为 $T_{wa} = 20$ ℃。我们假设达到稳定状态时，纳米粒子所产生的焦耳热全部用于产生温度为 $T_{st} = 110$ ℃ 的蒸气，而水溶液的温度却并不升高。这个假设和实验观察的结果符合得非常好。

等离激元蒸气发生器的热力学效率 η 定义为功率比 $\eta = P_{st}/P_{tot}$，其中 P_{st} 是整个容器中用于产生蒸气的功率，P_{tot} 是进入容器中的光的全部功率。

在大部分时间里,任一纳米粒子的周围都围绕着蒸气而不是水,因此纳米粒子可以认为处于真空之中。

(H1) 计算在频率为等离激元频率、强度为 S 的单色光照射下,等离激元蒸气发生器每秒产生的蒸气的总质量 μ_{st}。

(H2) 计算等离激元蒸气发生器的热力学效率 η 的数值。

第3题 格陵兰冰盖

引言

本题研究世界上第二大冰盖(也称冰川)——格陵兰冰盖的物理问题。如图T14.3.1(a)所示,格陵兰岛可简化为如下模型:宽为 $2L$,长为 $5L$,地面与海平面处于同一水平高度的矩形岛,全岛被不可压缩的冰(密度为常数 $\rho_{冰}$)所覆盖,如图 T14.3.1(b)所示。冰盖的高度 $H(x)$ 不随 y 坐标变化,仅随 x 坐标变化,其高度在海岸 $x = \pm L$ 处从零开始,逐渐到岛中央南北轴线处($x=0$,即 y 轴)达到最大值 H_m,所以 y 轴被称为分冰岭,如图 T14.3.1(c)所示。

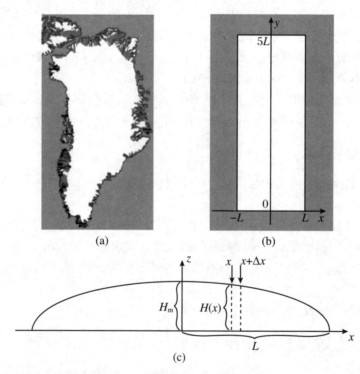

图 T14.3.1

(a) 格陵兰岛地图,包含冰盖区域,临海无冰区域和周围海洋。(b) 格陵兰岛冰盖的粗略模型:冰盖覆盖着 xy 平面内边长为 $2L$ 和 $5L$ 的矩形区域。最大冰盖厚度 H_m(分冰岭)沿着 y 轴方向。(c) 冰盖的竖直剖面图(xz 平面)显示了冰盖高度 $H(x)$ 在 $y=0$ 至 $y=5L$ 范围内的变化与 y 坐标无关,但在 $y=0$ 和 $y=5L$ 处冰盖高度突变为零。z 轴位于分冰岭上,指向竖直向上。为了清晰起见,竖直方向的尺寸比水平方向的尺寸有较大的放大,也就是说竖直方向的比例尺比水平方向的比例尺要小。冰的密度为常数 $\rho_{冰}$。

参考公式:$\int_0^1 \sqrt{1-x}\,dx = \dfrac{2}{3}$;当 $|x| \ll 1$ 时,$(1+x)^\alpha \approx 1 + \alpha x$。

A 部分　冰盖的高度轮廓

在短时间内，冰盖可视为高度轮廓 $H(x)$ 固定的不可压缩的静力学系统。

（A1）写出冰盖内部压强 $p(x,z)$ 的表达式，其中 x 是到分冰岭的距离，z 是高于海平面的竖直高度。忽略大气压强。

考虑到冰盖上处于平衡状态的竖直窄条，它在 x 和 $x+\Delta x$ 之间覆盖的水平面积为 $\Delta x \Delta y$，如图 T14.3.1(c) 中虚线所包围的区域所示。Δy 对结果没有影响。窄条两竖直侧边的水平合力 ΔF 是由窄条靠中心线一侧与靠海岸一侧的冰盖高度有微小差异引起的。ΔF 与基底的底面积 $\Delta x \Delta y$ 产生的摩擦力（即 $\Delta F = S_b \Delta x \Delta y$）保持平衡，其中切变应力 $S_b = 100$ kPa。

（A2）对于给定的 x，当 $\Delta x \to 0$ 时，证明 $S_b = kH\dfrac{\mathrm{d}H}{\mathrm{d}x}$，并给出 k 的表达式。

（A3）利用 $\rho_{冰}, g, L, S_b$ 和 x，请导出高度函数 $H(x)$ 的表达式。结果将表明，最大冰盖高度 H_m 与此半宽 L 满足 $H_m \propto \sqrt{L}$。

（A4）证明冰盖总体积 $V_{冰}$ 与矩形岛的面积 A 之间满足 $V_{冰} \propto A^{\gamma}$，并确定指数 γ 的值。

B 部分　冰盖动力学模型

实际上，冰是不可压缩的半流体，通过重力的作用从中央部分流向海岸。在此模型中，由于下雪造成的冰盖中心区域冰的积聚与海岸处冰的融化相平衡，因此冰盖的高度轮廓 $H(x)$ 处于稳定状态，为满足图 T14.3.1(b) 和 (c) 所示的冰盖的几何形状，作以下假设：

① 冰的流动方向平行于 x 轴，沿着离开分冰岭的方向；
② 冰盖中心区域冰的积聚率 c(m/a) 是一个常数；
③ 冰只能通过在东西海岸 ($x = \pm L$) 融化而离开冰盖；
④ 水平 (x 轴) 冰流速率分量 $v_x(x) = \dfrac{\mathrm{d}x}{\mathrm{d}t}$ 和 z 轴无关；
⑤ 竖直 (z 轴) 冰流速率分量 $v_z(z) = \dfrac{\mathrm{d}z}{\mathrm{d}t}$ 和 x 轴无关。

只考虑靠近分冰岭 ($|x| \ll L$) 的中央附近区域，冰盖的高度变化非常小以至于可以被忽略，即 $H(x) \approx H_m$。

（B1）利用质量守恒求水平冰流速率 $v_x(x)$，用 c, x 和 H_m 表示。

根据冰为不可压缩的假设，即冰的密度为常数 $\rho_{冰}$，从质量守恒定律可以证明冰流速率分量满足

$$\frac{\mathrm{d}v_x}{\mathrm{d}x} + \frac{\mathrm{d}v_z}{\mathrm{d}z} = 0$$

考虑一颗小冰粒，其初始表面位置为 (x_i, H_m)。随着时间的流逝，小冰粒作为冰块的一部分在竖直平面 (xz 平面) 内随着冰块的流动轨迹流动。

（B2）求竖直冰流速率 $v_z(z)$ 关于 z 的表达式。

（B3）求小冰粒流动轨迹 $z(x)$ 的表达式。

C部分 冰盖动力学模型中的年代和气候指标

根据冰流的速度分量 $v_x(x)$ 和 $v_z(z)$，我们可以估计距离冰盖表面 $H_m - z$ 处的冰的形成年代 $\tau(z)$。

（C1） 求在分冰岭（$x = 0$）处冰的年代 $\tau(z)$ 的表达式，其中 z 是从海平面起算的。

穿过格陵兰冰盖的陈年积雪层钻取冰芯，通过对冰芯的研究，可以揭示过去的气候变化。该研究的最好指标之一就是所谓 $\delta^{18}O$，其定义为

$$\delta^{18}O = \frac{R_{冰} - R_{参}}{R_{参}} \times 100\%$$

其中 $R = \dfrac{[^{18}O]}{[^{16}O]}$ 表示氧的两种稳定同位素 ^{18}O 和 ^{16}O 的相对丰度。参考值 $R_{参}$ 基于赤道附近海洋中氧的两种稳定同位素的组成。

格陵兰冰盖冰芯的研究结果显示 $\delta^{18}O$ 基本随温度线性变化，如图 T14.3.2(a) 所示。假设一直是这种情况，从深度 $H_m - z$ 钻取的冰芯中获得的 $\delta^{18}O$ 数据可用来估计在年龄 $\tau(z)$ 时格陵兰附近的温度。

3060 m 深的冰芯中 $\delta^{18}O$ 的测量结果显示在深度 1492 m 处 $\delta^{18}O$ 有一个突然变化，如图 T14.3.2(b) 所示，这标志着最近一个冰河时代的结束。该冰河时代开始于 120000 年前，对应深度 3040 m，而现今的间冰期（介于两个冰河时代之间）开始于 11700 年前，对应深度 1492 m。假设冰河时代和间冰期可以分别通过两个不同的冰雪累积速率 c_{ia}（冰河时代）和 c_{ig}（间冰期）来描述。

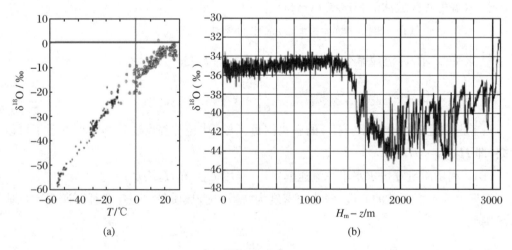

图 T14.3.2

(a) 观察到的雪中的 $\delta^{18}O$ 与每年表面温度 T 的关系。(b) 相对于表面的深度为 $H_m - z$ 处的 $\delta^{18}O$，测量结果取自沿格陵兰分冰岭（$H_m = 3060$ m 的特殊位置）从表面钻到基岩的冰芯。

（C2） 计算冰河时代的冰雪累积速率 c_{ia} 和间冰期的冰雪累积速率 c_{ig}。

（C3） 利用图 T14.3.2 中的数据，求从冰河时代到间冰期转变时的温度变化。

D部分　格陵兰冰盖融化导致的海平面上升

格陵兰冰盖完全融化会导致全球海洋的海平面上升。作为海平面上升的粗略估计，可以简单考虑地球上面积 $A_O = 3.61 \times 10^{14}$ m² 的海平面均匀升高。

(D1) 计算格陵兰冰盖完全融化导致的全球海平面升高的平均值，目前冰盖面积 $A_G = 1.71 \times 10^{12}$ m²，切变应力 $S_b = 100$ kPa。

巨大的格陵兰冰盖对周围海洋施加一个巨大的万有引力拉力。如果冰盖融化，当地的潮汐会消失，且海平面下降，这种效应会抵消部分前面所计算出的海平面上升的高度。

为了估计万有引力对海水吸引的程度，现将格陵兰冰盖视为位于地平面上的超大质量质点。哥本哈根沿地球表面距此质点 3500 km。假设没有这个超大质量质点的地球是完全球对称的，且海洋均匀分布在整个地球表面，地球表面积为 $A_E = 5.10 \times 10^{14}$ m²。忽略地球转动导致的所有效应。

(D2) 据此模型，求哥本哈根的海平面（h_{CPH}）和地球表面上与格陵兰对称的点（即格陵兰与地心的连线和地球表面的另一交点）的海平面（h_{OPP}）的差值 $h_{CPH} - h_{OPP}$。

常用数据表

名称	值
真空中的光速	$c = 2.998 \times 10^8$ m/s
约化普朗克常量	$\hbar = 1.055 \times 10^{-34}$ J·s
万有引力常量	$G = 6.67 \times 10^{-11}$ m³/(kg·s²)
重力加速度	$g = 9.82$ m/s²
电子的电荷量	$e = 1.602 \times 10^{-19}$ C
真空的介电常量	$\varepsilon_0 = 8.854 \times 10^{-12}$ C²/(J·m)
电子的质量	$m_e = 9.109 \times 10^{-31}$ kg
阿伏伽德罗常量	$N_A = 6.022 \times 10^{23}$ mol⁻¹
玻尔兹曼常量	$k_B = 1.381 \times 10^{-23}$ J/K
陨石的比热容	$c_{sm} = 1.2 \times 10^3$ J/(kg·K)
陨石的热导率	$k_{sm} = 2.0$ W/(m·K)
陨石的密度	$\rho_{sm} = 3.3 \times 10^3$ kg/m³
陨石的熔点	$T_{sm} = 1.7 \times 10^3$ K
陨石的熔解热	$L_{sm} = 2.6 \times 10^5$ J/kg
银的摩尔质量	$M_{Ag} = 1.079 \times 10^{-1}$ kg/mol
银的密度	$\rho_{Ag} = 1.049 \times 10^4$ kg/m³
银的比热容	$c_{Ag} = 2.40 \times 10^2$ J/(kg·K)
水的摩尔质量	$M_{wa} = 1.801 \times 10^{-2}$ kg/mol

水的密度	$\rho_{wa} = 0.998 \times 10^3 \text{ kg/m}^3$
水的比热容	$c_{wa} = 4.181 \times 10^3 \text{ J/(kg·K)}$
水的汽化热	$L_{wa} = 2.269 \times 10^6 \text{ J/kg}$
水的沸点	$T_{100} = 100 \text{ ℃} = 373.15 \text{ K}$
冰的密度	$\rho_{冰} = 0.917 \times 10^3 \text{ kg/m}^3$
水蒸气的比热容	$c_{st} = 2.080 \times 10^3 \text{ J/(kg·K)}$
地球的质量	$m_E = 5.97 \times 10^{24} \text{ kg}$
地球的半径	$R_E = 6.38 \times 10^6 \text{ m}$
太阳的质量	$m_S = 1.99 \times 10^{30} \text{ kg}$
太阳的半径	$R_S = 6.96 \times 10^8 \text{ m}$
太阳与地球间的平均距离	$a_E = 1.50 \times 10^{11} \text{ m}$

第44届国际物理奥林匹克竞赛理论试题解析

第1题 马里博陨石

A部分 马里博陨石的速度

（A1）俯视图如图 J14.1.1 所示。

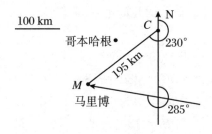

图 J14.1.1 俯视图

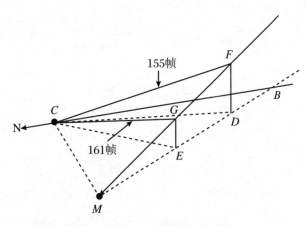

图 J14.1.2 侧视图（未按比例）

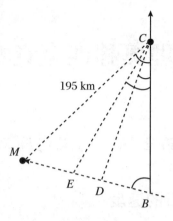

图 J14.1.3

从图 J14.1.2 和图 J14.1.3 所示的几何关系，可得

在 △MCB 中，有

$$\overline{CM} = 195 \text{ km}$$
$$\angle MCB = 230° - 180° = 50°$$
$$\angle MBC = 360° - 285° = 75° \tag{14.1.1}$$
$$\angle CMB = 180° - 50° - 75° = 55°$$

利用正弦定理可得

$$\frac{\overline{CB}}{\sin\angle CMB} = \frac{\overline{CM}}{\sin\angle MBC}$$

$$\Rightarrow \overline{CB} = \frac{\overline{CM}}{\sin\angle MBC} \cdot \sin\angle CMB = \frac{195 \text{ km}}{\sin 75°} \cdot \sin 55° = 165.4 \text{ km} \tag{14.1.2}$$

在 △DCB 中，有

$$\angle DCB = 215° - 180° = 35°$$
$$\angle DBC = \angle MBC = 75° \tag{14.1.3}$$
$$\angle CDB = 180° - 35° - 75° = 70°$$

利用正弦定理可得

$$\frac{\overline{CD}}{\sin\angle DBC} = \frac{\overline{CB}}{\sin\angle CDB}$$

$$\Rightarrow \overline{CD} = \frac{\overline{CB}}{\sin\angle CDB} \cdot \sin\angle DBC = \frac{165.4 \text{ km}}{\sin 70°} \cdot \sin 75° = 170.0 \text{ km} \tag{14.1.4}$$

在 △ECB 中，有

$$\angle ECB = 221° - 180° = 41°$$
$$\angle EBC = \angle MBC = 75° \tag{14.1.5}$$
$$\angle CEB = 180° - 41° - 75° = 64°$$

利用正弦定理可得

$$\frac{\overline{CE}}{\sin\angle EBC} = \frac{\overline{CB}}{\sin\angle CEB}$$

$$\Rightarrow \quad \overline{CE} = \frac{\overline{CB}}{\sin\angle CEB} \cdot \sin\angle EBC = \frac{165.4 \text{ km}}{\sin 64°} \cdot \sin 75° = 177.8 \text{ km} \quad (14.1.6)$$

在△ECD 中,有

$$\begin{aligned} \angle ECD &= \angle ECB - \angle DCB = 41° - 35° = 6° \\ \angle CED &= \angle CEB = 64° \end{aligned} \quad (14.1.7)$$

利用正弦定理可得

$$\frac{\overline{DE}}{\sin\angle ECD} = \frac{\overline{CD}}{\sin\angle CED}$$

$$\Rightarrow \quad \overline{DE} = \frac{\overline{CD}}{\sin\angle CED} \cdot \sin\angle ECD = \frac{170.0 \text{ km}}{\sin 64°} \cdot \sin 6° = 19.77 \text{ km} \quad (14.1.8)$$

从俯视图中的△CFD 可得

$$\overline{FD} = \overline{CD}\tan\angle FCD = 170.0 \text{ km} \times \tan 19.2° = 59.20 \text{ km} \quad (14.1.9)$$

从俯视图中的△CGE 可得

$$\overline{GE} = \overline{CE}\tan\angle GCE = 177.8 \text{ km} \times \tan 14.7° = 46.64 \text{ km} \quad (14.1.10)$$

因此,马里博陨石在从第 155 帧到第 161 帧所经历的时间内下降的竖直距离为

$$\overline{FD} - \overline{GE} = (59.20 - 46.64) \text{ km} = 12.56 \text{ km} \quad (14.1.11)$$

马里博陨石在这两帧画面之间的时间内通过的总距离为

$$\begin{aligned} \overline{FG} &= \sqrt{\overline{DE}^2 + \left(\overline{FD} - \overline{GE}\right)^2} \\ &= \sqrt{19.77^2 + 12.56^2} \text{ km} \\ &= 23.42 \text{ km} \end{aligned} \quad (14.1.12)$$

故马里博陨石在从第 155 帧到第 161 帧所经历的时间内的平均速率为

$$\bar{v} = \frac{\Delta s}{\Delta t} = \frac{23.42}{2.28 - 1.46} \text{ km/s} = 28.6 \text{ km/s} \quad (14.1.13)$$

B 部分　马里博小流星穿过大气并被烧熔

(B1) 根据牛顿运动定律,马里博陨石的动力学方程为

$$m_M \frac{\mathrm{d}v}{\mathrm{d}t} = -k\rho_{\text{atm}}\pi R_M^2 v^2 \quad \Rightarrow \quad \frac{\mathrm{d}v}{v^2} = -\frac{k\rho_{\text{atm}}\pi R_M^2}{m_M}\mathrm{d}t \quad (14.1.14)$$

将式(14.1.14)两边积分后可得

$$\int_{v_M}^{0.9v_M} \frac{\mathrm{d}v}{v^2} = -\frac{k\rho_{\text{atm}}\pi R_M^2}{m_M}\int_0^t \mathrm{d}t \quad \Rightarrow \quad t = \frac{m_M}{k\rho_{\text{atm}}\pi R_M^2}\left(\frac{1}{0.9v_M} - \frac{1}{v_M}\right) \quad (14.1.15)$$

代入数据可得

$$t = \frac{30}{0.60 \times 4.1 \times 10^{-3} \times \pi \times 0.13^2} \times \left(\frac{1}{0.9 \times 2.91 \times 10^4} - \frac{1}{2.91 \times 10^4}\right) \text{ s} = 0.88 \text{ s} \quad (14.1.16)$$

(B2) 马里博陨石进入大气时的动能 E_k 与将其完全熔化所需的能量 $E_\text{熔}$ 的比值为

$$\frac{E_k}{E_\text{熔}} = \frac{\frac{1}{2}m_M v_M^2}{m_M[c_{\text{sm}}(T_{\text{sm}} - T_0) + L_{\text{sm}}]}$$

$$= \frac{\frac{1}{2} \times (2.91 \times 10^4)^2}{1.2 \times 10^3 \times (1700 - 200) + 2.6 \times 10^5}$$

$$= 2.1 \times 10^2 \gg 1 \tag{14.1.17}$$

C 部分　马里博小流星在大气下落过程中的加热过程

（C1）利用量纲分析法，由题意有 $x \approx t^\alpha \rho_{sm}^\beta c_{sm}^\gamma k_{sm}^\delta$，因此

$$[L] \approx [T]^\alpha [ML^{-3}]^\beta [L^2T^{-2}K^{-1}]^\gamma [MLT^{-3}K^{-1}]^\delta$$
$$\Rightarrow [L] \approx [M]^{\beta+\delta}[L]^{-3\beta+2\gamma+\delta}[T]^{\alpha-2\gamma-3\delta}[K]^{-\gamma-\delta} \tag{14.1.18}$$

根据等式两侧量纲一致原则有

$$\begin{cases} \beta + \delta = 0 \\ -3\beta + 2\gamma + \delta = 1 \\ \alpha - 2\gamma - 3\delta = 0 \\ -\gamma - \delta = 0 \end{cases} \tag{14.1.19}$$

解得

$$\begin{cases} \alpha = \frac{1}{2} \\ \beta = -\frac{1}{2} \\ \gamma = -\frac{1}{2} \\ \delta = \frac{1}{2} \end{cases} \tag{14.1.20}$$

因此马里博陨石最外层的厚度约为

$$x(t) \approx \sqrt{\frac{k_{sm} t}{\rho_{sm} c_{sm}}} \tag{14.1.21}$$

（C2）马里博陨石在大气中坠落时间 $t = 5$ s 后，其最外层的厚度为

$$x(t = 5 \text{ s}) \approx \sqrt{\frac{k_{sm} t}{\rho_{sm} c_{sm}}}$$

$$= \sqrt{\frac{2.0 \times 5}{3.3 \times 10^3 \times 1.2 \times 10^3}} \text{ m}$$

$$= 1.6 \times 10^{-3} \text{ m}$$

$$= 1.6 \text{ mm} \tag{14.1.22}$$

故

$$\frac{x}{R_M} = \frac{1.6}{130} = 0.012 \tag{14.1.23}$$

D 部分　陨石的年龄

（D1）由 $^{87}_{37}\text{Rb}$ 衰变为 $^{87}_{38}\text{Sr}$ 的衰变方程式为

$$^{87}_{37}\text{Rb} \longrightarrow {}^{87}_{38}\text{Sr} + {}^{0}_{-1}\text{e} + \overline{\nu}_e \tag{14.1.24}$$

(D2) $^{87}_{37}\text{Rb}$ 的衰变公式为

$$N_{^{87}_{37}\text{Rb}}(t) = N_{^{87}_{37}\text{Rb}}(0) e^{-\lambda t} \tag{14.1.25}$$

当 $^{87}_{37}\text{Rb}$ 衰变为 $^{87}_{38}\text{Sr}$ 时，$^{87}_{38}\text{Sr}$ 的含量可写为

$$\begin{aligned} N_{^{87}_{38}\text{Sr}}(t) &= N_{^{87}_{38}\text{Sr}}(0) + \left[N_{^{87}_{37}\text{Rb}}(0) - N_{^{87}_{37}\text{Rb}}(t) \right] \\ &= N_{^{87}_{38}\text{Sr}}(0) + \left[N_{^{87}_{37}\text{Rb}}(t) e^{\lambda t} - N_{^{87}_{37}\text{Rb}}(t) \right] \\ &= N_{^{87}_{38}\text{Sr}}(0) + (e^{\lambda t} - 1) N_{^{87}_{37}\text{Rb}}(t) \end{aligned} \tag{14.1.26}$$

上式两边同除以 $N_{^{86}_{38}\text{Sr}}$，整理后可得

$$\frac{N_{^{87}_{38}\text{Sr}}(t)}{N_{^{86}_{38}\text{Sr}}} = \frac{N_{^{87}_{38}\text{Sr}}(0)}{N_{^{86}_{38}\text{Sr}}} + (e^{\lambda t} - 1) \frac{N_{^{87}_{37}\text{Rb}}(t)}{N_{^{86}_{38}\text{Sr}}} \tag{14.1.27}$$

因此，取 $\dfrac{N_{^{87}_{38}\text{Sr}}(t)}{N_{^{86}_{38}\text{Sr}}}$ 的现在值作为因变量，$\dfrac{N_{^{87}_{37}\text{Rb}}(t)}{N_{^{86}_{38}\text{Sr}}}$ 的现在值作为自变量，作图，其图像为一条直线，即所谓的"等时线"，其斜率为 $a(t) = e^{\lambda t} - 1$。得证。

(D3) 由图 T14.1.2(b)中的等时线斜率，可得

$$a(t) = e^{\lambda t} - 1 = \frac{0.712 - 0.700}{0.25} = 0.048 \quad \Rightarrow \quad t = \frac{\ln 1.048}{\lambda} \tag{14.1.28}$$

半衰期和衰变常数之间的关系为 $T_{1/2} = \dfrac{\ln 2}{\lambda}$，将其代入上式，可得马里博陨石的年龄为

$$\tau_M = T_{1/2} \frac{\ln 1.048}{\ln 2} = 4.9 \times 10^{10}\,\text{a} \times \frac{\ln 1.048}{\ln 2} = 3.3 \times 10^9\,\text{a} \tag{14.1.29}$$

E 部分　恩克彗星（马里博陨石可能来自于此彗星）

(E1) 利用开普勒第三定律，可得

$$t_{\text{恩克}} = \left(\frac{a}{a_E} \right)^{3/2} t_E \tag{14.1.30}$$

式中 a 为恩克彗星轨道的半长轴。利用该彗星和太阳之间的最小和最大距离，可得

$$\begin{aligned} a &= \frac{1}{2}(a_{\min} + a_{\max}) \\ &= \frac{1}{2} \times (4.95 \times 10^{10} + 6.16 \times 10^{11})\,\text{m} \\ &= 3.33 \times 10^{11}\,\text{m} \end{aligned} \tag{14.1.31}$$

因此，恩克彗星的绕日周期为

$$t_{\text{恩克}} = \left(\frac{3.33 \times 10^{11}}{1.50 \times 10^{11}} \right)^{3/2} \times 1\,\text{a} = 3.31\,\text{a} = 1.04 \times 10^8\,\text{s} \tag{14.1.32}$$

F 部分　小行星碰撞地球的影响

(F1) 地球自转的角速度为

$$\omega_E = \frac{2\pi}{T_E} = \frac{2\pi}{24 \times 60 \times 60}\,\text{rad/s} = 7.27 \times 10^{-5}\,\text{rad/s} \tag{14.1.33}$$

地球绕其自转轴的转动惯量为

$$I_E = 0.83 \times \frac{2}{5} m_E R_E^2$$

$$= 0.83 \times \frac{2}{5} \times 5.97 \times 10^{24} \times (6.38 \times 10^6)^2 \text{ kg} \cdot \text{m}^2$$

$$= 8.07 \times 10^{37} \text{ kg} \cdot \text{m}^2 \tag{14.1.34}$$

利用式(14.1.33)和式(14.1.34),可得地球绕其自转轴的角动量为

$$L_E = I_E \omega_E = 8.07 \times 10^{37} \times 7.27 \times 10^{-5} \text{ kg} \cdot \text{m}^2/\text{s}$$

$$= 5.87 \times 10^{33} \text{ kg} \cdot \text{m}^2/\text{s} \tag{14.1.35}$$

小行星的质量为

$$m_{ast} = \frac{4}{3} \pi R_{ast}^3 \rho_{ast}$$

$$= \frac{4}{3} \pi \times (5.0 \times 10^3)^3 \times 3.0 \times 10^3 \text{ kg}$$

$$= 1.57 \times 10^{15} \text{ kg} \tag{14.1.36}$$

若小行星撞击地球的北极,其入射方向和地球自转轴之间的夹角为 φ,则该小行星相对地球质心的角动量为

$$\boldsymbol{L}_{ast} = \boldsymbol{R}_E \times m_{ast} \boldsymbol{v}_{ast} \Rightarrow L_{ast} = |\boldsymbol{L}_{ast}| = R_E m_{ast} v_{ast} \sin\varphi \tag{14.1.37}$$

若小行星以垂直于地球自转轴的方向撞击地球北极,即 $\varphi = 90°$,则 L_{ast} 达到最大值,得

$$(L_{ast})_{max} = R_E m_{ast} v_{ast}$$

$$= 6.38 \times 10^6 \times 1.57 \times 10^{15} \times 2.5 \times 10^4 \text{ kg} \cdot \text{m}^2/\text{s}$$

$$= 2.50 \times 10^{26} \text{ kg} \cdot \text{m}^2/\text{s} \tag{14.1.38}$$

由于小行星以完全非弹性碰撞的形式撞击地球,且就地球-小行星系统而言,撞击前后的总角动量守恒,即

$$(\boldsymbol{L}_E)_f = \boldsymbol{L}_E + \boldsymbol{L}_{ast} \tag{14.1.39}$$

如图 J14.1.4 所示,可知当小行星以垂直于地球自转轴的方向撞击地球北极时,所造成的地球自转轴的偏转角度最大,即

$$\Delta\theta = \tan(\Delta\theta) = \frac{(L_{ast})_{max}}{L_E}$$

$$= \frac{2.50 \times 10^{26}}{5.87 \times 10^{33}} \text{ rad}$$

$$= 4.26 \times 10^{-8} \text{ rad} \tag{14.1.40}$$

撞击结果将使北极偏移 $R_E \Delta\theta = 6.38 \times 10^6 \times 4.26 \times 10^{-8}$ m = 0.27 m。

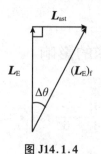

图 J14.1.4

(F2) 若小行星沿径向撞击地球的轨道,则该小行星相对于地球质心的角动量 $\boldsymbol{L}_{\text{ast}} = \boldsymbol{R}_{\text{E}} \times m_{\text{ast}} \boldsymbol{v}_{\text{ast}} = \boldsymbol{0}$。撞击后,地球绕自转轴的转动惯量由原先的 I_{E} 变成 $I_{\text{E}} + \Delta I_{\text{E}}$;角速度由原先的 ω_{E} 变成 $\omega_{\text{E}} + \Delta \omega_{\text{E}}$。由于撞击前后角动量守恒,故有

$$(I_{\text{E}} + \Delta I_{\text{E}})(\omega_{\text{E}} + \Delta \omega_{\text{E}}) = I_{\text{E}} \omega_{\text{E}} \quad \Rightarrow \quad \Delta \omega_{\text{E}} = -\frac{\Delta I_{\text{E}}}{I_{\text{E}}} \omega_{\text{E}} \tag{14.1.41}$$

其中 $\dfrac{\Delta I_{\text{E}}}{I_{\text{E}}} = \dfrac{m_{\text{ast}} R_{\text{E}}^2}{I_{\text{E}}} = \dfrac{1.57 \times 10^{15} \times (6.38 \times 10^6)^2}{8.07 \times 10^{37}} = 7.92 \times 10^{-10}$,因此地球自转角速度的变化量为

$$\begin{aligned}\Delta \omega_{\text{E}} &= -7.92 \times 10^{-10} \times 7.27 \times 10^{-5} \text{ rad/s} \\ &= -5.76 \times 10^{-14} \text{ rad/s}\end{aligned} \tag{14.1.42}$$

地球自转周期的变化量为

$$\begin{aligned}\Delta \tau_{\text{vrt}} &= \frac{2\pi}{\omega_{\text{E}} + \Delta \omega_{\text{E}}} - \frac{2\pi}{\omega_{\text{E}}} \\ &\approx -2\pi \frac{\Delta \omega_{\text{E}}}{\omega_{\text{E}}^2} \\ &= -2\pi \times \left[-\frac{5.76 \times 10^{-14}}{(7.27 \times 10^{-5})^2} \right] \text{ s} \\ &= 6.85 \times 10^{-5} \text{ s}\end{aligned} \tag{14.1.43}$$

(F3) 若小行星在赤道平面上沿着切线方向撞击地球的赤道,则该小行星相对于地球质心的角动量 $\boldsymbol{L}_{\text{ast}}$ 平行于自转的角动量 $\boldsymbol{L}_{\text{E}}$。撞击后,地球绕自转轴的转动惯量和角速度由原来的 I_{E} 和 ω_{E} 各变为 $I_{\text{E}} + \Delta I_{\text{E}}$ 和 $\omega_{\text{E}} + \Delta \omega_{\text{E}}$。由于撞击前后的总角动量守恒,故

$$(I_{\text{E}} + \Delta I_{\text{E}})(\omega_{\text{E}} + \Delta \omega_{\text{E}}) = L_{\text{E}} + L_{\text{ast}} \tag{14.1.44}$$

式中 $L_{\text{E}} = I_{\text{E}} \omega_{\text{E}}, L_{\text{ast}} = R_{\text{E}} m_{\text{ast}} v_{\text{ast}}$。由式(14.1.44)可得

$$\omega_{\text{E}} + \Delta \omega_{\text{E}} = \frac{L_{\text{E}} + L_{\text{ast}}}{I_{\text{E}} + \Delta I_{\text{E}}} \tag{14.1.45}$$

故而地球自转周期的变化量为

$$\begin{aligned}\Delta \tau_{\text{tan}} &= \frac{2\pi}{\omega_{\text{E}} + \Delta \omega_{\text{E}}} - \frac{2\pi}{\omega_{\text{E}}} = 2\pi \left(\frac{I_{\text{E}} + \Delta I_{\text{E}}}{L_{\text{E}} + L_{\text{ast}}} - \frac{1}{\omega_{\text{E}}} \right) \\ &= 2\pi \left(\frac{I_{\text{E}} + \Delta I_{\text{E}}}{I_{\text{E}} \omega_{\text{E}} + L_{\text{ast}}} - \frac{1}{\omega_{\text{E}}} \right) = \frac{2\pi}{\omega_{\text{E}}} \left(\frac{1 + \dfrac{\Delta I_{\text{E}}}{I_{\text{E}}}}{1 + \dfrac{L_{\text{ast}}}{L_{\text{E}}}} - 1 \right) \\ &\approx \frac{2\pi}{\omega_{\text{E}}} \left(\frac{\Delta I_{\text{E}}}{I_{\text{E}}} - \frac{L_{\text{ast}}}{L_{\text{E}}} \right) = T_{\text{E}} \left(\frac{\Delta I_{\text{E}}}{I_{\text{E}}} - \frac{L_{\text{ast}}}{L_{\text{E}}} \right) \\ &= T_{\text{E}} \left(\frac{m_{\text{ast}} R_{\text{E}}^2}{I_{\text{E}}} - \frac{R_{\text{E}} m_{\text{ast}} v_{\text{ast}}}{L_{\text{E}}} \right)\end{aligned} \tag{14.1.46}$$

将已知数据代入式(14.1.46),计算可得

$$\begin{aligned}\Delta \tau_{\text{tan}} &\approx 24 \times 60 \times 60 \times (7.92 \times 10^{-10} - 4.26 \times 10^{-8}) \text{ s} \\ &= -3.61 \times 10^{-3} \text{ s}\end{aligned} \tag{14.1.47}$$

G 部分　最大碰撞速度

(G1) 天体撞击地球表面的最大速率 v_{imp}^{max} 来自以下两项贡献：

第一是该天体从离太阳无穷远处，受到太阳的万有引力的作用运动到距太阳 a_E（地球公转轨道半径）处所获得的速率 v_b，为

$$0 = \frac{1}{2}m_b v_b^2 - G\frac{m_b m_S}{a_E}$$

$$v_b = \sqrt{\frac{2Gm_S}{a_E}} = \sqrt{\frac{2 \times 6.67 \times 10^{-11} \times 1.99 \times 10^{30}}{1.50 \times 10^{11}}} \text{ m/s}$$

$$= 42.1 \text{ km/s} \tag{14.1.48}$$

第二是地球在公转轨道上的速率 v_E，为

$$v_E = \frac{2\pi a_E}{\tau_E} = \frac{2\pi \times 1.50 \times 10^{11}}{365 \times 24 \times 60 \times 60} \text{ m/s} = 29.9 \text{ m/s} \tag{14.1.49}$$

若天体的速度 v_b 和地球的公转速度 v_E 同向，则地球上观察者所见该天体来袭的最大相对速度为 $v_b + v_E$。

该天体受地球引力的作用以至撞击地球表面的最大速率 v_{imp}^{max} 可利用机械能守恒定律得到：

$$\frac{1}{2}m_b(v_b + v_E)^2 = \frac{1}{2}m_b(v_{imp}^{max})^2 - G\frac{m_E m_b}{R_E} \tag{14.1.50}$$

最终可得

$$v_{imp}^{max} = \sqrt{(v_b + v_E)^2 + \frac{2Gm_E}{R_E}}$$

$$= \sqrt{(42.1 \times 10^3 + 29.9 \times 10^3)^2 + \frac{2 \times 6.67 \times 10^{-11} \times 5.97 \times 10^{24}}{6.38 \times 10^6}} \text{ m/s}$$

$$= 72.9 \text{ km/s} \tag{14.1.51}$$

第 2 题　等离激元蒸气发生器

A 部分　单个银纳米粒子球

(A1) 银纳米粒子球的体积为

$$V = \frac{4}{3}\pi R^3 = \frac{4}{3}\pi \times (10.0 \times 10^{-9})^3 \text{ m}^3 = 4.19 \times 10^{-24} \text{ m}^3$$

银纳米粒子球的质量为

$$M = \rho_{Ag}V = 1.049 \times 10^4 \times 4.19 \times 10^{-24} \text{ kg} = 4.39 \times 10^{-20} \text{ kg}$$

银纳米粒子球中所含有的银离子的数量为

$$N = N_A \frac{M}{M_{Ag}} = 6.022 \times 10^{23} \times \frac{4.39 \times 10^{-20}}{1.079 \times 10^{-1}} = 2.45 \times 10^5$$

银纳米粒子球中所含有的银离子的电荷密度为

$$\rho = e\frac{N}{V} = 1.602 \times 10^{-19} \times \frac{2.45 \times 10^5}{4.19 \times 10^{-24}} \text{ C/m}^3 = 9.37 \times 10^9 \text{ C/m}^3$$

银纳米粒子球中所含有的自由电子的数密度为

$$n = \frac{N}{V} = \frac{2.45 \times 10^5}{4.19 \times 10^{-24}} / \text{m}^3 = 5.85 \times 10^{28} / \text{m}^3$$

银纳米粒子球中所含有的自由电子的总电荷为

$$Q = eN = 1.602 \times 10^{-19} \times 2.45 \times 10^5 \text{ C} = 3.93 \times 10^{-14} \text{ C}$$

银纳米粒子球中所含有的自由电子的总质量为

$$m_0 = m_e N = 9.109 \times 10^{-31} \times 2.45 \times 10^5 \text{ kg} = 2.23 \times 10^{-25} \text{ kg}$$

B 部分　带电球体内部的电中性区域的电场

(B1) 如图 T14.2.1 所示,外球半径为 R,带有均匀的正电荷,密度为 ρ;内球半径为 R_1,在该球区内加上均匀的负电荷,密度为 $-\rho$,因此在小球区域形成电中性的区域。设 P 点为该电中性区域内的任一点,其相对于两球中心 O 和 O' 的位置矢量分别为 $r = re$ 和 $r' = r'e'$,其中 e, e' 都是单位径向矢量。P 点电场强度 E 来自于正电球的贡献 E_+ 和负电荷的贡献 E_-,根据叠加原理,P 点的电场强度可写为

$$E = E_+ + E_- \tag{14.2.1}$$

利用高斯定理,可得

$$4\pi r^2 \varepsilon_0 E_+ = \left(\frac{4}{3}\pi r^3\right)\rho e \Rightarrow E_+ = \frac{\rho}{3\varepsilon_0} r \tag{14.2.2}$$

$$4\pi r'^2 \varepsilon_0 E_- = \left(\frac{4}{3}\pi r'^3\right)(-\rho) e' \Rightarrow E_- = -\frac{\rho}{3\varepsilon_0} r' \tag{14.2.3}$$

将式(14.2.2)和式(14.2.3)相加可得

$$E = \frac{\rho}{3\varepsilon_0}(r - r') = \frac{\rho}{3\varepsilon_0} x_d \tag{14.2.4}$$

因此在电中性区域内部是匀强电场,其中比例系数 $A = \frac{1}{3}$。

C 部分　作用于偏离中心的电子云上的回复力

(C1) 利用(B1)小题所得的结果,得在图 T14.2.1(c)所示的电中性区域内的电场强度为

$$E_{\text{ind}} = \frac{\rho}{3\varepsilon_0} x_p \tag{14.2.5}$$

由于 $|x_p| \ll R$,故在图 T14.2.1(c)中,位于纳米粒子和电子云两端边界的净电荷远小于电子云的总电荷量 $Q = -eN$,所以作用于电子云的回复力为

$$F = Q E_{\text{ind}} = (-eN)\frac{\rho}{3\varepsilon_0} x_p$$

$$= \left(-e \cdot \frac{4}{3}\pi R^3 \cdot n\right)\frac{en}{3\varepsilon_0} x_p e_x$$

$$= -\frac{4\pi}{9\varepsilon_0} R^3 e^2 n^2 x_p e_x \tag{14.2.6}$$

此为简谐运动的动力学方程。

将电子云偏移至 x_p 所需的作用于电子云的功为

$$W_{el} = -\int_0^{x_p} \mathbf{F} \cdot d\mathbf{x} = \int_0^{x_p} \left(\frac{4\pi}{9\varepsilon_0} R^3 e^2 n^2\right) x\, dx = \frac{2\pi}{9\varepsilon_0} R^3 e^2 n^2 x_p^2 \quad (14.2.7)$$

D 部分　位于外部均匀电场中的银纳米粒子球

(D1) 在外加电场作用下,当纳米粒子达到稳定状态时,其所受的净电场强度为零,即

$$\mathbf{E}_{ind} + \mathbf{E}_0 = 0 \Rightarrow E_0 = \frac{\rho}{3\varepsilon_0} x_p \quad (14.2.8)$$

故电子云产生的偏移为

$$x_p = \frac{3\varepsilon_0}{\rho} E_0 = \frac{3\varepsilon_0}{en} E_0 \quad (14.2.9)$$

在纳米粒子中心处,沿着 yz 平面偏移时的电荷总量为

$$-\Delta Q = -\rho \pi R^2 x_p = -en\pi R^2 x_p \quad (14.2.10)$$

E 部分　银纳米粒子球的等效电容和电感

(E1) 带有 $\pm \Delta Q$ 电荷的电容 C 所储存的能量为 $\frac{(\Delta Q)^2}{2C}$,此能量来自于外加电场将 ΔQ 电荷分隔开 x_p 所做的功 W_{el}。利用式(14.2.7)和式(14.2.10),可得

$$W_{el} = \frac{(\Delta Q)^2}{2C} \Rightarrow \frac{2\pi}{9\varepsilon_0} R^3 e^2 n^2 x_p^2 = \frac{(en\pi R^2 x_p)^2}{2C}$$

$$\Rightarrow C = \frac{9}{4}\varepsilon_0 \pi R = \frac{9}{4} \times 8.854 \times 10^{-12} \times \pi \times 10.0 \times 10^{-9} \text{ F}$$

$$= 6.26 \times 10^{-19} \text{ F} \quad (14.2.11)$$

(E2) 在该等效电容上的等效电压为

$$V_0 = \frac{\Delta Q}{C} = \frac{en\pi R^2 x_p}{\frac{9}{4}\varepsilon_0 \pi R} = \frac{4enRx_p}{9\varepsilon_0} = \frac{4}{3} R E_0 \quad (14.2.12)$$

(E3) 电子云的动能 W_k 可写为

$$W_k = \frac{1}{2} m_e v^2 \cdot N = \left(\frac{1}{2} m_e v^2\right) \cdot \left(\frac{4}{3}\pi R^3 n\right) = \frac{2}{3} m_e v^2 \pi R^3 n \quad (14.2.13)$$

其对应的电流为单位时间内在纳米粒子中心处通过 yz 平面的电荷量,即

$$I = \frac{\Delta Q}{\Delta t} = \frac{en\pi R^2 x_p}{\frac{x_p}{v}} = en\pi R^2 v \quad (14.2.14)$$

(E4) 载有电流 I 的电感 L 所储存的能量为 $\frac{1}{2} L I^2$,此能量相当于电子云的动能。利用式(14.2.13)和式(14.2.14),可得

$$W_k = \frac{1}{2}LI^2 \Rightarrow \frac{2}{3}m_e v^2 \pi R^3 n = \frac{1}{2}L(en\pi R^2 v)^2$$

$$\Rightarrow L = \frac{4m_e}{3\pi Rne^2} = \frac{4 \times 9.109 \times 10^{-31}}{3\pi \times 10.0 \times 10^{-9} \times 5.85 \times 10^{28} \times (1.602 \times 10^{-19})^2} \text{ H}$$

$$= 2.58 \times 10^{-14} \text{ H} \tag{14.2.15}$$

F 部分　银纳米粒子的等离激元共振

(F1) 电子云的等离激元共振频率 ω_p 相当于 LC 电路的共振频率, 即

$$\omega_p = \frac{1}{\sqrt{LC}} = \frac{1}{\sqrt{\frac{4m_e}{3\pi Rne^2} \times \frac{9}{4}\varepsilon_0 \pi R}} = \sqrt{\frac{ne^2}{3\varepsilon_0 m_e}} \tag{14.2.16}$$

注　利用式(14.2.6)和简谐运动的规律, 也可得到相同的结果:

$$\boldsymbol{F} = -\frac{4\pi}{9\varepsilon_0}R^3 e^2 n^2 x_p \boldsymbol{e}_x$$

$$\Rightarrow Nm_e \frac{d^2 x_p}{dt^2} = -\frac{4\pi}{9\varepsilon_0}R^3 e^2 n^2 x_p$$

$$\Rightarrow \frac{4}{3}\pi R^3 nm_e \frac{d^2 x_p}{dt^2} = -\frac{4\pi}{9\varepsilon_0}R^3 e^2 n^2 x_p$$

$$\Rightarrow \frac{d^2 x_p}{dt^2} = -\frac{ne^2}{3\varepsilon_0 m_e} x_p$$

$$\Rightarrow \omega_p = \sqrt{\frac{ne^2}{3\varepsilon_0 m_e}} \tag{14.2.17}$$

(F2) 将数据代入式(14.2.16)可得

$$\omega_p = \sqrt{\frac{ne^2}{3\varepsilon_0 m_e}}$$

$$= \sqrt{\frac{5.85 \times 10^{28} \times (1.602 \times 10^{-19})^2}{3 \times 8.854 \times 10^{-12} \times 9.109 \times 10^{-31}}} \text{ rad/s}$$

$$= 7.88 \times 10^{15} \text{ rad/s} \tag{14.2.18}$$

角频率 $\omega = \omega_p$ 的光在真空中传播时的波长 λ_p 为

$$\lambda_p = \frac{c}{f_p} = \frac{2\pi c}{\omega_p}$$

$$= \frac{2\pi \times 2.998 \times 10^8}{7.88 \times 10^{15}} \text{ m}$$

$$= 2.39 \times 10^{-7} \text{ m}$$

$$= 239 \text{ nm} \tag{14.2.19}$$

G 部分　具有等离激元共振频率的光照射银纳米粒子

(G1) 由题意, 在电场 $\boldsymbol{E}_0$ 的作用下, 电子云的中心位置 $x_p(t)$ 会以相同的频率振动, 故其内的一个电子随之做简谐运动的运动方程为

$$x = x_0\cos(\omega_p t) \tag{14.2.20}$$

电子的运动速度为

$$v = \frac{dx}{dt} = -x_0\omega_p\sin(\omega_p t) \tag{14.2.21}$$

电子动能的时间平均值为

$$\left\langle \frac{1}{2}m_e v^2 \right\rangle = \frac{1}{2}m_e\langle v^2\rangle \tag{14.2.22}$$

电子连续两次碰撞银离子的平均时间间隔为 τ,在 τ 时间内,电子碰撞银离子一次。碰撞后,电子的动能全部转化为银离子的振动能量(即内能)。因此整个纳米粒子在 τ 时间内损失的总动能为

$$W_{热} = N\left\langle \frac{1}{2}m_e v^2 \right\rangle = \frac{4}{3}\pi R^3 n\left\langle \frac{1}{2}m_e v^2 \right\rangle \tag{14.2.23}$$

纳米粒子的焦耳热功率的时间平均值为

$$P_{热} = \frac{W_{热}}{\tau} = \frac{1}{2\tau}m_e\langle v^2\rangle\left(\frac{4}{3}\pi R^3 n\right) \tag{14.2.24}$$

再利用式(14.2.14),可得电流平方的时间平均值为

$$\langle I^2\rangle = \langle(en\pi R^2 v)^2\rangle = (en\pi R^2)^2\langle v^2\rangle \tag{14.2.25}$$

代入电子云的总电荷 $Q = eN = e\left(\frac{4}{3}\pi R^3 n\right)$,式(14.2.25)可改写为

$$\langle I^2\rangle = \left(\frac{3Q}{4R}\right)^2\langle v^2\rangle \tag{14.2.26}$$

(G2) 由于 $\tau \gg \frac{1}{\omega_p}$,故每一个电子在碰撞银离子之前必定来回振动许多次,利用式(14.2.14)和式(14.2.21),可得其所生成的电流的振动方程为

$$I = en\pi R^2 v = -en\pi R^2 x_0\omega_p\sin(\omega_p t) \tag{14.2.27}$$

设纳米粒子的等效电阻为 $R_{热}$,则该电流的焦耳热功率为

$$\langle P_{热}\rangle = R_{热}\langle I^2\rangle \tag{14.2.28}$$

利用式(14.2.24)和式(14.2.25),可得

$$R_{热} = \frac{\langle P_{热}\rangle}{\langle I^2\rangle} = \frac{\frac{1}{2\tau}m_e\langle v^2\rangle\left(\frac{4}{3}\pi R^3 n\right)}{(en\pi R^2)^2\langle v^2\rangle} = \frac{2m_e}{3\pi ne^2 R\tau} \tag{14.2.29}$$

代入数据计算,可得

$$R_{热} = \frac{2\times 9.109\times 10^{-31}}{3\pi\times 5.85\times 10^{28}\times(1.602\times 10^{-19})^2\times 10.0\times 10^{-9}\times 5.24\times 10^{-15}}\,\Omega$$
$$= 2.46\,\Omega \tag{14.2.30}$$

(G3) 仿照(G2)小题解出 $R_{热}$ 的做法,设入射光束因散射而损失能量的时间平均值为 $P_{散射}$,对应的等效散射电阻为 $R_{散射}$,则

$$P_{散射} = R_{散射}\langle I^2\rangle \tag{14.2.31}$$

利用题中所给的公式 $P_{散射} = \frac{Q^2 x_0^2\omega_p^4}{12\pi\varepsilon_0 c^3}$ 和式(14.2.26),式(14.2.31)可化为

$$R_{散射} = \frac{P_{散射}}{\langle I^2 \rangle} = \frac{Q^2 x_0^2 \omega_p^4}{12\pi\varepsilon_0 c^3} \cdot \left(\frac{4R}{3Q}\right)^2 \frac{1}{\langle v^2 \rangle} = \frac{4x_0^2 R^2 \omega_p^4}{27\pi\varepsilon_0 c^3 \langle v^2 \rangle} \tag{14.2.32}$$

利用式(14.2.21),可得

$$\langle v^2 \rangle = x_0^2 \langle \omega_p^2 \sin^2(\omega_p t) \rangle = \frac{1}{2} x_0^2 \omega_p^2 \tag{14.2.33}$$

将式(14.2.33)代入式(14.2.32),可得

$$R_{散射} = \frac{8R^2 \omega_p^2}{27\pi\varepsilon_0 c^3} \tag{14.2.34}$$

代入数据,计算可得

$$R_{散射} = \frac{8 \times (10.0 \times 10^{-9})^2 \times (7.88 \times 10^{15})^2}{27\pi \times 8.854 \times 10^{-12} \times (2.998 \times 10^8)^3} \Omega = 2.45 \ \Omega \tag{14.2.35}$$

(G4) 若 LCR 串联电路的驱动电压为 $V = V_0 \cos(\omega t)$,则电路的总阻抗为

$$|Z| = \sqrt{(R_{热} + R_{散射})^2 + \left(\omega L - \frac{1}{\omega C}\right)^2} \tag{14.2.36}$$

电路中的电流振幅为

$$I_0 = \frac{V_0}{\sqrt{(R_{热} + R_{散射})^2 + \left(\omega L - \frac{1}{\omega C}\right)^2}} \tag{14.2.37}$$

当发生等离激元共振时,$\omega = \omega_p$,有

$$\omega_p L - \frac{1}{\omega_p C} = 0 \tag{14.2.38}$$

此时电路处于共振状态,则

$$I_{r0} = \frac{V_0}{\sqrt{(R_{热} + R_{散射})^2}} \tag{14.2.39}$$

电路的能量仅消耗在电阻上,即电路的功率损失的时间平均值可写为

$$P = (R_{热} + R_{散射}) \langle I^2 \rangle$$

$$= \frac{1}{2}(R_{热} + R_{散射}) I_{r0}^2$$

$$= \frac{1}{2}(R_{热} + R_{散射}) \frac{V_0^2}{(R_{热} + R_{散射})^2} \tag{14.2.40}$$

从式(14.2.40)中可以看出,电路能量的损失可分为两部分:一为焦耳热损失,二为散射光损失。因此,功率损失的时间平均值 $P_{热}$ 和 $P_{散射}$ 分别可表示为

$$P_{热} = \frac{1}{2} R_{热} \frac{V_0^2}{(R_{热} + R_{散射})^2}, \quad P_{散射} = \frac{1}{2} R_{散射} \frac{V_0^2}{(R_{热} + R_{散射})^2} \tag{14.2.41}$$

利用式(14.2.12),式(14.2.41)可改写为

$$P_{热} = \frac{8R_{热} R^2}{9(R_{热} + R_{散射})^2} E_0^2, \quad P_{散射} = \frac{8R_{散射} R^2}{9(R_{热} + R_{散射})^2} E_0^2 \tag{14.2.42}$$

(G5) 依据题中所给的入射光强度 $S = \frac{1}{2} c\varepsilon_0 E_0^2 = 1.00 \ \text{MW/m}^2$,可得入射光的电场强度 E_0 为

$$E_0 = \sqrt{\frac{2S}{c\varepsilon_0}} = \sqrt{\frac{2 \times 1.00 \times 10^6}{2.998 \times 10^8 \times 8.854 \times 10^{-12}}} \text{ V/m}$$

$$= 2.745 \times 10^4 \text{ V/m}$$

$$= 27.4 \text{ kV/m} \tag{14.2.43}$$

利用式(14.2.42),计算可得

$$P_\text{热} = \frac{8 \times 2.46 \times (10.0 \times 10^{-9})^2}{9 \times (2.46 + 2.45)^2} \times (2.745 \times 10^4)^2 \text{ W}$$

$$= 6.83 \times 10^{-9} \text{ W}$$

$$= 6.83 \text{ nW} \tag{14.2.44}$$

$$P_\text{散射} = \frac{R_\text{散射}}{R_\text{热}} P_\text{热} = \frac{2.45}{2.46} \times 6.83 \text{ nW} = 6.80 \text{ nW} \tag{14.2.45}$$

H部分　光致蒸气发生器

(H1) 在容器内的银纳米粒子总数目为

$$N_\text{np} = h^2 a n_\text{p}$$

$$= (10 \times 10^{-2})^2 \times (1.0 \times 10^{-2}) \times (7.3 \times 10^{15})$$

$$= 7.3 \times 10^{11} \tag{14.2.46}$$

全部银纳米粒子的总焦耳热功率的时间平均值为

$$P_\text{st} = N_\text{np} P_\text{热}$$

$$= 7.3 \times 10^{11} \times 6.83 \times 10^{-9} \text{ W}$$

$$= 4.99 \times 10^3 \text{ W}$$

$$= 4.99 \text{ kW} \tag{14.2.47}$$

纳米粒子所产生的焦耳热全部用于产生温度为 $T_\text{S} = 110$ ℃ 的蒸气,而不增加水的温度。每秒产生的蒸气的全部质量 μ_st 满足

$$P_\text{st} = \mu_\text{st}[c_\text{wa}(100-20) + L_\text{wa} + c_\text{st}(110-100)] \tag{14.2.48}$$

解之可得

$$\mu_\text{st} = \frac{P_\text{st}}{c_\text{wa}(100-20) + L_\text{wa} + c_\text{st}(110-100)}$$

$$= \frac{4.99 \times 10^3}{4.181 \times 10^3 \times (100-20) + 2.260 \times 10^6 + 2.080 \times 10^3 \times (110-100)} \text{ kg/s}$$

$$= 1.91 \times 10^{-3} \text{ kg/s} \tag{14.2.49}$$

(H2) 入射光进入容器内的全部功率为

$$P_\text{tot} = Sh^2 = 1.00 \times 10^6 \times (10 \times 10^{-2})^2 \text{ W} = 1.00 \times 10^4 \text{ W} \tag{14.2.50}$$

整个容器内用于产生蒸气的功率为

$$P_\text{st} = N_\text{np} P_\text{热} = 4.99 \times 10^3 \text{ W} \tag{14.2.51}$$

故全部等离激元蒸气发生器的热力学效率为

$$\eta = \frac{P_\text{st}}{P_\text{tot}} = \frac{4.99 \times 10^3}{1.00 \times 10^4} = 0.499 = 49.9\% \tag{14.2.52}$$

第 3 题　格陵兰冰盖

A 部分　冰盖的高度轮廓

（A1）由于冰盖可视为不可压缩的静力学系统，故其内部的压强为

$$p(x,z) = \rho_{冰} g [H(x) - z] \tag{14.3.1}$$

在地表处 $z = H(x)$，静液压强为零。

（A2）如图 T14.3.1(c) 所示的一片竖直冰薄层，其一侧所受的净作用力为

$$F(x) = \Delta y \int_0^{H(x)} \rho_{冰} g [H(x) - z] \mathrm{d}z = \frac{1}{2} \Delta y \rho_{冰} g [H(x)]^2 \tag{14.3.2}$$

由于该薄冰层的两侧面高度不同，故该竖直冰薄层所受的静液水平力为

$$\Delta F = F(x) - F(x + \Delta x) = -\frac{\mathrm{d}F}{\mathrm{d}x} \Delta x = -\Delta y \rho_{冰} g H(x) \frac{\mathrm{d}H}{\mathrm{d}x} \Delta x \tag{14.3.3}$$

此力与作用于冰层基底面积 $\Delta x \Delta y$ 的地面摩擦力平衡，即 $\Delta F = S_b \Delta x \Delta y$，故

$$S_b = \frac{\Delta F}{\Delta x \Delta y} = -\rho_{冰} g H(x) \frac{\mathrm{d}H}{\mathrm{d}x} = kH(x) \frac{\mathrm{d}H}{\mathrm{d}x} \tag{14.3.4}$$

式中 $k = -\rho_{冰} g$。

（A3）将式 (14.3.4) 改写为

$$-\frac{S_b}{\rho_{冰} g} = H(x) \frac{\mathrm{d}H}{\mathrm{d}x} = \frac{1}{2} \frac{\mathrm{d}}{\mathrm{d}x} [H(x)]^2 \tag{14.3.5}$$

将式 (14.3.5) 积分可得

$$\int_{H(x)}^{H(L)} \mathrm{d}[H(x)]^2 = -\frac{2S_b}{\rho_{冰} g} \int_x^L \mathrm{d}x$$

$$\Rightarrow \quad [H(L)]^2 - [H(x)]^2 = -\frac{2S_b}{\rho_{冰} g} (L - x) \tag{14.3.6}$$

利用边界条件 $H(L) = 0$，代入式 (14.3.6)，可得

$$H(x) = \sqrt{\frac{2S_b L}{\rho_{冰} g}} \sqrt{1 - \frac{x}{L}} = H_m \sqrt{1 - \frac{x}{L}} \tag{14.3.7}$$

式中 $H_m = \sqrt{\dfrac{2S_b L}{\rho_{冰} g}}$。当 $x = 0$，即在分冰岭上时，冰高度达到最大值 H_m。

（A4）冰盖总体积可将高度分布函数 $H(x)$ 积分后得到：

$$V_{冰} = 5L \times 2 \int_0^L H(x) \mathrm{d}x = 10 L H_m \int_0^L \sqrt{1 - \frac{x}{L}} \mathrm{d}x = \frac{20}{3} L^2 \sqrt{\frac{2S_b L}{\rho_{冰} g}}$$

$$\Rightarrow \quad V_{冰} \propto L^{\frac{5}{2}} \tag{14.3.8}$$

按照格陵兰岛的长方形模型，该岛的总面积为

$$A = 2L \cdot 5L = 10L^2 \propto L^2 \tag{14.3.9}$$

利用量纲关系，可得冰盖总体积和长方形岛面积之间的比例关系为

$$V_{冰} \propto A^{5/4} = A^{\gamma} \tag{14.3.10}$$

其中 $\gamma = \dfrac{5}{4}$。

B 部分　冰盖动力学模型

（B1）考虑岛中央一小块面积，宽度为 Δy，位于分冰岭 $x=0$ 和邻近某一平行线（$x>0$）之间，则单位时间因下雪而聚集在该面积上的冰的质量为 $\rho_{\text{冰}} c x \Delta y$。按照题中的模型，达到稳定状态后，冰盖的高度会维持一固定分布函数 $H(x)$，因此在中央部分由于降雪而单位时间内累积的冰的质量与在海岸边融化的冰的质量相等。从 x 处竖直截面流出的冰的质量通量为 $\rho_{\text{冰}} \Delta y H(x) v_x(x) \approx \rho_{\text{冰}} \Delta y H_\text{m} v_x(x)$，故

$$\rho_{\text{冰}} c x \Delta y = \rho_{\text{冰}} \Delta y H_\text{m} v_x(x) \quad \Rightarrow \quad v_x(x) = \frac{cx}{H_\text{m}} \tag{14.3.11}$$

（B2）由于冰为不可压缩的流体，根据质量守恒定律，题中所给的冰流速率受到如下方程的限制：

$$\frac{\mathrm{d}v_x}{\mathrm{d}x} + \frac{\mathrm{d}v_z}{\mathrm{d}z} = 0 \tag{14.3.12}$$

利用式（14.3.11）和式（14.3.12），可得

$$\frac{\mathrm{d}v_z}{\mathrm{d}z} = -\frac{\mathrm{d}v_x}{\mathrm{d}x} = -\frac{c}{H_\text{m}} \tag{14.3.13}$$

将式（14.3.13）积分并代入初始条件 $v_z(0)=0$，可得

$$v_z(z) = -\frac{cz}{H_\text{m}} \tag{14.3.14}$$

（B3）利用式（14.3.11）和式（14.3.14），并利用初始条件 $x(0)=x_0$ 和 $z(0)=H_\text{m}$，可得

$$\frac{\mathrm{d}x}{\mathrm{d}t} = \frac{cx}{H_\text{m}} \Rightarrow \int_{x_0}^{x} \frac{\mathrm{d}x}{x} = \frac{c}{H_\text{m}} \int_0^t \mathrm{d}t \Rightarrow x(t) = x_0 \exp\left(\frac{ct}{H_\text{m}}\right) \tag{14.3.15}$$

$$\frac{\mathrm{d}z}{\mathrm{d}t} = -\frac{cz}{H_\text{m}} \Rightarrow \int_{z_0}^{z} \frac{\mathrm{d}z}{z} = -\frac{c}{H_\text{m}} \int_0^t \mathrm{d}t \Rightarrow z(t) = H_\text{m} \exp\left(-\frac{ct}{H_\text{m}}\right) \tag{14.3.16}$$

联立式（14.3.15）和式（14.3.16），消去时间 t，可得

$$xz = x_0 H_\text{m} \tag{14.3.17}$$

上式显示冰块的流动轨迹为 xz 平面上的双曲线，如图 J14.3.1 所示。

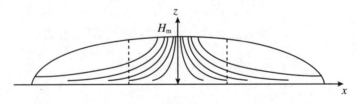

图 J14.3.1

注　式（14.3.17）也可由下面的方法得到：

$$\frac{\mathrm{d}}{\mathrm{d}t}(xz) = \frac{\mathrm{d}x}{\mathrm{d}t}z + x\frac{\mathrm{d}z}{\mathrm{d}t} = \frac{cx}{H_\text{m}}z - x\frac{cz}{H_\text{m}} = 0 \quad \Rightarrow \quad xz = \text{常数}$$

代入初始条件 $x(0)=x_0$ 和 $z(0)=H_\text{m}$，可得

$$xz = x_0 H_\text{m}$$

C部分　冰盖动力学模型中的年代和气候指标

（C1） 在分冰岭上，即 $x=0$ 处，由式（14.3.11）可知 $v_x(x)=0$，即冰流仅沿竖直方向流动。利用式（14.3.16），可得冰的年代为

$$\tau(z)=\frac{H_m}{c}\ln\frac{H_m}{z} \tag{14.3.18}$$

（C2） 由图T14.3.2(b)所示的 $\delta^{18}O$ 突然转折处，可以看出现在的间冰期自11700年前开始，冰盖下方对应的深度为1492 m。利用式（14.3.18），可得间冰期的冰雪累积率 c_{ig} 为

$$\begin{aligned}c_{ig}&=\frac{H_m}{11700\text{ a}}\ln\left(\frac{H_m}{H_m-1492\text{ m}}\right)\\&=\frac{3060\text{ m}}{11700\text{ a}}\ln\left(\frac{3060\text{ m}}{3060\text{ m}-1492\text{ m}}\right)\\&=0.175\text{ m/a}\end{aligned} \tag{14.3.19}$$

由图T14.3.2(b)所示的 $\delta^{18}O$ 的变化可知，除了上述的间冰期之外，另外在冰盖下方1492 m 至3040 m 处为最近的冰河期，自120000年前开始，持续至11700年前，如图J14.3.2所示。这两个时期的冰雪累积速率不同，各为 c_{ig}（间冰期）和 c_{ia}（冰河时代）。利用式（14.3.16），可得

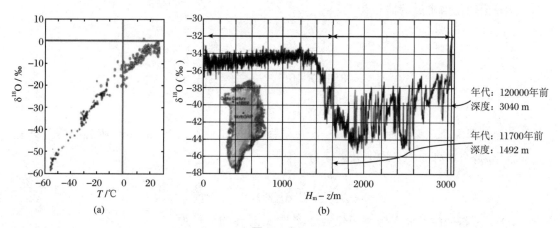

图 J14.3.2

$$H_m\int_{H_m}^{H_m-3040\text{ m}}\frac{\mathrm{d}z}{z}=-\int_0^{120000\text{ a}}c\,\mathrm{d}t=-\left(\int_0^{11700\text{ a}}c_{ig}\mathrm{d}t+\int_{11700\text{ a}}^{120000\text{ a}}c_{ia}\mathrm{d}t\right)\Rightarrow$$

$$H_m\ln\frac{H_m}{H_m-3040\text{ m}}=c_{ig}\times11700\text{ a}+c_{ia}\times(120000\text{ a}-11700\text{ a})\Rightarrow$$

$$3060\text{ m}\times\ln\frac{3060\text{ m}}{3060\text{ m}-3040\text{ m}}=c_{ig}\times11700\text{ a}+c_{ia}\times108300\text{ a}\Rightarrow$$

$$c_{ia}=0.123\text{ m/a} \tag{14.3.20}$$

上一个冰河时代的平均降雪量比现在的间冰期要低得多。

（C3） 从图T14.3.2(b)显示的数据可看出 $\delta^{18}O$ 从冰河时代的 $-43.5‰$ 变化至 $-34.5‰$。

对照图 T14.3.2(a)，可以读出对应的温度从 $-40\ ℃$ 变化至 $-28\ ℃$。因此从冰河时代转变为间冰期的温度变化约为

$$\Delta T \approx 12\ ℃ \tag{14.3.21}$$

D部分　格陵兰冰盖融化导致的海平面上升

(D1) 已知格陵兰现有的冰盖面积为 $A_G = 1.71 \times 10^{12}\ m^2$，按照题中所给的格陵兰岛的长方形面积模型可得

$$A_G = 2L \cdot 5L$$

$$\Rightarrow L = \sqrt{\frac{A_G}{10}} = \sqrt{\frac{1.71 \times 10^{12}}{10}}\ m = 4.14 \times 10^5\ m \tag{14.3.22}$$

利用式(14.3.8)，计算可得格陵兰的冰盖体积为

$$V_{G冰} = \frac{20}{3} L^2 \sqrt{\frac{2 S_b L}{\rho_{冰} g}}$$

$$= \frac{20}{3} \times (4.14 \times 10^5)^2 \times \sqrt{\frac{2 \times 100 \times 10^3 \times 4.14 \times 10^5}{0.917 \times 10^3 \times 9.80}}\ m^3$$

$$= 3.47 \times 10^{15}\ m^3 \tag{14.3.23}$$

冰完全融化为水后的体积为

$$V_{G水} = V_{G冰} \frac{\rho_{冰}}{\rho_{水}}$$

$$= 3.47 \times 10^{15} \times \frac{0.917 \times 10^3}{1.00 \times 10^3}\ m^3$$

$$= 3.18 \times 10^{15}\ m^3 \tag{14.3.24}$$

若简单考虑全球海平面平均上升，且海洋总面积 $A_O = 3.61 \times 10^{14}\ m^2$，则当格陵兰冰盖完全融化后，全球海面的平均上升高度为

$$h_{G水} = \frac{V_{G水}}{A_O} = \frac{3.18 \times 10^{15}}{3.61 \times 10^{14}}\ m = 8.81\ m \tag{14.3.25}$$

(D2) 若将格陵兰冰盖模型简化为球体，则此球体的半径为

$$R_{冰} = \left(\frac{3 V_{G冰}}{4\pi}\right)^{1/3} = \left(\frac{3 \times 3.47 \times 10^{15}}{4\pi}\right)^{1/3}\ m = 93.9\ km \tag{14.3.26}$$

虽然式(14.3.26)的值约是海水平均深度 3 km 的 30 倍，但仍远小于地球半径，因此将此球体置于海平面上，或者置于地球的平均半径处，对计算的结果影响甚微。故该冰球的质量为

$$M_{冰} = V_{G冰} \rho_{冰}$$

$$= 3.47 \times 10^{15} \times 0.917 \times 10^3\ kg$$

$$= 3.18 \times 10^{18}\ kg$$

$$= 5.32 \times 10^{-7} m_E \tag{14.3.27}$$

式中 m_E 为地球的质量。如图 J14.3.3 所示，质量为 m 的冰质点放置于地面上方高度为 h 的位置，其与地心的连线相对于地球自转轴的夹角为 θ。该质点受来自地球和格陵兰冰球的总引力而产生的势能为

$$U_{\text{tot}} = -G\frac{m_E m}{R_E + h} - G\frac{M_{\text{冰}} m}{r} = -mgR_E\left[\frac{1}{1 + \dfrac{h}{R_E}} + \frac{\dfrac{M_{\text{冰}}}{m_E}}{\dfrac{r}{R_E}}\right] \quad (14.3.28)$$

式中 $g = \dfrac{Gm_E}{R_E^2}$。由于 $\dfrac{h}{R_E} \ll 1$，式(14.3.28)可近似为

$$U_{\text{tot}} \approx -mgR_E\left[1 - \frac{h}{R_E} + \frac{\dfrac{M_{\text{冰}}}{m_E}}{\dfrac{r}{R_E}}\right] \quad (14.3.29)$$

故而有

$$h \approx \left(R_E + \frac{U_{\text{tot}}}{mg}\right) + \frac{\dfrac{M_{\text{冰}}}{m_E}}{\dfrac{r}{R_E}} R_E = h_0 + \frac{\dfrac{M_{\text{冰}}}{m_E}}{\dfrac{r}{R_E}} R_E \quad (14.3.30)$$

其中 $h_0 = R_E + \dfrac{U_{\text{tot}}}{mg}$。注意：海洋表面为等势能面，即海面各点的重力势能相等。

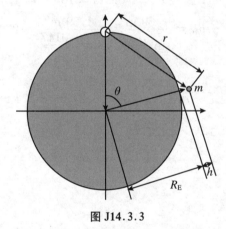

图 J14.3.3

由于 $\dfrac{h}{R_E} \ll 1$，由图 J14.3.3 中的三角形的几何关系可得

$$r \approx 2R_E\left|\sin\frac{\theta}{2}\right| \quad (14.3.31)$$

将式(14.3.31)代入式(14.3.30)，可得

$$h(\theta) - h_0 \approx \frac{\dfrac{M_{\text{冰}}}{m_E}}{2\left|\sin\dfrac{\theta}{2}\right|} R_E$$

$$= \frac{5.32 \times 10^{-7}}{2\left|\sin\dfrac{\theta}{2}\right|} \times 6.371 \times 10^6 \text{ m}$$

$$= \frac{1.69 \text{ m}}{\left|\sin\dfrac{\theta}{2}\right|} \quad (14.3.32)$$

格陵兰冰球对哥本哈根海平面高度的影响可计算如下：

$$\theta_{CPH} = \frac{s}{R_E} = \frac{3.5 \times 10^6 \text{ m}}{6.371 \times 10^6 \text{ m}} \approx 0.55 \tag{14.3.33}$$

$$h_{CPH} - h_0 \approx \frac{1.69 \text{ m}}{\sin\frac{\theta_{CPH}}{2}} = \frac{1.69}{\sin\frac{0.55}{2}} = 6.2 \text{ m} \tag{14.3.34}$$

而在南半球表面上和格陵兰对称的那个点（即格陵兰与地心的连线和地球表面的另一交点）的海平面的影响为

$$\theta_{OPP} = \pi \tag{14.3.35}$$

$$h_{OPP} - h_0 \approx \frac{1.69 \text{ m}}{\sin\frac{\pi}{2}} = 1.7 \text{ m} \tag{14.3.36}$$

由式(14.3.34)和式(14.3.36)可得

$$h_{CPH} - h_{OPP} \approx (6.2 - 1.7) \text{ m} = 4.5 \text{ m} \tag{14.3.37}$$

注 也可计算格陵兰冰球对其附近海平面高度的影响：

$$\theta_{GRL} = \frac{s}{R_E} \approx \frac{R_{\text{冰}}}{R_E} = \frac{9.39 \times 10^4}{6.371 \times 10^6} \approx 0.0147 \tag{14.3.38}$$

$$h_{GRL} - h_0 = \frac{1.69 \text{ m}}{\sin\frac{\theta_{GRL}}{2}} = \frac{1.69 \text{ m}}{\sin\frac{0.0147}{2}} \approx 230 \text{ m} \tag{14.3.39}$$

故有

$$h_{GRL} - h_{CPH} \approx (230 - 6.2) \text{ m} \approx 224 \text{ m} \tag{14.3.40}$$

第45届国际物理奥林匹克竞赛理论试题

第1题 三个独立问题

A 部分

将质量为 m 的小物块小心放置在质量为 M、半径为 R 的中空薄壁圆柱内表面上。初始时，圆柱静止在水平面上，小物块与水平面的竖直距离为 R，如图 T15.1.1 所示。假设小物块与圆柱内壁间无摩擦，圆柱在水平面上只有滚动没有滑动。自由落体加速度为 g。

（A1）求在小物块到达它的轨道最低点时，小物块与圆柱间的相互作用力 F。

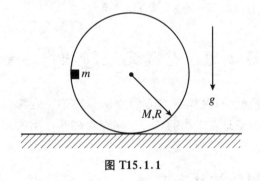

图 T15.1.1

B 部分

半径为 $r = 5.00$ cm 的肥皂泡内部充满双原子分子的理想气体，肥皂膜的厚度为 $h = 10.0$ μm，肥皂泡置于真空中。肥皂泡的表面张力系数为 $\sigma = 4.00 \times 10^{-2}$ N/m，肥皂泡的密度为 $\rho = 1.10$ g/cm³。

（B1）肥皂泡内的理想气体被缓慢加热，肥皂泡一直保持力学平衡状态，求在此热学过程中肥皂泡内气体的摩尔热容量的表达式，并计算其结果。

（B2）假定肥皂膜的热容量远大于肥皂泡内气体的热容量，求肥皂泡做径向微小振动的角频率 ω 的表达式，并计算其结果。假设肥皂泡内的理想气体达到热平衡的时间远小于系统的振动周期。

提示：拉普拉斯指出，液体膜面的内外存在压强差，这是由液体和气体界面的表面张力产生的，其大小为 $\Delta p = \dfrac{2\sigma}{r}$。

---

① 第45届国际物理奥林匹克竞赛于 2014 年 7 月 13 日至 7 月 21 日在哈萨克斯坦阿斯坦纳举行。83 个国家和地区派出代表队，374 名选手参加了本届竞赛。

C 部分

如图 T15.1.2 所示，初始时刻，电路中的开关 S 是断开的，电容为 $2C$ 的电容器的电量为 q_0，电容为 C 的电容器的电量为 0，电感分别为 L 和 $2L$ 的两个线圈中均没有电流。而后，电容 $2C$ 放电，当线圈内的电流达到最大值时，将开关闭合。

（C1）求开关闭合后通过开关 S 的最大电流 I_{max} 的表达式。

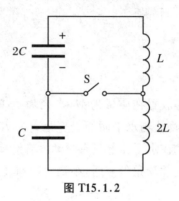

图 T15.1.2

第 2 题　范德瓦尔斯状态方程

在熟悉的理想气体模型中，气体状态方程遵从克拉珀龙定律（$pV = \nu RT$），但是理想气体模型忽略了真实气体分子是有大小的和分子间存在相互作用这两个事实。本题所有部分只需考虑 1 mol 水分子。

A 部分　非理想气体状态方程

当考虑气体分子大小时，气体的状态方程为

$$p(V - b) = RT \qquad ①$$

其中 P, V, T 分别为气体的压强、摩尔体积和温度；R 表示普适气体常量；b 为与体积有关的常量。

（A1）估算 b，以分子的直径 d 表示。

当考虑到分子间的吸引力时，范德瓦尔斯提出了以下状态方程，此方程清楚地描述了气体及液体的状态：

$$\left(p + \frac{a}{V^2}\right)(V - b) = RT \qquad ②$$

其中 a 为常量。

当温度 T 低于某临界值 T_c 时，方程②的等温线可以用图 T15.2.1 中的非单调曲线 1 表示，该曲线被称为范德瓦尔斯等温线。图 T15.2.1 中的曲线 2 表示相同温度下理想气体的等温线。真实等温线与范德瓦尔斯等温线有所不同，在某常压强 p_{LG} 处，在范德瓦尔斯等温线上画一条直线 AB，该线段位于体积 V_L 与 V_G 之间，对应着液相（L 标示）平衡和气相（G 标示）平衡。麦克斯韦根据热力学第二定律证明，压强 p_{LG} 的选择应使图 T15.2.1 中的区域Ⅰ和区域Ⅱ的面积相等,称为麦克斯韦规律。

随着温度上升,在等温线上的线段 AB 会缩短。当温度上升到某个温度 T_c,且压强 $p_{LG} = p_c$ 时,线段 AB 将缩成一个点。p_c 和 T_c 分别称为临界压强和临界温度,可用实验精确测定。

(A2)推导范德瓦尔斯常量 a 和 b,用 T_c 和 p_c 表示。

(A3)对于水,$T_c = 647$ K,$p_c = 2.2 \times 10^7$ Pa。计算水的范德瓦尔斯常量 a_w 和 b_w。

(A4)估算水分子的直径 d_w。

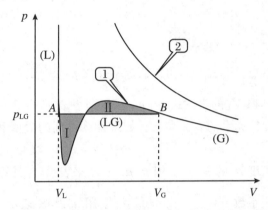

图 T15.2.1　范德瓦尔斯液态/气态等温线(曲线 1)和理想气体等温线(曲线 2)

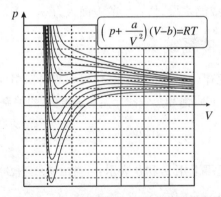

图 T15.2.2　多个范德瓦尔斯状态方程的等温线

B 部分　气体和液体的性质

本部分研究温度 $T = 100$ ℃时,气态和液态水的性质。该温度下水的饱和蒸气压强为 $p_{LG} = p_0 = 1.0 \times 10^5$ Pa,摩尔质量为 $\mu = 1.8 \times 10^{-2}$ kg/mol。

气体状态

水在气态时,$V_G \gg b$ 的假设是合理的。

(B1)推导体积 V_G 的表达式,用 R,T,p_0 和 a 表示。

利用理想气体状态方程计算水的体积为 V_{G0},V_{G0} 与 V_G 的数值差异很小。

(B2)计算由于分子间的相互作用力,相对于理想气体,体积的相对减少量 $\dfrac{\Delta V_G}{V_{G0}} = \dfrac{V_{G0} - V_G}{V_{G0}}$。

如果系统体积减小到小于 V_G，气体开始收缩。然而，非常纯的气体系统仍能处于气态，这是一种力学亚稳态（此时气体被称为过冷气体），系统将保持该状态，直至体积减小到特定的值 V_{Gmin}。

温度不变的条件下，过冷气体的力学稳定性条件可写为 $\dfrac{\mathrm{d}p}{\mathrm{d}V}<0$。

(B3) 求水蒸气的体积可以减少多少而还能保持处于亚稳态，即求出 $\dfrac{V_G}{V_{Gmin}}$ 的表达式，并计算其数值。

液体状态

用范德瓦尔斯方程描述液态水时，可以假定不等式 $p\ll\dfrac{a}{V^2}$ 成立。

(B4) 求液态水的体积 V_L 的表达式，用 a,b,R 和 T 表示。

假设 $bRT\ll a$，下面计算水的有关参数。如果计算得到的数值和我们所熟知的数值有差异，请不要奇怪。

(B5) 求液态水的密度 ρ_L 的表达式，用 μ,a,b,R 来表示，并计算结果。

(B6) 求体积热膨胀系数 $\alpha=\dfrac{1}{V_L}\dfrac{\Delta V_L}{\Delta T}$ 的表达式，用 a,b,R 表示，并计算结果。

(B7) 求水的汽化比热容 L 的表达式，用 μ,a,b,R 表示，并计算结果。

(B8) 考虑单层分子构成的水层，估算水的表面张力 σ。

C 部分　液体-气体系统

根据前述的麦克斯韦定律（通过简单的积分，得到的面积相等）和范德瓦尔斯状态方程，利用 B 部分中的近似，可以证明饱和蒸气压 p_{LG} 与温度 T 的关系为

$$\ln p_{LG} = A + \dfrac{B}{T} \qquad ③$$

式中 A 和 B 均为常量，并且可以用 a 和 b 表示：$A=\ln\dfrac{a}{b^2}-1$；$B=-\dfrac{a}{bR}$。

汤姆孙指出，饱和气体压强依赖于液体表面的曲率。考虑一种对毛细管非浸润的液体（接触角为 $180°$），当毛细管浸入此液体中时，由于表面张力的存在，毛细管中的液体将下降到一定高度，如图 T15.2.3 所示。

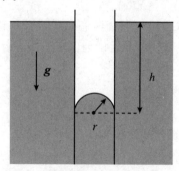

图 T15.2.3　毛细管插入与之不浸润的液体中

（C1）求出液体弯曲表面上饱和蒸气压的微小变化 Δp_T，用蒸气密度 ρ_S、液体密度 ρ_L、表面张力 σ 和表面曲率半径 r 表示。

在(B3)小题中考虑的亚稳态被广泛应用于实际的实验装置中，例如研究基本粒子性质的云室，当然它们也在自然现象中发生，例如晨露的形成。过冷蒸气在形成液滴时冷凝。非常小的液滴会快速蒸发，但足够大的液滴能够继续增大。

（C2）假设夜晚的温度为 $T_e = 20\ ^\circ\text{C}$，空气中的水蒸气饱和，早晨时环境温度降低了 $\Delta t = 5.0\ ^\circ\text{C}$。假设蒸气压保持不变，利用水的表面张力系数 $\sigma = 7.3 \times 10^{-2}\ \text{N/m}$，估算能够形成的液滴的最小半径。

第 3 题　气体放电的最简模型

电流流过气体的现象称为气体放电。气体放电的种类有很多，如电弧灯中的放电，焊接中的弧光放电，还有我们熟知的闪电和云与地球间的火花放电。

A 部分　非自维持的气体放电

本部分研究所谓的非自维持的气体放电。为了维持气体能够长久放电，必须外加一个电离器。外加电离器在单位体积单位时间内产生出 Z_{ext} 个电离正离子（以 i 标示）和自由电子（以 e 标示）对。

当外加电离器启动后，自由电子及正离子数目开始增加。自由电子与正离子结合形成中性原子的复合过程会阻止气体中的自由电子和离子数目无限量增加。在气体内，单位体积单位时间内发生的复合次数 Z_{rec} 可表示为

$$Z_{rec} = r n_e n_i$$

其中 r 为常数，称为复合系数；n_e、n_i 分别表示自由电子数密度和正离子数密度。

假设当 $t = 0$ 时，外加电离器启动，此时气体中的自由电子和正离子的初始数密度都是零。电子数密度 $n_e(t)$ 随时间 t 的变化可用以下公式表示：

$$n_e(t) = n_0 + a \tanh(bt)$$

式中 n_0，a 及 b 为常数，$\tanh x$ 为双曲正切函数。

（A1）求 n_0，a 和 b，以 Z_{ext} 及 r 表示。

假设提供两部外加电离器。当第一部外加电离器单独开启后，气体中的电子数密度到达平衡值 $n_{e1} = 12 \times 10^{10}/\text{cm}^3$。当第二部外加电离器单独开启后，气体中的电子数密度到达平衡值 $n_{e2} = 16 \times 10^{10}/\text{cm}^3$。

（A2）求当两部外加电离器同时开启后，达到平衡时的电子数密度 n_e。

注意：以下部分假设外加电离器已开启一段很长的时间，因此所有过程已达稳定状态，并与时间无关。因载流子而产生的电场可完全忽略。

假设气体充满了管道，将管道置于两块面积均为 S，相距为 L 的平行导体板之间，其中 $L \ll \sqrt{S}$。电压 U 加在两平行导体板之间用以产生电场。假设在管道中两种载流子的数密

度几乎保持不变,如图 T15.3.1 所示。

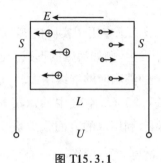

图 T15.3.1

考虑自由电子和正离子因电场强度 E 而获得相同数量级的速率,可表示为
$$v = \beta E$$
其中 β 为常数,称为电荷迁移率。

(A3) 求出管道内的电流 I,用 $U, \beta, L, S, Z_{\text{ext}}, r$ 及基本电荷 e 表示。

(A4) 求当外加电压足够小时气体的电阻率 ρ_{gas},用 $\beta, L, Z_{\text{ext}}, r$ 及 e 表示。

B 部分　自维持气体放电

在本部分问题中对自维持气体放电的触发进行研究,探明在管道中的电流是如何实现自维持状态的。

注意:在后续部分中,外加电离器以相同的速率 Z_{ext} 持续工作,忽略载流子产生的电场,因此电场在沿管道方向上是均匀的,并完全忽略电子和正离子对的复合。

关于自维持气体放电,前述内容中有两个重要过程没有考虑。第一个过程是二次电子发射,第二个过程是电子雪崩的形成。二次电子发射发生在正离子轰击负电极(阴极)时,自由电子在阴极被撞出后向正电极(阳极)运动。单位时间阴极被撞击出的自由电子数密度 $\dot{N}_e$ 与单位时间轰击阴极的正离子数密度 $\dot{N}_i$ 之比称为二次电子发射系数 $\gamma = \dfrac{\dot{N}_e}{\dot{N}_i}$。电子雪崩现象可以作如下解释:电场加速自由电子,自由电子获得足够的动能,轰击气体中的原子,这些原子被电离,结果使得向阳极运动的自由电子数目显著增加。这个过程可以用汤森德系数 α 来描述,它表征 N_e 个电子通过长度 $\mathrm{d}l$ 后的电子数目增加量 $\mathrm{d}N_e$,它们之间满足如下关系:
$$\frac{\mathrm{d}N_e}{\mathrm{d}l} = \alpha N_e$$

流经气体管道任何截面上的总电流 I 包括正离子电流 $I_i(x)$ 和自由电子电流 $I_e(x)$,在稳态时与所处坐标 x 有关,如图 T15.3.2 所示。自由电子电流 $I_e(x)$ 随 x 轴的变化为
$$I_e(x) = C_1 \mathrm{e}^{A_1 x} + A_2$$
式中 A_1, A_2, C_1 是常量。

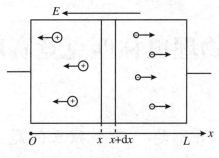

图 T15.3.2

(B1) 求 A_1, A_2，用 Z_{ext}, α, e, L, S 表示。

正离子电流 $I_i(x)$ 随 x 变化的表达式为
$$I_i(x) = C_2 + B_1 e^{B_2 x}$$
式中 B_1, B_2, C_2 是常量。

(B2) 求 B_1, B_2，用 $Z_{ext}, \alpha, e, L, S, C_1$ 表示。

(B3) 写出 $x = L$ 处 $I_i(x)$ 的值。

(B4) 写出 $x = 0$ 处 $I_i(x)$ 和 $I_e(x)$ 之间的关系。

(B5) 求总电流 I，用 $Z_{ext}, \alpha, \gamma, e, L, S$ 表示，此处假定电流的大小是有限的。

设汤森德系数 α 为常数。当管道长度大于某一临界值，即 $L > L_{cr}$ 时，可以关闭外加电离器，而放电过程将自发维持。

(B6) 求 L_{cr}，用 $Z_{ext}, \alpha, \gamma, e, L, S$ 表示。

第45届国际物理奥林匹克竞赛理论试题解析

第1题 三个独立问题

A 部分

(A1) 我们对小物块和中空薄壁圆柱体进行受力分析,如图 J15.1.1 所示。小物块受到重力 mg 和中空薄壁圆柱体给予的支持力 N 的作用。中空薄壁圆柱体受到重力 Mg,小物块给予的压力 $N' = -N$,水平面给予的支持力 N_1 和摩擦力 F_{fr} 的作用。

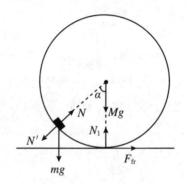

图 J15.1.1

根据牛顿第二定律,可得小物块在水平方向的动力学方程为

$$N\sin\alpha = ma_x \tag{15.1.1}$$

a_x 为小物块加速度在水平方向的分量。同理,中空薄壁圆柱体的动力学方程为

$$N'\sin\alpha - F_{fr} = Ma_c \tag{15.1.2}$$

a_c 为中空薄壁圆柱体的质心加速度。

中空薄壁圆柱体在水平面上做无滑滚动,其角加速度与质心加速度满足关系

$$\beta = \frac{a_c}{R} \tag{15.1.3}$$

在中空薄壁圆柱体的质心参考系中,中空薄壁圆柱体受到的惯性力过中空薄壁圆柱体的质心,因此该惯性力对中空薄壁圆柱体的力矩为零。对于中空薄壁圆柱体,由转动定理可得

$$I\beta = F_{fr}R \tag{15.1.4}$$

中空薄壁圆柱体绕中心转轴的转动惯量为

$$I = MR^2 \tag{15.1.5}$$

联立式(15.1.2)~式(15.1.5),可得

$$2Ma_c = N\sin\alpha \qquad (15.1.6)$$

由式(15.1.1)和式(15.1.6),易知

$$ma_x = 2Ma_c \qquad (15.1.7)$$

对式(15.1.7)等号两边对时间积分,并考虑到初始状态时小物块和中空薄壁圆柱体的初速度均为0,可得

$$mu = 2Mv \qquad (15.1.8)$$

小物块和中空薄壁圆柱体组成的系统机械能守恒,可得

$$mgR = \frac{1}{2}mu^2 + \left(\frac{1}{2}Mv^2 + \frac{1}{2}I\omega^2\right) \qquad (15.1.9)$$

由于中空薄壁圆柱体在水平面上做无滑滚动,因此其质心速度与角速度之间满足

$$\omega = \frac{v}{R} \qquad (15.1.10)$$

联立式(15.1.8)~式(15.1.10),可得小物块在中空薄壁圆柱体的最低点时,小物块与中空薄壁圆柱体的质心速度分别为

$$u = 2\sqrt{\frac{MgR}{2M+m}} \qquad (15.1.11)$$

$$v = \frac{m}{M}\sqrt{\frac{MgR}{2M+m}} \qquad (15.1.12)$$

在与中空薄壁圆柱体的中心转轴一起运动的平动参考系中观察,小物块的运动是半径为 R 的圆周运动,小物块运动至中空薄壁圆柱体最低点时,小物块的速度为

$$v_{rel} = u + v \qquad (15.1.13)$$

小物块的向心加速度为

$$a_{rel} = \frac{v_{rel}^2}{R} \qquad (15.1.14)$$

小物块运动到中空薄壁圆柱体的最低点时,中空薄壁圆柱体的质心加速度为0,因此该平动参考系在此时为惯性系。由牛顿运动定律可知

$$F - mg = m\frac{v_{rel}^2}{R} \qquad (15.1.15)$$

因此,当小物块在中空薄壁圆柱体的最低点时,小物块与中空薄壁圆柱体之间的相互作用力为

$$F = 3mg\left(1 + \frac{m}{3M}\right) \qquad (15.1.16)$$

B 部分

(B1) 根据热力学第一定律,肥皂泡内气体吸收的总能量为

$$\delta Q = \nu C_V dT + p dV \qquad (15.1.17)$$

气体在任意过程中的摩尔热容的定义为

$$C = \frac{1}{\nu}\frac{\delta Q}{\delta T} = C_V + \frac{p}{\nu}\frac{dV}{dT} \qquad (15.1.18)$$

其中 C_V 为气体的等容摩尔热容，p 为气体压强，ν 为气体的物质的量，V 为气体体积，T 为气体温度。

根据拉普拉斯公式，并考虑到肥皂泡具有内外两层膜，肥皂泡内的气体压强为

$$p = \frac{4\sigma}{r} \tag{15.1.19}$$

肥皂泡的气体体积为

$$V = \frac{4}{3}\pi r^3 \tag{15.1.20}$$

联立式(15.1.19)和式(15.1.20)，可得

$$p^3 V = 常数 \tag{15.1.21}$$

由式(15.1.21)可知，肥皂泡内的气体的任意平衡过程为多方过程。

由理想气体状态方程

$$pV = \nu RT \tag{15.1.22}$$

将式(15.1.22)代入式(15.1.21)，可得

$$T^3 V^{-2} = 常数 \tag{15.1.23}$$

对式(15.1.23)等号两边先取对数，再微分后可得

$$\frac{dV}{dT} = \frac{3V}{2T} \tag{15.1.24}$$

双原子气体的等容摩尔热容量为

$$C_V = \frac{5}{2}R \tag{15.1.25}$$

将式(15.1.22)、式(15.1.24)和式(15.1.25)代入式(15.1.18)，可得

$$C = C_V + \frac{3}{2}R = 4R = 33.2 \text{ J/(mol·K)} \tag{15.1.26}$$

(B2) 由于肥皂膜的热容远大于肥皂泡内部的气体的热容，且理想气体达到热平衡的时间远小于系统的振动周期，因此可视肥皂膜为恒温热源，内部的气体过程可视为等温过程。选取肥皂膜上一近似小圆片进行分析，小圆片对球心所张锥面的半顶角为 α，如图 J15.1.2 所示。

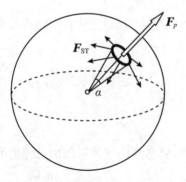

图 J15.1.2

肥皂泡上所选取的小圆片的面积为

$$S = \pi(\alpha r)^2 \tag{15.1.27}$$

肥皂泡上所选取的小圆片的质量为

$$m = \rho S h \tag{15.1.28}$$

设 x 为肥皂泡半径的增量，对肥皂泡上选取的小圆片进行受力分析，根据牛顿运动定律可得

$$m\ddot{x} = p'S' - F_{\text{surf}} \tag{15.1.29}$$

其中 F_{surf} 表示作用在小圆片边界上的表面张力的合力，p' 为作用在小圆片上的气体压强。因此，肥皂泡半径发生变化后的小圆片的面积为

$$S' = \pi[\alpha(r+x)]^2 = \pi(\alpha r)^2\left(1 + \frac{x}{r}\right)^2 \tag{15.1.30}$$

由于气泡内气体的体积变化很小，即 $\frac{x}{r} \ll 1$，式(15.1.30)可化为

$$S' = \pi(\alpha r)^2\left(1 + 2\frac{x}{r}\right) = S\left(1 + 2\frac{x}{r}\right) \tag{15.1.31}$$

小圆片边界上表面张力沿所张开的锥面的中心线的分量和即为 F_{surf}，因此

$$F_{\text{surf}} = F_{\text{ST}}\sin\alpha \approx F_{\text{ST}} \cdot \alpha = 2\sigma \cdot 2\pi[(r+x)\alpha] \cdot \alpha \tag{15.1.32}$$

其中最前面的系数 2 是因为肥皂泡具有内外两层膜。

肥皂泡内的气体在等温过程中满足

$$p'V' = pV \tag{15.1.33}$$

因此

$$p' = p\frac{1}{\left(1 + \frac{x}{r}\right)^3} \approx p\left(1 - 3\frac{x}{r}\right) \tag{15.1.34}$$

联立式(15.1.27)~式(15.1.34)，可得小圆片在平衡位置附近的动力学方程为

$$\rho h \ddot{x} = -\frac{8\sigma}{r^2}x \tag{15.1.35}$$

式(15.1.35)为典型的简谐运动方程，最终得到肥皂泡径向微小振动的角频率为

$$\omega = \sqrt{\frac{8\sigma}{\rho h r^2}} = 108 \text{ rad/s} \tag{15.1.36}$$

C 部分

方法一：列式法

当线圈中电流达到最大时，线圈两端的电压必定为 0，因此两个电容两端的电压必定大小相同，正负极相反。此时电容两端的电压记为 U，线圈中的最大电流记为 I_0。根据电荷守恒定律，有

$$q_0 = 2CU + CU \tag{15.1.37}$$

电容两端的电压为

$$U = \frac{q_0}{3C} \tag{15.1.38}$$

根据能量守恒定律，有

$$\frac{1}{2}\frac{q_0^2}{2C} = \frac{1}{2}(2L)I_0^2 + \frac{1}{2}LI_0^2 + \frac{1}{2}CU^2 + \frac{1}{2}(2C)U^2 \tag{15.1.39}$$

将式(15.1.38)代入式(15.1.39)，可得

$$I_0 = \frac{q_0}{3\sqrt{2LC}} \tag{15.1.40}$$

闭合开关 S 后，如图 J15.1.3 所示，上下两个回路做独立的电磁简谐振荡，两者的角频率均为

$$\omega = \frac{1}{\sqrt{2LC}} \tag{15.1.41}$$

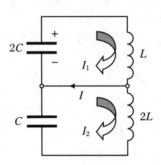

图 J15.1.3

根据能量守恒定律，上下两个电路中可以分别求解电流振幅，即

$$\frac{1}{2}(2C)U^2 + \frac{1}{2}LI_0^2 = \frac{1}{2}LJ_1^2 \tag{15.1.42}$$

$$\frac{1}{2}CU^2 + \frac{1}{2}2LI_0^2 = \frac{1}{2}(2L)J_2^2 \tag{15.1.43}$$

因此，上下两个回路中的电流振幅分别为

$$J_1 = \sqrt{5}\,I_0 \tag{15.1.44}$$

$$J_2 = \sqrt{2}\,I_0 \tag{15.1.45}$$

在图 J15.1.3 中规定箭头方向为电流正方向，则通过开关 S 的电流为

$$I = I_1 - I_2 \tag{15.1.46}$$

电流 I_1 和 I_2 随时间的变化关系分别为

$$I_1(t) = A\cos\omega t + B\sin\omega t \tag{15.1.47}$$

$$I_2(t) = D\cos\omega t + F\sin\omega t \tag{15.1.48}$$

其中常数 A, B, D, F 由电流的初始值与振幅决定，即

$$I_1(0) = A = I_0 \tag{15.1.49}$$

$$A^2 + B^2 = J_1^2 \tag{15.1.50}$$

$$I_2(0) = D = I_0 \tag{15.1.51}$$

$$D^2 + F^2 = J_2^2 \tag{15.1.52}$$

联立式(15.1.49)～式(15.1.52)，可得

$$B = 2I_0 \tag{15.1.53}$$

$$F = -I_0 \tag{15.1.54}$$

在开关 S 闭合后的瞬间,如图 J15.1.3 所示,因为电流 I_2 对电容 C 充电,线圈 $2L$ 中的电流是减小的,即 $\left.\dfrac{\mathrm{d}I_2}{\mathrm{d}t}\right|_{t=0} < 0$,因此 F 的符号取负。

因此,回路中电流与时间的关系为

$$I_1(t) = I_0(\cos\omega t + 2\sin\omega t) \tag{15.1.55}$$

$$I_2(t) = I_0(\cos\omega t - \sin\omega t) \tag{15.1.56}$$

将式(15.1.55)和式(15.1.56)代入式(15.1.46),得

$$I(t) = I_1(t) - I_2(t) = 3I_0\sin\omega t \tag{15.1.57}$$

故闭合开关 S 后,通过开关 S 的最大电流为

$$I_{\max} = 3I_0 = \omega q_0 = \dfrac{q_0}{\sqrt{2LC}} \tag{15.1.58}$$

方法二:矢量图解法

接方法一中的式(15.1.47)和式(15.1.48),为了避免求解系数 A,B,D,F 的烦琐与困难,我们利用矢量图进行求解。绘制矢量图,如图 J15.1.4 所示。

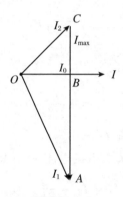

图 J15.1.4

图 J15.1.4 中的矢量 $\overrightarrow{OC},\overrightarrow{OA},\overrightarrow{CA}$ 在水平 I 轴的投影分别表示通过电感 $2L$,电感 L 和开关 S 上的电流大小及方向,由于上下两回路的简谐振荡的角频率相同,故 $\triangle OCA$ 绕 O 点以角速度 ω 逆时针旋转,从图 J15.1.4 中可以清晰地看出电流 I_1 由于电容 $2C$ 的放电而增大,电流 I_2 由于电容 C 的放电而减小。

从方法一中可知 $\overline{OB} = I_0$,$\overline{OA} = \sqrt{5}I_0$,$\overline{OC} = \sqrt{2}I_0$,根据勾股定理,可得

$$\overline{AB} = \sqrt{\overline{OA}^2 - \overline{OB}^2} = 2I_0,\quad \overline{BC} = \sqrt{\overline{OC}^2 - \overline{OB}^2} = I_0 \tag{15.1.59}$$

故有

$$\overline{AC} = \overline{AB} + \overline{BC} = 3I_0 \tag{15.1.60}$$

矢量 $\overrightarrow{AC}$ 随着时间的推移,在 I 轴的最长投影为

$$I_{\max} = \overline{AC} = \overline{AB} + \overline{BC} = 3I_0 = \omega q_0 = \dfrac{q_0}{\sqrt{2LC}} \tag{15.1.61}$$

式(15.1.61)即为题中所求的通过开关 S 的最大电流 $I_{\max}$ 的表达式。

方法三:假设法

我们易知,通过开关 S 的电流按照简谐变化,角频率为

$$\omega = \frac{1}{\sqrt{2LC}} \quad (15.1.62)$$

且闭合开关 S 时的电流为 0，因此通过开关 S 的电流为

$$I(t) = I_{max}\sin\omega t \quad (15.1.63)$$

式(15.1.63)两边对时间 t 求导，可得

$$\frac{d}{dt}I(t)\Big|_{t=0} = \omega I_{max}\cos\omega t\Big|_{t=0} \Rightarrow I_{max} = \frac{\dot{I}(0)}{\omega} \quad (15.1.64)$$

即电流振幅等于初始时刻的电流对时间的导数除以简谐振动的角频率。

设电容 $2C$ 获得电量 q_1，根据电量守恒定律，可得电容 C 内的电量为

$$q_2 = q_0 - q_1 \quad (15.1.65)$$

对于图 J15.1.3 中的上方回路，其回路电压方程为

$$-\frac{q_1}{2C} - \left(-L\frac{dI_1}{dt}\right) = 0 \quad (15.1.66)$$

因此在闭合开关 S 时，电感 L 中电流变化率为

$$\dot{I}_1 = \frac{q_1}{2LC} \quad (15.1.67)$$

此时电容 $2C$ 放电，因此电流 I_1 变大。

同理，电感 $2L$ 中的电流变化率为

$$\dot{I}_2 = -\frac{q_0 - q_1}{2LC} \quad (15.1.68)$$

负号表示此时在给电容 C 充电，电流 I_2 减小。

以 I_1 环绕方向为正方向，通过开关 S 的电流对时间的导数为

$$\dot{I} = \dot{I}_1 - \dot{I}_2 = \frac{q_0}{2LC} = \omega^2 q_0 \quad (15.1.69)$$

可见，此变化率与开关 S 闭合的时刻无关。

因此，通过开关 S 的最大电流为

$$I_{max} = \frac{\dot{I}}{\omega} = \omega q_0 = \frac{q_0}{\sqrt{2LC}} \quad (15.1.70)$$

与开关 S 闭合的时刻无关。

第 2 题　范德瓦尔斯状态方程

A 部分　非理想气体状态方程

（A1）根据题中的方程①，考虑到当 $V = b$ 时，气体压强将会无穷大，此时的状态应为所有气体分子都紧紧地挤压在一起。因此，参数 b 大致等于所有分子的总体积，即

$$b = N_A d^3 \stackrel{\text{或}}{=} N_A \frac{4}{3}\pi\left(\frac{d}{2}\right)^3 = \frac{1}{6}\pi N_A d^3 \quad (15.2.1)$$

（A2）方法一

一般情况下，我们可以将题目中的方程②展开，得到
$$p_c V^3 - (RT_c + bp_c)V^2 + aV - ab = 0 \tag{15.2.2}$$
在临界点 T_c，线段 AB 会缩成一个点，此时式(15.2.2)必然只有一个三重实根，因此可以将式(15.2.2)改写为
$$p_c(V - V_c)^3 = 0 \tag{15.2.3}$$
对比式(15.2.2)和式(15.2.3)各项系数，我们可以得到如下方程组：
$$\begin{cases} 3p_c V_c = RT_c + bp_c \\ 3p_c V_c^2 = a \\ p_c V_c^3 = ab \end{cases} \tag{15.2.4}$$
从方程组式(15.2.4)，解得范德瓦尔斯状态方程的常量分别为
$$a = \frac{27R^2 T_c^2}{64 p_c} \tag{15.2.5}$$
$$b = \frac{RT_c}{8p_c} \tag{15.2.6}$$

方法二

范德瓦尔斯等温线的压强先减小再增大再减小部分($V_L \sim V_G$)，AB 线段随着温度的升高而缩小。在临界点 T_c 时，等温线的一阶和二阶导数都为 0，因此，范德瓦尔斯状态方程的常量可由以下方程来确定：
$$\left(\frac{dp}{dT}\right)_T = 0 \tag{15.2.7}$$
$$\left(\frac{d^2 p}{dT^2}\right)_T = 0 \tag{15.2.8}$$
因此，我们可以获得以下方程组：
$$\begin{cases} -\frac{RT_c}{(V_c - b)^2} + \frac{2a}{V_c^3} = 0 \\ \frac{2RT_c}{(V_c - b)^3} - \frac{6a}{V_c^4} = 0 \\ \left(p_c + \frac{a}{V_c^2}\right)(V_c - b) = RT_c \end{cases} \tag{15.2.9}$$
通过求解方程组式(15.2.9)可获得与式(15.2.5)和式(15.2.6)相同的答案。

(A3) 式(15.2.5)和式(15.2.6)中代入数值，可得水的范德瓦尔斯常量为
$$a_w \doteq 0.56 \text{ m}^6 \cdot \text{Pa/mol}^2 \tag{15.2.10}$$
$$b_w \doteq 3.1 \times 10^{-5} \text{ m}^3/\text{mol} \tag{15.2.11}$$

(A4) 联立式(15.2.1)和式(15.2.11)，可得水分子的直径约为
$$d_w = \sqrt[3]{\frac{b_w}{N_A}} = 3.7 \times 10^{-10} \text{ m} \approx 4 \text{ nm} \tag{15.2.12}$$

B 部分　气体与液体的性质

(B1) 题中假设 $V_G \gg b$，则范德瓦尔斯方程可写成

$$\left(p_0 + \frac{a}{V_G^2}\right)V_G = RT \tag{15.2.13}$$

解得

$$V_G = \frac{RT}{2p_0}\left(1 \pm \sqrt{1 - \frac{4ap_0}{R^2T^2}}\right) \tag{15.2.14}$$

若式(15.2.14)的括号内取负号,则气体状态是范德瓦尔斯等温线的上升段,此时气体状态是不稳定的。只有取较大的解才是合理的,且理想气体状态方程可以通过取 $a=0$ 获得,故

$$V_G = \frac{RT}{2p_0}\left(1 + \sqrt{1 - \frac{4ap_0}{R^2T^2}}\right) \tag{15.2.15}$$

由题中所给数据,$\frac{ap_0}{(RT)^2} = 5.8 \times 10^{-3} \ll 1$,式(15.2.15)作小量近似后,有

$$V_G \approx \frac{RT}{2p_0}\left[1 + \left(1 - \frac{1}{2}\frac{4ap_0}{R^2T^2}\right)\right] = \frac{RT}{p_0}\left(1 - \frac{ap_0}{R^2T^2}\right) = \frac{RT}{p_0} - \frac{a}{RT} \tag{15.2.16}$$

(B2) 对于理想气体,有

$$V_{G0} = \frac{RT}{p_0} \tag{15.2.17}$$

气态水由于分子间的相互作用力的影响,相对理想气体,体积的相对减少量为

$$\frac{\Delta V_G}{V_{G0}} = \frac{V_{G0} - V_G}{V_{G0}} = \frac{1}{2}\left(1 - \sqrt{1 - \frac{4ap_0}{R^2T^2}}\right) \approx \frac{ap_0}{R^2T^2} = 0.58\% \tag{15.2.18}$$

(B3) 过冷气体的力学稳定性条件为

$$\left(\frac{dp}{dV}\right)_T < 0 \tag{15.2.19}$$

物质能以气体形式存在的最小体积 V_{Gmin} 会导致

$$\left(\frac{dp}{dV}\right)_T = 0 \tag{15.2.20}$$

根据范德瓦尔斯状态方程,式(15.2.20)可改写为

$$\left(\frac{dp}{dV}\right)_T = -\frac{RT}{(V-b)^2} + \frac{2a}{V^3} = 0 \tag{15.2.21}$$

由式(15.2.21),并由假设条件 $V_G \gg b$,可解得

$$V_{Gmin} = \frac{2a}{RT} \tag{15.2.22}$$

最终得到

$$\frac{V_G}{V_{Gmin}} = \frac{R^2T^2}{2ap_0} = 86 \tag{15.2.23}$$

(B4) 液态水时,由假设条件 $p \ll \frac{a}{V^2}$,范德瓦尔斯状态方程可写为

$$\frac{a}{V_L^2}(V_L - b) = RT \tag{15.2.24}$$

解得

$$V_L = \frac{a}{2RT}\left(1 \pm \sqrt{1 - \frac{4bRT}{a}}\right) \tag{15.2.25}$$

对于式(15.2.25)，在 $T \to 0$ 时，$V_L \to b$，因此 V_L 应取较小的解，进行小量展开并保留至二阶，得

$$V_L = \frac{a}{2RT}\left(1 - \sqrt{1 - \frac{4bRT}{a}}\right) \approx b\left(1 + \frac{bRT}{a}\right) \tag{15.2.26}$$

(B5) 利用式(15.2.26)可得液态水的摩尔体积，因此液态水的密度为

$$\rho_L = \frac{\mu}{V_L} = \frac{\mu}{b\left(1 + \dfrac{bRT}{a}\right)} \approx \frac{\mu}{b} = 5.8 \times 10^2 \text{ kg/m}^3 \tag{15.2.27}$$

(B6) 根据式(15.2.26)可导出体积热膨胀系数为

$$\alpha = \frac{1}{V_L}\frac{\Delta V_L}{\Delta T} = \frac{bR}{a + bRT} \approx \frac{bR}{a} = 4.6 \times 10^{-4}/\text{K} \tag{15.2.28}$$

(B7) 由液态水转化为气态水所需吸收的热量用于克服分子间的分子力(该分子力造成负压强 $\dfrac{a}{V^2}$)，即

$$E = \mu L \approx \int_{V_L}^{V_G} \frac{a}{V^2} dV = a\left(\frac{1}{V_L} - \frac{1}{V_G}\right) \tag{15.2.29}$$

并考虑到 $V_G \gg V_L$，则有

$$L = \frac{a}{\mu V_L} = \frac{a}{\mu b\left(1 + \dfrac{bRT}{a}\right)} \approx \frac{a}{\mu b} = 1.0 \times 10^6 \text{ J/kg} \tag{15.2.30}$$

(B8) 考虑体积为 V 的水，将其展开成厚度为 d 的单层分子膜，至少需要做功

$$A = 2\sigma S \tag{15.2.31}$$

上述单层分子膜的产生过程可以解释为等量水的蒸发，蒸发过程需要的热量为

$$Q = mL = (\rho S d_w) L \tag{15.2.32}$$

等量水蒸发所吸收的热量和展开成单层分子膜所需做的功相同：

$$Q = A \tag{15.2.33}$$

联立式(15.2.31)~式(15.2.33)，可得

$$\sigma = \frac{a}{2b^2} d_w = 1.2 \times 10^{-3} \text{ N/m} \tag{15.2.34}$$

C 部分　液体-气体系统

(C1) 连通器中的液体处于静平衡状态时，同一深度的液体压强相等。深度 h 处的压强 p 与平直液面的上方饱和蒸气压 p_0 的关系为

$$p = p_0 + \rho_L g h \tag{15.2.35}$$

根据拉普拉斯公式，由于表面张力造成的附加压强为

$$\Delta p = \frac{2\sigma}{r} \tag{15.2.36}$$

在相同深度 h 处的压强 p 与在凸液面上方的饱和蒸气压 p_h 及凸液面的曲率半径的关

系为

$$p = p_h + \frac{2\sigma}{r} \qquad (15.2.37)$$

同时,饱和蒸气压也会随深度 h 变化而变化:

$$p_h = p_0 + \rho_S gh \qquad (15.2.38)$$

联立式(15.2.35)~式(15.2.38),可得

$$h = \frac{2\sigma}{(\rho_L - \rho_S)gr} \qquad (15.2.39)$$

因此,液体弯曲表面上方饱和蒸气压的微小变化为

$$\Delta p_T = p_h - p_0 = \rho_S gh = \frac{2\sigma}{r}\frac{\rho_S}{\rho_L - \rho_S} \approx \frac{2\sigma}{r}\frac{\rho_S}{\rho_L} \qquad (15.2.40)$$

因此在凸液面上方的饱和蒸气压比平液面上方的饱和蒸气压要大。

(C2) 设温度 T_e 时的饱和蒸气压为 p_e,令 $p_e - \Delta p_e$ 为温度 $T_e - \Delta T_e$ 时的饱和蒸气压,由题中式③,当环境温度变化 ΔT_e 时,饱和蒸气压变化量为

$$\Delta p_e = p_e \frac{a}{bRT_e^2}\Delta T_e \qquad (15.2.41)$$

由式(15.2.40)可知,液滴外部饱和蒸气压为 $p = p_0 + \frac{2\sigma}{r}\frac{\rho_S}{\rho_L}$,因此当液滴很小时,其表面的蒸气压可能是不饱和的,当液滴增大到某一临界尺寸时,表面蒸气压会由不饱和状态变为饱和状态。

现在空气中的蒸气压是饱和的,为 p_e,当气温降低 ΔT_e 时,平液面上方的饱和蒸气压会降低 Δp_e,但是凸液面上方的饱和蒸气压比平液面上方的饱和蒸气压大,因此液滴附近的饱和蒸气压为 $(p_e - \Delta p_e) + \Delta p_T$,题中假设降温后,蒸气压 p_e 不变化,因此在液滴能够持续增大的临界状态时,有

$$(p_e - \Delta p_e) + \Delta p_T = p_e \qquad (15.2.42)$$

假设水蒸气为理想气体,其密度为

$$\rho_S = \frac{\mu p_e}{RT_e} \ll \rho_L \qquad (15.2.43)$$

联立式(15.2.40)~式(15.2.43)和式(15.2.27),可得

$$\frac{2\sigma}{r}\frac{\mu p_e}{RT_e \frac{\mu}{b}} = p_e \frac{a\Delta T_e}{bRT_e^2} \qquad (15.2.44)$$

因此,能够形成液滴的最小半径为

$$r = \frac{2\sigma b^2}{a\Delta T_e}T_e = 1.5 \times 10^{-8} \text{ m} \qquad (15.2.45)$$

第3题　气体放电的最简模型

A部分　非自维持的气体放电

(A1) 首先外加电离器使离子对产生,然后自由电子与正离子的结合使得离子对减少。

在电离过程中,自由电子和正离子成对产生,在重组过程中,它们成对消失。因此,自由电子和正离子的数密度在任何给定时间都是相等的:

$$n(t) = n_e(t) = n_i(t) \tag{15.3.1}$$

单位时间单位体积内产生的正离子和自由电子对的数密度为 Z_{ext};单位时间单位体积内复合的正离子和自由电子对的数密度为

$$Z_{rec} = r n_e n_i = r n^2(t) \tag{15.3.2}$$

$t = 0$ 时,$n_e(t) = 0$,故 $n_0 = 0$,因此

$$n_e(t) = a \tanh(bt) \tag{15.3.3}$$

因此,描述正离子和自由电子随时间的演化方程为

$$\frac{dn(t)}{dt} = Z_{ext} - r n^2(t) \tag{15.3.4}$$

结合初始条件,求解微分方程式(15.3.4),可得

$$n(t) = \frac{\tanh(t\sqrt{Z_{ext} r})\sqrt{Z_{ext} r}}{r} \tag{15.3.5}$$

对比式(15.3.3)和式(15.3.5),可得

$$a = \sqrt{\frac{Z_{ext}}{r}} \tag{15.3.6}$$

$$b = \sqrt{r Z_{ext}} \tag{15.3.7}$$

(A2) 根据式(15.3.6),当电子数密度达到稳定状态时,即 $t \to \infty$ 时,有

$$n(t) = a \tanh(bt) = a \tag{15.3.8}$$

此时有

$$n_{e1} = \sqrt{\frac{Z_{ext1}}{r}} \tag{15.3.9}$$

$$n_{e2} = \sqrt{\frac{Z_{ext2}}{r}} \tag{15.3.10}$$

联立式(15.3.10)和式(15.3.11),可得

$$n_e = \sqrt{\frac{Z_{ext1} + Z_{ext2}}{r}} \tag{15.3.11}$$

因此,我们得到了以下类似于勾股定理的结果:

$$n_e = \sqrt{n_{e1}^2 + n_{e2}^2} = 20.0 \times 10^{10}/cm^3 \tag{15.3.12}$$

(A3) 稳态时,自由电子和正离子在管道内电荷守恒:

$$Z_{ext} SL = r n_e n_i SL + \frac{I_e}{e} \tag{15.3.13}$$

$$Z_{ext} SL = r n_e n_i SL + \frac{I_i}{e} \tag{15.3.14}$$

由式(15.3.13)和式(15.3.14)可知,自由电子电流与正离子电流相等,即

$$I_i = I_e \tag{15.3.15}$$

因在管道中的总电流为电子电流与离子电流之和:

$$I = I_i + I_e \tag{15.3.16}$$

根据电流的微观表达式

$$I_i = \frac{I}{2} = en_i vS = e\beta n_i ES \tag{15.3.17}$$

$$I_e = \frac{I}{2} = en_e vS = e\beta n_e ES \tag{15.3.18}$$

将式(15.3.17)和式(15.3.18)代入式(15.3.13)和式(15.3.14)中,可导出以电流为变量的一元二次方程:

$$Z_{ext}SL = rSL\left(\frac{I}{2e\beta ES}\right)^2 + \frac{I}{2e} \tag{15.3.19}$$

平行导体板间的电场强度为

$$E = \frac{U}{L} \tag{15.3.20}$$

联立式(15.3.19)和式(15.3.20),可解得

$$I = \frac{e\beta^2 U^2 S}{rL^3}\left(-1 \pm \sqrt{1 + \frac{4rZ_{ext}L^4}{\beta^2 U^2}}\right) \tag{15.3.21}$$

显然,上式只有正根才有意义,即

$$I = \frac{e\beta^2 U^2 S}{rL^3}\left(\sqrt{1 + \frac{4rZ_{ext}L^4}{\beta^2 U^2}} - 1\right) \tag{15.3.22}$$

(A4) 当外加电压足够小时,式(15.3.22)进行小量近似,化简后可得

$$I = 2Ue\beta\sqrt{\frac{Z_{ext}}{r}}\frac{S}{L} \tag{15.3.23}$$

根据电阻定义

$$R = \frac{U}{I} \tag{15.3.24}$$

和电阻决定式

$$R = \rho\frac{L}{S} \tag{15.3.25}$$

联立式(15.3.23)~式(15.3.25),可得

$$\rho = \frac{1}{2e\beta}\sqrt{\frac{r}{Z_{ext}}} \tag{15.3.26}$$

B 部分　自维持气体放电

(B1) 我们取 x 和 $x+dx$ 间的薄层气体作为研究对象,则在 dt 时间内,气体薄层中的自由电子数的减小与边界电流间的关系满足

$$dN_e^I = \frac{I_e(x+dx) - I_e(x)}{e}dt = \frac{1}{e}\frac{dI_e(x)}{dx}dxdt \tag{15.3.27}$$

电子数的变化取决于外加电离器及电子的雪崩效应。外加电离器在体积 Sdx 中产生的电子数为

$$dN_e^{ext} = Z_{ext}Sdxdt \tag{15.3.28}$$

同时,在雪崩效应中产生的电子数为

$$dN_e^a = \alpha N_e dl = n_e S dx(vdt) = \alpha \frac{I_e(x)}{e} dx dt \qquad (15.3.29)$$

由电子数守恒,有

$$dN_e^l = dN_e^{ext} + dN_e^a \qquad (15.3.30)$$

联立式(15.3.27)~式(15.3.30),可得微分方程

$$\frac{dI_e(x)}{dx} = eZ_{ext}S + \alpha I_e(x) \qquad (15.3.31)$$

解得

$$I(x) = C_1 e^{\alpha x} - \frac{eZ_{ext}S}{\alpha} \qquad (15.3.32)$$

而根据题意有

$$I_0(x) = C_1 e^{A_1 x} + A_2 \qquad (15.3.33)$$

对比式(15.3.32)和式(15.3.33),有

$$A_1 = \alpha \qquad (15.3.34)$$

$$A_2 = -\frac{eZ_{ext}S}{\alpha} \qquad (15.3.35)$$

(B2) 同理,正离子定向移动的方向与自由电子定向方向相反,正离子数守恒,即

$$dN_i^l = dN_i^{ext} + dN_i^a \qquad (15.3.36)$$

比照自由电子的分析过程,同理有

$$dN_i^l = \frac{I_i(x) - I_i(x+dx)}{e} dt = -\frac{1}{e} \frac{dI_i(x)}{dx} dx dt \qquad (15.3.37)$$

$$dN_i^{ext} = Z_{ext} S dx dt \qquad (15.3.38)$$

$$dN_i^a = \alpha \frac{I_i(x)}{e} dx dt \qquad (15.3.39)$$

因此正离子产生的电流的微分方程为

$$-\frac{dI_i(x)}{dx} = eZ_{ext}S + \alpha I_i(x) \qquad (15.3.40)$$

求解式(15.3.40),并对比题中所给 $I_i(x) = C_2 + B_1 e^{B_2 x}$,得

$$B_1 = -C_1 \qquad (15.3.41)$$

$$B_2 = \alpha \qquad (15.3.42)$$

(B3) 正离子电流是从阳极 $x = L$ 处开始的,因此在此位置有

$$I_i(L) = 0 \qquad (15.3.43)$$

(B4) 根据二次电子发射系数的定义,应满足以下条件:

$$I_e(0) = \gamma I_i(0) \qquad (15.3.44)$$

(B5) 管道中总电流为自由电子电流与正离子电流之和,即

$$I = I_e + I_i = C_2 - \frac{eZ_{ext}S}{\alpha} \qquad (15.3.45)$$

将边界条件式(15.3.43)和式(15.3.44)代入式(15.3.45),可得

$$C_2 - C_1 e^{\alpha L} = 0 \qquad (15.3.46)$$

$$C_1 - \frac{eZ_{\text{ext}}S}{\alpha} = \gamma(C_2 - C_1) \tag{15.3.47}$$

联立式(15.3.46)和式(15.3.47)，可得

$$C_2 = \frac{eZ_{\text{ext}}S}{\alpha} \frac{1}{e^{-aL}(1+\gamma) - \gamma} \tag{15.3.48}$$

因此，总电流为

$$I = \frac{eZ_{\text{ext}}S}{\alpha}\left[\frac{1}{e^{-aL}(1+\gamma) - \gamma} - 1\right] \tag{15.3.49}$$

（B6）当放电间隙长度增加时，式(15.3.49)中的分母减小。因此，当它变为零时，气体中的电流变成自维持的，外部的电离器可以关闭，因此有

$$L_{\text{cr}} = \frac{1}{\alpha}\ln\left(1 + \frac{1}{\gamma}\right) \tag{15.3.50}$$

第 46 届国际物理奥林匹克竞赛理论试题

第 1 题　太阳粒子

从太阳表面发出的光子和从太阳内部发出的中微子可以告诉我们太阳的温度，由此证明太阳是通过核反应产生能量，发光发热的。

在本题中，太阳质量 $M_\odot = 2.00 \times 10^{30}$ kg，太阳半径 $R_\odot = 7.00 \times 10^8$ m，太阳照度（单位时间内太阳辐射出的能量）$L_\odot = 3.85 \times 10^{26}$ W，太阳和地球之间的距离 $d_\odot = 1.50 \times 10^{11}$ m。

数学参考公式：

$$\int x\mathrm{e}^{\alpha x}\mathrm{d}x = \left(\frac{x}{\alpha} - \frac{1}{\alpha^2}\right)\mathrm{e}^{\alpha x} + C, C\text{ 为常数。}$$

$$\int x^2\mathrm{e}^{\alpha x}\mathrm{d}x = \left(\frac{x^2}{\alpha} - \frac{2x}{\alpha^2} + \frac{2}{\alpha^3}\right)\mathrm{e}^{\alpha x} + C, C\text{ 为常数。}$$

$$\int x^3\mathrm{e}^{\alpha x}\mathrm{d}x = \left(\frac{x^3}{\alpha} - \frac{3x^2}{\alpha^2} + \frac{6x}{\alpha^3} - \frac{6}{\alpha^4}\right)\mathrm{e}^{\alpha x} + C, C\text{ 为常数。}$$

A 部分　太阳辐射

（A1）假设太阳辐射是完美的黑体辐射，计算太阳的表面温度 T_S。

太阳辐射光谱可以用维恩分布定律很好地近似描述。据此，单位时间内入射到地球任一表面上的单位频率间隔的太阳能量 $u(\nu)$ 为

$$u(\nu) = A\frac{R_\odot^2}{d_\odot^2}\frac{2\pi h}{c^2}\nu^3 \exp\left(-\frac{h\nu}{k_B T_S}\right)$$

其中 ν 为太阳光的频率，A 为垂直于入射光方向的表面面积。

现在考虑一个由面积为 A 的由半导体薄圆盘构成的太阳能电池，半导体薄圆盘垂直于太阳光线的方向放置。

（A2）使用维恩分布定律，求单位时间内入射到太阳能电池表面的太阳辐射的总能量 P_{in} 的表达式，用 $A, R_\odot, d_\odot, T_S$ 及基本常数 c, h, k_B 表示。

（A3）求单位时间单位频率间隔内入射到太阳能电池表面的光子数 $n_\gamma(\nu)$ 的表达式，用 $A, R_\odot, d_\odot, T_S$ 及基本常数 c, h, k_B 表示。

制造太阳能电池的半导体材料有一个"能量带隙" E_g。我们假设以下模型：每一个能量 $E \geq E_g$ 的光子都能激发一个电子跨越能量带隙，该电子贡献的能量 E_g 作为有用的能量输出，其余能量以热能的形式耗散，而不转换为有用的能量。

---

① 第 46 届国际物理奥林匹克竞赛于 2015 年 7 月 5 日至 7 月 12 日在印度孟买举行。82 个国家和地区派出代表队，382 名选手参加了本届竞赛。

(A4) 定义 $x_g = \dfrac{h\nu_g}{k_B T_S}$，其中 $E_g = h\nu_g$。求太阳能电池有用的输出功率 P_{out} 的表达式，用 x_g，A，$R_\odot$，$d_\odot$，T_S 及基本常数 c，h，k_B 表示。

(A5) 求太阳能电池的效率 η 的表达式，用 x_g 表示。

(A6) 以 η 为纵坐标，x_g 为横坐标，定性地画出函数关系 η-x_g 草图，指明在 $x_g = 0$ 和 $x_g \to \infty$ 处 η 的值和该处切线的斜率。

(A7) 设 η 最大值对应的 x_g 为 x_0。请导出计算 x_0 的三次方程，在 ±0.25 的精度范围内估算 x_0，并据此计算 $\eta(x_0)$。

(A8) 已知纯硅的能量带隙 $E_g = 1.11$ eV，利用该值计算硅太阳能电池的效率 η_{Si}。

在 19 世纪末，Kelvin 和 Helmholtz 提出 KH 假说来解释太阳的发光机制。他们假设，太阳一开始是质量为 $M_\odot$，密度很小的非常大的云状物质，太阳通过不断收缩来释放引力势能，太阳发光的能量就是由于这个缓慢的收缩而释放的能量。

(A9) 假设太阳内部密度均匀，求目前太阳的总引力势能 Ω，用 G，$M_\odot$ 和 $R_\odot$ 表示。

(A10) 根据 KH 假说，估算太阳可以持续发光的最长时间 τ_{KH}（以年为单位）。假设太阳照度在这段时间内保持恒定不变。

上述计算所得的 τ_{KH} 和通过对陨石的研究估算的太阳系年龄并不一致，说明太阳的能量不可能完全源于引力势能。

B 部分　太阳中子

1938 年，Hans 和 Bethe 提出：太阳内部的氢聚变为氦的核反应是太阳的能量来源，氢聚变为氦的核反应为

$$4\,{}_{1}^{1}\text{H} \longrightarrow {}_{2}^{4}\text{He} + 2\,{}_{+1}^{0}e^+ + 2\nu_e$$

其中 ν_e 为电子中微子，其静质量可视为 0，它们从太阳逃逸到达地球上，然后被探测器探测到，从而证明了太阳内部核反应的存在。在本题中，中微子所携带的能量可忽略。

(B1) 计算单位时间内达到地球单位面积上的中微子数密度 Φ_ν，单位为 m$^{-2} \cdot$ s^{-1}。已知 4 个氢原子聚变为 1 个氦原子的核反应所释放的能量 $\delta E = 4.0 \times 10^{-12}$ J，并假设太阳辐射的能量全部由上述核反应产生。

在从太阳核心到地球的过程中，一些电子中微子 ν_e 会转变为其他类型的中微子 ν_x。探测器探测中微子 ν_x 的效率只有探测中微子 ν_e 效率的 1/6。如果没有中微子 ν_e 的转变，每年探测到的中微子的平均数量为 N_1。由于这种中微子的转变，实际上每年探测到的中微子（ν_e 和 ν_x 混合）的平均数量为 N_2。

(B2) 计算中微子 ν_e 转换为中微子 ν_x 的比率 f，用 N_1 和 N_2 表示。

为了探测中微子，人们建造了装满水的大型探测器。尽管中微子与物质很少能发生相互作用，但偶尔也会有中微子从探测器中的水分子中撞击出电子。这些高能电子在水中高速运动，发射出电磁辐射。当电子的速度大于光在水（折射率 n）中的速度时，则会有一种以锥形向外传播的辐射（切连科夫辐射）产生。

(B3) 假设一个被中微子撞击出的电子在穿越水的过程中单位时间内损失的能量为 α。如果这个电子产生切连科夫辐射的时间为 Δt，试求中微子传给该电子的能量 $E_{传递}$，用

α，Δt，n，m_e 和 c 表示。（假设这个电子在与中微子发生相互作用之前处于静止状态。）

太阳内部从氢(H)到氦(He)的聚变反应分成几个步骤发生。在其中一个中间步骤里，有 ^{7}Be 原子核(静止质量为 m_{Be})生成，然后 ^{7}Be 原子核吸收一个电子，生成 ^{7}Li 原子核(静止质量 $m_{Li} < m_{Be}$)并放出一个中微子 ν_e，核反应方程为

$$^7_4\text{Be} + ^0_{-1}\text{e} \longrightarrow ^7_3\text{Li} + \nu_e$$

如果一个静止的 ^{7}Be 原子核($m_{Be} = 11.65 \times 10^{-27}$ kg)吸收一个静止的电子，而后放出的中微子的能量为 $E_\nu = 1.44 \times 10^{-13}$ J。由于太阳核心温度为 T_c，^{7}Be 原子核在太阳核心做无规则的热运动，从而成为运动的中微子源。所以，放射出的中微子能量将有涨落，其方均根为 ΔE_{rms}。

(B4) 设 $\Delta E_{rms} = 5.54 \times 10^{-17}$ J，计算 ^{7}Be 原子核的方均根速率 v_{Be} 并由此估算 T_c。（提示：ΔE_{rms} 与沿所观察方向的速度分量的均方根有关。）

第 2 题 极值原理

A 部分 力学中的极值原理

考虑如图 T16.2.1 所示的光滑平面，它被直线 $x = x_1$ 分为两个区域：区域 I 和区域 II。质量为 m 的点粒子在区域 I 中的势能为 $V = 0$，在区域 II 中的势能为 $V = V_0$。该粒子从原点 O 沿与 x 轴夹角为 θ_1 的直线以速度 v_1 射出，它在区域 II 中沿与 x 轴夹角为 θ_2 的直线运动至点 P，粒子到达 P 点时的速度为 v_2。在 A 部分中，忽略重力和相对论效应。

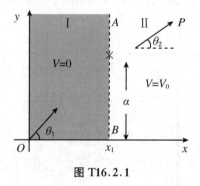

图 T16.2.1

(A1) 求 v_2 的表达式，用 m，v_1 和 V_0 表示。

(A2) 求 v_2 的表达式，用 v_1，θ_1 和 θ_2 表示。

我们定义一个物理量：作用量 A，$A = m \int v(s) \mathrm{d}s$，其中 $\mathrm{d}s$ 是质量为 m 的粒子沿轨迹方向以速度 $v(s)$ 运动的无穷小长度，然后沿轨迹积分得到作用量 A。例如，对于沿半径为 R 的圆形轨迹做匀速圆周运动的粒子而言，运动一周的作用量是 $2\pi m R v$。对于能量恒为 E 的粒子，可以证明，它在两个确定点之间的所有可能轨迹中，实际运动轨迹是作用量取极值（极大，极小或不变）的那一条，这称为最小作用量原理(PLA)。根据最小作用量原理，在均匀恒定势场中运动的粒子在给定两点间的轨迹为一条直线。

(A3) 设图 T16.2.1 中给定两点 O 和 P 的坐标分别是 $(0,0)$ 和 (x_0,y_0)，粒子从区域 I 进入区域 II 时，通过的边界点坐标为 (x_1,α)。注意：x_1 是固定的，粒子的作用量仅依赖于坐标 α。求作用量 $A(\alpha)$ 的表达式，并利用最小作用量原理，求 v_1/v_2 与上述坐标的关系式。

B 部分 光学中的极值原理

一束光线从介质 I (折射率为 n_1) 传播到介质 II (折射率为 n_2)。两种介质的分界面是一条平行于 x 轴的直线。光线在介质 I 中的入射角是 i_1，在介质 II 中的出射角是 i_2，如图 T16.2.2 所示。为了得到光线的轨迹，我们利用另一个极值（极大，极小或不变）原理——费马的时间极值原理：在两个固定点之间，光线总是沿着花费时间为极值的轨迹前进。

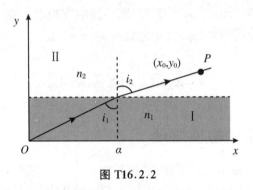

图 T16.2.2

(B1) 利用费马原理推导 $\sin i_1$ 与 $\sin i_2$ 的关系式。

图 T16.2.3 是激光水平射入糖溶液的示意图，图中糖溶液的浓度随高度（y 坐标）的增加而减小。因此，溶液的折射率也随着高度（y 坐标）的增加而减小。

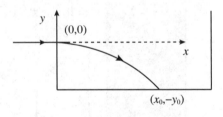

图 T16.2.3

(B2) 假定糖溶液的折射率 $n(y)$ 只与 y 坐标有关，由 (B1) 小题所得到的方程，求光线轨迹的斜率 $\dfrac{\mathrm{d}y}{\mathrm{d}x}$，用 $y=0$ 处的折射率 n_0 和 $n(y)$ 表示。

(B3) 如图 T16.2.3 所示，激光自原点 $(0,0)$ 水平射入糖溶液，原点与容器底部的距离是 $y_0 \geqslant 0$。假定 $n(y) = n_0 - ky$，其中 n_0 和 k 是正的常数。求 x 的表达式，用 y 和其他相关物理量表示。

数学参考公式：

$$\int \sec\theta \, \mathrm{d}\theta = \ln(\sec\theta + \tan\theta) + C \quad \text{或} \quad \int \frac{\mathrm{d}x}{\sqrt{x^2-1}} = \ln(x + \sqrt{x^2-1}) + C$$

(B4) 求激光到达容器底部的横坐标 x_0 的值，其中取 $y_0 = 10.0 \text{ cm}, n_0 = 1.50, k = 0.05/\text{cm}$。

C部分 极值原理和物质的波动性

我们现在讨论最小作用量原理与运动粒子的波动性之间的联系。为此,我们先假定粒子由 O 点运动到 P 点的所有可能的轨迹,然后寻找依赖于德布罗意波干涉的轨迹。

(C1)粒子在其轨迹上运动一段无限小的距离 Δs,求因此造成的德布罗意波的相位的改变 $\Delta \varphi$ 与作用量改变 ΔA 和普朗克常量 h 之间的关系。

(C2)回顾本题 A 部分粒子从 O 点运动到 P 点的问题,如图 T16.2.4 所示。设两个区域间的边界 AB 是不透明的。在边界 AB 上开一个宽度为 d 的小孔,其中 $d \ll x_0 - x_1$ 且 $d \ll x_1$。现在考虑两个极端轨迹 OCP 和 ODP,其中 OCP 是本题 A 部分中讨论的典型轨迹。求两个运动轨迹在 P 点的相位差的近似值。

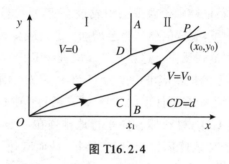

图 T16.2.4

D部分 物质波的干涉

如图 T16.2.5 所示,位于 O 点的电子枪将平行电子束射入位于 $x = x_1$ 处的不透明分界线 A_1B_1 上 F 点处的一条狭缝中,OFP 是一条直线,P 是位于屏幕 $x = x_0$ 上的一点。在区域 I 中,电子束的速率为 $v_1 = 2.00 \times 10^7$ m/s,$\theta = 10.0°$。由于区域 II 中势场的作用,在区域 II 中,电子束的速率为 $v_2 = 1.99 \times 10^7$ m/s。已知 $x_0 - x_1 = 250.00$ mm,忽略电子间的相互作用。

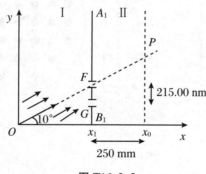

图 T16.2.5

(D1)如果在 O 点的电子由静止开始加速,求加速所需的电压 U_1。

(D2)在边界 A_1B_1 上还有一个相同的狭缝 G,狭缝 G 位于狭缝 F 下方 215.00 nm 处,如图 T16.2.5 所示。设穿过狭缝 F 到达 P 点的德布罗意波与穿过狭缝 G 到达 P 点的德布罗意波之间的相位差为 $2\pi\beta$,计算 β 的值。

(D3)在屏幕上某些点检测不到任何电子(到达该点的电子数为 0),求这些点与 P 点最

近的距离 Δy。

参考公式：
$$\sin(\theta + \Delta\theta) \approx \sin\theta + \Delta\theta\cos\theta$$

(D4) 发射电子束的截面为 500 nm×500 nm 的正方形，装置长度为 2 m，如果在给定时间内在屏幕上平均至少检测到一个电子，求最小电子流强度 $I_{\min}$（单位时间单位面积内的电子数）是多少。

第 3 题　核反应堆的设计

天然铀以二氧化铀 UO_2 的形式存在于自然界，天然 UO_2 中只有 0.720% 的铀原子是 ^{235}U 原子。^{235}U 原子核可轻易地被中子碰撞而引发核裂变，每次核分裂释放 2~3 个高能中子。若引起裂变的是低能中子，裂变的概率将会增加。通过减少裂变产生的中子的动能，就能诱导其他 ^{235}U 原子核发生链式反应。这就是核反应堆（NR）产生核能的基础。

如图 T16.3.1 所示，典型的核反应堆由高为 H，半径为 R 的圆柱状反应罐构成，罐里装有减速剂和燃料管。燃料管为很多圆柱形的长管，每支燃料管中包含一捆圆柱状的燃料棒，燃料棒的高为 H，内装天然 UO_2，燃料棒轴向平行地排列在一个方阵内。从一个燃料管中逃逸出来的裂变产生的中子与减速剂碰撞，损失能量，从而减速。中子到达邻近的燃料管时，高能中子已经转变为低能中子，其能量已低至能够引起裂变。燃料棒里面的 ^{235}U 原子核通过裂变产生热量，热量传递到沿棒体方向流动的冷却剂中。在本题中，我们将研究（A）燃料棒、（B）减速剂与（C）圆柱状的核反应堆背后的物理原理。

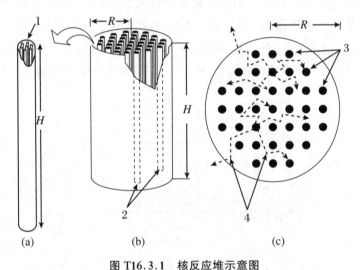

图 T16.3.1　核反应堆示意图

(a) 燃料管的放大图（1 为燃料棒）；(b) 反应堆的示意图（2 为燃料管）；(c) 反应堆的俯视图（3 为按方阵排列的燃料管，4 为典型的中子运动路径）。图中只画出了跟题目相关的部分，如控制棒、冷却剂就没有画出。

A 部分　燃料棒

UO_2 的分子摩尔质量 M_w = 0.270 kg/mol，UO_2 的密度 ρ = 10.60×10³ kg/m³，UO_2 的熔

点 $T_m = 3.138 \times 10^3$ K，UO_2 的热导率 $\lambda = 3.280$ W/(m·K)。

（A1）考虑如下裂变反应：

$$^{235}_{92}U + ^{1}_{0}n \longrightarrow ^{94}_{40}Zr + ^{140}_{58}Ce + 2^{1}_{0}n + \Delta E$$

若一个静止的 ^{235}U 原子核吸收一个动能可忽略的中子，求裂变释放的总能量 ΔE（单位 MeV）。

已知各原子核质量分别为 $m(^{235}U) = 235.044$ u；$m(^{94}Zr) = 93.9063$ u；$m(^{140}Ce) = 139.905$ u；$m(^{1}n) = 1.00867$ u，1 u $= 931.502$ MeV/c^2。忽略电荷不平衡。

（A2）求天然 UO_2 中单位体积内 ^{235}U 原子的个数 N。

（A3）假设核燃料中的中子均匀分布，其中子流密度为 $\varphi = 2.000 \times 10^{18}/(m^2 \cdot s)$，$^{235}U$ 原子核裂变反应截面积（靶核有效面积）$\sigma_f = 5.400 \times 10^{-26}$ m^2。如果裂变能量有 80% 转换为热能，求燃料管中单位体积的热量产生速率 Q（单位 W/m^3）。

（A4）在稳定状态时，燃料棒的中心温度（T_c）与表面温度（T_s）之差可表示为 $T_c - T_s = kF(Q,a,\lambda)$，其中 $k = \frac{1}{4}$ 是无量纲常数，Q 是燃料管中单位体积的热量产生速率，a 是燃料棒的半径，λ 是 UO_2 的热导率。请通过量纲分析，求 $F(Q,a,\lambda)$ 的表达式。

（A5）冷却剂允许的最高温度是 5.770×10^2 K。求燃料棒的半径上限 a_u。

B 部分 减速剂

考虑质量为 1 u 的中子与质量为 A u 的减速剂原子在二维平面发生弹性碰撞。碰撞前，所有减速剂原子在实验室参考系（LF）中都可视为静止。设碰撞前中子在实验室参考系中的速度为 v_b，碰撞后的中子在实验室参考系中的速度为 v_a。设质心系（CM）相对于实验室参考系的速度为 v_m，在质心系中的中子散射角为 θ。所有碰撞粒子的运动速度远小于光速。

（B1）在实验室参考系中的碰撞如图 T16.3.2 所示，θ_L 是散射角。请画出在质心系中的碰撞示意图，要求在图中标示出粒子 1，2，3 的速度，分别用 v_b，v_a 和 v_m 表示，并标出散射角 θ。

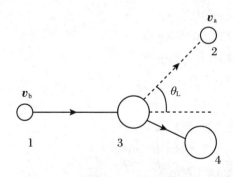

图 T16.3.2 实验室参考系中的碰撞示意图

1 为碰撞前的中子，3 为碰撞前减速剂原子。2 为碰撞后的中子，4 为碰撞后减速剂原子。

（B2）中子和减速剂原子碰撞后，求中子在质心系中的速率 v 和减速剂原子在质心系中的速率 V 的表达式，用 A 和 v_b 表示。

(B3) 推导 $G(\alpha,\theta)=\dfrac{E_a}{E_b}$，其中 E_b 是碰撞前中子在实验室参考系中的动能，E_a 是碰撞后中子在实验室参考系中的动能，令 $\alpha=\dfrac{(A-1)^2}{(A+1)^2}$。

(B4) 假设 $G(\alpha,\theta)$ 的上述函数表达式对 D_2O 分子(重水)也适用。对于减速剂 $D_2O(20\ u)$，计算中子可能损失的最大动能比例 $f_1=\dfrac{E_b-E_a}{E_b}$ 的值。

C 部分 核反应堆

在稳态条件下运转核反应堆，中子通量 Ψ 是恒定的。核反应堆中泄漏的中子由反应堆中超额产生的中子所补充。在圆柱状反应堆中，中子泄漏率是 $k_1\left[\left(\dfrac{2.405}{R}\right)^2+\left(\dfrac{\pi}{H}\right)^2\right]\Psi$，中子超额产生率是 $k_2\Psi$。常数 k_1 和 k_2 取决于核反应堆的材料特性。

(C1) 考虑一个 $k_1=1.021\times10^{-2}$ m 和 $k_2=8.787\times10^{-3}$/m 的核反应堆。为有效利用核燃料，要求体积一定的核反应堆泄漏率达到最小，求稳态条件下柱状核反应堆的 H 和 R。

(C2) 燃料管(视为固体)的有效半径为 3.617×10^{-2} m，如图 T16.3.1(c)所示，以间距 0.286 m 方阵排列。求核反应堆在稳态运转时，燃料管的数量 F_n 和 UO_2 的质量 M。

常用数据表

地球重力加速度 $g=9.807$ m/s^2

标准大气压 $p_{atm}=1.013\times10^5$ Pa

阿伏伽德罗常量 $N_A=6.02\times10^{23}$/mol

玻尔兹曼常量 $k_B=1.381\times10^{-23}$ J/K

氢原子结合能 13.606 eV

电子的电量 $e=1.602\times10^{-19}$ C

电子的质量 $m_e=9.109\times10^{-31}$ kg

质子的质量 $m_p=1.673\times10^{-27}$ kg

中子的质量 $m_n=1.675\times10^{-27}$ kg

真空磁导率 $\mu_0=4\pi\times10^{-7}$ H/m

真空电容率 $\varepsilon_0=8.854\times10^{-12}$ F/m

普朗克常量 $h=6.626\times10^{-34}$ J·s

空气中的声速(室温) $c_s=3.403\times10^2$ m/s

真空中的光速 $c=2.998\times10^8$ m/s

斯特藩-玻尔兹曼常数 $\sigma=5.670\times10^{-8}$ W/(m^2·K^4)

万有引力常量 $G=6.674\times10^{-11}$ N·m^2/kg^2

普适气体常量 $R=8.31$ J/(mol·K)

第46届国际物理奥林匹克竞赛理论试题解析

第1题 太阳粒子

A部分 太阳辐射

(A1) 根据斯特藩-玻尔兹曼定律

$$L_\odot = 4\pi R_\odot^2 \cdot \sigma T_S^4 \tag{16.1.1}$$

可得太阳表面温度为

$$T_S = \left(\frac{L_\odot}{4\pi R_\odot^2 \sigma}\right)^{1/4} = 5.76 \times 10^3 \text{ K} \tag{16.1.2}$$

(A2) 利用维恩分布定律,单位时间入射到太阳能电池表面的太阳辐射的总能量为

$$P_{\text{in}} = \int_0^\infty u(\nu) \mathrm{d}\nu = \int_0^\infty A \frac{R_\odot^2}{d_\odot^2} \frac{2\pi h}{c^2} \nu^3 \exp\left(-\frac{h\nu}{k_B T_S}\right) \mathrm{d}\nu \tag{16.1.3}$$

令 $x = \dfrac{h\nu}{k_B T_S}$,则有

$$\nu = \frac{k_B T_S}{h} x, \quad \mathrm{d}\nu = \frac{k_B T_S}{h} \mathrm{d}x \tag{16.1.4}$$

将式(16.1.4)代入式(16.1.3),可得单位时间入射到太阳能电池表面的太阳辐射的总能量为

$$\begin{aligned} P_{\text{in}} &= \frac{2\pi h A R_\odot^2}{c^2 d_\odot^2} \frac{(k_B T_S)^4}{h^4} \int_0^\infty x^3 \mathrm{e}^{-x} \mathrm{d}x \\ &= \frac{2\pi k_B^4}{c^2 h^3} T_S^4 A \frac{R_\odot^2}{d_\odot^2} \cdot 6 \\ &= \frac{12\pi k_B^4}{c^2 h^3} T_S^4 A \frac{R_\odot^2}{d_\odot^2} \end{aligned} \tag{16.1.5}$$

(A3) 单位时间单位频率间隔内入射到太阳能电池表面的光子数为

$$n_\gamma(\nu) = \frac{u(\nu)}{h\nu} = A \frac{R_\odot^2}{d_\odot^2} \frac{2\pi}{c^2} \nu^2 \exp\left(-\frac{h\nu}{k_B T_S}\right) \tag{16.1.6}$$

(A4) 太阳能电池的有用输出功率为每个电子贡献的能量($E_g = h\nu_g$)与能量大于等于 E_g 的光子($E \geqslant E_g$)数目的乘积,因此有

$$\begin{aligned} P_{\text{out}} &= h\nu_g \int_{\nu_g}^\infty n_\gamma(\nu) \mathrm{d}\nu \\ &= h\nu_g A \frac{R_\odot^2}{d_\odot^2} \frac{2\pi}{c^2} \int_{\nu_g}^\infty \nu^2 \exp\left(-\frac{h\nu}{k_B T_S}\right) \mathrm{d}\nu \\ &= k_B T_S x_g A \frac{R_\odot^2}{d_\odot^2} \frac{2\pi}{c^2} \left(\frac{k_B T_S}{h}\right)^3 \int_{x_g}^\infty x^2 \mathrm{e}^{-x} \mathrm{d}x \end{aligned}$$

$$= \frac{2\pi k_B^4}{c^2 h^3} T_S^4 A \frac{R_\odot^2}{d_\odot^2} x_g (x_g^2 + 2x_g + 2) e^{-x_g} \tag{16.1.7}$$

（A5）根据太阳能电池效率的定义有

$$\eta = \frac{P_{\text{out}}}{P_{\text{in}}} = \frac{x_g}{6} (x_g^2 + 2x_g + 2) e^{-x_g} \tag{16.1.8}$$

（A6）分析式（16.1.8），有如下数学特征：

① 两端极限：$\eta(0) = 0$，$\eta(\infty) = 0$。

② 从式（16.1.8）可看出多项式的各项系数为正，是单调递增的，但指数项是单调递减的。因此 η 只有一个极大值。

③ 两端斜率：将式（16.1.8）两边对 x_g 求导，则

$$\frac{d\eta}{dx_g} = \frac{1}{6}(-x_g^3 + x_g^2 + 2x_g + 2) e^{-x_g} \tag{16.1.9}$$

因此，在函数两端的斜率为

$$\lim_{x_g \to 0} \frac{d\eta}{dx_g} = \frac{1}{3}, \quad \lim_{x_g \to \infty} \frac{d\eta}{dx_g} = 0 \tag{16.1.10}$$

由上述特征，可绘制出式（16.1.8）的函数图像，如图 J16.1.1 所示。

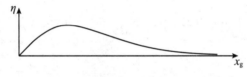

图 J16.1.1

（A7）太阳能电池效率 η 的极大值满足

$$\frac{d\eta}{dx_g} = \frac{1}{6}(-x_g^3 + x_g^2 + 2x_g + 2) e^{-x_g} = 0 \tag{16.1.11}$$

要使式（16.1.11）成立，只需满足

$$p(x_g) \equiv x_g^3 - x_g^2 - 2x_g - 2 = 0 \tag{16.1.12}$$

现在我们可以用二分法找到零点，其大致步骤为

$$p(0) = -2$$
$$p(1) = -4$$
$$\left.\begin{array}{l} p(2) = -2 \\ p(3) = 10 \end{array}\right\} \Rightarrow 2 < x_0 < 3$$
$$\left.\begin{array}{l} p(2) = -2 \\ p(2.5) = 2.375 \end{array}\right\} \Rightarrow 2 < x_0 < 2.5$$
$$\left.\begin{array}{l} p(2.25) = -0.171 \\ p(2.5) = 2.375 \end{array}\right\} \Rightarrow 2.25 < x_0 < 2.5$$

仿照上述步骤继续计算，最终可得使得 η 取得极大值的 x_g 为

$$x_g = 2.27 \quad \Rightarrow \quad \eta(x_g = 2.27) = 0.457 \tag{16.1.13}$$

通过其他方法也可获得上述结果，如利用计算器的 solve 功能。

（A8）纯硅太阳能电池的 x_g 值为

$$x_g = \frac{E_g}{k_B T_S} = \frac{1.11 \times 1.60 \times 10^{-19}}{1.38 \times 10^{-23} \times 5763} = 2.23 \tag{16.1.14}$$

因此硅太阳能电池的效率为

$$\eta_{Si} = \frac{x_g}{6}(x_g^2 + 2x_g + 2)e^{-x_g} = 0.457 \tag{16.1.15}$$

（A9）太阳的总引力势能表达式为

$$\Omega = -\int_0^{M_\odot} \frac{Gm\,dm}{r} \tag{16.1.16}$$

太阳密度 $\rho = \frac{3M_\odot}{4\pi R_\odot^3}$ 为常数，故质量 $m = \frac{4}{3}\pi r^3 \rho$，质量微分 $dm = 4\pi r^2 \rho dr$。因此太阳的总引力势能为

$$\begin{aligned}\Omega &= -\int_0^{R_\odot} G\left(\frac{4}{3}\pi r^3 \rho\right)(4\pi r^2 \rho)\frac{dr}{r} \\ &= -\frac{16\pi^2 G\rho^2}{3}\frac{R_\odot^5}{5} \\ &= -\frac{3}{5}\frac{GM_\odot^2}{R_\odot}\end{aligned} \tag{16.1.17}$$

（A10）根据 KH 假说，估算可得太阳可持续发光的最长时间为

$$\tau_{KH} = \frac{-\Omega}{L_\odot} = \frac{3GM_\odot^2}{5R_\odot L_\odot} = 1.88 \times 10^7 \text{ a} \tag{16.1.18}$$

B 部分　太阳中子

（B1）在氢聚变为氦的核反应中，产生能量 $\delta E = 4.0 \times 10^{-12}$ J，同时产生两个中微子 $2\nu_e$。太阳内部在单位时间内发生的核反应次数为 $\frac{L_\odot}{\delta E}$，因此单位时间内到达地球单位面积上的中微子数密度为

$$\begin{aligned}\Phi_\nu &= \frac{2L_\odot}{4\pi d_\odot^2 \delta E} \\ &= \frac{2 \times 3.85 \times 10^{26}}{4\pi \times (1.50 \times 10^{11})^2 \times (4.0 \times 10^{-12})}/(m^2 \cdot s) \\ &= 6.8 \times 10^{14}/(m^2 \cdot s)\end{aligned} \tag{16.1.19}$$

（B2）假设每年到达中微子探测器的中微子 ν_e 有 N_0 个，探测器探测到中微子的效率为 ε，因此

$$N_1 = \varepsilon N_0 \tag{16.1.20}$$

现有比例 f 的中微子 ν_e 转变为中微子 ν_x，因此每年探测到中微子 ν_e 的数量 N_e 和中微子 ν_x 的数量 N_x 分别为

$$N_e = \varepsilon N_0(1-f) \tag{16.1.21}$$

$$N_x = \frac{1}{6}\varepsilon N_0 f \tag{16.1.22}$$

探测器探测到两种中微子的数量之和为

$$N_2 = N_e + N_x \tag{16.1.23}$$

联立式(16.1.20)~式(16.1.23)，可得

$$(1-f)N_1 + \frac{f}{6}N_1 = N_2 \tag{16.1.24}$$

因此中微子 ν_e 转变为中微子 ν_x 的比例为

$$f = \frac{6}{5}\left(1 - \frac{N_2}{N_1}\right) \tag{16.1.25}$$

(B3) 当电子停止发射切连科夫辐射时，电子的速度已经降低为

$$v_{终} = \frac{c}{n} \tag{16.1.26}$$

此时电子的总能量为

$$E_{终} = \frac{m_e c^2}{\sqrt{1 - v_{终}^2/c^2}} = \frac{n m_e c^2}{\sqrt{n^2 - 1}} \tag{16.1.27}$$

电子被中微子从水分子中撞击出来时的能量为

$$E_{始} = \alpha \Delta t + \frac{n m_e c^2}{\sqrt{n^2 - 1}} \tag{16.1.28}$$

而电子的静能为 $m_e c^2$。因此，中微子在碰撞过程中传递给电子的能量为

$$E_{传递} = E_{始} - m_e c^2 = \alpha \Delta t + \frac{n m_e c^2}{\sqrt{n^2 - 1}} - m_e c^2 \tag{16.1.29}$$

(B4) 运动的 ^{7}Be 原子核生成的中微子由于 ^{7}Be 原子核的运动会产生多普勒效应，但由于中微子的能量变化量极小 $\left(\frac{\Delta E_{rms}}{E_\nu} \sim 10^{-4}\right)$，这表明 ^{7}Be 原子核的运动速度 $v_{Be} \ll c$，那么此问题可以用非相对论近似来处理。考虑沿 z 轴的观察方向，有

$$\frac{\Delta E_{rms}}{E_\nu} = \frac{v_{z,rms}}{c} = \frac{v_{Be}}{\sqrt{3}c} = 3.85 \times 10^{-4} \tag{16.1.30}$$

因此，运动的 ^{7}Be 原子核的方均根速率为

$$v_{Be} = \sqrt{3} \times 3.85 \times 10^{-4} \times 3.00 \times 10^8 \text{ m/s} = 2.01 \times 10^5 \text{ m/s} \tag{16.1.31}$$

根据热力学温度与分子平均动能之间的关系，有

$$\frac{1}{2} m_{Be} v_{Be}^2 = \frac{3}{2} k_B T_c \tag{16.1.32}$$

最终可得太阳的核心温度为

$$T_c = 1.13 \times 10^7 \text{ K} \tag{16.1.33}$$

注 根据相对论径向多普勒效应

$$\nu = \nu_0 \sqrt{\frac{c \pm v}{c \mp v}} \tag{16.1.34}$$

其中 ν_0、ν 分别为原子核参考系和实验室参考系观察到的光子频率，v 为原子核相对实验室参考系的速度。

当 $v \ll c$ 时，有

$$\nu = \nu_0 \left(1 \pm \frac{v}{c}\right) \tag{16.1.35}$$

因此

$$\frac{\Delta \nu}{\nu_0} = \frac{\Delta E}{E} = \frac{v}{c} \qquad (16.1.36)$$

根据题意，ΔE_{rms} 与速度沿所观察方向的分量的方均根有关，即

$$v^2 = v_x^2 + v_y^2 + v_z^2 \Rightarrow \overline{v^2} = \overline{v_x^2} + \overline{v_y^2} + \overline{v_z^2} \qquad (16.1.37)$$

由于原子核的运动是无规则运动，故

$$\overline{v_x^2} = \overline{v_y^2} = \overline{v_z^2} = \frac{1}{3}\overline{v^2} \qquad (16.1.38)$$

因此

$$\frac{\Delta E}{E} = \frac{v_{z,\text{rms}}}{c} = \frac{\sqrt{\overline{v^2}}}{\sqrt{3}c} \qquad (16.1.39)$$

第2题　极值原理

A部分　力学中的极值原理

（A1） 根据能量守恒定律有

$$\frac{1}{2}mv_1^2 = \frac{1}{2}mv_2^2 + V_0 \qquad (16.2.1)$$

因此

$$v_2 = \sqrt{v_1^2 - \frac{2V_0}{m}} \qquad (16.2.2)$$

（A2） 由于 $|F_x| = \dfrac{\mathrm{d}V}{\mathrm{d}x} \neq 0$，$|F_y| = \dfrac{\mathrm{d}V}{\mathrm{d}y} = 0$，分界面 AB 会给粒子一沿着 x 方向的力，该力大小正比于 $\dfrac{\mathrm{d}V}{\mathrm{d}x}$，因此 x 方向的速度分量会改变，而 y 方向的速度分量将保持不变，所以有

$$v_{1y} = v_{2y} \qquad (16.2.3)$$

即

$$v_1 \sin\theta_1 = v_2 \sin\theta_2 \qquad (16.2.4)$$

（A3） 由题意，从 O 点到 P 点的作用量为

$$A(\alpha) = mv_1\sqrt{x_1^2 + \alpha^2} + mv_2\sqrt{(x_0 - x_1)^2 + (y_0 - \alpha)^2} \qquad (16.2.5)$$

根据最小作用量原理有

$$\frac{\mathrm{d}A(\alpha)}{\mathrm{d}\alpha} = 0 \qquad (16.2.6)$$

式(16.2.5)对 α 求导，并结合式(16.2.6)可得

$$\frac{v_1 \alpha}{\sqrt{x_1^2 + \alpha^2}} - \frac{v_2(y_0 - \alpha)}{\sqrt{(x_0 - x_1)^2 + (y_0 - \alpha)^2}} = 0 \qquad (16.2.7)$$

因此

$$\frac{v_1}{v_2} = \frac{(y_0 - \alpha)\sqrt{x_1^2 + \alpha^2}}{\alpha\sqrt{(x_0 - x_1)^2 + (y_0 - \alpha)^2}} \qquad (16.2.8)$$

式(16.2.8)与式(16.2.4)等价,即

$$v_1 \sin\theta_1 = v_2 \sin\theta_2 \tag{16.2.9}$$

B 部分 光学中的极值原理

(B1) c 为真空中的光速,则介质 Ⅰ 中的光速为 $\dfrac{c}{n_1}$,介质 Ⅱ 中的光速为 $\dfrac{c}{n_2}$。两介质分界面为 $y = y_1$。则光从 $(0,0)$ 到 (x_0, y_0) 的传播时间为

$$T(\alpha) = \frac{\sqrt{y_1^2 + \alpha^2}}{\dfrac{c}{n_1}} + \frac{\sqrt{(x_0 - \alpha)^2 + (y_0 - y_1)^2}}{\dfrac{c}{n_2}} \tag{16.2.10}$$

根据最小作用量原理有

$$\frac{\mathrm{d}T(\alpha)}{\mathrm{d}\alpha} = 0 \tag{16.2.11}$$

式(16.2.10)对 α 求导,并结合式(16.2.11),可得

$$\frac{n_1 \alpha}{\sqrt{y_1^2 + \alpha^2}} - \frac{n_2 (x_0 - \alpha)}{\sqrt{(y_0 - y_1)^2 + (x_0 - \alpha)^2}} = 0 \tag{16.2.12}$$

即

$$n_1 \sin i_1 = n_2 \sin i_2 \tag{16.2.13}$$

本小题的结论与(A3)小题的类似,这就是斯涅耳定律,即折射定律。

(B2) 激光的传播满足斯涅耳定律:

$$n_0 \sin i_0 = n(y) \sin i \tag{16.2.14}$$

根据图 T16.2.3 中的几何关系有

$$\frac{\mathrm{d}y}{\mathrm{d}x} = -\cot i \tag{16.2.15}$$

即

$$\sin i = \frac{1}{\sqrt{1 + \left(\dfrac{\mathrm{d}y}{\mathrm{d}x}\right)^2}} \tag{16.2.16}$$

联立式(16.2.14)和式(16.2.16),可得

$$n_0 \sin i_0 = \frac{n(y)}{\sqrt{1 + \left(\dfrac{\mathrm{d}y}{\mathrm{d}x}\right)^2}} \tag{16.2.17}$$

最终解得

$$\frac{\mathrm{d}y}{\mathrm{d}x} = -\sqrt{\left[\frac{n(y)}{n_0 \sin i_0}\right]^2 - 1} \tag{16.2.18}$$

(B3) 将式(16.2.18)整理后,两边进行积分:

$$\int \frac{\mathrm{d}y}{\sqrt{\left(\dfrac{n_0 - ky}{n_0 \sin i_0}\right)^2 - 1}} = -\int \mathrm{d}x \tag{16.2.19}$$

且初始状态时 $i_0 = 90°$,即 $\sin i_0 = 1$。

为了将式(16.2.19)积分求出,下面提供两种方法。

方法一:利用 $\int \sec\theta \, d\theta = \ln(\sec\theta + \tan\theta) + C$

令 $\xi = \dfrac{n_0 - ky}{n_0}$,则式(16.2.19)可化为

$$-\frac{n_0}{k}\int \frac{d\xi}{\sqrt{\xi^2 - 1}} = -\int dx \tag{16.2.20}$$

再令 $\xi = \sec\theta$,则 $d\xi = \sec\theta \tan\theta \, d\theta$,于是式(16.2.20)的积分结果为

$$\frac{n_0}{k}\ln(\sec\theta + \tan\theta) = x + C \tag{16.2.21}$$

方法二:利用 $\int \dfrac{dx}{\sqrt{x^2 - 1}} = \ln(x + \sqrt{x^2 - 1}) + C$

令 $\xi = \dfrac{n_0 - ky}{n_0}$,则式(16.2.19)可化为

$$-\frac{n_0}{k}\int \frac{d\xi}{\sqrt{\xi^2 - 1}} = -\int dx \tag{16.2.22}$$

利用积分公式 $\int \dfrac{dx}{\sqrt{x^2 - 1}} = \ln(x + \sqrt{x^2 - 1}) + C$,式(16.2.22)进行直接积分可得

$$-\frac{n_0}{k}\ln\left[\frac{n_0 - ky}{n_0} + \sqrt{\left(\frac{n_0 - ky}{n_0}\right)^2 - 1}\right] = -x + C \tag{16.2.23}$$

再考虑到边界条件:$x = 0$ 时,$y = 0$,可得常数 $C = 0$,因此激光的传播轨迹方程为

$$x = \frac{n_0}{k}\ln\left[\frac{n_0 - ky}{n_0} + \sqrt{\left(\frac{n_0 - ky}{n_0}\right)^2 - 1}\right] \tag{16.2.24}$$

(B4)将题中所给数据 $y = -y_0 = -10.0$ cm,$n_0 = 1.50$,$k = 0.050$/cm 代入式(16.2.24),有

$$x_0 = \frac{n_0}{k}\ln\left[\frac{n_0 - ky}{n_0} + \sqrt{\left(\frac{n_0 - ky}{n_0}\right)^2 - 1}\right]$$

$$= 30\ln\left[\frac{2}{1.5} + \sqrt{\left(\frac{2}{1.5}\right)^2 - 1}\right] \text{cm}$$

$$\approx 24.0 \text{ cm} \tag{16.2.25}$$

C 部分 极值原理和物质的波动性

(C1)根据德布罗意波长公式

$$\lambda = \frac{h}{mv} \tag{16.2.26}$$

可得当粒子在其轨迹上运动一段无限小的距离 Δs 后,德布罗意波的相位的改变为

$$\Delta\varphi = \frac{2\pi}{\lambda}\Delta s = \frac{2\pi}{h}mv\Delta s = \frac{2\pi\Delta A}{h} \tag{16.2.27}$$

(C2)如图 J16.2.1 所示,OCP 与 ODP 是粒子的两条典型轨迹,两条轨迹在几何长度上的差异仅在于区域 I 中的 DE 段与区域 II 中的 CF 段,注意到 $d \ll x_0 - x_1$ 且 $d \ll x_1$,因此两

条轨迹的相位差为

$$\Delta \varphi_{CD} = \frac{2\pi \overline{DE}}{\lambda_1} - \frac{2\pi \overline{CF}}{\lambda_2} = \frac{2\pi d \sin\theta_1}{\lambda_1} - \frac{2\pi d \sin\theta_2}{\lambda_2}$$

$$= \frac{2\pi m v_1 d \sin\theta_1}{h} - \frac{2\pi m v_2 d \sin\theta_2}{h} = 2\pi \frac{md}{h}(v_1 \sin\theta_1 - v_2 \sin\theta_2) = 0 \quad (16.2.28)$$

其中式(16.2.28)的最后一步应用了(A2)小题或(B1)小题中的结果 $v_1 \sin\theta_1 = v_2 \sin\theta_2$,所以这两条典型路径的物质波总是干涉相长的。

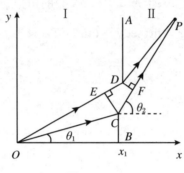

图 J16.2.1

D 部分　物质波的干涉

(D1) 由于

$$qU_1 = \frac{1}{2}mv^2$$

$$= \frac{9.11 \times 10^{-31} \times 4 \times 10^{14}}{2} \text{ J}$$

$$= 2 \times 9.11 \times 10^{-17} \text{ J}$$

$$= \frac{2 \times 9.11 \times 10^{-17}}{1.6 \times 10^{-19}} \text{ eV}$$

$$= 1.139 \times 10^3 \text{ eV} (\approx 1100 \text{ eV}) \quad (16.2.29)$$

因此电子所需的加速电压为

$$U_1 = 1.139 \times 10^3 \text{ V} \quad (16.2.30)$$

(D2) 电子穿过狭缝 F 到达 P 点的德布罗意波与穿过狭缝 G 到达 P 点的德布罗意波之间的相位差为

$$\Delta \varphi_P = \frac{2\pi d \sin\theta}{\lambda_1} - \frac{2\pi d \sin\theta}{\lambda_2} = 2\pi(v_1 - v_2)\frac{md}{h}\sin 10° = 2\pi\beta \quad (16.2.31)$$

代入数据可得

$$\beta = 5.13 \quad (16.2.32)$$

(D3) 根据(D2)小题的结论,如图 J16.2.2 所示,在屏幕上某些检测不到任何电子的点的相位差应为

$$\Delta \varphi = 5.5 \times 2\pi \quad (16.2.33)$$

因此

$$\frac{mv_1 d\sin\theta}{h} - \frac{mv_2 d\sin(\theta+\Delta\theta)}{h} = 5.5 \tag{16.2.34}$$

解得

$$\sin(\theta+\Delta\theta) = \frac{\frac{mv_1 d\sin\theta}{h} - 5.5}{\frac{mv_2 d}{h}} = 0.174521 - 0.000935 \tag{16.2.35}$$

又由题意有

$$\sin(\theta+\Delta\theta) \approx \sin\theta + \Delta\theta\cos\theta \tag{16.2.36}$$

联立式(16.2.35)和式(16.2.36),可得

$$\Delta\theta = -0.0036° \tag{16.2.37}$$

屏幕上检测不到电子的点到 P 点的最近距离为

$$\begin{aligned}\Delta y &= (x_0 - x_1)[\tan(\theta+\Delta\theta) - \tan\theta] \\ &= 250(\tan 9.9964° - \tan 10°) \text{ mm} \\ &= -16.2 \text{ μm}\end{aligned} \tag{16.2.38}$$

负号表示该点位于 P 点下方。

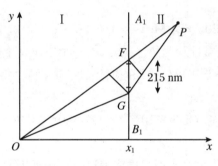

图 J16.2.2

(D4) 依据电子流强度定义

$$I = \frac{N}{S\Delta t} \tag{16.2.39}$$

有

$$N = IS\Delta t = \frac{ISL}{v} \tag{16.2.40}$$

因此

$$N = 1 = \frac{ISL}{v} = \frac{I_{\min} \times 0.25 \times 10^{-12} \times 2}{2 \times 10^7} \tag{16.2.41}$$

最终解得

$$I_{\min} = 4 \times 10^{19}/(\text{m}^2 \cdot \text{s}) \tag{16.2.42}$$

第3题 核反应堆的设计

A部分 燃料棒

(A1) 每一次裂变反应释放的能量为

$$\Delta E = [m(^{235}U) + m(^1n) - m(^{94}Zr) - m(^{140}Ce) - 2m(^1n)]c^2$$
$$= 208.684 \text{ MeV} \tag{16.3.1}$$

(A2) 单位体积天然 UO_2 分子的数密度为

$$N_1 = \frac{\rho N_A}{M_w} = \frac{10600 \times 6.022 \times 10^{23}}{0.270} / m^3 = 2.364 \times 10^{28} / m^3 \tag{16.3.2}$$

由于每一个 UO_2 分子中有一个U原子,但所有U原子中只有0.72%是 ^{235}U 原子,因此单位体积天然 UO_2 中 ^{235}U 的原子数为

$$N = 0.0072 \times N_1 = 1.702 \times 10^{26} / m^3 \tag{16.3.3}$$

(A3) 在裂变产生的核能中,有80%的能量以热能的形式利用,因此每一次裂变反应能获得的热能为

$$E_f = 0.8 \times 208.684 \text{ MeV} = 166.96 \text{ MeV} = 2.675 \times 10^{-11} \text{ J} \tag{16.3.4}$$

单位体积内总的核反应截面积为 $N \cdot \sigma_f$,入射一个中子发生一次核反应,单位时间内有 $N\sigma_f\varphi$ 个中子入射,因此燃料管中单位体积内的热量产生速率为

$$Q = N\sigma_f \varphi E_f$$
$$= (1.702 \times 10^{26}) \times (5.4 \times 10^{-26}) \times (2 \times 10^{18}) \times (2.675 \times 10^{-11}) \text{ W/m}^3$$
$$= 4.917 \times 10^8 \text{ W/m}^3 \tag{16.3.5}$$

(A4) 假设燃料棒中心温度和表面温度之差可以写为如下形式:

$$T_c - T_s = kQ^\alpha a^\beta \lambda^\gamma \tag{16.3.6}$$

其中 $k = 1/4$ 是无量纲量,因此其量纲方程为

$$[K] = [ML^{-1}T^{-3}]^\alpha [L]^\beta [MLT^{-3}K^{-1}]^\gamma \tag{16.3.7}$$

为保证式(16.3.7)两边相等,需满足如下代数方程组:

$$\begin{cases} \gamma = -1 \\ \alpha + \gamma = 0 \\ -\alpha + \beta + \gamma = 0 \end{cases} \tag{16.3.8}$$

解得

$$\begin{cases} \alpha = 1 \\ \beta = 2 \\ \gamma = -1 \end{cases} \tag{16.3.9}$$

因此有

$$T_c - T_s = \frac{Qa^2}{4\lambda} \tag{16.3.10}$$

(A5) UO_2 的熔点为3138 K,冷却剂允许的最高温度为577 K,这就要求 $T_c - T_s$ 的值

小于 2561 K(3138 K - 577 K),以防止燃料棒熔化,式(16.3.10)可化为

$$a^2 = \frac{4\lambda(T_c - T_s)}{Q} \tag{16.3.11}$$

将 $\lambda = 3.28$ W/(m·K) 和(A2)小题中所求得的 Q 值代入式(16.3.11),可得

$$a_u \approx 8.267 \times 10^{-3} \text{ m} \tag{16.3.12}$$

即 8.267×10^{-3} m 是燃料棒半径的上限。

注 印度塔拉普尔核电站 3,4 号机组的燃料棒半径为 6.090×10^{-3} m。

B 部分 减速剂

(B1) 实验室参考系和质心参考系中的中子和减速剂原子的碰撞示意图如图 J16.3.1 所示。

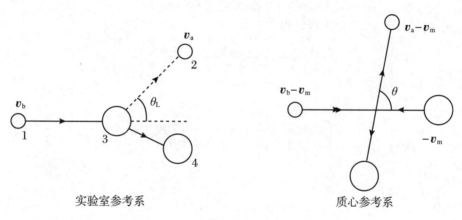

图 J16.3.1

(B2) **方法一**

在质心参考系中,碰撞前中子的速度为 $\boldsymbol{v}_b - \boldsymbol{v}_m$,碰撞前减速剂原子的速度为 $-\boldsymbol{v}_m$。根据动量守恒定律,质心系中的总动量为 0,则

$$m(\boldsymbol{v}_b - \boldsymbol{v}_m) + Am(-\boldsymbol{v}_m) = \boldsymbol{0} \tag{16.3.13}$$

解得

$$\boldsymbol{v}_m = \frac{\boldsymbol{v}_b}{A+1} \tag{16.3.14}$$

在质心参考系中,碰撞后的中子的速度为 $\boldsymbol{v}$,碰撞后减速剂原子的速度为 $\boldsymbol{V}$。根据动量守恒定律有

$$m\boldsymbol{v} + Am\boldsymbol{V} = \boldsymbol{0} \tag{16.3.15}$$

根据能量守恒定律有

$$\frac{1}{2}m(v_b - v_m)^2 + \frac{1}{2}Amv_m^2 = \frac{1}{2}mv^2 + \frac{1}{2}AmV^2 \tag{16.3.16}$$

联立式(16.3.15)和式(16.3.16)可得

$$v = \frac{Av_b}{A+1}, \quad V = \frac{v_b}{A+1} \tag{16.3.17}$$

方法二

根据质心参考系的定义，质心相对于实验室参考系的速度为 $v_m = \dfrac{v_b}{A+1}$。在质心参考系中，碰撞前中子的速度大小为 $v_b - v_m = A\dfrac{v_b}{A+1}$，碰撞前减速剂原子的速度大小为 v_m。在质心参考系中，发生弹性碰撞后的粒子将会沿相反的方向分开，所以两者的速度大小仍为

$$v = \frac{Av_b}{A+1},\quad V = \frac{v_b}{A+1}\text{。}$$

（B3）碰撞前，中子相对于实验室参考系的速度为 $\boldsymbol{v}_a$，中子相对于质心参考系的速度为 $\boldsymbol{v}$，质心相对于实验室参考系的速度为 $\boldsymbol{v}_m$。三个速度满足相对速度关系，因此有

$$\boldsymbol{v}_a = \boldsymbol{v} + \boldsymbol{v}_m \tag{16.3.18}$$

在速度矢量三角形中，根据余弦定理有

$$v_a^2 = v^2 + v_m^2 - 2vv_m\cos(\pi - \theta) \tag{16.3.19}$$

将 v 与 v_m 的值代入上式，整理后可得

$$v_a^2 = \frac{A^2 v_b^2}{(A+1)^2} + \frac{v_b^2}{(A+1)^2} + \frac{2Av_b^2}{(A+1)^2}\cos\theta \tag{16.3.20}$$

因此

$$\frac{E_a}{E_b} = \frac{\frac{1}{2}mv_a^2}{\frac{1}{2}mv_b^2} = \frac{A^2 + 2A\cos\theta + 1}{(A+1)^2} \tag{16.3.21}$$

整理后有

$$\begin{aligned}G(\alpha,\theta) &= \frac{E_a}{E_b}\\ &= \frac{1}{2}\big[(1+\alpha) + (1-\alpha)\cos\theta\big]\\ &= 1 - \frac{(1-\alpha)(1-\cos\theta)}{2}\end{aligned} \tag{16.3.22}$$

（B4）两个粒子迎面对撞时，能量损失最大，即当散射角 $\theta = \pi$ 时，E_a 将是最小的，即

$$E_a = E_{\min} = \alpha E_b \tag{16.3.23}$$

对于 D_2O 而言有

$$\alpha = \left(\frac{A-1}{A+1}\right)^2 = 0.819 \tag{16.3.24}$$

则中子损失的最大能量比例为

$$f_1 = \frac{E_b - E_{\min}}{E_b} = 1 - \alpha = 0.181 \tag{16.3.25}$$

C 部分　核反应堆

（C1）要求体积一定的核反应堆泄漏率最小，即要求

$$\frac{\mathrm{d}}{\mathrm{d}H}k_1\left[\left(\frac{2.405}{R}\right)^2 + \left(\frac{\pi}{H}\right)^2\right] = 0 \tag{16.3.26}$$

其中体积 $V = \pi R^2 H$ 是定值，那么式(16.3.26)可化为

$$\frac{d}{dH} k_1 \left(\frac{2.405^2 \pi H}{V} + \frac{\pi^2}{H^2} \right) = k_1 \left(\frac{2.405^2 \pi}{V} - 2\frac{\pi^2}{H^3} \right) = 0 \qquad (16.3.27)$$

要使式(16.3.27)成立,要求

$$\left(\frac{2.405}{R} \right)^2 = 2\left(\frac{\pi}{H} \right)^2 \qquad (16.3.28)$$

在稳态条件下,要求核反应堆的中子泄漏率与超额率相等,即

$$k_1 \left[\left(\frac{2.405}{R} \right)^2 + \left(\frac{\pi}{H} \right)^2 \right] \Psi = k_2 \Psi \qquad (16.3.29)$$

联立式(16.3.28)和式(16.3.29),可得圆柱形核反应堆的高度和半径分别为

$$H = 5.866 \text{ m}, \quad R = 3.175 \text{ m} \qquad (16.3.30)$$

注 印度塔拉普尔核电站 3,4 号机组的圆柱形核反应堆的高度为 5.940 m,半径为 3.192 m。

(C2) 燃料管在方阵中的间距为 0.286 m,每根燃料管所占据的面积为 $(0.286 \text{ m})^2 = 8.180 \times 10^{-2} \text{ m}^2$,核反应堆的有效横截面积为 $\pi R^2 = 31.67 \text{ m}^2$,因此在稳态运转时,燃料管的数量为

$$F_n = \frac{\pi R^2}{(0.286 \text{ m})^2} = 387 \qquad (16.3.31)$$

UO_2 的质量为

$$\begin{aligned} M &= F_n V \rho \\ &= 387 \times (\pi \times 0.03617^2 \times 5.866) \times 10600 \text{ kg} \\ &= 9.892 \times 10^4 \text{ kg} \end{aligned} \qquad (16.3.32)$$

注 燃料 UO_2 的总体积为 $387 \times (\pi \times 0.03617^2 \times 5.866) \text{ m}^3 = 9.332 \text{ m}^3$,如果反应堆的工作效率为 12.5%,利用(A3)小题的结果,可得反应堆的输出功率是 $9.332 \times 4.917 \times 10^8 \times 0.125$ W = 573 MW。印度塔拉普尔核电站 3,4 号机组有 392 根燃料管,燃料 UO_2 的总质量为 10.15×10^4 kg,它的输出功率为 540 MW。

第47届国际物理奥林匹克竞赛理论试题

第1题 两个力学问题

A部分 隐藏的盘子

在半径为 r_1、厚度为 h_1 的实心木质圆柱体的内部挖一个圆柱形的洞,在洞内紧密地嵌入半径为 r_2、厚度为 h_2 的圆柱形金属盘,如图 T17.1.1 所示。金属盘的对称轴为 B 轴,圆柱体的对称轴为 S 轴,两对称轴互相平行,相距为 d;金属盘到木质圆柱上下两底面的距离相等。木质圆柱体的密度为 ρ_1,金属盘的密度为 ρ_2,$\rho_2 > \rho_1$。圆柱体与金属盘的总质量为 M。

现将木质圆柱如图 T17.1.1 所示置于地面上,木质圆柱体可以左右自由滚动。

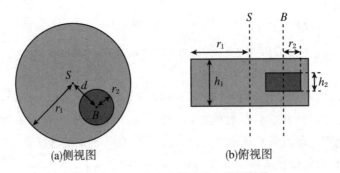

(a)侧视图   (b)俯视图

图 T17.1.1 内嵌金属盘的木质圆柱体

本部分希望通过间接测量,求得金属盘的半径 r_2 和高度 h_2 以及金属盘在木质圆柱体中的位置 d。

在下列问题中,当要求用已知物理量表示计算结果时,假设以下参量是已知的:
$$r_1, h_1, \rho_1, \rho_2, M \tag{*}$$

另设金属盘的质量为 M_2(未知),除去金属盘的木质圆柱体的质量为 M_1(未知),$M = M_1 + M_2$。

为了测量整个系统的质心 C 与木质圆柱对称轴 S 之间的距离 b,我们设计如下实验:将系统置于水平基座上,系统处于稳定平衡状态。缓慢倾斜基座,使之与地面成 θ 角,如图 T17.1.2 所示。由于静摩擦力的作用,圆柱与斜面间没有滑动,只有滚动。当圆柱体沿斜面滚动一小段距离后,系统再次进入稳定平衡的静止状态,测得再次平衡时圆柱体转过的角度为 φ。

---

① 第47届国际物理奥林匹克竞赛于2016年7月11日至7月17日瑞士苏黎世举行。86个国家和地区派出代表队,398名选手参加了本届竞赛。

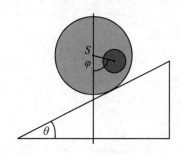

图 T17.1.2 倾斜的基座与圆柱体

(A1) 求 b 的表达式,用式(∗)中的参量以及 θ 和 φ 表示。

在后面的问题中,我们假定 b 为已知量。接下来,我们测量系统关于 S 轴的转动惯量 I_S。为此,我们使用硬杆固定 S 轴,将圆柱体悬挂起来,然后使圆柱绕 S 轴相对于平衡位置转过小角度 φ 并自由释放,如图 T17.1.3 所示。我们观察到系统的转角 φ 做周期性运动,周期为 T。

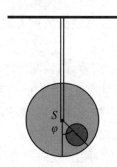

图 T17.1.3 悬挂的圆柱

(A2) 写出系统的动力学方程,并指出系统做何种方式的运动。求出系统关于轴 S 的转动惯量 I_S,用 T,b 和式(∗)中的参量表示,其中系统的转角 φ 是小量。

通过(A1)和(A2)小题的测量,现在进一步确定金属盘的半径 r_2、厚度 h_2 及其在木质圆柱体中的位置 d。

(A3) 求 d 的表达式,用 b 和式(∗)中的参量表示。另外表达式中还要包含变量 r_2 和 h_2,这两个变量将在(A5)小题中进行计算。

(A4) 求转动惯量 I_S 的表达式,用 b 和式(∗)中的参量表示。另外表达式中还要包含变量 r_2 和 h_2,这两个变量将在(A5)小题中进行计算。

(A5) 利用(A3)和(A4)小题的结论,求 r_2 和 h_2 的表达式,用 b,T 和式(∗)中的参量表示。为书写简单,可在 h_2 的表达式中包含 r_2。

B 部分　旋转的空间站

爱丽丝是住在空间站的宇航员。空间站是半径为 R 的巨大转轮,转轮绕其自身对称轴旋转,由此为宇航员提供人造重力。宇航员生活在转轮的内部边缘处,如图 T17.1.4 所示。空间站对宇航员的万有引力可忽略;空间站地面的曲率可忽略。

(B1) 当空间站以角速度 ω_{SS} 转动时,可使宇航员感受到与在地面相同的重力加速度

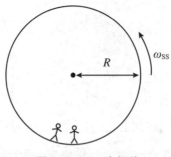

图 T17.1.4 空间站

g_E，求空间站的角速度 ω_{ss}。

爱丽丝和她的宇航员朋友鲍勃发生争论。鲍勃不相信他们实际生活在空间站，而是生活在地球。爱丽丝想用物理方法证明给鲍勃看，他们确实生活在旋转的空间站中，于是她将质量为 m 的物体挂在劲度系数为 k 的弹簧上，并让其振动。重物只在垂直方向（空间站半径方向）振动，而在水平方向（空间站切线方向）无运动。

(B2) 若在地球上完成上述实验，地球表面的重力加速度 g_E 可认为是恒定的，则在地球表面测得上述振动的角频率 ω_E 是多少？

(B3) 爱丽丝在空间站中完成上述实验，则爱丽丝测得的上述振动的角频率 ω 为多大？

爱丽丝确信她的实验结果能够证明他们生活在旋转的空间站中，但鲍勃仍对此表示怀疑，他声称当考虑地球表面上空的重力加速度随物体离地面高度的变化时，仍可得到类似结果。接下来我们探究为何鲍勃声称的情况是对的。

(B4) 推导地球表面附近高度为 h（小量）处的重力加速度 $g_E(h)$ 的表达式，并求上述振动的角频率 $\widetilde{\omega_E}$。已知地球半径为 R_E。忽略地球自转。

事实上，爱丽丝确实发现弹簧振子在空间站中振动的角频率与鲍勃所声称的情况的角频率相同。

(B5) 当空间站的半径 R 为多大时，空间站的振动角频率 ω 和地球上的振动角频率 $\widetilde{\omega_E}$ 相一致？结果用 R_E 表示。

爱丽丝被鲍勃的顽固所激怒，爱丽丝想到一个实验来证明她的观点。为此，她爬到距空间站地面高为 H 的塔顶并无初速释放物体。这个实验可以理解为在一转动参考系中进行，也可以理解为在惯性参照系中进行。

在匀速转动参考系中，宇航员会感受到科里奥利力的作用。在角速度为 ω_{ss} 的转动参考系中，作用于速度为 v，质量为 m 的物体上的科里奥利力 $\boldsymbol{F_C}$ 为

$$\boldsymbol{F_C} = 2m\boldsymbol{v} \times \boldsymbol{\omega_{ss}}$$

也可表示为

$$F_C = 2mv\omega_{ss}\sin\theta$$

其中 θ 为物体速度与转动参考系旋转轴之间的夹角，科里奥利力的方向与速度 v 的方向和转动参考系的旋转轴方向都垂直，其指向由右手定则确定。

(B6) 计算物体落到空间站地面时的水平方向速度 v_x 和水平方向位移 d_x（相对于塔基，在垂直于塔的方向上的位移）。假定 H 较小，能够保证整个下落过程中加速度不变，且

有 $d_x \ll H$。

(B7) 为了得到更好的结果,爱丽丝决定在更高的塔顶进行落体实验,她惊奇地发现,这一次重物竟然落在了塔基处,即 $d_x = 0$。求发生上述奇异现象时塔的最小高度。

爱丽丝为说服鲍勃做了最后努力。她利用弹簧振子演示科里奥利力的作用效果,于是她将实验装置改为:将弹簧挂在一个环上,环可以在沿 x 方向的水平杆上无摩擦地自由滑动。弹簧本身在 y 方向振动。杆平行于空间站地面,垂直于空间站转轴。xy 平面垂直于空间站转轴,y 方向指向空间站的转动中心。爱丽丝向 y 轴下方拉动重物离开平衡点(平衡点坐标为 $x=0, y=0$),距离为 d,然后释放,如图 T17.1.5 所示。

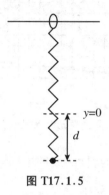

图 T17.1.5

(B8) 求出 $x(t)$ 和 $y(t)$ 的表达式,假定 d 和 ω_{ss} 较小,并忽略振子运动引起的 y 方向的科里奥利力。画出振子的运动轨迹 $(x(t), y(t))$,要求标出所有重要特征,如振幅等。

第 2 题　电路中的非线性动力学

前言

双稳态非线性半导体元件(例如晶体闸流管或可控硅整流器)广泛应用于电子开关和电磁振荡发生器。晶闸管的主要应用领域是在电力电子产品中用于控制交变电流,例如将兆瓦级交流电整流为直流电。双稳态非线性半导体元件也可以作为模型系统,用于模拟物理学中的自组织现象(B 部分),还可用于生物学(C 部分)和现代非线性科学等领域。对于电路中含有非线性伏安特性曲线的元件,我们研究这种电路的不稳定性和复杂动力学,由此探究此类电路在工程和生物系统建模中的应用。

A 部分　定态与不确定性

某非线性元件 X 具有所谓 S 形的非线性伏安特性曲线,如图 T17.2.1 所示。当非线性元件 X 两端电压在电压范围 $U_h = 4.00$ V(保持电压)至 $U_{th} = 10.0$ V(阈值电压)间时,此 X 元件的伏安特性曲线上的电压是多值的。为简单起见,我们将图 T17.2.1 中的曲线视为分段的线性直线,即每个分段都是直线的一段。特别值得注意的是,如果延长右上段直线,其延长线将经过原点。这种近似是对真实晶闸管的伏安特性曲线相当好的描述。

(A1) 利用图 T17.2.1,分别计算 X 元件的伏安特性曲线的右上方分段的电阻 R_{on} 和左

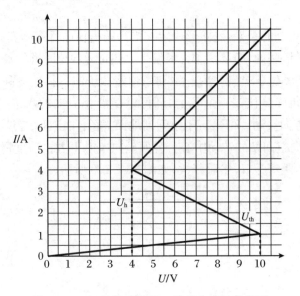

图 T17.2.1 非线性元件 X 的伏安特性曲线图

下方分段的电阻 R_{off}。X 元件的伏安特性曲线的中间分段的电阻 R_{int} 满足 $I = I_0 - \dfrac{U}{R_{int}}$，计算参数 I_0 和 R_{int} 的值。

在图 T17.2.2 所示的电路中，将元件 X 和电阻 R，电感 L 以及理想电压源 ε 串联，当电路中的电流不随时间变化，即 $I(t) = C$ 时，称此电路处于定态（或静态）。

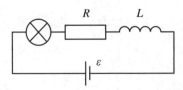

图 T17.2.2　元件 X 和电阻 R，电感 L 以及理想电压源 ε 构成的串联电路

（A2）在图 T17.2.2 所示的电路中，当 ε 恒定，$R = 3.00\ \Omega$ 时，电路可能的定态数为多少？当 $R = 1.00\ \Omega$ 时，电路的定态数又是多少？

（A3）在图 T17.2.2 所示的电路中，当 $R = 3.00\ \Omega$，$L = 1.00\ \mu H$，$\varepsilon = 15.0\ V$ 时，计算定态时非线性元件 X 上的电流 I_s 和电压 U_s。下标 s 表示定态（stationary）。

当图 T17.2.2 所示电路处于电流 $I(t) = I_s$ 的定态时，将电流稍微改变一个微小量（电流增加或减少）后，若电流趋向于返回到原来的定态，则称该定态是稳定的。若电流趋向于远离定态，则称该定态是不稳定的。

（A4）讨论（A3）小题中定态的稳定性。

B 部分　双稳态非线性元件的物理应用：无线电发射器

现在我们研究图 T17.2.3 所示的电路。非线性元件 X 与电容 $C = 1.00\ \mu F$ 并联，然后再与电阻 $R = 3.00\ \Omega$ 和理想恒压源 $\varepsilon = 15.0\ V$ 串联。事实证明这个电路会发生振荡，在振荡过程中非线性元件 X 会在振荡周期内从 X 元件的非线性伏安特性曲线的一个分段跳变到另一个分段。

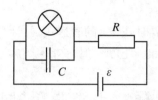

图 T17.2.3　元件 X 和电阻 R，电容 C 以及理想电压源 ε 构成的电路

（B1）在 X 元件的非线性伏安特性图上绘制振荡周期图，图中需要指明振荡方向。

（B2）时间 t_1 和 t_2 为一个振荡周期内 X 元件的非线性伏安特性曲线上每个分段分别经历的时间，求 t_1 和 t_2 的表达式，并计算其值。假设在 X 元件的非线性伏安特性曲线中，从一个分段跳变到另一分段所需的时间可忽略不计，求振荡周期 T 的值。

（B3）估算一个振荡周期内非线性元件 X 消耗的平均功率 P，并给出其数量级。

图 T17.2.3 所示的电路通常用作无线电发射器。元件 X 接到长度为 s 的线性天线（长直导线）的一端，而线性天线的另一端是自由的。在天线上会形成电磁波驻波，假定沿着天线传播的电磁波的速度和真空中电磁波的速度相同。发射器使用系统的主谐波，周期为（B2）小题中的周期 T。

（B4）在天线长度 s 不超过 1 km 的情况下，s 的最佳值是多少？

C 部分　双稳态非线性元件的生物学应用：类神经器件

我们研究双稳态非线性元件在生物过程建模中的应用，人脑中的神经元具有以下特性：当神经元受外部信号刺激时，产生一次振荡，然后返回到初始状态，称为应激性。由于这种特性，振荡可以在构成神经系统的耦合神经元网络中传播。称为类神经器件的就是用于模拟应激性和脉冲传播的半导体芯片。

我们使用之前研究过的包含非线性元件 X 的图 T17.2.3 所示的电路来模拟类神经器件。为此，将图 T17.2.3 所示的电路中的理想恒压源 ε 减小到 $\varepsilon' = 12.0$ V，此时振荡停止，系统达到定态。然后，理想电压源迅速回升至 $\varepsilon = 15.0$ V，并在经过一段时间 τ 后（$\tau < T$）被再次瞬间减小到 ε'，如图 T17.2.4 所示。实验表明，存在跳变电流切换的时间存在临界值 τ_{crit}，当 $\tau < \tau_{crit}$ 和 $\tau > \tau_{crit}$ 时，系统的行为是完全不同的。

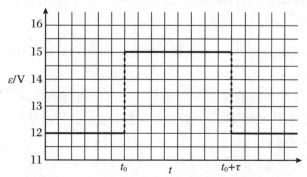

图 T17.2.4　理想电压源 ε 的输出电压随时间变化图线

(C1) 分别绘制当 $\tau < \tau_{crit}$ 和 $\tau > \tau_{crit}$ 时非线性元件 X 上的电流 $I_X(t)$ 随时间变化的图像，分情况进行绘图。

(C2) 求电流跃变切换的临界时间 τ_{crit} 的表达式，并计算其值。

(C3) 对于该电路，当 $\tau = 1.00 \times 10^{-6}$ s 时，还能模拟一个类神经器件吗？

第3题　大型强子对撞机

前言

本题讨论位于欧洲核子研究中心的粒子加速器大型强子对撞机（LHC）中的物理问题。欧洲核子研究中心是世界上最大的粒子物理实验室，主要研究目标是探索自然界的基本规律。大型强子对撞机的工作原理是加速到很高能量的两束粒子通过强磁场下的加速器圆环，然后相互进行碰撞。粒子在加速器圆环内的分布是不均匀的，但是会聚集形成所谓的粒子束，由此碰撞，从而产生新粒子，通过大型探测器对新粒子进行观测。大型强子对撞机的主要参数有：

LHC 圆环

圆环的周长：26659 m

质子流包含的束数：2808 束

每一束包含的质子数目：1.15×10^{11} 个

质子流

一个质子的能量：7.00 TeV

对撞质子对的质心能量：14.0 TeV

粒子物理学家对能量、动量和质量采取简便的单位：能量以电子伏特（eV）为单位。1 eV 是带有基本电荷电量 e 的粒子经过 1 V 的电压加速后所获得的能量（1 eV = 1.602×10^{-19} kg·m^2/s^2）。动量以 eV/c 为单位，质量以 eV/c^2 为单位，c 是真空中的光速。因为 1 eV 是很小的能量，粒子物理学家通常使用 MeV（1 MeV = 10^6 eV）、GeV（1 GeV = 10^9 eV）和 TeV（1 TeV = 10^{12} eV）。

A 部分　大型强子对撞机

加速

假设质子在加速电压 V 作用下加速到非常接近光速，忽略由于辐射和与其他粒子碰撞引起的任何能量损失。

(A1) 求质子末速度 v 的准确表达式，以加速电压 V 和基本物理学常量表示。

我们设计了一个未来在欧洲核子研究中心实施的实验计划，利用 LHC 产生的质子与能量为 60.0 GeV 的电子碰撞。

(A2) 对于具有高能量和低质量的粒子，经电场加速后的末速度 v 与光速 c 的相对偏差 $\Delta = \dfrac{c-v}{c}$ 是很小的。求 Δ 的一阶近似表达式，用加速电压 V 和基本物理学常量表示。对于能量为 60.0 GeV 电子，计算 Δ 的值。

我们现在接着研究大型强子对撞机中的质子。假设质子束流的截面是圆形。

(A3) 要使质子束保持在圆形轨道上，求恒定磁感应强度 B 的表达式。用质子能量 E、圆环周长 L 和基本物理学常量表示。如果能保证对计算结果的影响小于有效数字最少位数的物理量所给出的精度，你可以采取适当的近似。若要获得 $E = 7.00$ TeV 能量的质子，求恒定磁感应强度 B 的值，忽略质子间的相互碰撞。

辐射功率

加速带电粒子会以电磁波的形式向外辐射能量。以恒定角速度做圆周运动的带电粒子，其辐射功率 P_{rad} 取决于加速度 a，电荷 q，光速 c 和真空中的介电常数 ε_0。

(A4) 利用量纲分析求辐射功率 P_{rad} 的表达式。

真实的辐射功率公式还包含常数 $\dfrac{1}{6\pi}$ 和由相对论导出的 γ^4，$\gamma = \dfrac{1}{\sqrt{1 - v^2/c^2}}$。

(A5) 大型质子对撞机中质子的能量 $E = 7.00$ TeV（已在本题开头给出），计算这个质子束的总辐射功率 P_{tot} 的值，计算中可作适当近似。

直线加速

如图 T17.3.1 所示，直线加速器由两块平板构成，两板间距 $d = 30.0$ m，两板间电势差 $V = 500$ MV，两平板间的电场是匀强电场。

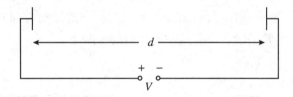

图 T17.3.1 直线加速器示意图

(A6) 求质子由静止开始通过该直线加速器所需的时间 T 的值。

B 部分　粒子的识别

飞行时间

解释碰撞相互作用过程，很重要的是对碰撞中生成的高能粒子进行识别。识别粒子的一个简单方法是测量已知动量的粒子通过长度 l 所需的时间 t，这样的装置称为飞行时间探测器（TOF 探测器）。

通过飞行时间探测器的典型粒子质量为：

氘核的质量：1876 MeV/c^2

质子的质量：938 MeV/c^2

带电 K 介子的质量：494 MeV/c^2

带电 π 介子的质量：140 MeV/c^2

电子的质量：0.511 MeV/c^2

(B1) 假设带有元电荷 e 的粒子以接近光速 c 的速度沿直线匀速通过飞行时间探测器，粒子飞行的直线轨迹与探测器的两个探测平面垂直，如图 T17.3.2 所示。求粒子的静止质

量 m 的表达式,用动量 p,飞行长度 l 和飞行时间 t 表示。

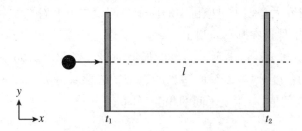

图 T17.3.2 飞行时间探测器示意图

(B2) 若要准确分辨动量均为 1.00 GeV/c 的带电 K 介子和带电 π 介子,则需计算飞行时间探测器所需的最小长度 l_0。为了很好地区分这两种粒子,要求飞行时间的差异大于飞行时间探测器分辨时间的三倍。飞行时间探测器的分辨时间的典型值是 150 ps(1 ps = 10^{-12} s)。

在下列问题中,对碰撞产生的粒子进行探测的探测器有轨迹探测器和飞行时间探测器。两个探测器均制成探测管状,置于相互作用区,粒子束流通过探测管的中心。轨迹探测器测量带电粒子通过磁场时的运行轨迹,磁场方向平行于质子束的运动方向。图 T17.3.3 在与质子束流平行的和垂直的两个平面内展示了两个探测器。通过运行轨道的半径 r 可以确定粒子的横向动量(沿切线方向)p_T。由于碰撞时间已知,飞行时间探测器测量飞行时间(从碰撞产生粒子到飞行时间探测器探测到粒子所经过的时间)。这个飞行时间探测器位于轨迹探测器后面。在以下问题中,假设所有由碰撞产生的粒子的运动方向垂直于质子束的运动方向,这意味着新生成的粒子没有沿着质子流方向的纵向动量。

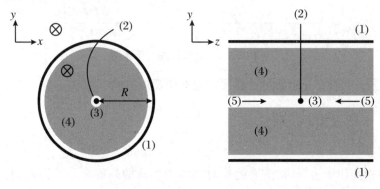

图 T17.3.3

轨迹探测器和飞行时间探测器组成的粒子探测实验装置结构示意图。两个探测器是以碰撞点为中心分布的管子。左图:与质子束流方向垂直的截面的横向示意图;右图:与质子束流方向平行的截面的纵向示意图。
(1) TOF 管;(2) 碰撞产生的粒子的运动轨迹;(3) 碰撞点;(4) 轨迹探测管;(5) 迎面对撞的质子流;⊗磁场。

(B3) 求粒子质量 m 的表达式,用磁感应强度 B,飞行时间探测管半径 R,基本物理学常量,轨迹半径 r 和飞行时间 t(后两个物理量可以测量得到)表示。

我们探测到四种粒子,现在要对它们进行辨别。轨迹探测器的磁感应强度为 $B = 0.500$ T。飞行时间测量管的半径 $R = 3.70$ m,四种粒子的测量结果为(1 ns = 10^{-9} s):

粒子 A:轨迹半径 $r = 5.10$ m,飞行时间 $t = 20$ ns

粒子 B:轨迹半径 $r = 2.94$ m,飞行时间 $t = 14$ ns

粒子 C：轨迹半径 $r=6.06$ m，飞行时间 $t=18$ ns
粒子 D：轨迹半径 $r=2.31$ m，飞行时间 $t=25$ ns
(B4) 通过对粒子质量的计算，分辨出这四种粒子。

常用数据表

真空中的光速 $c=299792458$ m/s

真空中的磁导率（磁常数）$\mu_0=4\pi\times10^{-7}$ kg·m/(A²·s²)

真空中的电容率（电常数）$\varepsilon_0=8.854187817\times10^{-12}$ A²·s⁴/(kg·m³)

基本电荷 $e=1.6021766208(98)\times10^{-19}$ A·s

电子的质量 $m_e=9.10938356(11)\times10^{-31}$ kg $=0.5109989461(31)$ MeV/c^2

质子的质量 $m_p=1.672621898(21)\times10^{-27}$ kg $=938.2720813(58)$ MeV/c^2

中子的质量 $m_n=1.674927471(21)\times10^{-27}$ kg $=939.5654133(58)$ MeV/c^2

原子质量单位 1 u $=1.660539040(20)\times10^{-27}$ kg

里德伯常量 $R_\infty=10973731.568508(65)$/m

万有引力常量 $G=6.67408(31)\times10^{-11}$ m³/(kg·s²)

重力加速度（瑞士苏黎世）$g=9.81$ m/s²

普朗克常量 $h=6.626070040(81)\times10^{-34}$ kg·m²/s

阿伏伽德罗常量 $N_A=6.022140857(74)\times10^{23}$/mol

普适气体常量 $R=8.3144598(48)$ kg·m²/(s²·mol·K)

玻尔兹曼常量 $k_B=1.38064852(79)\times10^{-23}$ kg·m²/(s²·K)

斯特藩-玻尔兹曼常数 $\sigma=5.670367(13)\times10^{-8}$ kg/(s³·K⁴)

第47届国际物理奥林匹克竞赛理论试题解析

第1题 两个力学问题

A部分 隐藏的盘子

（A1）由于内嵌有实心金属圆柱盘的木质圆柱体（以下简称系统）在斜面上处于静止状态，系统在自身重力 G，斜面的支持力 N 和斜面的静摩擦力 f 的共同作用下处于平衡状态，如图 J17.1.1 所示。

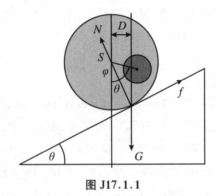

图 J17.1.1

根据三力汇交原理，系统受到的三个力必然通过圆柱体与斜面的接触点。根据几何关系有

$$\sin\theta = \frac{D}{r_1} \tag{17.1.1}$$

$$\sin\varphi = \frac{D}{b} \tag{17.1.2}$$

联立式（17.1.1）和式（17.1.2），解得

$$b = \frac{r_1 \sin\theta}{\sin\varphi} \tag{17.1.3}$$

（A2）系统重力对 S 轴的力矩为

$$\tau = -bMg\sin\varphi \tag{17.1.4}$$

根据刚体的转动方程有

$$I_S \ddot{\varphi} = -bMg\sin\varphi \tag{17.1.5}$$

故

$$\ddot{\varphi} = -\frac{bMg}{I_S}\sin\varphi \approx -\frac{bMg}{I_S}\varphi \tag{17.1.6}$$

因此，系统绕 S 轴的转动为简谐运动，其角频率和周期分别为

$$\omega = \sqrt{\frac{Mgb}{I_S}}, \quad T = 2\pi\sqrt{\frac{I_S}{Mgb}} \tag{17.1.7}$$

利用式(17.1.7)，可得系统绕 S 轴的转动惯量为

$$I_S = \frac{MgbT^2}{4\pi^2} \tag{17.1.8}$$

(A3) 若系统整体是实心木质圆柱体，则系统的质心在 S 轴。现在其内部挖圆柱形孔洞，在内紧密地嵌入半径为 r_2，厚度为 h_2 的圆柱形金属盘，金属盘的对称轴为 B 轴。这对系统质心位置的影响相当于在实心木质圆柱体的 B 轴处放置质量为 $(\rho_2 - \rho_1)\pi r_2^2 h$ 的质点。根据质心的定义有

$$b = \frac{(\rho_2 - \rho_1)\pi r_2^2 h \cdot d}{M_1 + M_2} = \frac{(\rho_2 - \rho_1)\pi r_2^2 h \cdot d}{M} \tag{17.1.9}$$

因此金属盘的对称轴 B 轴到圆柱体对称轴 S 轴的距离为

$$d = \frac{bM}{(\rho_2 - \rho_1)\pi r_2^2 h_2} \tag{17.1.10}$$

(A4) 若系统整体是全木质实心圆柱体，那么系统的质心在 S 轴。全木质实心圆柱绕其对称轴 S 轴的转动惯量为

$$I_1 = \frac{1}{2}(\rho_1 \pi r_1^2 h_1) r_1^2 = \frac{1}{2}\pi h_1 \rho_1 r_1^4 \tag{17.1.11}$$

现在其中内部挖圆柱形孔洞，在内紧密地嵌入半径为 r_2，厚度为 h_2 的圆柱形金属盘，金属盘的对称轴为 B 轴。这对转动惯量的影响相当于在原来全木质实心圆柱体的 B 轴处添加密度为 $\rho_2 - \rho_1$，半径为 r_2，厚度为 h_2 的圆柱体。添加物对 B 轴的转动惯量为

$$I_2 = \frac{1}{2}[(\rho_2 - \rho_1)\pi r_2^2 h_2] r_2^2 = \frac{1}{2}\pi h_2 (\rho_2 - \rho_1) r_2^4 \tag{17.1.12}$$

根据平行轴定理，可知系统对 B 轴的转动惯量为

$$I_S = I_1 + (I_2 + md^2) = I_1 + I_2 + \pi r_2^2 h_2 (\rho_2 - \rho_1) d^2 \tag{17.1.13}$$

因此可得系统对 S 轴的转动惯量为

$$I_S = \frac{1}{2}\pi h_1 \rho_1 r_1^4 + \frac{1}{2}\pi h_2 (\rho_2 - \rho_1) r_2^4 + \frac{b^2 M^2}{\pi r_2^2 h_2 (\rho_2 - \rho_1)} \tag{17.1.14}$$

(A5) 由系统的总质量

$$M = \pi r_1^2 h_1 \rho_1 + \pi r_2^2 h_2 (\rho_2 - \rho_1) \tag{17.1.15}$$

可得

$$h_2 = \frac{M - \pi r_1^2 \rho_1 h_1}{\pi r_2^2 (\rho_2 - \rho_1)} \tag{17.1.16}$$

将式(17.1.16)代入式(17.1.14)，解得

$$r_2^2 = \frac{2}{M - \pi r_1^2 h_1 \rho_1}\left(I_S - \frac{1}{2}\pi h_1 \rho_1 r_1^4 - b^2 \frac{M^2}{M - \pi r_1^2 h_1 \rho_1}\right) \tag{17.1.17}$$

将式(17.1.8)代入式(17.1.17)，可得

$$r_2 = \sqrt{\frac{2}{M - \pi r_1^2 h_1 \rho_1}\left(\frac{MbgT^2}{4\pi^2} - \frac{1}{2}\pi h_1 \rho_1 r_1^4 - \frac{b^2 M^2}{M - \pi r_1^2 h_1 \rho_1}\right)} \tag{17.1.18}$$

B 部分　旋转的空间站

（B1）由于空间站参考系为转动参考系，因此在空间站参考系中，宇航员在空间站表面受到的离心惯性力为

$$F_{CE} = m\omega_{SS}^2 R \tag{17.1.19}$$

方向沿半径向外。要使宇航员在空间站感受到与地面上相同的重力加速度，也就要求

$$g_E = a = \frac{F_{CE}}{m} = \omega_{SS}^2 R \tag{17.1.20}$$

因此空间站转动的角速度为

$$\omega_{SS} = \sqrt{\frac{g_E}{R}} \tag{17.1.21}$$

（B2）在地球表面上，弹簧振子的动力学方程为

$$-kx = ma = m\ddot{x} \tag{17.1.22}$$

因此弹簧振子振动时的角频率为

$$\omega_E = \sqrt{\frac{k}{m}} \tag{17.1.23}$$

上式显示，弹簧振子在地面上做简谐运动的角频率与地面的重力加速度 g_E 无关。

（B3）选取相对空间站静止的旋转参考系，题中重物只在垂直方向上振动，即不考虑科里奥利力，如图 J17.1.2 所示，假设弹簧端点的振子偏离弹簧原长的距离为 x，振子受到离心惯性力和弹簧弹力的共同作用，以沿着半径方向且背离圆心方向为正方向，则弹簧振子受到的合外力为

$$F = -kx + m\omega_{SS}^2(R+x) \tag{17.1.24}$$

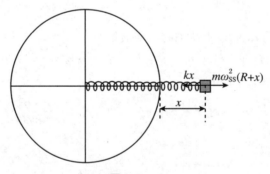

图 J17.1.2

根据牛顿运动定律，振子的动力学方程为

$$\begin{aligned}
m\ddot{x} &= -kx + m\omega_{SS}^2(R+x) \\
&= m\omega_{SS}^2 x - kx + m\omega_{SS}^2 R \\
&= m\omega_{SS}^2 x - kx + \frac{m\omega_{SS}^2 R(m\omega_{SS}^2 - k)}{m\omega_{SS}^2 - k} \\
&= m\omega_{SS}^2 x - kx + \frac{m^2\omega_{SS}^4 R - mk\omega_{SS}^2 R}{m\omega_{SS}^2 - k}
\end{aligned}$$

$$= m\omega_{SS}^2 x - kx + \frac{m^2\omega_{SS}^4 R}{m\omega_{SS}^2 - k} - \frac{mk\omega_{SS}^2 R}{m\omega_{SS}^2 - k}$$

$$= m\omega_{SS}^2 \left(x + \frac{m\omega_{SS}^2 R}{m\omega_{SS}^2 - k}\right) - k\left(x + \frac{m\omega_{SS}^2 R}{m\omega_{SS}^2 - k}\right)$$

$$= (m\omega_{SS}^2 - k)\left(x + \frac{m\omega_{SS}^2 R}{m\omega_{SS}^2 - k}\right) \tag{17.1.25}$$

整理后有

$$m\ddot{x} + (k - m\omega_{SS}^2)\left(x - \frac{m\omega_{SS}^2 R}{k - m\omega_{SS}^2}\right) = 0 \tag{17.1.26}$$

令 $X = x - \dfrac{m\omega_{SS}^2 R}{k - m\omega_{SS}^2}$,则式(17.1.26)可化为

$$m\ddot{X} + (k - m\omega_{SS}^2)X = 0 \tag{17.1.27}$$

上式是典型的简谐运动的动力学方程,因此弹簧振子的振动角频率为

$$\omega = \sqrt{\frac{k}{m} - \omega_{SS}^2} = \sqrt{\frac{k}{m} - \frac{g_E}{R}} \tag{17.1.28}$$

(B4) 以沿着地球半径且背离地球球心方向为正方向,根据万有引力定律,距离地球表面高度为 h 处的重力加速度为

$$g_E(h) = -\frac{GM}{(R_E + h)^2} \tag{17.1.29}$$

在地球表面附近高度 $h \ll R$ 处,重力加速度可近似为

$$g_E(h) = -\frac{GM}{R_E^2} + 2h\frac{GM}{R_E^3} + \cdots \tag{17.1.30}$$

考虑到 $g_E = \dfrac{GM}{R_E^2}$,式(17.1.30)可化为

$$g_E(h) = -g_E + 2h\frac{g_E}{R_E} \tag{17.1.31}$$

因此当振子离开原长位置 x 时,所受的合外力为

$$F = -kx - mg_E + 2x\frac{mg_E}{R_E} \tag{17.1.32}$$

因此弹簧振子的动力学方程为

$$m\ddot{x} = -kx - mg_E + 2x\frac{mg_E}{R_E} \tag{17.1.33}$$

仿照(B3)小题的解法,同理可解得离地高度为 h 处的弹簧振子的振动角频率为

$$\widetilde{\omega}_E = \sqrt{\frac{k}{m} - 2\frac{g_E}{R_E}} \tag{17.1.34}$$

(B5) 现在要求空间站内的弹簧振子的振动角频率和地球上离地面高度为 h 处的弹簧振子的振动角频率相等,即要求

$$\omega = \widetilde{\omega}_E \tag{17.1.35}$$

将式(17.1.28)和式(17.1.34)代入式(17.1.35),可得

$$R = \frac{R_E}{2} \tag{17.1.36}$$

(B6) **方法一 旋转参考系,科里奥利力**

物体在空间站地面附近沿着竖直方向下落(竖直方向定义为沿着半径方向朝外),在下落过程中竖直方向的加速度为向心加速度 $a_y = \omega_{SS}^2 R$,是定值,因此物体竖直向下的速度分量为

$$v_y = a_y t = \omega_{SS}^2 R t \tag{17.1.37}$$

物体从开始下落至落到空间站地面所需的时间为

$$t = \sqrt{\frac{2H}{a_y}} = \sqrt{\frac{2H}{\omega_{SS}^2 R}} \tag{17.1.38}$$

物体由于竖直方向下落而造成的水平方向(水平方向定义为垂直于半径的方向,即切线方向)的科里奥利力为

$$F_C(t) = 2mv_x\omega = 2m(\omega_{SS}^2 R t)\omega_{SS} = 2m\omega_{SS}^3 R t \tag{17.1.39}$$

由于物体的科里奥利力而造成的物体沿水平方向的加速度为

$$F_C(t) = ma_x \Rightarrow a_x = 2\omega_{SS}^3 R t \tag{17.1.40}$$

式(17.1.40)等号两边对时间积分,再考虑到初始条件 $v_x(0) = 0$,因此物体在水平方向的速度分量为

$$v_x(t) = \int_0^t a_x \mathrm{d}t = \int_0^t 2\omega_{SS}^3 R t \mathrm{d}t = \omega_{SS}^3 R t^2 \tag{17.1.41}$$

将式(17.1.38)代入式(17.1.41),可得物体落地时沿水平方向的速度分量为

$$v_x = 2H\omega_{SS} \tag{17.1.42}$$

式(17.1.41)等号两边对时间积分,再考虑到初始条件 $d_x(0) = 0$,因此物体在水平方向的位移为

$$d_x(t) = \int_0^t v_x \mathrm{d}t = \int_0^t \omega_{SS}^3 R t^2 \mathrm{d}t = \frac{1}{3} R \omega_{SS}^3 t^3 \tag{17.1.43}$$

将式(17.1.38)代入式(17.1.43),可得物体落地时沿水平方向的位移为

$$d_x = \frac{1}{3}\sqrt{\frac{8H^3}{R}} \tag{17.1.44}$$

方法二 惯性参考系,近似方法

在惯性参考系中,空间站绕着自身的中心轴做圆周运动,在物体从空间站地面附近下落至空间站地面的时间里,空间站绕中心轴转过的角度为 α,物体相对空间站中心轴转过的角度为 φ,如图 J17.1.3 所示。

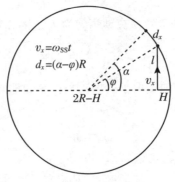

图 J17.1.3

在惯性参考系中，物体的初速度为

$$u = \omega_{ss}(R - H) \tag{17.1.45}$$

其方向垂直于半径方向（水平方向，切向）。当物体落至空间站地面时，物体速度的切向分量为

$$u_x = \omega_{ss}(R - H)\cos\varphi \tag{17.1.46}$$

按照图 J17.1.3 中的几何关系有

$$\cos\varphi = \frac{R - H}{R} = 1 - \frac{H}{R} \tag{17.1.47}$$

在旋转参考系中，物体落至空间站地面时，物体速度的切向分量为

$$\begin{aligned} v_x &= u_x - \omega_{ss} R \\ &= \omega_{ss}(R - H)\cos\varphi - \omega_{ss} R \\ &= \omega_{ss} R \left(1 - \frac{H}{R}\right)^2 - \omega_{ss} R \\ &\approx \omega_{ss} R \left(1 - 2\frac{H}{R}\right) - \omega_{ss} R \\ &= -2\omega_{ss} H \end{aligned} \tag{17.1.48}$$

负号表示物体运动的方向与正方向相反。

在惯性参考系中，物体下落至空间站地面上的时间里，物体在水平方向（沿着切线方向）的位移为

$$d_x = (\alpha - \varphi)R \tag{17.1.49}$$

物体下落至空间站地面时，空间站绕中心轴转过的角度为

$$\alpha = \omega_{ss} t \tag{17.1.50}$$

由图 J17.1.3 可知，在惯性参考系中，物体下落至空间站地面上的时间里，物体通过的水平方向的位移为

$$l = \sqrt{R^2 - (R - H)^2} \tag{17.1.51}$$

物体下落至空间站地面上的时间里，物体在水平方向的速度为

$$u = \omega_{ss}(R - H) \tag{17.1.52}$$

因此物体下落过程的时间为

$$t = \frac{l}{u} = \frac{\sqrt{R^2 - (R - H)^2}}{\omega_{ss}(R - H)} \tag{17.1.53}$$

结合式(17.1.47)和式(17.1.53)，式(17.1.49)可改写为

$$d_x = (\alpha - \varphi)R = \left[\frac{\sqrt{R^2 - (R - H)^2}}{R - H} - \arccos\left(1 - \frac{H}{R}\right)\right]R \tag{17.1.54}$$

令 $\xi = \frac{H}{R} \ll 1$，则式(17.1.54)可改写为

$$d_x = \left[\frac{\sqrt{1 - (1 - \xi)^2}}{1 - \xi} - \arccos(1 - \xi)\right]R \tag{17.1.55}$$

由于 ξ 是小量，对 $\arccos(1 - \xi)$ 进行泰勒展开：

$$\arccos(1-\xi) = \sqrt{2}\sqrt{\xi} + \frac{\xi\sqrt{\xi}}{6\sqrt{2}} + \cdots \tag{17.1.56}$$

将式(17.1.56)代入式(17.1.55)中,我们会获得与方法一完全相同的答案:

$$d_x = \frac{2}{3}\sqrt{\frac{2H^3}{R}}$$

方法三　惯性参考系,几何方法

在惯性参考系中,如图 J17.1.4 所示,物体具有的速度为

$$u = \omega_{ss}(R-H) \tag{17.1.57}$$

设从物体开始下落到落到空间站地面需要的时间为 t,在此过程中物体直线运动的距离为

$$l = ut = \omega_{ss}(R-H)t \tag{17.1.58}$$

空间站在此时间间隔内转过的角度为

$$\varphi = \omega_{ss}t \tag{17.1.59}$$

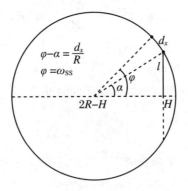

图 J17.1.4

由图 J17.1.4 的几何关系,根据相交弦定理有

$$l^2 = H(2R-H) \tag{17.1.60}$$

联立式(17.1.58)～式(17.1.60),可得

$$\varphi = \frac{\sqrt{H(2R-H)}}{R-H} \tag{17.1.61}$$

而

$$\frac{d}{R} = \varphi - \alpha$$

$$= \varphi - \arcsin\frac{l}{R}$$

$$= \frac{\sqrt{H(2R-H)}}{R-H} - \arcsin\sqrt{\frac{H}{R}\left(2-\frac{H}{R}\right)} \tag{17.1.62}$$

若 y 是小量,进行泰勒展开有

$$\arcsin y \approx y + \frac{y^3}{6} \tag{17.1.63}$$

令 $x = \frac{H}{R}, y \equiv \sqrt{x(2-x)}$,并将式(17.1.63)代入式(17.1.62)可得

$$\frac{d}{R} \approx y(1+x) - y - \frac{y^3}{6}$$

$$\approx \frac{2}{3}xy$$

$$\approx \frac{2}{3}x\sqrt{2x}$$

$$= \frac{2}{3}\frac{H}{R}\sqrt{\frac{2H}{R}} \tag{17.1.64}$$

最终得到

$$d_x = d = \frac{2}{3}\sqrt{\frac{2H^3}{R}} \tag{17.1.65}$$

该答案与方法一得到的答案完全相同。

(B7) 在惯性参考系中,若物体的释放点很接近空间站的转轴,那么它下落时垂直于半径方向的速度(水平方向的速度)会很小,因此在物体落至空间站地面之前,空间站所转动角度将会超过 2π。

物体垂直半径方向的速度为

$$u = \omega_{SS}(R - H) \tag{17.1.66}$$

如图 J17.1.5 所示,物体落至空间站地面之前所通过的位移为

$$d = \sqrt{R^2 - (R-H)^2} \tag{17.1.67}$$

在惯性参考系中,物体在下落过程中所需要的时间为

$$t = \frac{d}{u} = \frac{\sqrt{R^2 - (R-H)^2}}{\omega_{SS}(R-H)} \tag{17.1.68}$$

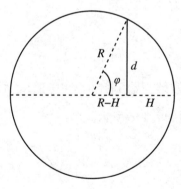

图 J17.1.5

方法一

根据图 J17.1.5 所示的几何关系,在惯性参考系中,物体刚开始下落时的水平速度为

$$u = \omega_{SS}(R - H) = \omega_{SS}R\cos\varphi \tag{17.1.69}$$

物体下落的距离为

$$d = \sqrt{R^2 - (R-H)^2} = R\sin\varphi \tag{17.1.70}$$

因此物体在下落过程中所需要的时间为

$$t = \frac{d}{u} = \frac{R\sin\varphi}{\omega_{ss}R\cos\varphi} \tag{17.1.71}$$

在物体下落所需的时间间隔内空间站转过的角度为

$$\varphi = \omega_{ss} t \tag{17.1.72}$$

联立式(17.1.71)和式(17.1.72),可得

$$\varphi = \tan\varphi \tag{17.1.73}$$

上述方程的解的个数为无穷个。第一个解 $\varphi = 0$($H = 0$),无意义;第二个解比 $\frac{3}{2}\pi$ 稍小,在图 J17.1.5 中,可以看出其对应 $H > R$ 的情形,这并不符合题意;因此第三个解才能给出 H 的最小值,通过图解法或者数值法可以解得第三个解的近似值为

$$\varphi \approx 7.725 \text{ rad} \tag{17.1.74}$$

此时,高塔的最小高度为

$$H = (1 - \cos\varphi)R \approx 0.871R \tag{17.1.75}$$

方法二

如图 J17.1.5 所示,物体在空间站中下落的高度 H 与空间站转过的角度 φ 之间满足

$$\cos\varphi = \frac{R - H}{R} \tag{17.1.76}$$

将式(17.1.61)代入式(17.1.76),可得

$$\frac{H}{R} = 1 - \cos\frac{\sqrt{1 - \left(1 - \frac{H}{R}\right)^2}}{1 - \frac{H}{R}} \tag{17.1.77}$$

令 $x = \frac{H}{R}$,则式(17.1.77)可写为

$$x = 1 - \cos\frac{\sqrt{1 - (1 - x)^2}}{1 - x} \tag{17.1.78}$$

为了获得式(17.1.78)的解,我们将 $f(x) = 1 - \cos\frac{\sqrt{1 - (1-x)^2}}{1-x}$ 的函数图像与 $f(x) = x$ 的函数图像作出,如图 J17.1.6 所示。

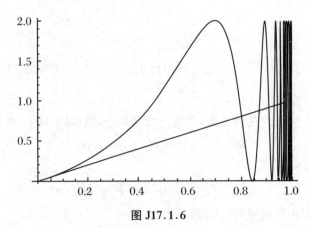

图 J17.1.6

如图 J17.1.6 所示,讨论两函数图像的交点。第一个交点,$x=0$,即 $H=0$,无意义。第二个交点,$x\approx 0.8006$,对应 $\varphi = \dfrac{\sqrt{1-(1-x)^2}}{1-x} \approx 281°$,即 $H>R$,不符合题意。因此第三个交点才是 H 的最小值,此时高塔的最小高度约为 $0.871R$。

或令 $X = 1 - \dfrac{H}{R}$,式(17.1.77)可化为

$$X = \cos\dfrac{\sqrt{1-X^2}}{X} \tag{17.1.79}$$

为了获得式(17.1.79)的解,我们将 $f(X) = \cos\dfrac{\sqrt{1-X^2}}{X}$ 的函数图像与 $f(X) = X$ 的函数图像作出,如图 J17.1.7 所示。

如图 J17.1.7 所示,讨论两函数图像的交点。第一个交点,$X=1$,即 $H=0$,无意义。第二个交点,$H>R$,原因同前述,不符合题意。因此第三个交点才是 H 的最小值,此时高塔的最小高度约为 $0.871R$。

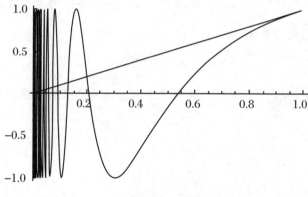

图 J17.1.7

(B8) 在图 T17.1.5 中,以平衡位置为原点,竖直向上为 y 轴正方向,水平向右为 x 轴正方向建立平面直角坐标系。

重物在 y 方向的运动是典型的简谐运动,假设其简谐运动方程为

$$y(t) = C_1\cos\omega t + C_2 \tag{17.1.80}$$

再考虑到初始条件

$$y(0) = -d, \quad v_y(0) = \left.\dfrac{\mathrm{d}y(t)}{\mathrm{d}t}\right|_{t=0} = 0 \tag{17.1.81}$$

将初始条件式(17.1.81)代入式(17.1.80),可得振子在 y 方向的简谐运动方程为

$$y(t) = -d\cos\omega t \tag{17.1.82}$$

将式(17.1.82)求导,可得振子在 y 方向的运动速度为

$$v_y(t) = d\omega\sin\omega t \tag{17.1.83}$$

假设空间站的角速度方向为在图 T17.1.5 中垂直纸面向里的情况,即与图 T17.1.4 中的角速度方向相反的情形,那么由于空间站的转动而导致振子在 x 方向受到的科里奥利力为

$$F_x(t) = -2m\omega_{ss}v_y(t) = -2m\omega_{ss}d\omega\sin\omega t \qquad (17.1.84)$$

振子在 x 方向由于科里奥利力产生的加速度满足

$$m\ddot{x} = -2m\omega_{ss}d\omega\sin\omega t \qquad (17.1.85)$$

因此有

$$\ddot{x} + 2\omega_{ss}d\omega\sin\omega t = 0 \qquad (17.1.86)$$

设式(17.1.86)的解为

$$x(t) = D_1\sin\omega t + D_2 t \qquad (17.1.87)$$

代入初始条件

$$x(0) = 0, \quad v_x(0) = \left.\frac{dx(t)}{dt}\right|_{t=0} = 0 \qquad (17.1.88)$$

可得振子在 x 方向的运动方程为

$$x(t) = \frac{2\omega_{ss}d}{\omega}\sin\omega t - 2\omega_{ss}dt \qquad (17.1.89)$$

因此，$x(t)$ 为在简谐运动 $\frac{2\omega_{ss}d}{\omega}\sin\omega t$ 的基础上又叠加了一个匀速直线运动 $2\omega_{ss}dt$ 后的结果。但是 x 方向的振幅依然为

$$A = \frac{2\omega_{ss}d}{\omega} \qquad (17.1.90)$$

综合式(17.1.82)和式(17.1.89)，可得振子的运动轨迹草图如图 J17.1.8 所示。

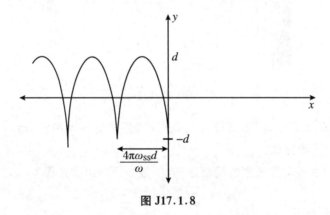

图 J17.1.8

第 2 题　电路中的非线性动力学

A 部分　定态与不确定性

(A1) X 元件的伏安特性曲线右上方分段电阻 R_{on} 为

$$R_{on} = \frac{10-4}{10-4}\Omega = 1.00\ \Omega \qquad (17.2.1)$$

X 元件的伏安特性曲线左下方分段电阻 R_{off} 为

$$R_\text{off} = \frac{10}{1}\ \Omega = 10.0\ \Omega \tag{17.2.2}$$

X元件的伏安特性曲线中间分段电阻 R_int 满足

$$I = I_0 - \frac{U}{R_\text{int}} \tag{17.2.3}$$

代入数据可得

$$1 = I_0 - \frac{10}{R_\text{int}}$$
$$4 = I_0 - \frac{4}{R_\text{int}} \tag{17.2.4}$$

最终解得

$$I_0 = 6.00\ \text{A},\quad R_\text{int} = 2.00\ \Omega \tag{17.2.5}$$

（A2）根据电路的基尔霍夫定律，X元件两端电压为 U，则在稳态时，回路电压满足

$$\varepsilon = IR + U \tag{17.2.6}$$

因此回路电流为

$$I = \frac{\varepsilon - U}{R} \tag{17.2.7}$$

电路的稳定工作状态是式(17.2.7)的图线与图 T17.2.1 中的伏安特性曲线的交点所对应的状态，即定态。

当 $R = 3.00\ \Omega$ 时，两图线只有一个交点，即只有一个定态，如图 J17.2.1 所示。

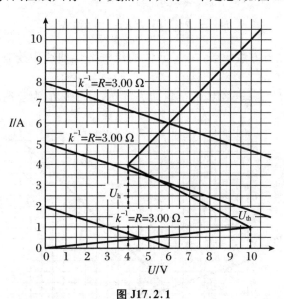

图 J17.2.1

当 $R = 1.00\ \Omega$ 时，两图线的交点可能是一个，二个或者三个，即可能有一个，二个或者三个定态，如图 J17.2.2 所示。若 $0 < \varepsilon < 8\ \text{V}$ 或 $\varepsilon > 11\ \text{V}$，有一个定态；若 $\varepsilon = 11\ \text{V}$ 或 $\varepsilon = 8\ \text{V}$，有两个定态；若 $8\ \text{V} < \varepsilon < 11\ \text{V}$，有三个定态。

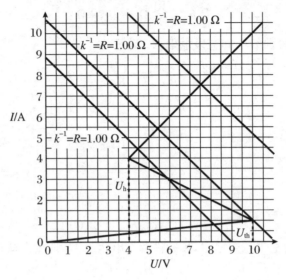

图 J17.2.2

（A3）当电路处于定态时，电流不随时间变化，电感两端电压为零，根据基尔霍夫定律有

$$\varepsilon = IR + U \tag{17.2.8}$$

联立式(17.2.3)和式(17.2.8)，可得

$$I_s = \frac{\varepsilon - R_{int}I_0}{R - R_{int}} = 3.00 \text{ A} \tag{17.2.9}$$

$$U_s = R_{int}(I_0 - I) = 6.00 \text{ V} \tag{17.2.10}$$

本小题也可以用以下方法求解：在 X 元件的伏安特性曲线中绘制 $I = \dfrac{\varepsilon - U}{R}$ 图线，X 元件的伏安特性曲线与 $I = \dfrac{\varepsilon - U}{R}$ 图线的交点即为定态，其坐标值为定态时的电流和电压。如图 J17.2.3 所示。

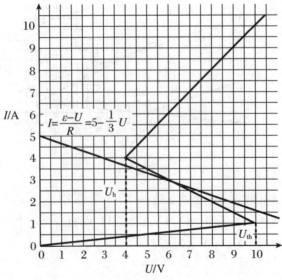

图 J17.2.3

(A4) 根据电路的基尔霍夫定律有

$$\varepsilon = IR + U_X + L\frac{dI}{dt} = IR + (I_0 - I)R_{int} + L\frac{dI}{dt} \quad (17.2.11)$$

化简整理后有

$$L\frac{dI}{dt} = (\varepsilon - I_0 R_{int}) - (R - R_{int})I \quad (17.2.12)$$

若 $I > I_s$，则 $\frac{dI}{dt} < 0$，I 将减小，从而回到定态。若 $I < I_s$，则 $\frac{dI}{dt} > 0$，I 将增大，从而回到定态。因此该定态是稳定的。

B部分　双稳态非线性元件的物理应用：无线电发射器

(B1) 振荡周期图如图 J17.2.4 所示，具体分析过程如下：

① 充电后电容器的电量不会突变，因此 X 元件两端的电压 U 在突变点 ($U = U_h$, $U = U_{th}$) 不能突变，即只能在 $U = U_{th}$ 时，以垂直 U 轴的方向，从左下方分段转移至右上方分段(即电流发生突变)，或者在 $U = U_h$ 时，以垂直 U 轴的方向，从右上方分段转移至左下方分段。

② 由于中间分段存在稳定状态点，因此不会是循环过程中的一段。

③ 突变只能发生在 I-U 图线的尖点(转折点)，若在其他位置跳变，会造成非物理解，或者运行至定态 B，而定态 B 也是非物理解。

④ 在右上方分段向左进行，会慢慢趋向上方分段的定态 A，但 A 在上方分段的延长线上(非物理解)。

⑤ 在左下方分段向右进行，会慢慢趋向下方分段的定态 B，但 B 在下方分段的延长线上(非物理解)。

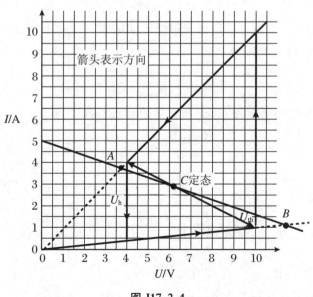

图 J17.2.4

(B2) 如图 T17.2.3 所示，非线性元件 X 两端的电压和电容 C 两端的电压均为 U_X，通

过非线性元件 X 的电流为

$$I_X = \frac{U_X}{R_{on}} \quad \text{或} \quad I_X = \frac{U_X}{R_{off}} \tag{17.2.13}$$

式(17.2.13)可统一记为

$$I_X = \frac{U_X}{R_{on/off}} \tag{17.2.14}$$

通过电容 C 的电流为

$$I_C = \frac{dQ_C}{dt} = \frac{d}{dt}(CU_X) = \frac{d}{dt}(CI_X R_{on/off}) = R_{on/off} C \frac{dI_X}{dt} \tag{17.2.15}$$

通过电阻 R 的电流为

$$I = I_X + I_C \tag{17.2.16}$$

由回路的基尔霍夫电压方程

$$\varepsilon = U_X + IR \tag{17.2.17}$$

将式(17.2.14)~式(17.2.16)代入式(17.2.17),可得

$$\varepsilon = I_X R_{on/off} + \left(I_X + R_{on/off} C \frac{dI_X}{dt}\right) R \tag{17.2.18}$$

整理后有

$$\frac{dI_X}{dt} = \frac{\varepsilon}{R_{on/off} RC} - \frac{R_{on/off} + R}{R_{on/off} RC} I_X \tag{17.2.19}$$

设初始条件为 $U_X(0) = 0$ 和 $I_X(0) = 0$,由微分方程式(17.2.19),可解得

$$I_X(t) = \frac{\varepsilon}{R_{on/off} + R}\left[1 - \exp\left(-\frac{R_{on/off} + R}{R_{on/off} RC} t\right)\right] \tag{17.2.20}$$

因此

$$U_X(t) = I_X(t) R_{on/off} = \frac{R_{on/off}\, \varepsilon}{R_{on/off} + R}\left[1 - \exp\left(-\frac{R_{on/off} + R}{R_{on/off} RC} t\right)\right] \tag{17.2.21}$$

如果右上方分段或左下方分段可以无限延长,那么经过无限长时间后,会到达各自分段的定态,此时非线性元件的电压为

$$U_{on/off} = \frac{R_{on/off}}{R_{on/off} + R}\varepsilon \tag{17.2.22}$$

当非线性元件 X 两端电压为 U 时,所对应的时刻 t 为

$$t = \frac{R_{on/off} R}{R_{on/off} + R} C \ln \frac{U_{on/off}}{U_{on/off} - U} \tag{17.2.23}$$

所以

$$\begin{aligned}\Delta t &= t_B - t_A \\ &= \frac{R_{on/off} R}{R_{on/off} + R} C \left(\ln \frac{U_{on/off}}{U_{on/off} - U_B} - \ln \frac{U_{on/off}}{U_{on/off} - U_A}\right) \\ &= \frac{R_{on/off} R}{R_{on/off} + R} C \ln \frac{U_{on/off} - U_A}{U_{on/off} - U_B}\end{aligned} \tag{17.2.24}$$

因此,在一个周期中,系统在右上方分段所经历的时间为

$$t_{on} = \frac{R_{on} R}{R_{on} + R} C \ln \frac{U_{th} - U_{on}}{U_h - U_{on}} = 2.41 \times 10^{-6}\ \text{s} \tag{17.2.25}$$

在一个周期中,系统在左下方分段经历的时间为

$$t_{off} = \frac{R_{off}R}{R_{off} + R}C\ln\frac{U_{off} - U_h}{U_{off} - U_{th}} = 3.67 \times 10^{-6} \text{ s} \qquad (17.2.26)$$

因此振荡周期为

$$T = t_{on} + t_{off} = 6.08 \times 10^{-6} \text{ s} \qquad (17.2.27)$$

(B3)忽略非线性元件在左下方分段的能量损耗,其右上方分段需损耗的能量为

$$E = \frac{1}{R_{on}}\left(\frac{U_h + U_{th}}{2}\right)^2 t_{on} = 1.18 \times 10^{-4} \text{ J} \qquad (17.2.28)$$

非线性元件消耗的平均功率为

$$P = \frac{E}{T} \approx 19.3 \text{ W} \qquad (17.2.29)$$

(B4)主谐波的波长为

$$\lambda = cT = 1.82 \times 10^3 \text{ m} \qquad (17.2.30)$$

由题意可知,天线的最佳长度为 $\lambda/4$(或 $3\lambda/4, 5\lambda/4, \ldots$),但在天线长度不超过 1 km 的情况下,天线长度的最佳值为

$$s = \frac{\lambda}{4} = 456 \text{ m} \qquad (17.2.31)$$

C 部分　双稳态非线性元件的生物学应用:类神经器件

(C1)当电路中的电动势降至 $\varepsilon' = 12.0$ V 时,系统的定态 D 位于左下方分段上,如图 J17.2.5 所示,此时非线性元件 X 两端的电压为

$$U' = \frac{R_{off}}{R + R_{off}}\varepsilon' = 9.23 \text{ V} \qquad (17.2.32)$$

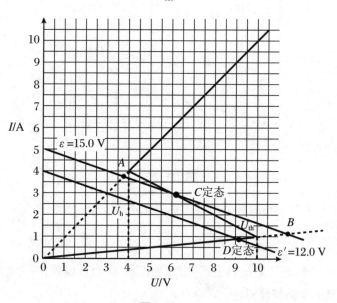

图 J17.2.5

当电路中的电动势增至 $\varepsilon = 15.0$ V 时，系统将在左下方分段向右移动，如果在非线性元件 X 两端电压到达阈值电压 U_{th} 前降低，系统将会回到定态 D。如果非线性元件 X 两端电压在降低之前到达保持电压 U_h，系统将直接突变到右上方分段，从而形成一次振荡过程（$\tau < T$），然后再回到稳定状态 D，如图 J17.2.5 所示。

综上所述，当 $\tau < \tau_{crit}$ 时，非线性元件 X 上的电流随时间的变化图像如图 J17.2.6 所示，其中①段为趋近定态 B 点；②段为回到原来的定态 D 点。

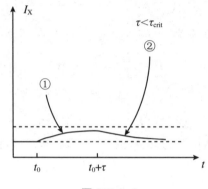

图 J17.2.6

当 $\tau > \tau_{crit}$ 时，非线性元件 X 上的电流随时间的变化图像如图 J17.2.7 所示，其中③段为趋近定态 B 点；④段为在 $t_0 + \tau$ 之前，突变到右上方分段；⑤段在上方分段，趋近定态 A 点；⑥段为突变到原先左下方分段，电流，电压均比定态 D 点时小；⑦段为回到原先的定态 D。

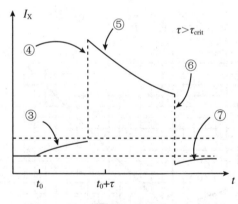

图 J17.2.7

（C2）非线性元件 X 到达到临界电压所需要的时间为

$$\tau_{crit} = \frac{R_{off} R}{R_{off} + R} C \ln \frac{U_{off} - U'}{U_{off} - U_{th}} = 9.36 \times 10^{-7} \text{ s} \qquad (17.2.33)$$

（C3）当 $\tau > \tau_{crit}$ 时，这个系统就会产生振荡电流，从而可以模拟一个类神经器件，因此此种情形可以模拟一个类神经器件。

第3题 大型强子对撞机

A 部分 大型强子对撞机

（A1）根据能量守恒定律有

$$m_p c^2 + eV = \gamma m_p c^2 = \frac{m_p c^2}{\sqrt{1 - \frac{v^2}{c^2}}} \tag{17.3.1}$$

因此质子的末速度为

$$v = c\sqrt{1 - \left(\frac{m_p c^2}{m_p c^2 + eV}\right)^2} \tag{17.3.2}$$

（A2）粒子末速度与光速的相对偏差为

$$\Delta = \frac{c - v}{c} = 1 - \frac{v}{c} \tag{17.3.3}$$

由式(17.3.2)，再考虑到 $eV \ll m_e c^2$，可得

$$\frac{v}{c} = \sqrt{1 - \left(\frac{m_e c^2}{m_e c^2 + eV}\right)^2} \approx 1 - \frac{1}{2}\left(\frac{m_e c^2}{m_e c^2 + eV}\right)^2 \tag{17.3.4}$$

结合式(17.3.3)和式(17.3.4)，可得

$$\Delta \approx \frac{1}{2}\left(\frac{m_e c^2}{m_e c^2 + eV}\right)^2 \tag{17.3.5}$$

代入数据可得能量为 60.0 GeV 的电子的相对偏差为

$$\Delta = 3.63 \times 10^{-11} \tag{17.3.6}$$

（A3）质子在磁场中受到洛伦兹力的作用而做圆周运动，洛伦兹力提供向心力：

$$\gamma m_p \frac{v^2}{r} = evB \tag{17.3.7}$$

质子的动能为

$$E = (\gamma - 1) \cdot m_p \cdot c^2 \tag{17.3.8}$$

对于高速质子，$\gamma \gg 1$，因此式(17.3.8)可化为

$$E \approx \gamma \cdot m_p \cdot c^2 \quad \Rightarrow \quad \gamma = \frac{E}{m_p c^2} \tag{17.3.9}$$

联立式(17.3.7)和式(17.3.9)，并考虑到高速质子的速度 $v \approx c$ 和质子做圆周运动的周长 $L = 2\pi r$，最终可得

$$B = \frac{2\pi E}{ecL} \tag{17.3.10}$$

当质子的能量为 7.00 TeV 时，磁感应强度为

$$B = 5.50 \text{ T} \tag{17.3.11}$$

注 若不考虑近似，需要满足磁感应强度的条件为

$$B = \frac{2\pi m_p c}{eL}\sqrt{\left(\frac{E}{m_p c^2}\right)^2 - \frac{2E}{m_p c^2}}$$

（A4）设加速带电粒子的辐射功率为
$$P_{rad} = a^\alpha q^\beta c^\gamma \varepsilon_0^\delta \tag{17.3.12}$$

考虑式(17.3.12)的量纲有
$$\frac{N \cdot m}{s} = \left(\frac{m}{s^2}\right)^\alpha C^\beta \left(\frac{m}{s}\right)^\gamma \left(\frac{C^2}{N \cdot m^2}\right)^\delta \tag{17.3.13}$$

要求式(17.3.13)等号两边量纲相等,可列出方程组
$$\begin{cases}\delta = -1 \\ \beta + 2\delta = 0 \\ \alpha + \gamma - 2\delta = 1 \\ 2\alpha + \gamma = 1\end{cases} \tag{17.3.14}$$

最终解得
$$\begin{cases}\alpha = 2 \\ \beta = 2 \\ \gamma = -3 \\ \delta = -1\end{cases} \tag{17.3.15}$$

因此
$$P_{rad} \propto \frac{a^2 q^2}{c^3 \varepsilon_0} \tag{17.3.16}$$

（A5）考虑到常数因子$\frac{1}{6\pi}$和相对论效应,根据题意,加速粒子辐射功率的准确值为
$$P_{rad} = \frac{\gamma^4 a^2 e^2}{6\pi c^3 \varepsilon_0} \tag{17.3.17}$$

质子的动能为
$$E = (\gamma - 1)m_p \cdot c^2 \approx \gamma m_p c^2 \tag{17.3.18}$$

质子做圆周运动的加速度约为
$$a \approx \frac{c^2}{r} \tag{17.3.19}$$

再考虑到圆周运动的周长
$$L = 2\pi r \tag{17.3.20}$$

联立式(17.3.17)~式(17.3.20),可得
$$P_{rad} = \left(\frac{E}{m_p c^2} + 1\right)^4 \frac{e^2 c}{6\pi r^2 \varepsilon_0} \approx \left(\frac{E}{m_p c^2}\right)^4 \frac{e^2 c}{6\pi \varepsilon_0 r^2} \tag{17.3.21}$$

代入数据可得
$$P_{rad} = 7.94 \times 10^{-12} \text{ W} \tag{17.3.22}$$

因此质子束的总辐射功率为
$$P_{tot} = 2 \times 2808 \times 1.15 \times 10^{11} \times P_{rad} = 5.13 \text{ kW} \tag{17.3.23}$$

（A6）根据牛顿第二定律

$$F = \frac{dp}{dt} \tag{17.3.24}$$

可得

$$\frac{eV}{d} = \frac{p_f - 0}{T} \tag{17.3.25}$$

根据质子的相对论动量能量关系有

$$E_{tot}^2 = (mc^2)^2 + (p_f c)^2 \tag{17.3.26}$$

根据质子在飞越电场过程中能量守恒有

$$E_{tot} = mc^2 + eV \tag{17.3.27}$$

联立式(17.3.25)～式(17.3.27)，可得

$$p_f = \frac{1}{c}\sqrt{(mc^2 + eV)^2 - (mc^2)^2} = \sqrt{2emV + \left(\frac{eV}{c}\right)^2} \tag{17.3.28}$$

将式(17.3.28)代入式(17.3.25)，可得质子通过电场的时间为

$$T = \frac{dp_f}{eV} = \frac{d}{eV}\sqrt{2m_p eV + \left(\frac{eV}{c}\right)^2} \tag{17.3.29}$$

代入数据可得

$$T = 218 \text{ ns} \tag{17.3.30}$$

B部分 粒子的识别

（B1）粒子运动的速度为

$$v = \frac{l}{t} \tag{17.3.31}$$

粒子的动量为

$$p = \frac{mv}{\sqrt{1 - \frac{v^2}{c^2}}} \tag{17.3.32}$$

将式(17.3.31)代入式(17.3.32)可得

$$p = \frac{ml}{t\sqrt{1 - \frac{v^2}{c^2}}} \tag{17.3.33}$$

因此粒子的静止质量为

$$m = \frac{pt}{l}\sqrt{1 - \frac{l^2}{t^2 c^2}} = \frac{p}{lc}\sqrt{t^2 c^2 - l^2} \tag{17.3.34}$$

（B2）要使探测器能够分辨，带电 K 介子与带电 π 介子通过飞行时间探测器的时间差至少为

$$\Delta t = 450 \text{ ps} = 450 \times 10^{-12} \text{ s} \tag{17.3.35}$$

带电 K 介子与带电 π 介子通过飞行时间探测器的时间差为

$$\Delta t = \frac{l}{cp}(\sqrt{m_\pi^2 c^2 + p^2} - \sqrt{m_K^2 c^2 + p^2}) \qquad (17.3.36)$$

其中

$$\sqrt{m_\pi^2 c^2 + p^2} = 1.010 \text{ GeV}/c, \quad \sqrt{m_K^2 c^2 + p^2} = 1.115 \text{ GeV}/c \qquad (17.3.37)$$

联立式(17.3.35)~式(17.3.37)，可得飞行时间探测器所需的最小长度为

$$l_0 = 1.28 \text{ m} \qquad (17.3.38)$$

(B3) 粒子运行在与粒子束流方向垂直的截面上，因此粒子运行的轨迹长度即为弧长。粒子运行的轨迹长度为

$$l = 2r\arcsin\frac{R}{2r} \qquad (17.3.39)$$

粒子在做圆周运动的过程中，洛伦兹力提供向心力：

$$\frac{\gamma m v_t^2}{r} = e v_t B \qquad (17.3.40)$$

因此粒子的横向动量（沿切线方向）为

$$p_T = eBr \qquad (17.3.41)$$

由于粒子的纵向动量（沿法线方向）为零，因此粒子的总动量为

$$p = p_T = eBr \qquad (17.3.42)$$

将式(17.3.34)和式(17.3.39)代入式(17.3.42)，可得粒子的质量为

$$m = \sqrt{\left(\frac{pt}{l}\right)^2 - \left(\frac{p}{c}\right)^2} = eBr\sqrt{\left(\frac{t}{2r\arcsin\frac{R}{2r}}\right)^2 - \left(\frac{1}{c}\right)^2} \qquad (17.3.43)$$

(B4) 将四种粒子的相关实验数据代入式(17.3.43)，可得表 J17.3.1。

表 J17.3.1　四种粒子的相关实验数据

粒子	A	B	C	D
l/m	3.786	4.002	3.760	4.283
$p/(\text{MeV}/c)$	764.47	440.69	908.37	347.76
$p/(\times 10^{-19} \text{ kg} \cdot \text{m/s})$	4.0855	2.3552	4.8546	1.8585
$pt/l/(\times 10^{-6} \text{ MeV}/(\text{cm} \cdot \text{s}))$	4.038	1.542	4.349	2.030
$pt/l/(\text{MeV}/c^2)$	1210.6	462.2	1303.7	608.6
$pt/l/(\times 10^{-27} \text{ kg})$	2.158	0.824	2.324	1.085
$m/(\text{MeV}/c^2)$	938.65	139.32	935.10	499.44
$m/(\times 10^{-27} \text{ kg})$	1.673	0.248	1.667	0.890

通过对表中数据分析可知，粒子 A 和 C 为质子，B 为 π 介子，D 为 K 介子。

参 考 文 献

[1] 国际物理奥林匹克竞赛委员会官网[EB/OL]. http://www.ipho.org/.

[2] 全国中学生物理竞赛委员会. 全国中学生物理竞赛专辑:2016—2017[M]. 北京:北京大学出版社,2017.

[3] 全国中学生物理竞赛委员会. 全国中学生物理竞赛专辑:2015[M]. 北京:北京大学出版社,2015.

[4] 全国中学生物理竞赛委员会. 全国中学生物理竞赛专辑:2014[M]. 北京:北京大学出版社,2014.

[5] 全国中学生物理竞赛委员会. 全国中学生物理竞赛专辑:2013[M]. 北京:北京大学出版社,2013.

[6] 全国中学生物理竞赛委员会办公室. 全国中学生物理竞赛专辑:2012[M]. 北京:北京大学出版社,2012.

[7] 全国中学生物理竞赛委员会办公室. 全国中学生物理竞赛专辑:2011[M]. 北京:北京大学出版社,2011.

[8] 全国中学生物理竞赛委员会办公室. 全国中学生物理竞赛专辑:2010[M]. 北京:北京大学出版社,2010.

[9] 全国中学生物理竞赛委员会办公室. 全国中学生物理竞赛专辑:2009[M]. 北京:北京大学出版社,2009.

[10] 全国中学生物理竞赛委员会办公室. 全国中学生物理竞赛专辑:2008[M]. 北京:北京大学出版社,2008.

[11] 全国中学生物理竞赛委员会办公室. 全国中学生物理竞赛专辑:2007[M]. 北京:北京教育出版社,2007.

[12] 全国中学生物理竞赛委员会办公室. 全国中学生物理竞赛专辑:2006[M]. 北京:北京教育出版社,2006.

[13] 全国中学生物理竞赛委员会办公室. 全国中学生物理竞赛专辑:2005[M]. 北京:北京教育出版社,2005.

[14] 全国中学生物理竞赛委员会办公室. 全国中学生物理竞赛专辑:2004[M]. 北京:北京教育出版社,2004.

[15] 全国中学生物理竞赛委员会办公室. 全国中学生物理竞赛参考资料:2003[M]. 北京:北京教育出版社,2003.

[16] 全国中学生物理竞赛委员会办公室. 全国中学生物理竞赛参考资料:2002[M]. 北京:北京教育出版社,2002.

[17] 全国中学生物理竞赛委员会办公室. 全国中学生物理竞赛参考资料:2001[M]. 北京:北京教育出版社,2001.

中国科学技术大学出版社中学物理可用书目

高中物理学(1—4)/沈克琦
高中物理学习题详解/黄鹏志　李　弘　蔡子星
加拿大物理奥林匹克/黄　晶　矫　健　孙佳琪
美国物理奥林匹克/黄　晶　葛德成
中学奥林匹克竞赛物理教程·力学篇(第2版)/程稼夫
中学奥林匹克竞赛物理教程·电磁学篇(第2版)/程稼夫
中学奥林匹克竞赛物理讲座(第2版)/程稼夫
高中物理奥林匹克竞赛标准教材(第2版)/郑永令
中学物理奥赛辅导:热学·光学·近代物理学(第2版)/崔宏滨
物理竞赛真题解析:热学·光学·近代物理学/崔宏滨
物理竞赛专题精编/江四喜
物理竞赛解题方法漫谈/江四喜
中学奥林匹克竞赛物理实验讲座/江兴方　郭小建
物理学难题集萃(上、下册)/舒幼生　胡望雨　陈秉乾
大学物理先修课教材:力学/鲁志祥　黄诗登
大学物理先修课教材:电磁学/黄诗登　鲁志祥
大学物理先修课教材:热学·光学·近代物理学/钟小平
名牌大学学科营与自主招生考试绿卡·物理真题篇(第2版)/王文涛　黄　晶
重点大学自主招生物理培训讲义/江四喜
高中物理母题与衍生·力学篇/董马云
高中物理母题与衍生·电磁学篇/董马云
高中物理解题方法与技巧/尹雄杰　王文涛
中学物理数学方法讲座/王溢然
高中物理经典名题精解精析/江四喜
高中物理一点一题型/温应春
力学问题讨论/缪钟英　罗启蕙
电磁学问题讨论/缪钟英
高中物理必修(1)学习指导:概念·规律·方法/王溢然
中学生物理思维方法丛书(13册)/王溢然　束炳如